"十二五"普通高等教育规划教材·经管系列

李治国　主　编
杨　坚　霍江林　副主编

西方经济学概论

清华大学出版社
北京

内 容 简 介

作为经济学的基础性教材，本书从经济学的逻辑起点——资源的稀缺性出发，阐述了供求理论、弹性理论、消费者行为理论、生产理论和成本理论、博弈论、市场失灵、国民收入核算的基本问题、宏观经济运行中的失业、通货膨胀、经济增长和经济周期，以及政府进行宏观经济干预的财政政策和货币政策的基本知识。

本书结构清晰，语言通俗易懂，论述深入浅出，引用了大量的案例和报刊文摘，将复杂抽象的理论与现实生活相联系，说理透彻且与现实生活极其贴近。本书突出系统性、丰富性、广博性等特点，以契合非经济管理专业学生的实际情况，是一本特色鲜明的经济学教材。

本书既适合作为非经济管理类专业学生、经济管理低年级、大专以上高等院校的教材，也可供广大青年学生和经济工作者阅读、参考。

本书封面贴有清华大学出版社防伪标签，无标签者不得销售。
版权所有，侵权必究。举报：010-62782989，beiqinquan@tup.tsinghua.edu.cn。

图书在版编目（CIP）数据

西方经济学概论/李治国主编．—北京：清华大学出版社，2016 (2023.7重印)
"十二五"普通高等教育规划教材·经管系列
ISBN 978-7-302-43252-4

Ⅰ.①西…　Ⅱ.①李…　Ⅲ.①西方经济学-高等学校-教材　Ⅳ.①F091.3

中国版本图书馆 CIP 数据核字（2016）第 041705 号

责任编辑：杜春杰
封面设计：康飞龙
版式设计：牛瑞瑞
责任校对：王 云
责任印制：杨 艳

出版发行：清华大学出版社
　　　　网　　址：http://www.tup.com.cn，http://www.wqbook.com
　　　　地　　址：北京清华大学学研大厦 A 座　　邮　　编：100084
　　　　社 总 机：010-83470000　　　　　　　　邮　　购：010-62786544
　　　　投稿与读者服务：010-62776969，c-service@tup.tsinghua.edu.cn
　　　　质量反馈：010-62772015，zhiliang@tup.tsinghua.edu.cn
　　　　课件下载：http://www.tup.com.cn, 010-62788951-223
印 装 者：三河市铭诚印务有限公司
经　　销：全国新华书店
开　　本：185mm×230mm　　印　张：18.75　　字　数：417 千字
版　　次：2016 年 4 月第 1 版　　印　次：2023 年 7 月第 8 次印刷
定　　价：56.00 元

产品编号：052896-02

前　言

西方经济学作为一门选择的科学，其主要解决的问题就是社会中的个人、厂商如何进行选择，而这些选择又决定稀缺资源利用的情况。因此，经济学的问题可以归纳为生产什么、生产多少、如何生产和为谁生产的问题。对这些问题的回答，就构成了西方经济学研究的主要内容。经过近百年的发展，西方经济学已经形成了完整的理论体系和丰富的思想内容。对于初学者来说，首先要学习和掌握其中最基本、最重要的原理和方法，为以后深入地学习其他经济理论打下坚实的基础。

本书是作者在多年教学的基础上，参阅了国内外大量的同类教材和相关资料编写而成的。本书主要针对经济管理类应用型人才编写，按照实用性的原则，理论与案例紧密结合，比较全面地介绍了西方经济学理论。按照西方经济学的传统框架，全书可分为微观经济学和宏观经济学两部分。微观经济学部分主要包括供求理论、效用理论、生产理论、市场结构理论、要素市场理论、一般均衡理论等；宏观经济学部分主要包括国民收入核算理论、国民经济波动理论、失业与通货膨胀理论、经济周期理论和宏观经济调控政策等。

本书在遵循完整的经济学基本体系的基础上，强调思想性和应用性，内容简明扼要，采用了丰富的案例进行说明，较为通俗易懂。在每一章开头列出了学习目标、学习重点、学习难点等，并设置了引导案例进行导入；在每一章结尾附有本章小结和课后习题，以帮助读者检验自己的学习效果。

全书共分为 12 章，第一章介绍了经济学的研究对象和研究方法；第二章介绍了供求与价格理论；第三章介绍了需求与供给弹性理论；第四章介绍了消费者选择行为理论；第五章介绍了生产理论；第六章介绍了成本理论；第七章介绍了市场结构与市场效率理论；第八章介绍了市场失灵与政府干预理论；第九章介绍了宏观经济数据及测量；第十章介绍了国民收入决定理论与经济增长；第十一章介绍了失业与通货膨胀理论；第十二章介绍了经济周期理论和宏观经济调控政策。（本书各章的编写分工是：李治国负责编写第一章、第四章、第六章、第八章和第十二章；杨坚负责编写第二章、第三章、第五章和第七章；霍江林负责编写第九章、第十章和第十一章。全书由李治国统稿。）

在本书的编写过程中，参考了大量专家学者的著作和研究成果，也通过网络搜集和采用了大量的资料，但由于篇幅有限，不能一一指出采用的观点及其出处，在此对原作者一并谢过！由于编者水平有限，书中纰漏和不足之处在所难免，恳请各位读者多多指正。

编　者
2015 年 12 月

目 录

第一章 导论 1
    学习目标 1
    学习重点 1
    学习难点 1
    引导案例 像经济学家一样思考 1
    第一节 西方经济学的定义 2
    第二节 研究对象和研究内容 5
    第三节 西方经济学的研究方法 11
    第四节 西方经济学的发展 14
    第五节 西方经济学的地位——为什么要学习经济学 16
    阅读材料 1-1 经济学发展的里程碑：亚当·斯密、马歇尔、马克思和凯恩斯 17
    本章小结 19
    课后习题 19

第二章 供求与价格 20
    学习目标 20
    学习重点 20
    学习难点 20
    引导案例 20
    第一节 需求 20
    第二节 供给 25
    第三节 供求均衡与价格 29
    阅读材料 2-1 "倒爷"有功吗? 32
    第四节 对供求规律的干预 32
    阅读材料 2-2 楼市价格调控 35
    本章小结 35
    课后习题 36

第三章 弹性——对价格-供求关系的度量 37
    学习目标 37
    学习重点 37
    学习难点 37

引导案例 37
　　第一节　需求弹性 37
　　阅读材料 3-1　农业长期相对衰落 44
　　第二节　供给弹性 45
　　第三节　弹性理论的运用 47
　　阅读材料 3-2　猪肉价格的大幅上涨 51
　　本章小结 52
　　课后习题 52

第四章　消费者选择行为理论 **54**
　　学习目标 54
　　学习重点 54
　　学习难点 54
　　引导案例 54
　　第一节　效用理论 55
　　阅读材料 4-1　吃三个面包的感觉 58
　　第二节　消费者偏好和预算约束 63
　　第三节　无差异曲线 66
　　阅读材料 4-2　垃圾中的边际效用 72
　　第四节　消费者选择 73
　　阅读材料 4-3　中国农村居民恩格尔系数首次降至 40%以下 77
　　第五节　收入效应和替代效应 78
　　阅读材料 4-4　吉芬之谜 79
　　第六节　不确定性下的消费者行为 80
　　本章小结 84
　　课后习题 85

第五章　生产理论 **87**
　　学习目标 87
　　学习重点 87
　　学习难点 87
　　引导案例 87
　　第一节　厂商 87
　　阅读材料 5-1　被堵住的公路 91
　　第二节　生产函数 91
　　第三节　边际收益递减和一种变动要素的合理投入 93
　　阅读材料 5-2　马尔萨斯的经济思想：人口增长+收益递减=饥饿 100

第四节　生产要素最佳组合 101
　　本章小结 109
　　课后习题 109

第六章　成本理论 111
　　学习目标 111
　　学习重点 111
　　学习难点 111
　　引导案例 111
　　第一节　成本与利润 111
　　阅读材料6-1　商场平时为什么不延长营业时间？ 116
　　第二节　短期成本 116
　　第三节　长期总成本 121
　　阅读材料6-2　旅行社在旅游淡季如何经营 127
　　第四节　收益和利润最大化 128
　　阅读材料6-3　全球每四个微波炉就有一台格兰仕 131
　　本章小结 131
　　课后习题 132

第七章　市场结构与市场效率 133
　　学习目标 133
　　学习重点 133
　　学习难点 133
　　引导案例 133
　　第一节　市场结构分类 133
　　第二节　完全竞争条件下的企业行为模式 135
　　阅读材料7-1　大型养鸡场为什么赔钱？ 140
　　第三节　完全垄断市场的厂商均衡 141
　　第四节　垄断竞争市场的厂商均衡 146
　　阅读材料7-2　一个最需要做广告宣传的市场 147
　　第五节　寡头垄断市场的厂商均衡 148
　　第六节　博弈论简介 150
　　案例1　进退两难的宝洁公司 153
　　案例2　"父子关系" 154
　　案例3　市场进入的贝叶斯纳什均衡 154
　　阅读材料7-3　囚徒困境 155
　　第七节　不同市场的经济效率比较 156

本章小结 158
　　课后习题 158

第八章　市场失灵与政府干预 160
　　学习目标 160
　　学习重点 160
　　学习难点 160
　　引导案例 160
　　第一节　市场失灵及其成因 160
　　阅读材料 8-1　搭便车 165
　　阅读材料 8-2　市场价格扭曲带来行业暴利　收入差距为何不断扩大 ... 174
　　第二节　解决市场失灵的微观经济政策 175
　　本章小结 185
　　课后习题 185

第九章　宏观经济数据及测量 187
　　学习目标 187
　　学习重点 187
　　学习难点 187
　　引导案例 187
　　第一节　宏观经济目标 187
　　阅读材料 9-1　2013 年我国经济社会发展的主要目标 191
　　第二节　国民收入核算 192
　　第三节　衡量宏观经济的其他指标 206
　　阅读材料 9-2　中国居民消费价格指数（CPI）的统计方法 208
　　本章小结 209
　　课后习题 209

第十章　国民收入决定与经济增长 211
　　学习目标 211
　　学习重点 211
　　学习难点 211
　　引导案例 211
　　第一节　宏观经济的构成 211
　　第二节　经济增长理论 213
　　阅读材料 10-1　增长悖论的经济解释 220
　　第三节　促进增长的政策 221

第四节　经济发展 229
　　阅读材料 10-2　中国经济存在的问题 232
　　本章小结 234
　　课后习题 234

第十一章　失业与通货膨胀 235
　　学习目标 235
　　学习重点 235
　　学习难点 235
　　引导案例 235
　　第一节　失业理论 235
　　阅读材料 11-1　我国目前失业统计体制及其问题 242
　　第二节　通货膨胀理论 243
　　第三节　失业与通货膨胀的关系 250
　　第四节　通货膨胀的治理 253
　　阅读材料 11-2　发生在世界各国的严重通货膨胀 257
　　本章小结 258
　　课后习题 259

第十二章　经济周期与宏观经济调控 260
　　学习目标 260
　　学习重点 260
　　学习难点 260
　　引导案例 260
　　第一节　经济周期分类与成因 260
　　阅读材料 12-1　"新经济世界"跳出了经济周期率？ 264
　　第二节　宏观经济政策工具 265
　　第三节　财政政策 268
　　第四节　货币政策 271
　　阅读材料 12-2　美国 1979 年货币政策的改变——醉汉开车的故事 275
　　第五节　供给管理政策 276
　　第六节　宏观经济政策的协调 279
　　阅读材料 12-3　对我国运用宏观调控应对金融危机的评价 282
　　本章小结 285
　　课后习题 285

参考文献 287

第一章 导 论

 学习目标

通过本章的学习,理解经济学的研究对象,懂得经济学的重要性,了解经济学的基本方法和体系。

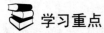 学习重点

（1）经济学的定义和重要性；
（2）经济学的发展；
（3）经济学的方法。

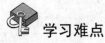 学习难点

经济学的定义　　实证与规范分析　　边际分析

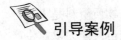 引导案例

像经济学家一样思考

在学习经济学之前,请先阅读约翰·梅纳德·凯恩斯的一段忠告：

经济学研究似乎不需要任何极高的特殊天赋。与更高深的哲学或纯学科相比,经济学不是一门极容易的学科吗？是一门容易的学科,但这个学科中很少有人能出类拔萃！这个悖论的解释也许在于杰出的经济学家应该具有各种天赋的罕见的结合。在某种程度上他应该是数学家、历史学家、政治家和哲学家。他必须了解符号并用文字表达出来。他必须根据一般性来深入思考特殊性,并在思绪奔放的同时触及抽象与具体。他必须根据过去、为着未来而研究现在。他必须考虑到人性或人的制度的每一部分。他必须同时保持果断而客观的情绪；像艺术家一样冷漠而不流俗,但有时又要像政治家一样脚踏实地。

现在,就让我们试着用经济学的思维来考虑并回答下列问题：

（1）你大学毕业后,回到充满机会但竞争激烈、生活成本高昂的大城市工作,还是去小城镇发展？
（2）发展中国家和地区争相引进外资,有利也有弊吗？
（3）最低工资法的实施能增进年轻人和不熟练工人的就业机会和福利状况吗？
（4）劳动力在区域间自由流动,对输出地和输入地的经济和居民福利有什么影响？
（5）既然自由贸易能增进双方的福利,为什么还要打贸易战呢？

西方经济学是现代市场经济理论之一,研究如何将有限的资源(即稀缺资源,如土地、森林、矿山、厂房、设备、劳务工时等)在生产者中分配,生产出来的产品又如何在消费者中分配,以达到人类现在与未来的最大满足。资源的相对有限性就是稀缺性(scarcity),稀缺性是人类社会面临的永恒问题。所以,西方经济学研究的基本问题就是:生产什么(what),如何生产(how),为谁生产(for whom)以及什么是个人或人类的满足度。因此,西方经济学被许多经济学家定义为研究稀缺资源在各种可供选择的用途之间进行分配与利用的科学。通俗地说,西方经济学就是一门研究如何节约的学问。

第一节 西方经济学的定义

每一门科学的产生都有其客观必然性。例如,天文学产生于游牧民族确定季节的需要,几何学产生于农业中丈量土地的需要。经济学产生于什么需要呢?西方经济学家认为,经济学产生于客观存在的稀缺性(scarcity)及由此所引起的选择(choice)的需要。

一、稀缺性

人们的谋生活动即物质资料的生产是人类社会赖以生存和发展的基础。人们要生存,就需要衣、食、住、行等物质资料,没有这些物质资料人类不能生存。物质资料是人类社会存在和发展的基本前提。但人们生产的物质资料受到自然资源与人类自身能力以及生产工具与社会制度的约束,其数量总是有限的,面对人们的多种需要是远远满足不了的。相对于人类无穷无尽的多种多样的需求来说,客观的物质资料是有限的、稀缺的,而世界物质资料的稀缺性的事实,就是经济问题产生的根源,也是经济学研究的出发点。

西方经济学家把满足人类欲望的物品分为自由取用物品(Free Goods)与经济物品(Economic Goods)。

自由取用物品,如阳光和空气,是自然界本来就存在的,不需要付出代价,不需要劳动加工就可以自由取用,其价格为零时,供给量仍然超过需求量,我们可以认为它是无限的。

经济物品,即需要人类利用自然界存在的各种资源,通过劳动加工才能够得到的物品。例如面包和汽车,必须支付费用才能得到,当价格为零时,其供给量必然不足。经济物品的不足是由生产它的资源的不足决定的。

自由取用物品是无限的,经济物品是有限的。但有限的经济物品在人类生活中占有十分重要的地位。

经济学家认为,人类的欲望即人们为了满足生理和心理上的需要而产生的渴求和愿望,是无限的、多样的。当一个较低层次的欲望得到满足时,另一个较高层次的欲望就会马上显现出来。正是这种无止境的欲望推动了人类经济社会的进步,但用来满足欲望的物质资料却不一定都能适应这种增长。相对于人类的无穷的欲望而言,"经济物品"或者说生产这些物品所需要的资源总是不足的,这就是稀缺性。

资源的稀缺性,不是指绝对数量的多少,而是指相对于人类欲望的无限性来说,再多的物品与资源也是不足的。从这种意义上看,稀缺性是相对的。从时间上看,无论是原始社会还是未来更高级的社会,这种稀缺性存在于社会的各个历史时期;从地域上看,无论是贫穷的非洲国家,还是富裕的欧美国家,对于人们的欲望来说,资源总是稀缺的。从这种意义上来说,稀缺又是绝对的。

二、选择

经济学家认为,由于稀缺性的普遍存在,从而引起选择的必要性,就必然产生经济学。

一切经济问题来源于稀缺性。如果满足人类欲望的物品和劳务数量超过人们所需要的数量,如阳光、空气,可轻而易举得到,那么人们不必做任何努力就能满足欲望。如果某人增加某一物品的消费量,不影响或不会减少他人用来满足其欲望所能得到的物品数量,那么经济问题就不存在了。然而,现实世界却不是这样。第一,产品有限,既定的经济资源只能提供一定数量的产品;第二,时间有限,也就是说人的生命是有限的,在一生中不能使一切欲望都得到满足;第三,劳务有限,人们欲望的满足要以他人提供劳务为条件,但他人提供的劳务也是有限的。因此,欲望是无限的,但满足欲望的方式是有限的。那么,怎样使用有限的物品和劳务,在有限的时间内满足无限欲望中最重要、最迫切的欲望,就成为人类社会经济生活的首要问题和第一课题。人们通常把这个矛盾称为"大炮与黄油的矛盾"。

大炮代表武器,能满足国民安全的需要,黄油代表食物,能满足国民吃饭的需要,两者都是经济物品,需要消耗资源才能生产出来,在社会资源和技术水平一定的情况下,多生产武器势必导致少生产食物,多生产食物则会导致少生产武器,这类似于我国古代思想家孟子所说的"鱼和熊掌不可兼得"。

假定一个社会拥有一定量的资源,且技术水平不发生重大变化,如果全生产武器可以生产 15 万门大炮,如果全生产食物可以生产 5 万吨黄油,在这两种极端的情况之间,还存在大炮与黄油的不同组合,如表 1-1 所示。

表 1-1 大炮与黄油的不同组合

可能性	黄油/万吨	大炮/万门	可能性	黄油/万吨	大炮/万门
A	0	15	D	3	9
B	1	14	E	4	5
C	2	12	F	5	0

根据表 1-1,我们可以作出图 1-1。

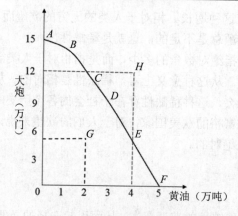

图 1-1 生产可能曲线

在图 1-1 中，连接 A、B、C、D、E、F 点的 AF 线是在资源既定和技术水平不发生重大变化的条件下所能达到的武器与食物的最大产量组合线，被称为生产可能线或生产可能性边界。AF 线内的任何一点（如 G 点，代表生产 2 万吨黄油和 6 万门大炮）都是现有资源条件和技术水平下能达到的产量组合，但是存在着资源浪费的现象。AF 线外的任何一点（如 H 点，代表生产 4 万吨黄油和 12 万门大炮）都是现有资源和技术水平下无法达到的产量组合。

"大炮与黄油的矛盾"使得我们面临着选择问题，如何利用有限的资源生产尽可能多的经济物品，以最大限度地满足自身的各种欲望。图 1-1 明确地告诉我们，鱼和熊掌是不可兼得的，要想多得到鱼就必须放弃一部分熊掌，同样，要想多得到熊掌也必须放弃一部分鱼，也就是说鱼和熊掌是互为成本的。这里讲的成本和会计上所讲的成本是不同的，经济学称之为机会成本。所谓机会成本是指当把一定资源用于生产某种经济物品时所放弃的其他用途能产生的最大收益。

例如，某一块土地投入相同的成本，可以有三种结果：第一，产出 200 千克棉花，价值 1 000 元；第二，产出 800 千克小麦，价值 800 元；第三，产出 500 千克蔬菜，价值 900 元。如果土地的所有者种植棉花，那么他就放弃了生产小麦和蔬菜的机会，这时他的机会成本是 900 元；同理，如果他选择种植小麦或者蔬菜，他的机会成本都是 1 000 元。可见，机会成本能够帮助我们解决经济学中的选择问题。

在人类社会活动中，人们时时处处在选择、决策、行动。经济学中所研究的选择的含义是：为最大限度地满足人们的欲望或需要，怎样利用现有的资源生产经济物品。可以看到，稀缺性的存在与选择的必要结合，使经济学的产生成为客观的必然。

社会经济活动中，每个人和每个单位为了达到既定的经济目标，都会进行最有利的选择。因此，人们之间或单位之间对稀缺资源的占有和利用必然会出现激烈竞争和利益冲突，人们的经济行为应受到制度规则的约束和控制，于是调节社会各阶层、各经济主体之间利益冲突的经济制度就产生了。从选择实际来看，经济学是一门研究怎样协调个人或团体选择制度和体系的科学。

三、西方经济学的定义

从经济学的产生看其含义是广泛而丰富的。到底什么是经济学？不同时代的不同经济学家有不同的定义与观点。

有的人从经济学研究和考察人们的经济活动角度，认为经济学是研究人类社会生活中的经济问题的一门学科；有的人从面对稀缺性现实必须做出选择的角度，认为经济学是研究经济主体怎样进行选择的一门学科；有的人从经济主体为既定目的而参与经济活动的角度，认为经济学是研究经济主体在经济活动中的经济行为的一门学科；有的人从有限经济资源的配置的角度，认为经济学是研究经济资源的有效配置的一门学科；有的人从经济社会的福利角度，认为经济学是研究在既定资源条件下怎样增加社会经济福利的一门学科。

20世纪30年代起被经济界广为接受的定义是英国经济学家L·罗宾斯提出的。1932年，罗宾斯在出版的《论经济科学的性质和意义》一书中，把经济学定义为研究稀缺资源在各种可供选择的用途中间进行分配的科学。他认为"经济学是一门科学，他把人类行为作为目的与可以有其他用途的稀缺资源之间的关系来研究""经济学是研究用具有各种用途的稀缺手段来满足人们目的的行为科学。"实际上，罗宾斯更明确了目的与手段的观点，强调经济资源的稀缺性和人们面临选择的问题。

美国在20世纪60年代末出版的《国际社会科学百科全书》中给经济学下的定义，认为"按广泛接受的定义，经济学研究的是稀缺资源在无限而又有竞争性的用途之间配置的问题。它是一门研究人与社会寻求满足他们的物质需求与欲望方法的社会科学，这是因为，他们所支配的东西不允许他们满足一切愿望。"

美国经济学家、1970年"诺贝尔经济学奖"获得者萨缪尔森的《经济学》一书对经济学下的定义是："经济学是研究人和社会如何进行选择使用可以有其他用途的稀缺资源生产各种商品，并在现在或将来把商品分配给社会的各个成员或集团以供消费之用。"

中国学者高鸿业教授将西方经济学概括为五个方面的内容：第一，企事业管理的经验和方法；第二，对某一经济领域或专题研究；第三，对经济问题的历史性研究；第四，研究经济问题的方法；第五，偏向于纯理论方面的研究。

综上所述，西方经济学的定义是：为了最大限度地满足人们的需求（目的），而研究如何有效配置和利用经济资源（手段）的一门社会科学。

第二节　研究对象和研究内容

根据研究对象所包括的范围大小不同，西方经济学从总体上可分为微观经济学（microeconomics）和宏观经济学（macroeconomics）两大部分。前者研究资源配置问题，后者研究资源利用问题，两者既互相区别又互相联系。

一、微观经济学

1. 微观经济学的含义

"微观"（micro）有"小"的意思，微观经济学就是"小经济学"，它以单个经济单位及单个市场的经济行为作为考察对象，利用个量分析方法研究微观经济中各有关经济变量的决定及其变化，试图说明价格机制如何解决社会的资源配置问题。

在理解微观经济学定义时，要注意以下几点：

第一，研究的对象是单个经济单位的经济行为。单个经济单位指组成经济的最基本的单位：居民户（households）和厂商（firms）。居民户也称家庭，是经济中的消费者；厂商也称企业，是经济中的生产者。因此，微观经济学又称为个量经济分析或个体经济分析。

第二，达到的目标是最大化。单个经济单位的行为目标是实现最大化。居民户和厂商经济行为的目标均假设为实现最大化，即作为消费者的家庭如何以既定收入获得最大的效用或满足；作为生产者的厂商如何把有限的资源用于各种商品的生产，以实现最大的利润。最大化目标是在一定约束条件下实现的。

第三，解决的问题是资源配置。资源配置包括前面所说的西方经济学研究的三个基本问题：生产什么？如何生产？为谁生产？解决资源配置问题的目的是使资源配置达到最优，使这种资源配置能给社会带来最大的经济福利。微观经济学通过分析研究单个经济单位的最大化行为，来解决社会资源的最优配置问题。因为如果每个经济单位都实现了最大化，那么整个社会的资源配置也就实现了最大化。

第四，核心理论是价格理论。在市场经济中，引导和支配居民户与厂商行为的是价格。生产什么、如何生产和为谁生产都由价格决定。价格像"一只看不见的手"，调节着整个社会的经济活动。微观经济学就是要说明价格如何使资源配置达到最优化的，因此，价格理论是微观经济学的核心，其他内容是围绕这一核心问题展开的。所以微观经济学也被称为价格理论。

第五，研究方法是个量分析法。微观经济研究中的个量分析法着眼于个体，侧重于数量分析，研究经济变量的单项数值如何决定。例如，某种商品的价格值，就是价格这种经济变量的单项数值。微观经济学假定总体（即经济制度、经济总量等）是既定的、已知的和不变的，分析个量的决定、变动及其相互间的关系。

2. 微观经济学的基本假设

微观经济学在进行经济分析时，有三个基本假设：理性人的假设、完全信息假设和市场出清假设。

第一，理性人的假设。这一假设是指参与经济活动的居民户和厂商都有各自的动机，但都是为了追求自己的私利，都是以利己为目的的理性经济人，他们自觉地按利益最大化的原则行事，企图以最小的代价换取最大的利益。既能把最大化作为目标，又知道如何实现最大化，这实际上是亚当·斯密的"经济人"理论。亚当·斯密认为，经济人在追求自己私利的同时就会增进社会利益。现代西方经济学中的理性人包括参加经济活动的所有的人，作为理性经济人，其行为动力是自己的利益，行为目标是最优化或最大化。

第二，完全信息假设。这一假设是指每一个参与经济活动的消费者和厂商可以免费而迅速地获得各种经济信息。因此，经济中不存在任何不确定性，经济人根据完全信息能及时地对价格信号做出反应，以实现其行为的最优化。

第三，市场出清假设。这一假设认为在价格可以自由调节市场的情况下，一定会实现充分就业的供求均衡状态，即没有过剩也没有不足，达到市场出清。具体来说，物品价格的调节使商品市场均衡，利率（资本价格）的调节使金融市场均衡，工资（劳动价格）的调节使劳动力市场均衡。在这种均衡的状态下，资源可以得到充分利用，不存在资源闲置或浪费问题。因此，微观经济学就是在假设资源充分利用的情况下来研究资源配置问题的。

3. 微观经济学的主要内容

微观经济学包括以下理论：

（1）均衡价格论，即价格理论。主要是马歇尔的供求均衡价格论，即需求和供给相互作用决定价格，价格又反过来调节需求和供给，调节消费者和生产者的行为。这是核心内容，微观经济分析就是围绕它而展开的。

（2）消费者行为理论，即效用理论。研究消费者怎样把既定收入分配于商品和劳务的消费上，以实现最大化的满足或效用。

（3）生产者行为理论，包括了生产理论、成本理论、收益理论和市场结构与厂商理论。研究生产者怎样把有限的资源用于各种商品的生产上，达到利润最大化。

（4）分配理论，即生产要素价格决定的理论。研究产品按照什么原则分配给社会的各个成员，以及工资、利息、地租和利润都是怎样决定的。

（5）一般均衡理论和福利经济学。考察全社会的所有市场如何实现均衡，经济资源怎样实现最优配置，社会经济福利怎样实现最大化。

（6）微观经济政策。在考察了市场作用、市场失灵和政府职能以后，分析了微观经济政策目标——平等与效率的关系，介绍了反垄断政策、公共物品和公共选择、外部影响和环保政策与收入分配均等化政策。

二、宏观经济学

1. 宏观经济学的含义

宏观经济学（macroeconomics）一词是由挪威经济学家、第一届诺贝尔经济学奖（1969年颁布）获得者弗里希（R.Frisch, 1895—1973）在1933年提出来的。

"宏观"（macro）有"大"的意思，宏观经济学就是"大经济学"，它以整个国民经济活动为研究对象，利用总量分析方法研究国民经济中各个有关总量的决定及其变化，来说明资源怎样才能得到充分利用。

在理解宏观经济学的定义时,应注意以下几点:

第一,研究的对象是整个经济。这就是说,宏观经济学不研究经济中的各个单位,而是研究由各个单位所构成的整体。例如,宏观经济学考察国民生产总值和国民收入指标而不是个别厂商的效益,分析社会一般物价水平而不是个别商品的价格,研究整体就业问题而不是个别厂商中的就业情况等。也就是说,宏观经济学要对有关经济总量进行分析,对整个经济的运行方式与规律进行分析,从整体上研究经济问题。

第二,解决的问题是资源利用。宏观经济学在经济资源既定的情况下,研究现有资源为什么没能得到充分利用,如何才能达到充分利用,达到充分利用的途径以及如何实现经济稳定增长等问题。因此,宏观经济学是研究资源利用的经济学。

第三,核心理论是国民收入决定理论。宏观经济学把国民收入作为最基本的总量,以国民收入决定为中心来研究资源利用问题,来分析整个国民经济的运行。国民收入决定理论被称为宏观经济学的核心。宏观经济学的其他理论都是围绕这一核心而展开的。因此,宏观经济学又被称为国民收入决定论或国民收入分析。

第四,研究方法是总量分析法。经济总量是指能反映整个经济运行情况的经济变量,如总需求、总供给、总的就业水平、总的物价水平等。这种总量有两类:一是个量的总和或加总。例如,国民收入是构成整个经济各单位收入的总和;总投资是指全社会私人投资和政府投资的总和;总消费是指参与经济活动各单位消费的总和。二是平均量或比例量。例如,价格水平是各种商品与劳务的平均价格水平并以某时期的基期计算的百分比;利息率是利息与借贷资本的百分比。总量分析就是考察社会经济活动中的总量的决定、变动及其相互关系,进而说明整个经济的状态和全貌。因此,宏观经济学也称为总体经济学。

2. 宏观经济学的基本假设

宏观经济学产生于 20 世纪 30 年代,由英国经济学家凯恩斯(J.Keynes)于 1936 年出版的《就业利息和货币通论》中提出,它的基本假设有以下两个:

第一,市场机制是不完善的。20 世纪 30 年代出现的空前严重的经济大危机,使经济学家认识到,如果只靠市场机制的自动调节,经济就无法克服危机和保持充分就业,就会在资源稀缺的同时产生资源的浪费。如果要使资源得到合理配置,同时得到充分利用,仅仅依靠市场机制是不行的。

第二,政府有能力调节经济。政府可以通过观察和研究认识经济运行的规律,并采取适当的手段干预调节经济,以克服经济萧条和通货膨胀,实现充分就业。宏观经济学正是建立在信任政府有能力调节经济的基础之上的。宏观经济学研究的前提就是政府可以调节经济。

3. 宏观经济学的主要内容

宏观经济学主要包括以下内容:

(1)国民收入决定理论。宏观经济衡量涉及国民收入核算理论。国民收入是反映一个国家经济资源利用状况和整个国民经济状态的基本指标和尺度。国民收入决定论从总需求和总供给出发,考察与分析国民收入决定及其变化的规律。这是宏观经济学的核心。

(2) 失业和通货膨胀理论。当今世界各国都受到失业和通货膨胀的困扰,这是经济领域一个最主要的且最迫切需要解决的问题。宏观经济学把失业和国民收入联系起来,提出了奥肯定律;把失业和通货膨胀联系起来,提出菲利普斯曲线,分析失业和通货膨胀发生和并存的原因,提出对策以便寻求摆脱困境的途径。

(3) 经济周期和经济增长理论。经济周期理论考察和研究国民收入的短期波动,经济增长理论分析国民收入长期增长的条件和趋势。这部分理论要研究国民收入短期波动的原因、长期增长的源泉等问题,以促进经济长期稳定地发展。

(4) 宏观经济政策。宏观经济学为国家干预与调节经济生活提供支持,为经济政策的选择和制定提供理论基础。宏观经济政策则是为干预和调节经济提出具体措施,包括经济政策目标、政策手段以及怎样配合运用各种经济政策来达到政策目标。

三、微观经济学与宏观经济学的关系

微观经济学与宏观经济学是西方经济学的两大组成部分,从以上的讨论中可以看出,它们在研究的对象、解决的问题、核心理论和分析方法上都不相同。但它们又是相互补充的,彼此之间有着密切的联系。

1. 两者的密切关系

(1) 微观经济学和宏观经济学是相互补充的。经济学研究的目的是实现社会经济福利最大化,要求做到:实现经济资源的最优配置,实现现有经济资源的充分利用。微观经济学在假定资源已经实现充分利用的前提下,考察怎样达到最优配置的问题;宏观经济学在假定资源已经实现最优配置的前提下,考察怎样达到充分利用的问题。两者都从不同角度研究社会经济问题,所以两者之间不是互相排斥而是互相补充的,只有把两者紧密联系和结合起来,才能构成经济学理论的完整体系。

(2) 微观经济学和宏观经济学都有一个共同假定的制度前提,这也是整个西方经济学的一个假定前提,即经济制度是既定的,在经济制度不变的条件下致力于分析经济活动中的数量关系与变化。

(3) 微观经济学和宏观经济学所使用的分析方法除个量与总量分析外,大多数是相同的。例如,实证分析与规范分析,均衡分析与过程分析,静态分析、比较静态分析和动态分析、边际分析等。广泛运用经济模型,数量经济分析等。

(4) 微观经济学是宏观经济学的基础。首先,总量是由个量加总而成的,宏观经济分析总是以一定的微观经济为基础,不理解单个经济单位的经济行为,就不可能对全社会的整体经济行为作出恰当的分析。例如,就业理论和通货膨胀理论作为宏观经济学的重要组成部分,总要涉及劳动的供求和工资的决定理论、商品价格决定理论,而充分就业的宏观经济模型正是建立在以完全竞争为假定前提的价格理论和工资理论基础之上的。其次,个量又不能离开总量而存在，所以微观经济理论又必须以宏观经济理论为其存在的条件和前提，宏观经济学与微观经济学实际上是整体和构成整体的个体之间的关系。因此，"宏观"与"微观"只是研究的范围、视野的宽与窄的区别，而不存在立场、观点的差别，它们的研究目的是相同的，都是通过对人们的经济活动提供正确的指导来实现资源优化配置，从而实现全社会经济福利的最大化。

（5）宏观经济活动不能简单归结为微观经济活动之和。表面上看，宏观经济活动是由微观经济活动综合而成的，但对经济规律不能做出这样简单的综合。许多结论在微观分析中看来是正确的，但放到宏观分析中可能得出相反的结论。经济学家把这种现象称为"复合的错误"。例如，个别厂商降低工人的工资，那么其生产成本会因此而下降，从而导致厂商利润的增加；可是从宏观分析来看，假如所有的厂商都降低工人的工资，那么整个社会的购买力会因工人收入的减少而下降，造成社会产品过剩，结果导致厂商利润下降。再如，从个人角度看，储蓄是一种美德。但从宏观分析来看，如果整个经济处于萧条时期，主张节俭只能加速萧条，使失业率继续上升。

2. 微观经济学和宏观经济学比较

表 1-2 对微观经济学和宏观经济学的各个方面作了简要比较，微观经济学侧重于微观经济主体行为的分析，宏观经济学侧重于政府行为的分析。

表 1-2 微观经济学与宏观经济学的比较

划分 项目	微观经济学	宏观经济学
名称	小经济学、个体经济学、价格理论	大经济学、总体经济学、收入理论
理论来源	马歇尔的新古典经济学	凯恩斯及凯恩斯派经济学
基础理论	供求均衡价格论	有效需求原理
基本假设	资源稀缺、充分就业	需求不足，存在失业
研究对象	原子经济行为与活动 形象比作研究树木	整体经济行为和活动 形象比作研究森林
研究方法	个量分析、价格分析 形象比作 Worm's eyes-view（虫瞰）	总量分析、收入分析 形象比作 Bird's eyes-view（鸟瞰）
经济主体	理性经济人、家庭、厂商	社会整体、政府代表公众
主体动机	自己私利与社会福利最大化	经济稳定增长，福利增长
政策目标	平等、效率、个人自由	充分就业、物价稳定、经济增长、国际收入平衡
政策手段	反垄断、公共选择、环境保护、分配均等化等政策，针对市场失灵	财政、金融、收入、人力、直接与间接管制、出现政府失灵
制度环境与调节	私有制、市场经济、看不见的手为主看得见的手结合调整	私有制与国有化、混合经济、市场经济是基础，看得见的手与看不见的手结合

尽管将西方经济学划分为微观经济学和宏观经济学，但是由于不同的经济学家有不同的理解，至今仍有些经济学家对这种划分持反对的态度。美国新制度经济学派代表加尔布雷斯公开反对，认为把经济学分为微观经济学和宏观经济学"是一种不幸"。新剑桥学派代表、英国经济学家琼·罗宾逊也反对这种划分。他认为微观问题——关于各种商品的相对价格以及个人、厂商和家庭的经济活动——如果不联系它们赖以存在的结构以及周期变动和长期变动过程，就无法考察，只是凭空讨论。同样关于积累和有效需求的宏观理论，则是微观的概括。没有微观理论，就没有宏观理论。第二次世界大战后，一部分西方经济学家致力于所谓"宏观"与"微观"衔接问题和综合问题的研究，试图建立一个新的"宏""微"一体的经济理论体系。这表明微观经济学与宏观经济学会出现逐渐融合的趋势。

第三节 西方经济学的研究方法

经济问题，同其他科学一样，都有自己的研究方法。经济学家的工具箱中，下面的工具方法是常用的。

一、实证经济学与规范经济学

经济学从研究方法的分类角度可分为实证经济学（Positive Economic）和规范经济学（Normative Economics）。实证经济学只研究经济现象"实际是怎样的"（What is）；规范经济学则研究经济活动"应该是怎样的"（What ought to be）。

实证分析法不带价值判断，所表述的问题可以用事实、证据，或者从逻辑上加以证明或证伪。例如，分析"中央银行的存款利率提升多少可以带动多少存款的增加"，就属于实证分析的问题。

规范分析法是以一定的价值判断为基础，提出分析问题的理论标准，并研究如何符合这些标准。它研究的内容没有客观性，其结论也无法通过事实来直接检验。例如，经济增长会带来就业的增加，但同时也会带来通货膨胀。那么到底应该把消除通货膨胀放在优先的地位，还是把提高就业率放在优先的地位呢？这是一个规范的问题。

二、均衡和最优化分析法

微观经济学所采用的分析工具主要是均衡和最优化分析。这两个工具正好用来解决微观经济学的两类基本问题：经济个体的理性行为，以及它们之间的相互作用和相互关系。前者是优化问题，后者是均衡问题。例如，一个大学生毕业后，是继续读研究生还是直接参加工作就是个体面临的决策问题，即从各种可能中选择达到某一目标的最佳行为，因此要借助于最优化理论。如果越来越多的大学毕业生想考研究生，那么录取分数线将提高还是降低？这里要解决的问题是：经济个体各自在作最优决策时，他们之间是如何相互影响、相互制约而达到一定的平衡的。

例如,你在水果市场买水果,卖主的要价是每斤 5 元,而你的出价是每斤 3 元,最后通过一番讨价还价,你以每斤 4 元的价格买了 5 斤。这一均衡价格的实现,意味着如果价格高于或者低于 4 元,买卖双方中总有一方会受损失,因而难于达成交易,而 4 元的价格是双方都能接受的,这就是均衡。

三、博弈分析方法

当经济个体的理性行为包括策略性行为时,均衡的内涵就更加丰富、更加复杂了。均衡分析又称为对策论,就是研究决策主体的行为发生直接相互作用时的决策以及这种决策的均衡问题。一般而言,博弈表现为两个或者两个以上具有利害冲突的参与人或当事人处于一种互不相容的状态中,一方的行动取决于对方的行动,每个参与人的收益都取决于所有参与人的行动。当所有参与人都选择了自己的决策时,博弈的结果就暂时确定下来。在经济学中,博弈分析是研究当某一经济主体的决策受到其他经济主体决策的影响,同时该经济主体的相应决策又反过来影响其他经济主体选择时的决策问题和均衡问题。博弈从不同的角度可分为不同的类别,主要包括静态博弈和动态博弈、完全信息博弈和不完全信息博弈、合作博弈和非合作博弈。

四、边际分析法

边际是指自变量发生微小变动时,在边际上"因变量"的变化率。经济学引入的边际分析,是指增加最后一单位自变量时所带来的因变量的变动量。在日常生活中,人们习惯于计算总量和平均量,如利润总额、人均收入等,在早期的经济学分析中也是这样。但随着微积分的成熟,经济学家发现,运用增量分析更能洞察经济事务变化的趋势。有了边际分析法,可以为上述的均衡分析提供有力的工具。

例如,一架 200 个座位的飞机一次飞行的成本是 10 万元。在这种情况下,每个座位的平均成本是 500 元。有的人认为航空公司所定机票的价格不能低于 500 元。但如果从边际角度来分析的话,如果在飞机起飞前仍然有 10 个空座位,有乘客愿意出 200 元买这个空座位,那么航空公司可以接受这个价格吗?答案是肯定的。此时对于飞机来讲,再增加一个乘客多付的成本是微乎其微的。虽然一个座位的平均成本是 500 元,但边际成本可能仅仅是飞机提供的一份薯条而已。只要乘客所支付的钱大于边际成本,出售剩余的机票都是有利可图的。边际分析的应用,使得西方经济学理论精密化,推动了经济学的发展,被人们称为经济学的"边际革命"。

五、经济模型

经济模型是用来描述所研究经济现象的有关经济变量之间依存关系的理论结构。它一般可以用语言文字、几何图形、数学符号三种方式表示。一个实证的经济模型主要包含定义、假设、假说和预测四部分。建立一个经济模型的步骤是：明确定义、作出假设、提出假说、进行预测。

"模型"在科学研究和日常生活中比比皆是。地图是我们日常生活中常用的模型，地图上虽然没有标出每幢房屋、每棵树木，却不失为指路的好向导。经济模型对经济现实的概括，同样有助于人们对经济规律的理解和认识。如利用经济模型可以预测在其他条件不变的情况下，当原材料的价格上升10%时，厂商的产量将会下降多大幅度。经济模型的分析离不开经济量，实证经济学所涉及的基本上是经济量之间的关系。在经济模型中，对经济量的特征作了若干规定。例如，把经济量分为常量（Constant）与变量（Variable）、内生变量（Endogenous Variable）与外生变量（Exogenous Variable）、存量（Stock Variable）与流量（Flow Variable）等。

六、经济学中的数学

经济学中的一个重要特征是大量运用数学分析工具，经济文献中充斥着大量的表格、图形、公式和数字。可以说，如果经济学没有采用数学，经济学就不可能成为现代经济学。诺贝尔经济学奖获得者中，有不少人本身就是数学家。我们应该如何看待经济学中的数字化倾向呢？

我们可以将数学在经济学中的作用或影响归结为两点：

（1）数学使经济学研究和叙述更加精致和高效。萨缪尔森指出，数学是一种高效的语言，用低效的文字表述会降低思想的效率，并导致无谓的争议。在经济学中大量运用数学工具是欧美数理经济学家擅长之处。华人经济学家杨小凯指出，数学是各学科的超级语言。马克思在其经济学名著《资本论》一书中也有许多数学公式，使人过目不忘的 $C+V+M=W$ 公式就远比其文字意义（不变资本消耗+可变资本消耗+剩余价值=产品价值）更为精练。

（2）数学的引入，在有利于经济学知识的保存和传播的同时也带来某种困惑。例如，一种精深的经济思想，如果不能转化为数学模型来叙述，就不容易被理解，进而会被遗忘；相反，一种浅薄的经济学思想，如果能用数学方法表述得非常完美、精致，就有机会进入主流经济学而被代代相传。经济理论过于追求数学化方向，使得数学在当代经济学中有时显得喧宾夺主，甚至出现了脱离基本经济事实的现象。

因此，数学之于经济学，说到底也只是一种分析工具，而不是经济学本身，不能用数学分析来代替伟大经济思想的涌现。数学的引入，只是使人们在表述经济思想时更加简洁了。套用一句俗话，数学对于经济学来说不是万能的，但经济学家不懂数学却是万万不能的。

七、微观经济学和宏观经济学

自1936年凯恩斯在英国剑桥大学发表了《就业利息和货币通论》之后，经济学开始分为微观经济学和宏观经济学两个部分。微观经济学研究单个经济单位的经济行为。例如，单个企业如何把有限资源分配在各种商品的生产上以取得最大利润；单个家庭或消费者如何把既定收入分配在各种商品的消费上以取得最大效用。微观经济学核心理论是价格理论。宏观经济学着眼于国民经济的总量分析，考察整个国民经济的活动情况，是以国民经济总体、整个社会的经济活动为研究对象的。例如，宏观经济学分析的是一般物价水平，而不是个别商品的价格；是国民生产总值和国民收入，而不是个别厂商的收入；是总的就业情况，而不是个别厂商中的就业情况等。宏观经济学核心的理论是国民收入决定理论。

微观经济学和宏观经济学的区别既在于内容和视角的不同，也在于方法论的不同。宏观经济学主要依赖于可以观测的经济变量之间的关系，基本上是归纳法；而微观经济学侧重于逻辑推演，以演绎为主。

第四节　西方经济学的发展

经济学作为一门社会科学，主要研究人类的行为，尤其是市场体系中人的行为，而市场经济是随着资本主义生产方式的兴起而产生的，因而在历史上的绝大部分时间里，经济学不是脱离一般社会思想的独立体系，甚至到了 18 世纪晚期，经济学的创始人亚当·斯密还把经济学看作是法律学的一个分支。根据不同历史时期的经济学思想与理论的发展特点，经济学可以分为这样几个阶段：前古典经济学、古典经济学、新古典经济学和当代经济学。

一、前古典经济学

经济学思想最早产生于古希腊思想家的著作中，色诺芬在其《经济论》中第一次提出了"经济学"这个词；柏拉图和亚里士多德等均在其著作中或多或少地涉及了经济学的一些理论和概念。他们的经济学思想经古代罗马人、早期基督教和欧洲中世纪的经院学派的继承与发展，到了资本主义早期发展阶段时，产生了一个有较大影响的思想流派，即重商主义。

重商主义产生于 15 世纪、终止于 17 世纪中期，其代表人物包括英国人约翰·海尔斯、托马斯·曼，法国人安·德·孟克列钦和德国人让·巴蒂斯特·柯尔培尔等。重商主义体系的基本内容是国家干预主义、贸易顺差和外汇管制。他们认为金银形态的货币是财富的唯一形态，一国增加财富的唯一手段就是发展对外贸易，因此，重商主义非常重视对外贸易。他们主张国家采取各种措施和政策鼓励出口、限制或禁止进口，通过贸易顺差让国家积累大量财富，同时对外汇进行管制，不让货币外流。

重商主义的这些主张反映了原始积累时期资本主义经济发展的要求，从现在的观点来看，他们的很多观点都是错误的，还没有形成一个完整的经济学理论体系，并且他们的研究领域主要集中于流通领域，因而，还不能称之为真正的经济学，而只能说是经济学的早期阶段。

二、古典经济学

　　古典经济学从1776年开始,至19世纪70年代结束,这也是经济学的形成时期。1776年,英国经济学家亚当·斯密出版其代表作《国民财富的性质和原因的研究》(简称《国富论》),标志着现代经济学的诞生,也宣布了古典经济学派的诞生。古典经济学的其他代表人物主要有大卫·李嘉图、约翰·斯图亚特·穆勒等。

　　古典经济学的研究重心是如何增加国民财富,与重商主义不同,他们认为财富是物质产品而不仅仅是货币,增加财富的途径是通过增加资本积累和分工来发展生产。在政策主张上,古典经济学主张自由放任,即政府不干预经济。他们认为市场体系中的价格是一只"看不见的手",由其来调节经济,可以把个人的利己行为引向增加国民财富和社会福利的行为,因此,价格调节经济就是正常的自然秩序,政府也就没有必要去干预经济的运行了。

　　自由放任是古典经济学的核心,反映了自由竞争时期经济发展的要求。古典经济学家把经济研究从流通领域转移到生产领域,使经济学真正成为一门有独立体系的科学。

三、新古典经济学

　　19世纪70年代,奥地利经济学家门格尔、英国经济学家杰文斯和法国经济学家瓦尔拉斯等人不约而同地提出了边际效用价值论,即认为商品的价值取决于人们对商品效用的主观评价,被称为"边际革命",标志着古典经济学的结束。1890年,马歇尔出版其代表作《经济学原理》,综合了上述三人和当时其他一些经济学家的代表性观点,从而形成了一个综合的、折中的经济学理论体系,史称新古典经济学。

　　新古典经济学坚持自由放任思想,认为政府不要干预经济,因而是古典经济学的延续。之所以称之为新古典经济学,是为了表明其与古典经济学的不同之处。新古典经济学采用一个新的分析方法——边际分析法,同时也将经济学的研究重点从生产转向消费和需求,将资源配置作为经济学研究的重心,主要探讨价格如何调节经济达到资源的最优配置,因而也被称为价格理论。这一阶段是微观经济学的形成和发展时期。

四、当代经济学

　　20世纪30年代,蔓延整个资本主义社会的大危机出现,新古典经济学论述的市场能比较完善地调节经济的神话被打破,新古典经济学理论面对新的问题显得无能为力。在这种情况下,1936年凯恩斯出版了其代表作《就业、利息和货币通论》,打破了自由放任的经济学传统思想,主张国家干预经济,同时提出了以国民收入决定为理论中心,以国家干预为政策基调的现代宏观经济学体系,以应对当时的资本主义大危机。这也是经济学说史的第三次革命——凯恩斯革命,其标志着宏观经济学的产生。

在凯恩斯经济理论的指导下，第二次世界大战后西方各国都加强政府干预，美国经济学家保罗·萨缪尔森把凯恩斯的宏观经济学与新古典经济学和微观经济学结合在一起，形成了新古典综合派，也形成了当代经济学的由微观和宏观两部分共同组成的格局。新古典综合派是20世纪50年代到20世纪60年代的主流经济学派别。20世纪60年代末，美国等国出现的"滞胀"又引起了经济学家对国家干预主义的再思考，从而导致自由放任思想的再度复兴，以弗里德曼和卢卡斯、科斯等为代表的一大批当代著名经济学家都是自由放任思想的拥护者。

当代经济学是一个综合了微观经济学和宏观经济学的庞大理论体系，在经济学的内部派系林立、分歧巨大，但是我们可以根据其经济哲学思想的不同而将它们划分为两大派别：一派是新古典主义经济学，也称新自由主义经济学，他们坚持了古典经济学和新古典经济学的传统，主张自由放任，政府不干预或少干预经济；另一派是新凯恩斯主义经济学，他们继承和发展了凯恩斯的经济学理论，主张政府干预经济的运行，也称新干预主义经济学。

第五节　西方经济学的地位——为什么要学习经济学

经济学是经济学家提供给社会大众的一种改进生活、认识世界的武器。或许你并不想做一名经济学家，但你仍然应该学点经济学。

一、学习经济学有助于作出更好的个人决策

人在一生中需要作出各种各样的经济决策。例如，在即将完成高中学业的时候，你需要决定是否去上大学；在大学毕业的时候，你需要决定是读研究生还是找工作；在工作之后，你要决定如何支配你的收入，如多少用于消费、多少用于储蓄；有一天你成了企业的经理，你需要决定你的企业应该生产什么产品、产品的售价是多少，如此等等。决策为什么很重要？因为资源是有限的——你的时间有限，收入也有限。如果你高中毕业就想参加工作，就没有时间上大学；如果你把钱用于买房子，就可能没有钱再来买汽车。因此，你必须在各种竞争性的需求之间分配你有限的资源。更为复杂的是，你的决策常常是在不确定的情况下作出的。例如，当你选择学无线电专业时，你并不确定你毕业的时候这个专业的就业前景如何。为了避免决策的失误，你需要一些理论的指导。经济学是有关个人选择的科学，学习经济有助于你作出更好的决策。明白了这一点，你就明白了为什么经济学是西方大学里听众最多的选修课了。

二、学习经济学有助于理解生活于其间的世界是如何运转的

你的生活状况不仅取决于你自己的决策，而且依赖于其他人的决策，以及周围环境的变化。理解你周围的世界如何变化，自然有助于改进你的决策。你可能对生活中的许多事

情感到惊奇。例如,当你在大街上感觉饥肠辘辘时,走进一家饭馆就可以点菜,而无须回家自己做饭。而事实上,你事前并没有通知饭馆的老板为你准备饭菜。那么,是什么因素使你得到你想要的东西?经济学是有关人们之间的决策如何相互作用的科学。学了经济学,你就可以明白市场这只"看不见的手"如何使自利的个人为大家服务。

三、学习经济学有助于理解政府政策的优与劣

每个社会都离不开政府,学习了经济学,你就会明白我们为什么需要政府。我们需要政府,是因为存在诸如外部性、公共产品这样的资源,依靠市场不能达到有效配置。例如,如果没有政府的干预,自私自利的企业家也许会使你喝太多的污水;如果没有政府,私人部门也许不会提供给你诸如路灯这样的公共产品。特别地,我们需要政府来提供市场交易所需要的规则和秩序这样一类公共产品,需要政府保护我们的个人财产和人身安全。但政府对市场的过多干预常常导致供给不足、价格扭曲、资源浪费、垄断横行。政府的政策选择不仅影响整个社会的资源配置效率,而且影响包括你在内的每个公民的福利。因此,当你希望政府制定某种政策时,你必须谨慎考虑这种政策的不利后果,而经济学常识有助于你思考这样的问题。例如,作为消费者,你也许会认为政府应该对商品的价格作出限制,而经济学会告诉你,这样做的后果是你也许再也买不到这种商品了。

四、学习经济学可以改进思考方式

经济学是一门科学。科学是什么?科学是一种思考问题的方式。如同天文学家通过观测天体现象来归纳天体运行规律一样,经济学家通过观测现实经济现象归纳经济规律。经济学家有自己的语言和思维方式。诸如需求、供给、弹性、消费者剩余、机会成本、比较优势、信息不对称等,是经济学的基本语言。掌握了这些经济学语言,你就可以更好地思考你周围的世界是如何运行的。外行人常常批评经济学家看问题过于简单,而他们忘了,科学的力量就在于把复杂的现象简单化。经济学就像一张指路图,舍弃了现实中的许多细节,却使你更清楚自己要去的地方。你没有必要成为一位经济学家,但知道经济学是如何思考问题的也是有益的,至少你不会轻易地被蹩脚的经济学家和夸夸其谈的政治家所蒙蔽。无论你今后干什么,你不会后悔自己学过经济学。

阅读材料 1-1

经济学发展的里程碑:亚当·斯密、马歇尔、马克思和凯恩斯

过去的众多杰出经济学家的思想影响了当今社会的大多数意识形态。其中,具有里程碑意义的人物包括亚当·斯密、马歇尔、马克思和凯恩斯。

1. 亚当·斯密（Adam Smith）和古典经济学

在亚当·斯密之前也有很多经济学方面的著述，但很多经济学家认为，现代经济学始于1776年亚当·斯密发表的巨著《国富论》。其内容涉及国民财富增长和劳动分工的关系，并由对劳动分工的研究讲到对交换、货币、价值和国民收入分配的研究；国民财富增长中资本的作用以及资本的构成、资本积累的条件、资本的各种形态；国家政策与财富积累之间的关系；不正确的政策对国民财富增长的影响；国家的收支和债务等。他认为，国家不应该干预经济运行，应该采取"自由放任"的政策。

2. 阿尔弗雷德·马歇尔（Alfred Marshall，1842—1924）和新古典经济学

一般认为微观经济学的奠基者是新古典经济学派（或称剑桥学派）的创立者马歇尔，他自19世纪60年代后期起，花费近60年时间埋头于经济理论的研究。他所提出的供求均衡理论及相关的生产成本理论、分配理论，辅之以精深细微的数量分析和简明的集合图形表达形式，被认为是继古典经济学后具有里程碑性质的成就。

马歇尔对亚当·斯密提出的"看不见的手"的进一步论证，形成了一个新的完整的理论体系。他从典型的消费者和厂商的研究入手，论证了在利己为动力的自由竞争的资本主义社会中，供求的作用可以使消费者以最小的代价换取最大的满足，与此同时，生产者都得到了他们在生产上的贡献作为报酬。他的论证方法被称为"局部均衡"。

3. 马克思和《资本论》

马克思创作《资本论》几乎花费了毕生的精力，从1843年马克思开始研究政治经济学，到1867年《资本论》第1卷出版，前后经历了20多年的时间。在西方经济学界，《资本论》被公认为是一部引起争议最多的著作。尽管很多人对它的评价很高，也有人对它的评价较低，但几乎没有人否认它是一部具有里程碑意义的学术著作。几乎所有的大经济学家，都没有忽略《资本论》的存在。

对《资本论》评价低的经济学家中，最著名的是英国经济学家凯恩斯。他评论《资本论》是"一本陈旧的经济学教科书。它不仅在科学上是错误的，而且在当代世界毫无益处或没有用处。"但是，在12年以后他的代表作《就业利息和货币通论》发表时，他在该书一开始却谦虚地注明"经典学派"一词是马克思创作的，对于劳动价值论给予了肯定。可见，在凯恩斯的内心深处，对《资本论》的学术价值和应用价值是有所承认的。

否认《资本论》在当代特别是研究我国社会主义市场经济中的重要性，将使我国的经济学说丧失极为重要的洞察力基础和基本立场，不利于我国经济理论的发展，也将对我国社会主义市场经济的发展和体制建设带来负面影响。

4.《通论》和"凯恩斯革命"

凯恩斯（1883—1946），英国经济学家，与亚当·斯密、马克思一起被称为经济学三位巨人。亚当·斯密看到了市场带给资本主义经济的繁荣；马克思认为资本主义的问题会带来其自身的毁灭，主张无产阶级通过暴力革命推翻资产阶级；凯恩斯则认为政府政策可以挽救资本主义。

自18世纪的亚当·斯密到20世纪的马歇尔，经济学家一直坚信市场"看不见的手"的原则，主张采取放任自流的经济政策，"商品供给自行创造需求"。但是，西方资本主义世界在1929—1933年爆发了一场历史上从未有过的深刻、持久、广泛的世界性的经济危机，整个资本主义世界都陷入了同样的困境。传统经济学对于这一经济现象无法给出一个理性的、全面的解释。正是在这样的历史背景下，凯恩斯发表了《就业、利息和货币通论》，对当时的经济现象给出了一个系统的解释，并提出了自己的对策，即加强政府的宏观管理。这一理论得到了当时以美国为首的西方国家的认可，并把它付诸实践，这就是所谓的凯恩斯革命。《就业、利息和货币通论》标志着经济发展史上的又一个里程碑，它实际上宣告了宏观经济学的诞生。第二次世界大战后，凯恩斯主义已被西方各国普遍接受，成为正统西方经济学的一个重要组成部分。

资料来源：西方经济学说史

本章小结

经济资源的稀缺性，是经济学研究的前提。相对于人类无穷无尽的欲望而言，资源总是稀缺的，这就产生了研究如何合理地配置和利用稀缺资源用于诸多用途以满足人类需要的经济学。

经济学分为微观经济学和宏观经济学两大类，两者存在区别又相互联系。微观经济学以单个经济单位（居民户、厂商以及单个产品市场）为考察对象，研究单个经济单位的经济行为，以及相应的经济变量的单项数值如何决定。微观经济学的主要内容包括价格理论、消费者行为理论、生产理论、成本理论、场上均衡理论、收入分配理论、福利经济学和一般均衡理论等。宏观经济学以整个国民经济活动作为考察对象，研究社会总体经济问题以及相应的经济变量的总量是如何决定的以及相互关系。总体经济问题包括经济波动、经济增长、就业、通货膨胀、国家财政、进出口贸易和国际收支等。

根据不同历史时期的经济学的发展特点，经济学可以分为几个阶段，每个阶段都有典型的代表人物和理论观点。随着经济学的发展，经济学的研究方法也逐渐多样化，其中经济学数学化的趋势越来越明显。

课后习题

一、名词解释

稀缺性　　资源配置　　微观经济学　　宏观经济学　　实证分析　　均衡

二、简答题

1. 什么是稀缺性？如何理解稀缺性的相对性和绝对性？
2. 为什么稀缺性存在就意味着我们必须作出选择？
3. 试述微观经济学与宏观经济学的区别和联系。

第二章 供求与价格

学习目标

通过本章的学习,理解市场价格是如何决定的,学会用供求分析解释价格的变动,理解价格机制如何在社会范围内合理配置稀缺资源的利用。

学习重点

(1)需求价格和需求规律;
(2)供给价格和供给规律;
(3)均衡价格;
(4)均衡价格的变动;
(5)价格机制的功能。

学习难点

需求定律　　供给规律　　价格机制的功能

引导案例

众所周知,钻石对于人类维持生存没有任何价值,然而其市场价值非常高。相反,水是人类生存的必需品,其市场价值却非常低。为什么会有这种强烈的反差呢?商品的价格到底由什么因素决定的呢?

19世纪著名的历史学家和作家卡莱尔曾经说过这样一句话:"只要你教会鹦鹉说供给与需求,就可以把它培养成一个经济学家。"尽管卡莱尔的说法未免过于夸张,但它却十分恰当地强调了需求与供给在经济学中的重要作用。

第一节　需　　求

一、需求的定义

需求(demand)是消费者在某一特定时期内,在每一价格水平上,对某一商品愿意并且有能力购买的数量。

要理解需求的含义需要注意以下四个要点：

（1）经济学中所讲的需求（demand）不同于人的主观需要（needs）、想要（wants）或欲望（desires），而是必须有支付能力的需求，是购买欲望与支付能力的统一。作为需求，必须具备两个条件：一是消费者愿意购买，即购买的欲望；二是消费者有支付能力，即购买的能力。人的消费欲望是无止境的，但人的消费能力却要受种种限制。在现实生活中存在这样两类消费者，一类是他们有能力购买，但不想买，即没有购买欲望，因为想买的物品都已经拥有了；另一类是虽然想买的物品很多，但只能选择其中某些物品，因为他们的购买能力有限。只具备一个条件，愿意购买但无购买能力或有购买能力但不愿购买，都不是需求。

（2）涉及两个变量，即商品的价格及与该价格相应的购买数量。

（3）这个变量是流量而不是存量，需求与时期相关。随着时间不同，需求会发生变化。

（4）需求有个别需求和市场需求的区别：所有消费者的个别需求之和即是市场需求。个别需求是指某个消费者对某一商品的需求；市场需求是指消费者全体对某一商品的总需求。对微观经济学来说，研究市场需求更重要。因此，本章主要介绍市场需求。

二、需求的表示

需求一般可以用三种方法来表示，即需求函数、需求表和需求曲线。

1. 需求函数

需求函数是指需求（量）与影响需求的因素之间建立的函数关系。用公式表示为

$$Q_d = f(P, I, P_c, P_s, P_e, a)$$

式中：Q_d 表示某一商品需求（量）；P 表示该商品的价格；I 表示消费者收入；P_c 表示该商品的互补品价格；P_s 表示该商品的替代品价格；P_e 表示该商品的预期价格；a 表示其他因素。

在这里，为了简化分析，主要研究商品需求量及其价格之间的关系。此时，假设其他影响因素保持不变，则需求函数简化为

$$Q_d = f(P)$$

该函数表示一种商品的需求量和该商品的价格之间存在着一一对应的关系。

2. 需求表

需求表是表示某种商品的各种价格水平与各种价格水平对应的该商品的需求量之间的关系的数字序列表。

这里所介绍的需求表是仅考虑价格与需求数量关系的需求表。这个需求数量既可以是个别需求量，也可以是市场需求量。

表 2-1 表明，在较低的价格上，需求量较多；在较高的价格上，需求量较少。即随着

价格的降低，需求量逐渐增加；随着价格的上升，需求量逐渐减少。对于大多数商品来说，需求量与价格呈反向变动关系。

表 2-1　某商品的需求表

价格—需求量组合	A	B	C	D	E	F	G
价格/元	1	2	3	4	5	6	7
需求量/单位数	700	600	500	400	300	200	100

3. 需求曲线

需求曲线是根据需求表中商品的不同价格—需求量的组合在平面坐标图中所绘制的一条曲线，它是一条向右下方倾斜的曲线（见图 2-1）。

图 2-1 是根据表 2-1 绘制而成的，横轴表示商品需求量（Q），纵轴表示商品价格（P），D 即为需求曲线。需求曲线向右下方倾斜，表示需求量与价格是负相关关系，即需求量与价格呈反方向变动关系。价格低，需求量多，如 A 点；价格高，需求量少，如 G 点。图 2-1 中的需求曲线是直线。

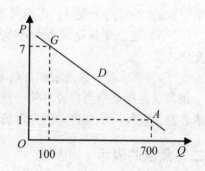

图 2-1　某种商品的需求曲线

三、需求的影响因素

1. 商品本身的价格

一般情况下，当某种商品的价格上升时，消费者的购买量会减少，即需求量降低了；反之，当某种商品的价格下降时，该商品的需求量就会增加。在现实生活中，绝大多数商品的需求量与价格是反方向变动的，但也有极少数商品例外，如金银、古董、吉芬物品等。

2. 消费者的收入

一般来说，在其他条件不变的情况下，消费者的收入越高，对商品的需求越多。但随着人们收入水平的不断提高，消费需求结构会发生变化，即随着收入的提高，对有些商品的需求会增加，而对有些商品的需求会减少。经济学把需求数量的变动与消费者收入同方向变化的物品称为正常品，把需求数量的变动与消费者收入反方向变化的物品称为劣等品。

3. 消费者的偏好

当消费者对某种商品的偏好程度增强时，对该商品的需求数量就会增加。相反，当偏好程度减弱时，需求数量就会减少。人们的偏好一般与所处的社会环境及当地的社会风俗习惯等因素有关。例如，对一个不喜欢吃羊肉的人来说，即使收入再高，羊肉再便宜，他也不会有羊肉的需求,只有购买能力而无购买欲望者构不成需求。

4. 相关商品的价格

当一种商品本身的价格不变,而和它相关的其他商品的价格发生变化时,这种商品的需求数量也会发生变化。如果其他商品和被考察的商品是替代品,如牛肉和猪肉、苹果和梨子等,由于它们在消费中可以相互替代以满足消费者的某种欲望,所以一种商品的需求与它的替代品价格呈同方向变化,即替代品价格的提高将引起该商品需求的增加,替代品价格的降低将引起该商品需求的减少。如果其他商品和被考察的商品是互补品,如汽车与汽油、影碟与影碟机等,由于它们必须相互结合才能满足消费者的某种欲望,所以一种商品的需求与它的互补品的价格呈反方向变化,即互补品价格的提高将引起该商品需求的降低,互补品价格的下降将引起该商品需求的增加。

5. 消费者对商品价格的预期

当消费者预期某种商品的价格在将来某一时期会上升时,就会增加目前的需求,当消费者预期某商品的价格在将来某一时期会下降时,就会减少对该商品的现期需求。

此外,还有很多因素会影响商品的需求,如人口的数量、结构和年龄,政府的消费政策等。

四、需求定理

从需求表和需求曲线中可以看出,某种商品的需求量和价格是呈反方向变动的,这种现象被称为需求定理。需求定理是说明商品本身价格与其需求量之间的关系的理论,其基本内容是:在其他条件不变的情况下,一种商品的需求量与其本身价格之间呈反方向变动,即需求量随着商品本身价格的上升而减少,随商品本身价格的下降而增加。

在理解需求定理时要注意以下几点:

(1)其他条件不变是指影响需求的其他因素不变,离开了这一前提,需求定理就无法成立。例如,如果收入增加,商品本身的价格与需求量就不一定呈反方向变动。

(2)需求定理指的是一般商品的规律,但这一定理也有例外。比较重要的是吉芬商品、炫耀性商品和投机性商品。

① 吉芬商品。根据需求法则,消费者对商品或劳务的购买数量一般随着价格的上升将减少。低档生活必需品所表现出来的特性显然有悖于一般商品的正常情形。在1845年的爱尔兰,土豆是一种非常奇特的低档商品。当土豆价格上升时,消费者变穷了——收入相对降低,再加上人们预期土豆的价格可能再上涨,就使得越发想多购买土豆。这个现象是英国统计学家罗伯特·吉芬最早发现的,后来马歇尔就称之为"吉芬商品"。主要是因为在经济萧条时期,普通居民生活水平普遍下降,土豆价格虽然上升,但它是相对低等的食物,价格比其他食物的价格还是低得多,因此,当时大多数穷人为了维持生活只能吃土

豆,而减少其他食物的购买。在我们的生活中,这样的情况也不少:如果阴雨连绵,雨伞的价格就会上升,而其需求量也增加了。

② 炫耀性商品。炫耀性商品是用于表示人们社会身份和地位的炫耀性消费的商品,如豪车、名表、昂贵的首饰等。这类商品的需求量与价格之间呈同方向变动。因为只有商品的价格较高时,才能满足购买者炫耀身份和社会地位的心理需求。

③ 投机性商品。消费者购买某些商品并非为了自己消费,而是为了从商品价格的变动中套利,这样的商品被称为"投机性商品"。这类商品的需求主要不是取决于当前商品价格的高低,而是取决于对未来商品价格走势的预期。由于不同的人会作出不同的预期,因此面对当前的价格变动,需求量呈不规则变化(如股票、黄金等)。股票价格上涨,买的人反而多了,如投资者预期该股票的价格还会上涨,有钱可赚;如投资者预期价格不能再涨了,或者认为是虚假繁荣;或如有些预期上涨,有些预期走低,这时候需求就呈现出不规则的变化。

(3) 需求定理反映了商品价格与其需求量之间的反方向变动关系,这种变动关系是由替代效应和收入效应共同作用形成的。

① 替代效应:在实际收入不变的情况下,某种商品价格变化对其需求量的影响。它强调一种商品价格变动对其他商品相对价格水平的影响。商品价格上升,引起其他商品对这种商品的取代;商品价格下降,吸引了新的需求者。

② 收入效应:在货币收入不变的情况下,某种商品价格变化对其需求量的影响。它强调一种商品价格变动对实际收入水平的影响。商品价格上升,引起实际收入减少,从而使需求量减少;商品价格的下降,使原先的购买者增加购买。

需求定理所表明的商品价格与需求量反方向变动的关系正是这两种效应共同作用的结果。

对一个消费者而言,价格下降既有收入效应,也有替代效应,从而增加消费。

五、需求量的变动与需求的变动

在进行需求分析时,要特别注意区分需求量的变动和需求的变动。这两者的区别在于引起变动的因素不同,并且对需求曲线产生的影响也不同,表现出不同的图形特征。

1. 需求量的变动

需求量的变动是指在其他条件不变的情况下,商品本身价格的变动所引起的需求数量的变动。需求量的变动表现为同一条需求曲线上不同点之间的移动。在图 2-2 中,当商品价格由 P_1 下降到 P_2,需求量从 Q_1 增加到 Q_2 时,对应到需求曲线上的点由 A 点移动到 B 点;反之,当价格由 P_2 上升到 P_1,需求量从 Q_2 减少到 Q_1 时,对应到需求曲线上的点由 B 点移动到 A 点。由此可见,需求量的变动不会引起需求曲线的移动。

2. 需求的变动

需求的变动是指在商品本身价格不变的情况下其他因素变动所引起的需求数量的变动。需求的变动表现为整条需求曲线的平行移动。在图 2-3 中，如果消费者收入下降，就会引起相同价格下商品的需求减少，需求曲线向左移动，即由 D_0 移动到 D_1；反之，消费者收入增加，就会引起相同价格下商品的需求增加，需求曲线向右移动，即由 D_0 移动到 D_2。由此可见，需求的变动会引起需求曲线的位置发生移动，需求曲线右移表示需求增加，需求曲线左移表示需求减少。

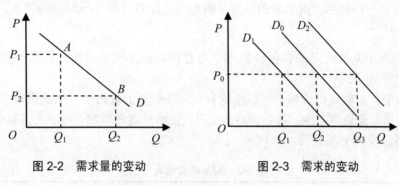

图 2-2　需求量的变动　　　　图 2-3　需求的变动

第二节　供　给

一、供给的定义

生产者在一定时期内，在各种可能的价格下，愿意且能够提供的某种商品数量的集合。要理解供给的含义应注意以下几个要点：

（1）供给必须同时具备愿意出售和有可供出售的产品两个方面，即供给欲望与供给能力的统一。

（2）供给涉及两个变量，即商品的价格及与该价格相对应的供给量。

（3）供给同样有个别供给（厂商供给）与市场供给的区别。个别供给是指个别生产者在一定时期内，在每一价格水平上，愿意且能够提供的某种商品的供给。市场供给指市场上所有生产者在一定时期内，在每一价格水平上，愿意且能够提供的某种商品的供给。个别供给的加总即为市场供给。

二、供给的表示

供给一般可以用三种方法来表示，即供给函数、供给表和供给曲线。

1. 供给函数

供给函数是指供给（量）与影响供给的因素之间建立的函数关系。用公式表示为

$$Q_s = f(P, C, T, P_c, P_s, P_e, \beta)$$

式中：Q_s 表示某一商品供给（量）；P 表示该商品的价格；C 表示生产成本；T 表示生产技术；P_c 表示该商品的互补品价格；P_s 表示该商品的替代品价格；P_e 表示该商品的预期价格；β 表示其他因素。

在这里，为了简化分析，主要研究商品供给与其价格之间的关系。此时，假设其他影响因素保持不变，则供给函数简化为

$$Q_s = f(P)$$

该函数表示一种商品的供给量和该商品的价格之间存在着一一对应的关系。

2. 供给表

供给表是表示某种商品的各种价格水平与各种价格水平对应的该商品的供给量之间的关系的数字序列表。

表 2-2 表明，在较低的价格上，供给量较少；在较高的价格上，供给量较多。即随着价格的降低，供给量逐渐减少；随着价格的上升，供给量逐渐增加。对于大多数商品来说，需求量与价格呈反向变动关系。

表 2-2 商品的供给表

价格—供给量组合	A	B	C	D	E
价格/元	4	6	8	10	12
供给量/单位数	10	20	30	40	50

3. 供给曲线

供给曲线是根据供给表中商品的不同价格—供给量的组合在平面坐标图中所绘制的一条曲线，它是一条向右上方倾斜的曲线，如图 2-4 所示。

图 2-4 是根据表 2-2 绘制而成的，横轴表示商品供给量（Q），纵轴表示商品价格（P），S 即为供给曲线。需求曲线向右上方倾斜，表示供给量与价格是正相关关系，即供给量与价格呈同方向变动关系。价格低，供给量少，如 A 点；价格高，供给量多，如 E 点。

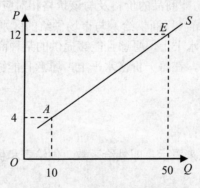

图 2-4 某种商品的供给曲线

三、影响供给的因素

在市场经济条件下,生产者生产的目标是利润最大化。具体来说,决定一种商品的市场供给的因素有以下几项。

1. 所供给商品的价格

一般来说,该商品市场价格上涨,生产者就会增加对它的供给量;反之,该商品市场价格下降,生产者则会减少对它的供给量。

2. 生产要素的价格

生产要素价格上升,生产成本上升,利润就会减少,商品的供给量也会减少;生产要素价格下降,生产成本降低,利润增加,商品供给量则会增多。

3. 生产的技术水平

在一般情况下,生产技术的提高,可以降低成本,增加盈利,从而导致生产者提供更多的商品供给。

4. 相关商品价格

当某种商品价格不变,而其相关商品价格发生变化时,该商品的供给会发生变化。一般情况下,当一种商品的价格上升时,其替代品的供给量就会减少;相反,当一种商品的价格下降时,其替代品的供给量就会增加。换句话来说,就是某种商品的价格与其替代品的供给呈反方向变动。例如,某厂商是一家洗衣皂和洗衣粉生产者,当洗衣皂价格上升时,该厂商就会减少洗衣粉的生产,而将更多的资源投入到洗衣皂的生产中,增加洗衣皂的供给量,以获得更多利润。当一种商品的价格上升时,其互补品的供给量就会增加;相反,当一种商品的价格下降时,其互补品的供给量就会减少。也就是说,某种商品的价格与其互补品的供给呈同方向变动。例如,当 VCD 机的价格不变而 VCD 碟价格下降时,VCD 机的供给就会随着 VCD 碟的供给的减少而减少。

5. 生产者的预期

如果生产者预期一种商品的价格将要上涨,就会扩大生产规模,增加未来的产品供给,亦或囤积居奇,待价而售,则会使当前的供给减少。如果生产者预期未来的商品价格下降,就会缩小生产规模,减少产品未来的供给,亦或将生产的与储存的商品全部投放市场,这样当前的供给就会增加。因此,预期价格与供给呈反方向变动关系。

6. 政府的经济政策

政府主要通过计划、管制、税收、转移支付、货币政策等对国家经济发展进行宏观调控,并影响厂商的生产决策和消费者选择。如政府增加对某种产品的课税将使该产品售价提高，在一定条件下会通过需求的减少使供给减少；反之，如政府为刺激消费，降低商品税负或给予补贴，使商品价格降低而增加需求，从而使供给增加。

商品的供给除受上述因素的影响外，还会受气候、国民收入分配状况、季节变化等因素的影响。

四、供给定理

从供给表和供给曲线中可以看出，某种商品的供给量和价格是呈同方向变动的，这种现象被称为供给定理。供给定理是说明商品本身价格与其供给量之间的关系的理论，其基本内容是：在其他条件不变的情况下，一种商品的供给量与价格之间呈同方向变动，即供给量随着商品本身价格的上升而增加，随商品本身价格的下降而减少。

在理解供给定理时要注意以下两点：

（1）其他条件不变是指影响供给的其他因素不变，离开了这一前提，供给定理就无法成立。例如，如果技术进步，商品本身的价格与供给量就不一定呈同方向变动。

（2）供给定理指的是一般商品的规律，但这一定理也有例外，如土地、文物、艺术品等。

五、供给量的变动与供给的变动

在进行供给分析时，要注意区分供给量的变动与供给的变动，这两者的区别在于引起变动的因素不同，并且对供给曲线产生的影响也不同，表现出不同的图形特征。

1. 供给量的变动

供给量的变动是指在其他条件不变的情况下，商品本身价格变动所引起的供给数量的变动。供给量的变动表现为同一条供给曲线上不同点之间的移动。在图2-5中，当商品价格由 P_1 下降到 P_2，供给量从 Q_1 减少到 Q_2，对应到供给曲线上的点由 A 点移动到 B 点；反之，当价格由 P_2 上升到 P_1，供给量从 Q_2 增加到 Q_1，对应到供给曲线上的点由 B 点移动到 A 点。由此可见，供给量的变动不会引起供给曲线的移动。

2. 供给的变动

供给的变动是指在商品本身价格不变的情况下，其他因素变动所引起的供给的变动。供给的变动表现为整条供给曲线的平行移动。在图2-6中，如生产成本上升，就会引起相同价格下商品的供给减少，供给曲线向左移动，即由 S_0 移动到 S_1；反之，生产成本下降，就会引起相同价格下商品的供给增加，供给曲线向右移动，即由 S_0 移动到 S_2。由此可见，供给的变动会引起供给曲线的位置发生移动，供给曲线右移表示供给增加，供给曲线左移表示供给减少。

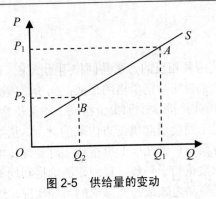
图 2-5 供给量的变动

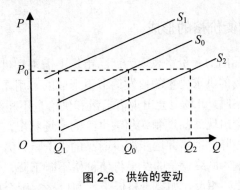
图 2-6 供给的变动

第三节 供求均衡与价格

一、均衡价格

均衡价格（Equilibrium Price）是商品的供给曲线与需求曲线相交时的价格，也就是商品的市场供给量与市场需求量相等，商品的供给价格与需求价格相等时的价格。均衡价格就是消费者为购买一定商品量所愿意支付的价格与生产者为提供一定商品量所愿意接受的供给价格一致的价格。

市场均衡是指市场供给等于市场需求的一种状态。当一种商品的市场处于均衡状态时，市场价格恰好使得该商品的市场需求量等于市场供给量，这一价格被称为该商品的市场均衡价格。

一种商品的均衡价格出现在该商品的市场需求曲线和市场供给曲线相交的交点上，该交点被称为均衡点，而市场上的需求量和供给量相等的状态，被称为市场出清的状态，如图 2-7 所示。在图 2-7 中，曲线 D 为市场需求曲线，曲线 S 为市场供给曲线，它们相交于点 E，点 E 为均衡点。在均衡点时，消费者的购买量和生产者的销售量是相等的，即均衡数量为 Q_e。这样的状态便是使买卖双方都感到满意并愿意维持下去的均衡状态。

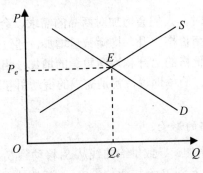
图 2-7 均衡价格与均衡数量

二、均衡价格的形成

商品的均衡价格表现为商品市场上需求和供给这两种相反的力量共同作用的结果,它是在市场的供求力量的自发调节下形成的。用图2-7来说明均衡价格的形成,当价格偏离均衡价格时,市场上会出现需求量和供给量不相等的非均衡状态。如果价格高于均衡价格,市场就会出现商品过剩或超额供给的市场状况,这时必然会引起供给方内部的竞争,供给者会竞相降价销售并逐步减少商品的供给量,另一方面需求者在压低价格购买时会逐步增加购买量。最终竞争的结果将使价格不断下降,供求数量趋于一致,直到均衡价格和均衡数量为止。相反,如果价格低于均衡价格,则会出现商品短缺或超额需求的市场状况,这时必然会引起购买方内部的竞争,购买者竞相购买会使价格上升并逐步减少购买量,另一方面供给方会因为价格上升愿意增加供给量,最终竞争的结果将使市场价格上升,供求数量趋于一致,直到均衡价格和均衡数量为止。由此可见,当实际价格偏离均衡价格时,市场上总存在着变化的力量,最终达到市场的均衡或市场出清。

三、均衡价格的变动

均衡价格的形成是由需求和供给两种力量同时决定的,它表现为一种商品的均衡价格是由该商品的市场需求曲线和市场供给曲线的交点所决定的。因此,需求曲线或供给曲线的位置发生移动都会使均衡价格水平和均衡数量发生变动。引起需求曲线和供给曲线位置发生移动的是需求和供给的变动,即需求和供给的变动必然导致均衡价格和均衡数量的变动。

1. 需求的变动对均衡价格的影响

如图2-8所示,假如人们收入的增加引起需求增加,这使需求曲线从 D_0 移动到 D_1,均衡点由 E_0 移动到 E_1,商品均衡价格由原来的 P_0 上升到 P_1,均衡数量由 Q_0 增加到 Q_1。相反,假设人们的收入不增加而减少,商品的均衡价格和均衡数量又会如何变动呢?通过上面的分析能够很容易地得出,收入的减少会引起商品的需求减少,从而使需求曲线向左移动,即从 D_0 移动到 D_2,均衡点由 E_0 移动到 E_2,那么商品的均衡价格由 P_0 下降到 P_2,均衡数量由 Q_0 减少到 Q_2。

显然,当人们的收入增加时,人们会增加对商品的需求,会引起需求曲线向右移动,在供给不变的条件下,会使均衡价格上升,均衡数量增加。通过上述分析,可以得出这样的结论:需求的增加引起均衡价格的上升和均衡数量的增加;相反,需求的减少引起均衡价格的下降和均衡数量的减少。简单地说,就是需求的变动引起均衡价格和均衡数量同方向变动。

2. 供给的变动对均衡价格的影响

如图2-9所示,假如成本增加,导致供给曲线从 S_0 移动到 S_1,均衡点由 E_0 移动到 E_1,商品的均衡价格由原来的 P_0 上升到 P_1,均衡数量由 Q_0 减少到 Q_1。相反,如果成本降低,商品的均衡价格和均衡数量又会如何变动呢？通过上面的分析能够很容易地得出，商品的供给增加，从而使商品的供给曲线向右移动，即从 S_0 移动到 S_2，均衡点由 E_0 移动到 E_2，那么商品的均衡价格由 P_0 下降到 P_2，均衡数量由 Q_0 增加到 Q_2。

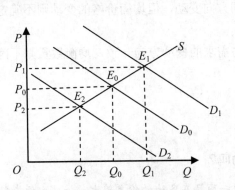

图 2-8　需求的变动对均衡价格的影响

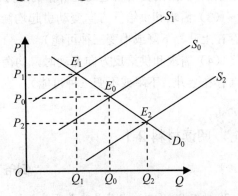

图 2-9　供给的变动对均衡价格的影响

显然，成本增加商品产量下降，供给减少，引起供给曲线向左移动，在需求不变的条件下，均衡价格上升，均衡数量减少。通过上述分析可以得出结论：供给的减少引起均衡价格的上升和均衡数量的减少，供给的增加引起均衡价格的下降和均衡数量的增加。简单地说，就是供给的变动引起均衡价格反方向变动，而引起均衡数量同方向变动。

3. 需求和供给同时变动对均衡价格的影响

如果需求和供给同时发生变动，则商品的均衡价格和均衡数量的变化是难以确定的，这要结合需求和供给变化的具体情况来决定。运用以上分析方法，可以分析出四种情况，现给出结论参考，如表 2-3 所示，请读者自己分析。

表 2-3　需求与供给同时变动对均衡价格的影响

影响 条件	需求的变动对均衡的影响	供给的变动对均衡的影响	均衡价格的变动	均衡数量的变动
需求与供给 同时增加	均衡价格上升 均衡数量增加	均衡价格下降 均衡数量增加	不确定	增加
需求与供给 同时减少	均衡价格下降 均衡数量减少	均衡价格上升 均衡数量减少	不确定	减少
需求增加 供给减少	均衡价格上升 均衡数量增加	均衡价格上升 均衡数量减少	上升	不确定
需求减少 供给增加	均衡价格下降 均衡数量减少	均衡价格下降 均衡数量增加	下降	不确定

4. 供求定理

从上述关于需求与供给变动对均衡价格和均衡数量的影响的分析可以归纳出供求定

理的基本内容：

（1）需求的变动引起均衡价格和均衡数量同方向变动。

（2）供给的变动引起均衡价格的反方向变动和均衡数量的同方向变动。

（3）需求和供给同方向变动引起均衡数量同方向变动，但均衡价格的变动则不确定（存在上升、下降或不变三种可能）。

（4）需求和供给反方向变动时，均衡价格与需求的变动方向一致，均衡数量则不确定（存在上升、下降或不变三种可能）。

阅读材料 2-1

"倒爷"有功吗？

20世纪80年代，尤其是改革开放之初，由于同一商品在各地的价差较大，一些人便专门从事商品的倒卖。他们在价格低的地方买进商品，然后运到价格高的地方卖出。这些人当时被称为"倒爷"。

1988年，上海市的羊毛衫以质量好、品种多、图案新颖等特点而受到全国消费者的广泛欢迎。上海的羊毛衫单价只有150元左右，但在需求丰富的北京却要卖到近300元。于是北京的"倒爷"早晨乘特快列车到达上海，买好羊毛衫后在当天傍晚乘特快列车返程，第二天早晨抵达北京。一人一次携带六七十件羊毛衫。也就是说，扣去车票成本，一趟的净收益有1万元左右，这在当时是很高的。不过，当时的社会舆论对这种"倒卖"行为并没有给予正面的评价，甚至认为它扰乱了市场秩序。"倒爷"也是一个带有贬义的称号。

资料来源：叶德磊. 管理经济学. 北京：高等教育出版社，2013

第四节 对供求规律的干预

一、支持价格

支持价格，是指政府为了扶持某一行业的生产而规定的该行业产品的高于市场均衡价格的最低价格，又称最低价格。一般认为，支持价格在各国的实践中是为了支持和保护农业的发展，或者说是保护农民的利益而制定的价格政策。从图2-10中可以看出，该行业产品的均衡价格为P_e，均衡数量为Q_e。在政府规定的价格水平P_1下，需求量为Q_1，供给量为Q_2，供给量大于需求量，市场上出现产品过剩，这时政府要维持支持价格，可以采取收购过剩产品、扩大出口、增加储备以及限制产量并给予相应补贴等措施消除过剩供给，但政府支出增加，使政府背上沉重的包袱。

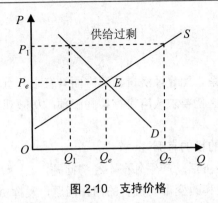

图 2-10　支持价格

二、限制价格

限制价格,是指政府为了限制某些商品价格的上涨,而对这些商品所规定的低于市场均衡价格的最高价格,又称最高价格。其目的是稳定经济生活和社会秩序。由于价格低于均衡价格且不能上升,必然存在超额需求或供给短缺(见图 2-11)。从图 2-11 中可以看出,该商品的均衡价格为 P_e,均衡数量为 Q_e。在限制价格水平 P_1 下,需求量为 Q_2,供给量为 Q_1,供给量小于需求量,市场出现商品短缺。在这种情形下,政府必须采取配给制或发放购物票政策。例如,在计划经济时代,我们对一切物品都实行限制价格,结果是"要啥没啥",造成一种特殊的"短缺经济"。但配给制或限制价格政策只能适应于在短期内的特殊情况,如战争或灾荒年代使用,若长期使用将会引起严重的不利后果。第一,价格水平低不利于刺激生产,导致商品长期存在短缺现象;第二,价格水平低不利于抑制需求,从而会在资源缺乏的同时又造成严重的浪费;第三,限制价格之下所实行的配给制会引起社会风尚败坏,表现在消费者得不到想要的商品数量,常常会带来排队抢购、黑市交易和"走后门"现象,而生产者也可能由于价格过低,在生产过程中粗制滥造,降低产品质量,形成变相涨价。正因为上述原因,经济学家反对长期采取限制价格,一般只在特殊时期才用,这也符合各国的实际情况。

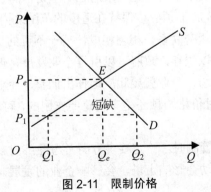

图 2-11　限制价格

三、对价格控制的评价

市场机制在协调供求关系、配置经济资源等方面具有十分重要的作用,但是它也存在许多自身无法克服的缺陷,这就要求政府进行某些干预。从微观角度来讲,政府可以实施管制价格。

那么政府实施管制价格的目的有哪些呢?

(1)防止或减少市场经济活动产生外在不经济问题。

(2)政府通过价格矫正和改变市场机制的内在问题,发挥资源配置的统筹规划优势。

(3)确保出售的商品和服务有一个"公平"的价格,使得竞争力有效地促进市场机制积极发挥功能,避免一些行业产生恶性的价格竞争。

(4)保障消费者福利为政府管制的最终目的,以社会总体福利为准。

虽然政府的管制价格有其美好的愿景,但它同时也带来了一些问题。政府的管制价格不一定经济,它会增加一些经济、社会等各方面的问题。如果政府实施最高上限价格管制制度,就会使得生产企业减少生产规模,在均衡价格水平生产其均衡产量,从而使得一些消费者消费不到或不够此类产品,可能产生排队抢购产品等现象。如果政府实施最低下限价格管制制度,在有利可图的情况下,一些企业扩大生产规模,更有些企业进入这个市场,使得生产的产品过剩,不利于资源的优化配置。同样,价格补贴会形成不公平竞争,影响社会整体的资源配置优化。价格管制还会出现逃税、黑市交易、行贿受贿、贪污等各种现象。这就会影响这个行业和社会经济的发展。

那么如何认识政府与市场和企业的关系呢?

市场是一种能够优化资源配置的体制,能够摆脱计划经济体制下的无效率,并能充分地调动市场主体的生产的积极性,但是市场不是万能的,市场也有其缺陷,在应对公共物品的供给、经济的周期波动、通货膨胀、外在效应及社会公平等问题上,就需要由政府来起作用。但是,有些市场解决不了的问题,政府也不一定能解决好,而且政府干预失败的代价更高、更可怕。因此,政府干预应该保持在适度的范围之内。在现代市场经济条件下,市场调节和政府干预两者是紧密联系、相辅相成、缺一不可的。

企业在政府的保护下可以生存,政府可以引导企业发展,但也可能抑制其发展。政府通过价格管制来调控这个市场,企业就要相应地作出调整。企业还是追求其利益最大化。其实,在特殊时期,政府临时价格干预还是有其重要作用的,可以遏制一些恶意价格炒作,保护好市场。

总之,政府在实行价格管制时,一定要多方面考虑经济问题,不能单一地想达到某一效果就去做。政府的一举一动会影响市场,会影响企业的发展。

阅读材料 2-2

楼市价格调控

中国历年来多次进行的楼市价格调控都失败了,为什么呢?因为调控的意思是说你不承认经济运行的规律,你不相信市场运作的逻辑,以为运用人为或者行政力量可以改变它,但这本身是不可能的,经济规律和任何自然规律一样,是非常强大的,我们只能去理解它、利用它,而不可能驾驭它、改变它。

中国房价连年上涨,背后有两条非常强的经济力量在起作用:一是货币供应量;二是土地供应量。

截至 2012 年 5 月,中国的广义货币供应量(M_2)是 90 万亿元人民币,而这一数据在 2002 年 5 月不过是 16.4 万亿。也就是说,我国的货币供应量在过去短短的十年时间里,已经增加了四倍多。土地供应量又如何?这是房地产开发商任志强给出的说法:"2003 年开始限定土地供应量。2003 年以前每年以 40%的速度增长土地供应量,但是 2003 年以后有连续 14 个月的低增长,正增长是 5%左右,负增长是 15%左右。"

很显然,因为货币供应量太多了,中国房价才会涨起来;也是因为土地供应量太少了,中国房价才会涨得这么高、这么快。一边是有如"黄河之水天上来"的货币供应量,一边是不断紧缩、减少的土地供应量,房价哪有不涨的道理。

如果我们真的想让房价稳定下来,其实就应该弄明白这个道理,尽快放弃目前一系列已经被事实证明失败的楼市调控政策,然后着力减少货币供应量,增加土地供应量。这才是顺应经济规律行事之举。

资料来源:搜狐财经"微观财经"栏目

本章小结

在市场经济条件下,需求和供给是市场的两种基本力量,二者根据价格信号不断地调整买或卖的行为。供给、需求与价格之间的相互决定和相互作用,以一种无意识的方式自发地形成一套市场机制。均衡价格是使需求量正好等于供给量的价格,是市场自发形成的。

需求量的变动是由某商品自身价格变动引起的需求量变动。需求的变动是除某商品的价格以外的其他因素的变动所引起的对该商品的需求量与其价格之间关系的整体变动。同样地,供给量的变动是由某商品自身价格变动所引起的供给量的变动。供给的变动是除某商品的价格以外的其他因素的变动所引起的对该商品的供给量与其价格之间关系的整体变动。

价格上限又称限制价格,是政府为了限制某种商品价格上升而规定的这种商品的最高价格。价格上限一定是低于均衡价格的,导致商品短缺。价格下限又称支持价格,是政府为了扶植某种商品的生产而规定的这种商品的最低价格。价格下限一定是高于均衡价格的。

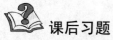 **课后习题**

一、名词解释

需求　供给　需求定理　供给定理　均衡价格

二、计算题

已知某一时期内商品的需求函数为 $Q_d = 50 - 5P$，供给函数为 $Q_s = -10 + 5P$。

（1）求均衡价格 P_e 和均衡数量 Q_e，并作出几何图形。

（2）假定供给函数不变，由于消费者收入水平提高，使需求函数变为 $Q_d = 60 - 5P$。求出相应的均衡价格 P_e 和均衡量 Q_e，并作出几何图形。

（3）假定需求函数不变，由于生产技术水平提高，使供给函数变为 $Q_s = -5 + 5P$。求出相应的均衡价格 P_e 和均衡量 Q_e，并作出几何图形。

第三章 弹性——对价格—供求关系的度量

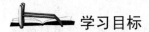 学习目标

通过本章的学习,理解弹性的概念、计算和应用。

学习重点

(1)需求价格弹性的概念、计算和应用;
(2)收入价格弹性的概念、计算和应用;
(3)弹性的应用。

 学习难点

弹性的计算与应用

 引导案例

吸烟有害健康众人皆知。据介绍,目前,中国每年因吸烟致病造成的直接损失在 1 400 亿～1 600 亿元,间接损失达 800 亿～1 200 亿元。为此,国家对香烟的销售和消费也采取了很多限制措施。例如,禁止香烟广告、必须在烟盒上印上"吸烟有害健康"字样、禁止向未成年人出售香烟、在很多场合禁烟等。我们不禁要问,为什么国家不全面停止香烟的生产和销售呢?

第一节 需求弹性

前面的分析表明,商品的供求受到很多因素的影响,当这些因素变化后,商品的供求会相应地变化。但是,当这些因素变动一定量时,商品的供求数量会变动多少呢?在经济学中,弹性理论成为测度和反映这种变化程度的重要工具。

弹性理论最早由 19 世纪法国经济学家古诺提出。后来英国著名经济学家马歇尔完善了弹性公式,并将其发展为一个完整的理论。20 世纪以来,弹性理论在西方经济学中有了很大的发展,并被广泛运用于实际经济分析。

本节介绍的弹性理论包括需求弹性和供给弹性及弹性理论的运用。

需求弹性(elasticity of demand)是用来表示影响需求的各种因素发生变动后,需求数

量所变动的程度大小的概念。由于影响需求的主要因素是商品的价格、消费者的收入、相关商品的价格。因此，需求弹性主要有三种，即需求的价格弹性、需求的收入弹性和需求的交叉弹性。

一、弹性的一般定义

一般来说，只要两个经济变量之间存在着函数关系，就可用弹性来表示因变量对自变量反应的敏感程度。弹性（elasticity）的一般公式为

$$\text{弹性系数} = \frac{\text{因变量的变动百分比}}{\text{自变量的变动百分比}}$$

弹性系数表达的含义是，自变量变动一定的程度（用比例或百分比表示）所引起的因变量变动的程度之比值。如设两个经济变量的函数关系为 $Y = f(X)$，则具体的弹性公式为

$$e = \frac{\frac{\Delta y}{y}}{\frac{\Delta x}{x}} = \frac{\Delta y}{\Delta x} \cdot \frac{x}{y} \tag{3-1}$$

式中：e 为弹性系数；Δx、Δy 分别为变量 x、y 的变动量。

若经济变量的变化量趋于无穷小时，弹性的公式还可表示为

$$e = \lim_{\Delta x \to 0} \frac{\frac{\Delta x}{y}}{\frac{\Delta x}{x}} = \frac{\frac{dy}{y}}{\frac{dx}{x}} = \frac{dy}{dx} \cdot \frac{x}{y} \tag{3-2}$$

通常将式（3-1）称为弧弹性公式，将式（3-2）称为点弹性公式。

从弹性的一般定义公式中可以看出，弹性是两个变量各自变化比例的比值，所以弹性是一个具体的数字，它和自变量与因变量度量的单位无关。

二、需求的价格弹性

1. 需求的价格弹性的定义

需求的价格弹性（price elasticity of demand）是指在一定时期内，一种商品的需求量变动对于该商品的价格变动的反应程度。其公式为

$$\text{需求的价格弹性系数} = \frac{\text{需求量变动率（相对变动）}}{\text{价格变动率（相对变动）}}$$

需求的价格弹性可以分为弧弹性和点弹性。

2. 需求的价格弹性的类型

根据需求的价格弹性的定义和计算公式，需求的价格弹性可分为以下五种基本类型。

（1）富于弹性：$e_d > 1$，表示需求量的变化率大于价格的变化率，说明需求量对于价

格变动的反应比较敏感。通常高档奢侈品属于富于弹性的商品,如化妆品、首饰等。需求富有弹性的商品的需求曲线比较平坦,如图3-1(a)所示。

(2) 缺乏弹性:$e_d<1$,表示需求量的变化率小于价格的变化率,说明需求量对于价格变动的反应不敏感。通常生活必需品属于缺乏弹性的商品,如柴、米、油、盐等。需求缺乏弹性的商品的需求曲线比较陡峭,如图3-1(b)所示。

(3) 单位弹性或单一弹性:$e_d=1$,表示需求量的变化率与价格的变化率相等,现实生活中很少见。需求单位弹性的商品的需求函数为 $Q=\dfrac{k}{P}$(其中,k 为大于零的常数),即其需求曲线表示直角形双曲线,如图3-1(c)所示。

(4) 完全弹性:$e_d=\infty$,表示只要价格发生微小的变化,就会使需求量发生无穷大的变化。需求完全弹性的商品的需求曲线为水平线,如图3-1(d)所示。如完全竞争市场上某个卖者一提价,则买者不会购买他的产品。

(5) 完全无弹性:$e_d=0$,表示无论价格发生多大的变化,需求量都不会发生任何数量变化。需求完全无弹性的商品的需求曲线为一条垂直于横轴的线,如图3-1(e)所示。

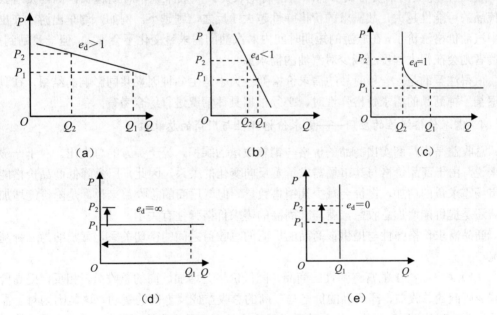

图3-1 需求价格弹性的五种类型

3. 影响商品需求价格弹性的因素

影响商品的需求价格弹性的因素有很多,主要有以下几个方面。

(1) 商品的可替代程度。一般来说,一种商品的可替代品越多,相近程度越高,则该商品需求的价格弹性越大。相反,替代品越少,相近程度越低,则需求的价格弹性越小。例如,对一种商品所下的定义越明确、越窄,则这种商品的相近替代品会越多,故其需求的价格弹性会越大。例如，雅客、徐福记等特定商标的糖果的需求要比一般的糖果的需求更有弹性。

（2）商品对消费者的重要程度。一般而言，必需品的需求价格弹性较小，而非必需品或奢侈品的需求价格弹性较大。因为必需品是人们生活中必不可少的商品，不管价格上升或下降人们必须购买一定量，如粮食。

（3）商品用途的广泛性。一般来说，一种商品的用途越广，它的需求弹性就可能越大；相反，用途越窄，它的需求价格弹性就可能越小。这是因为，当用途很广的商品降价时，消费者会大量增加这种商品的购买以分配在各种用途中使用，而价格高时，只会将该商品在重要用途上使用。例如，电的用途很广，如果降价，则会使使用者增加购买以在各种用途中使用。又如，眼镜的用途单一，即使降价，也不会使人们购买许多眼镜。

（4）商品的消费支出在消费者总支出中所占的比重大小。一般而言，所占比重越大，需求的价格弹性越大；反之，则越小。则如，食盐、铅笔、肥皂与住宅、汽车等商品相比，需求的价格弹性更小。

（5）所考察的消费者调节需求量的时期长短。一般来说，时期越长，则消费者找到替代品的可能性越大，故需求的价格弹性越大；反之，则越小。例如，驾车出游，在出游途中汽油价格涨价了，在旅游的短期时间内对汽油的需求量变化不会很大，但一旦回到家，消费者则会在很大程度上减少对汽油的需求量。

值得注意的是，一种商品的需求价格弹性大小是由各种因素共同影响的结果，在具体考察某一种商品的需求价格弹性时，必须根据具体情况进行综合考察。

4. 需求价格弹性的应用——需求价格弹性与厂商的总收益

总收益是指厂商卖出商品的价格与销售数量的乘积，等于买方的总支出。对于一般商品来说，由于商品价格与其市场需求量是反向变化的关系，因此，厂商降低商品价格能刺激市场需求量的增加，提价会减少其销售数量。但就厂商的总收益来说，是降价能增加总收益还是提价能增加总收益，就与其商品的需求价格弹性有关了。

商品需求价格弹性与提供该商品的厂商的总收益之间的密切关系，可归纳为三种基本情况。

（1）对于 $e_d>1$ 的富有弹性的商品，降低价格会增加厂商的总收益，相反，提高价格会减少厂商的总收益，即商品的价格与厂商的总收益成反方向的变动。这是因为对于需求富于弹性的商品，厂商降价所引起的需求量的增长率大于价格的下降率。这意味着价格下降所造成的总收益的减少量必定小于需求量增加所带来的总收益的增加量。因此，当厂商降价时，最终能使总收益增加；当厂商提价时，最终会使其总收益减少。这种情况可从图 3-2（a）中看出。

在图 3-2（a）中，需求曲线上 A、B 两点之间是富于弹性的。两点之间的价格变动率会引起一个较大的需求量的变动率。即当价格为 P_1 时，需求量为 Q_1，此时总收益等于矩形 OP_1AQ_1 的面积；当价格为 P_2 时，需求量为 Q_2，此时的总收益等于矩形 OP_2BQ_2 的面积。

显然，前者的面积大于后者的面积。这就是说，如果厂商提价（从 A 点到 B 点），则厂商的总收益会减少；如果厂商降价（从 B 点到 A 点），则厂商的总收入会增加。从上面的分析可以得出，需求富于弹性的商品适合"薄利多销"，即降价可以增加厂商的总收益。

（2）对于 $e_d<1$ 的缺乏弹性的商品来说，降价会使厂商的总收益减少；相反，提价会使厂商的总收益增加，即商品的价格与厂商的总收益呈同方向变化。这是因为，对于缺乏弹性的商品来说，厂商降价所增加的需求量是比较少的，即需求量的增长率会小于价格的下降率，从而使需求量增加所带来的总收益的增加量不能完全抵消由于价格下降所造成的总收益的减少量。因此，降低价格最终会减少总收益；反之，当厂商提价时，最终会增加总收益，如图 3-2（b）所示。

在图 3-2（b）中，需求曲线上 A、B 两点之间是缺乏弹性的，两点之间的价格变动率引起一个较小的需求量的变动率。即当价格分别为 P_1 和 P_2 时，厂商的总收益分别为矩形 OP_1AQ_1 的面积和矩形 OP_2BQ_2 的面积，且前者小于后者的面积。这意味着，如果厂商提价（从 A 点到 B 点），厂商总收益会增加；相反，如果厂商降价（从 B 点到 A 点），厂商总收益会减少。可以用以上分析来解释"谷贱伤农"的现象。

（3）对于 $e_d=1$ 的单位弹性的商品来说，降低价格或提高价格对厂商的总收益都没有影响。这是因为，对于单位弹性的商品，厂商改变价格所引起的需求量的变动率和价格变动率是相等的。因此，由价格变动所造成的总收益的变化量等于由需求量变动所带来的总收益的变动量。这种情况可从图 3-2（c）中得到体现。

在图 3-2（c）中，需求曲线上 A、B 两点之间是单位弹性。当价格为 P_1 时，销售收入为矩形 OP_1AQ_1 的面积；当价格为 P_2 时，销售收入等于矩形 OP_2BQ_2 的面积，且前者与后者的面积相等。这就是说，不管厂商是提价（从 A 点到 B 点）还是降价（从 B 点到 A 点），厂商的总收益保持不变。

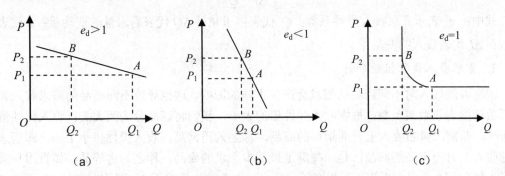

图 3-2　需求的价格弹性与厂商的总收益

除了上面三种情况外，还有两种特殊情况：一是 $e_d=\infty$，即商品具有完全弹性，厂商可以在既定价格下无限增加总收益，所以厂商不需降价；而涨价又会使厂商的总收益变为零，所以厂商也不会涨价。二是 $e_d=0$，即商品完全无弹性，当厂商提价时，销售收入会同比例于价格的上升而增加，而当厂商降价时，总收益会同比例于价格的下降而减少。现将需求价格弹性和总收益的关系总结成表，如表 3-1 所示。

表 3-1 需求的价格弹性和总收益

价格 \ 收入 \ 弹性	$e_d>1$	$e_d<1$	$e_d=1$	$e_d=\infty$	$e_d=0$
提价	减少	增加	不变	收入将为零	同比例于价格增加
降价	增加	减少	不变	既定价格下，收入可以无限增加	同比例于价格减少

综上所述，由于厂商的总收益变动会因商品的需求价格弹性的不同而不同，因此，厂商或政府在制定价格政策时，必须考虑不同商品的需求价格弹性，以谋求利润的增加。例如，为了提高农民的收入，往往对农产品采取提价办法，而对一些高档消费品采取降价办法。同样，在对出口商品定价时，若以增加外汇收入为目的，那么对需求价格弹性大的出口商品应规定较低的价格，对需求价格弹性小的出口商品应规定较高的价格。

三、需求收入弹性

1. 需求收入弹性的含义

需求收入弹性是指商品的需求量对消费者收入变化的反应程度。需求收入弹性系数的一般表达式为

$$e_m = \frac{\Delta Q}{\Delta I} \cdot \frac{I}{Q} \tag{3-3}$$

式中：e_m 表示需求收入弹性系数；Q 代表需求量；ΔQ 代表需求量的变动量；I 代表收入；ΔI 代表收入的变动量。

2. 需求收入弹性值的分析

消费者的收入对不同商品的需求会产生不同的影响，这也导致不同商品的需求收入弹性系数可能为正数或负数。根据收入弹性值的大小，我们将商品分为两大类：收入弹性值大于 0，即需求量随收入上升而增加的商品，称之为正常品；收入弹性值小于 0，即需求量随收入上升而下降的商品，是一些满足最基本需求的商品，称之为劣等品，如我国目前市场上的自行车、黑白电视机、粗布等。其中，收入弹性值大于 1，即收入增加 1%而需求量增加超过 1%的商品，称之为奢侈品，如消费名牌时装、旅游、高档家电、打高尔夫球；收入弹性值大于 0 而小于 1，即需求量增加幅度不超过收入增加幅度的商品，称之为必需品，如粮食、食盐、普通服装等。

需要指出的是，不同的商品在一定收入范围内具有不同的收入弹性，同一商品在不同

的收入阶段具有不同的收入弹性。例如，自行车、电视机、手机等，这些商品随着收入的变化可能从奢侈品变为必需品甚至是劣等品。

3. 需求收入弹性的应用

第一，需求收入弹性对于企业在考虑产品未来的市场大小时具有重要的意义。如果产品需求的收入弹性很高，国内收入增加时销售量可能迅速增加，但经济衰退时会有显著的下降。具体来说，当社会收入增加时，应增加奢侈品的生产，略增必需品的生产，并及时减少劣等品的生产；相反，当社会收入减少时，应及时减少奢侈品的生产，略减必需品的生产，并及时增加劣等品的生产。

第二，需求收入弹性在产业规划过程中的应用。在规划各经济部门的发展速度时，需求收入弹性大的行业，由于需求量增长要快于收入增长，因此发展速度应快些，而需求收入弹性小的行业，发展速度应当慢些。

第三，恩格尔定理也是需求收入弹性的一个应用。19世纪，德国统计学家恩格尔根据统计资料，对消费结构的变化得出一个规律：一个家庭收入越少，家庭收入中（或总支出中）用来购买食物的支出所占的比例就越大，随着家庭收入的增加，家庭收入中（或总支出中）用来购买食物的支出则会下降，这就是恩格尔定理。恩格尔定律蕴含着食物的需求收入弹性随收入的变动规律：对于一个家庭或一个国家来说，富裕程度越高，食物的收入弹性值越小；反之，则越大。

四、需求交叉弹性

1. 需求交叉弹性的含义

需求交叉弹性是需求交叉价格弹性（cross-price elasticity of demand）的简称，它表示一种商品的需求量变动对另一种商品价格变动的反应程度。若以 X、Y 代表两种商品，e_{XY} 表示需求交叉弹性系数，P_Y 表示 Y 商品的价格，ΔP_Y 表示 Y 商品价格的变动量，Q_X 表示 X 商品原来的需求量，ΔQ_X 表示因 Y 商品价格的变动所引起的 X 商品需求量的变动量，则需求交叉弹性系数的一般表达式为

$$e_{XY} = \frac{\Delta Q_X / Q_X}{\Delta P_Y / P_Y} = \frac{\Delta Q_X}{\Delta P_Y} \cdot \frac{P_Y}{Q_X} \tag{3-4}$$

2. 需求交叉弹性值的分析

需求交叉弹性可以是正值，也可以是负值，它取决于商品之间关系的性质，即两种商品是替代品还是互补品亦或是独立品。

（1）替代品之间：$e_{XY} > 0$。一种商品需求量与其替代品价格之间呈同方向变动，所以其需求交叉弹性系数为正值。例如，茶叶和咖啡、橘子和橙子等商品之间的需求交叉弹性系数就是正值。

（2）互补品之间：$e_{XY} < 0$。一种商品需求量与其互补品价格之间呈反方向变动，所

以其需求交叉弹性系数为负值。例如，汽车和汽油、照相机和胶卷、录音机和磁带等之间的需求交叉弹性系数就是负值。

（3）独立品之间：$e_{XY}=0$，则说明 X 商品的需求量不受 Y 商品的价格变动的影响，两种商品既不是替代品，也不是互补品。在现实生活中相互独立的商品比较少见。

3. 需求交叉弹性的应用

第一，根据需求交叉弹性值的分析，可以根据 e_{XY} 的值判定商品之间的相关关系。即 $e_{XY}>0$ 的商品是互相替代商品，而且 e_{XY} 值越大表示商品之间的替代性越强；$e_{XY}<0$ 的商品是互补商品，而且 $|e_{XY}|$ 越大表示商品之间的互补性越强；$e_{XY}=0$ 的商品之间无交叉关系。

第二，对企业的产品策略或商店的商品组成具有指导作用。相关性越强的商品中任何一种商品的价格变动对其他商品的需求量都会产生很大的影响，那么我们可以将这些替代性较强和互补性较强的商品集中在一起生产或销售，从而使企业或商店获得更好的经济效益。例如，品种多样的水果店，拥有飘柔、潘婷、海飞丝三种品牌洗发精的宝洁公司等。

第三，企业可以利用需求交叉弹性理论和方法，制定较为合理的价格竞争策略。例如，"海信"厂商在考虑降价策略时，一定需要估测到其替代产品诸如 TCL、长虹、康佳、海尔等厂商可能产生的反响，并进一步分析预测竞争对手的这种反应会对自己的产品销售产生怎样的影响，从而判断自己的降价策略是否具有可行性。

阅读材料 3-1

农业长期相对衰落

在了解了弹性的基础知识之后，我们将研究这些工具如何帮助我们理解各种基本经济趋势及政策方面的问题。

农业曾经是美国国民经济最大的产业。100 年以前，美国人口的一半在农场生活和工作，但今天这个数字已经下降到不足劳动力的 3%。同时，农产品价格相对于收入及经济中其他物品价格有所下跌，在过去半个世纪中农产品价格不断下降。中等家庭的收入翻了一番还多，而农场主的收入却相对地停滞不动。来自农业州的议员们对于家庭农场的衰落忧心忡忡。

随着时间的推移，农业究竟发生了什么变化。由于大多数食品是必需品，人们对于食品的需求增加缓慢；与平均收入的增加相比，需求曲线的移动又是很有限的。

供给的情况又如何呢？尽管许多人错误地认为农业是落后产业，然而统计研究表明，农业生产率（每单位的投入的产出）增长的步伐比大多数其他产业要快得多。重大的技术进步包括：通过使用拖拉机、联合收割机和摘棉机等实现了农业机械化，施肥、灌溉、培育良种和转基因作物的研制这些创新都极大地提高了农业投入的生产率。农业生产率的迅速提高大大增加了供给，但是供给的急剧增长超过了需求的有限增加，从而导致了农产品价格相对于经济中其他物品价格的下降趋势，这也是最近几十年来农业部门发生的变化。

鉴于收入的下降，农场主们经常通过院外活动游说联邦政府给予补贴。长期以来，各届政府采取了多种举措来帮助农民。他们通过价格支持提高了农产品的价格；通过关税和配额限制进口；有时他们还简单地对那些承诺休耕（不在土地上种植农作物）的农民给予补贴。

丰收悖论在这里用起来很有趣。许多政府都试图通过限制产量来帮助农民。这怎么会对农民有利呢？如果农业部要求每一个农场都减少产量，就会导致供给曲线向左上方移动。由于食品需求缺乏弹性，限制种植不仅提高了农产品的价格，而且增加了农民的总收益和利润。正如丰收会损害农民的利益一样，限制种植则有利于提高农民的收入。当然，消费者在限制种植所导致的较高价格中受到了损害——正如他们在水灾或干旱时导致的粮食短缺中遭遇的情形一样。

资料来源：[美]保罗·萨缪尔森. 经济学. 第18版. 北京：人民邮电出版社，2008

第二节 供给弹性

供给弹性（elasticity of supply）是用来表示影响供给的各种因素发生变动后，供给数量变动的程度大小的概念。由于影响商品供给的因素主要有商品自身的价格、商品的生产成本、相关商品的价格、生产者预期等，因此，供给弹性包括供给的价格弹性、供给成本弹性、供给的交叉弹性和供给的预期价格弹性等。这里主要介绍供给的价格弹性。

一、供给的价格弹性的概念及计算方法

供给的价格弹性（price elasticity of supply）通常简称为供给弹性，是指在一定时期内一种商品的供给量的变动对于该商品价格变动的反应程度，是商品供给量的变动率与商品自身价格的变动率之比值。

与需求的价格弹性一样，供给的价格弹性也分为弧弹性和点弹性。供给的价格弧弹性表示某商品供给曲线上两点之间的弹性；供给的价格点弹性表示商品供给曲线上某一点的弹性。设供给函数为 $Q_s = f(P)$，e_s 表示供给的价格弹性系数，则供给的价格弧弹性的公式为

$$e_s = \frac{\Delta Q}{Q} \bigg/ \frac{\Delta P}{P} = \frac{\Delta Q}{\Delta P} \cdot \frac{P}{Q} \quad (3-5)$$

供给的点弹性公式为

$$e_s = \frac{\mathrm{d}Q}{Q} \bigg/ \frac{\mathrm{d}P}{P} = \frac{\mathrm{d}Q}{\mathrm{d}P} \cdot \frac{P}{Q} \quad (3-6)$$

一般情况下，商品的供给量和商品自身价格是呈同方向变动的，所以供给的价格弹性系数 e_s 为正值。

二、供给的价格弹性的种类

根据供给价格弹性值的大小，供给的价格弹性可分为以下五种基本类型。

（1）富于弹性：$e_s>1$，表示供给量的变化率大于价格的变化率，说明供给量对于价格变动的反应比较敏感。例如，化妆品、汽车和家电等商品的供给就是富有弹性。供给富有弹性的商品的供给需求曲线比较平坦，如图3-3（a）所示。

（2）缺乏弹性：$e_s<1$，表示供给量的变化率小于价格的变化率，说明供给量对于价格变动的反应不敏感，如土地、飞机等。供给缺乏弹性的商品的供给曲线比较陡峭平坦，如图3-3（b）所示。

（3）单位弹性或单一弹性：$e_s=1$，表示供给量的变化率与价格的变化率相等，现实生活中很少见。供给单位弹性的商品的供给函数为$Q=kP$（其中k为大于零的常数），即其供给曲线为过原点的直线，如图3-3（c）所示。

（4）完全弹性：$e_s=\infty$，表示只要价格发生微小的变化，则会使供给量发生无穷大的变化。供给完全弹性的商品的供给曲线为水平线，如图3-3（d）所示。

（5）完全无弹性：$e_s=0$，表示无论价格发生多大变化，供给量都不会发生任何数量变化。例如，梵高的油画、古代名人的真迹等无法复制的珍贵书画。供给完全无弹性的商品的供给需求曲线为一条垂直于横轴的线，如图3-3（e）所示。

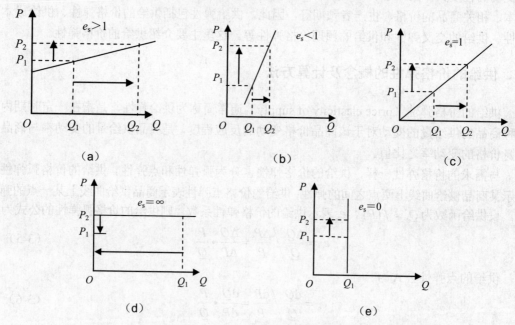

图3-3 供给价格弹性的五种类型

三、影响商品供给价格弹性的因素

1. 时间是决定供给弹性的首要因素

当商品价格发生变化时，厂商对产量的调整需要一定的时间。在短期内，厂商只能在现有的规模下改变某种或某些生产要素的数量来调整产量，所以产量变化不会很大，即短期内的供给弹性一般较小；但是，在长期内，厂商可以通过改变生产规模来调整产量，所以产量变化会很大，即长期内供给弹性一般比较大。

2. 生产的难易程度

容易生产且生产周期短的商品供给弹性大；反之，不易生产且生产周期长的商品供给弹性小。例如，农产品的生产周期较衣服的长，所以衣服的供给弹性大，而农产品的供给弹性较小。

3. 生产采用的技术类型

资本或技术密集型的商品，增加供给较难，商品的供给弹性较小；劳动密集型的商品，增加供给相对容易，商品的供给弹性较大。例如，汽车的供给弹性要小于服装的供给弹性。

4. 投入品替代程度

当价格发生变化时，投入品替代性大且相似程度高的商品可以很容易获得生产要素以调整其产量，从而使该商品的供给价格弹性较大；相反，投入品替代性小且相似程度低的商品由于获得生产要素难，其产量变化不大，即该商品的供给弹性较小。

另外，供给弹性还受到商品保管难易程度、自然条件、对未来价格的预期等因素的影响。

第三节　弹性理论的运用

一、蛛网模型

在前面均衡价格理论的分析中已经知道，商品的均衡价格和均衡数量是如何形成的，然后根据供求定律得知供给和需求发生变动时，相应的均衡量将如何变动。但在分析这些问题时，并没有详细说明在动态的时间序列中，这些变量之间的发展变化的过程。这种不引入时间因素来考察均衡的形成与稳定的条件，称为静态均衡分析。如果引入时间因素来考察均衡的形成与恢复等变动过程，称为动态均衡分析。蛛网模型即是引入时间因素来进行市场的动态均衡分析的模型。

蛛网模型是 20 世纪 30 年代出现的一种关于动态均衡分析的微观经济理论。它运用弹性理论来考察某些产品（特别是农产品）的价格波动对其下一个周期产量的影响，因本期价格对下期产量影响所产生的均衡的变动的图形绘出时形若蛛网，故称为"蛛网理论"。

蛛网模型的基本假设是：商品的本期产量 Q_t^s 决定于前一期的价格 P_{t-1}，即供给函数为 $Q_t^s = f(P_{t-1})$；商品本期的需求量 Q_t^d 决定于本期的价格 P_t，即需求函数为 $Q_t^d = f(P_t)$。

除了上述基本假设外，还必须假设存在一个完全竞争的市场，价格和产量不存在任何人为的限制，且产品本身不易储存，必须尽快出售。因此，蛛网模型常用于农产品在较长时期的价格与产量变动过程，如生猪、西瓜等。

根据以上假设，蛛网可以用三个联立方程式来表示

$$\begin{cases} Q_t^d = \alpha - \beta \cdot P_t \\ Q_t^s = -\delta + r \cdot P_{t-1} \\ Q_t^d = Q_t^s \end{cases}$$

式中：α、β、δ 和 r 均为常数，且大于零。

蛛网模型与第二章的均衡价格决定模型的框架是基本相同的，只是区别了经济变量的时间先后，蛛网模型是一个动态模型。

按照产品的供给弹性与需求弹性的相对大小分三种情况。

1. 产品的供给弹性小于需求弹性——收敛型蛛网

当供给量对价格变动的反应程度小于需求量对价格变动的反应程度时，价格波动对产量的影响越来越小，价格与产量的波动越来越弱，最后自发地趋于均衡水平。或者说，当需求曲线的斜率的绝对值小于供给曲线的斜率的绝对值时，市场在受到干扰偏离原有的均衡状态以后，实际价格和实际产量会围绕均衡水平上下波动，波动的幅度会越来越小，最后会回到原来的均衡点，如图3-4所示。

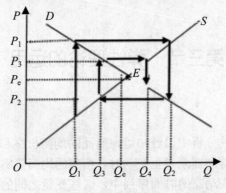

图 3-4 收敛型蛛网

假定在第一期由于外在原因的干扰，如恶劣的天气，实际产量水平由均衡水平减少为 Q_1。根据需求曲线，消费者愿意支付 P_1 的价格购买全部产量，于是实际价格为 P_1。根据第一期的价格 P_1，生产者会根据既定的供给曲线，将下期的产量增加为 Q_2。在第二期中，生产者为了销出全部产量 Q_2，必须接受消费者所愿支付的价格 P_2，于是第二期实际价格下降为 P_2。依此下去，生产者会根据第二期较低的价格 P_2 决定第三期的产量 Q_3，而在第三期，消费者愿意以 P_3 的价格购买全部的产量 Q_3，即实际价格又上升为第三期的 P_3，生产者又将根据 P_3 确定第四期的产量 Q_4，如此循环下去，实际产量和实际价格的波动幅度越来越小，最后恢复到均衡点 E 所代表的水平。这说明 E 点的均衡状态是一种稳定的均衡，由于外在原因，当价格和产量偏离均衡值（P_e 和 Q_e）后，经济体系中有自发的因素，促

使价格和产量自动恢复均衡状态。图中的产量与价格变化的路径形成了形似蜘蛛网的图形,这种蛛网称为收敛型蛛网,而把商品的供给弹性小于需求弹性称为形成收敛型蛛网的条件。

2. 产品供给弹性大于需求弹性——发散型蛛网

当供给量对价格变动的反应程度大于需求量对价格变动的反应程度时,价格波动对产量的影响越来越大,价格与产量的波动越来越强,最后离均衡点越来越远。或者说当需求曲线斜率的绝对值大于供给曲线斜率的绝对值时,市场由于外力的干扰偏离原有的均衡状态后,实际价格和实际产量上下波动的幅度会越来越大,偏离均衡点越来越远,如图3-5所示。

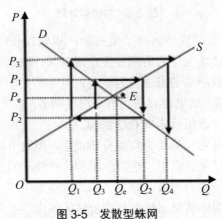

图3-5 发散型蛛网

假定在第一期由于某种外在因素干扰,实际产量由均衡水平Q_e减少为Q_1。这时消费者愿意支付较高的价格P_1,购买全部产量Q_1,即实际价格上升为P_1。生产者会根据较高的实际价格P_1决定下期的产量Q_2,即第二期的产量会增加为Q_2。生产者为了售出全部产量Q_2,接受消费者愿意支付的价格为P_2,从而实际价格下降为P_2。根据这一较低的价格P_2,生产者将决定三期的产量Q_3。依此下去,消费者在第三期愿意支付的价格为P_3,生产者根据P_3决定第四期的产量Q_4。实际产量与实际价格的波动幅度越来越大,偏离均衡点E所代表的均衡产量和均衡价格越来越远。可见E点所代表的均衡状态是不稳定的均衡。图中的产量与价格变化的路径形似发散的蛛网,而把商品的供给弹性大于需求弹性称为形成发散型蛛网的条件。

3. 供给弹性等于需求弹性——封闭型蛛网

当供给量对价格变动的反应程度等于需求量对价格变动的反应程度时,价格与产量的波动始终保持相同的程度,既不是趋向均衡点,也不是远离均衡点。或者说,当供给曲线斜率的绝对值等于需求曲线斜率的绝对值,即供给曲线与需求曲线具有相同的陡峭或平坦程度时,市场由于受到外力的干扰偏离原有的均衡状态以后,实际产量与实际价格始终按同一幅度围绕均衡点上下波动,如图3-6所示。因而把供给弹性等于需求弹性称为形成封闭型蛛网的条件。

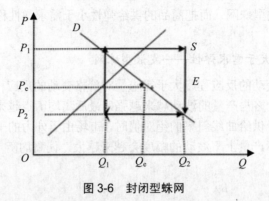

图 3-6 封闭型蛛网

西方经济学家认为，蛛网模型解释了某些生产周期较长的商品产量与价格波动的情况，尤其用于分析农产品市场发生的周期性波动现象。一般而言，农产品的供给量对价格变动的反应大，但市场对农产品的需求较为稳定，对价格变动的反应小，所以存在最广泛的是发散型蛛网。这就是说，如果让农产品市场自发调节，农产品的波动要大于其他产品。这正是各国政府都采取各种政策稳定农业的原因。

虽然蛛网模型是一个有意义的动态均衡分析模型，但这个模型还是一个很简单和有缺陷的模型。因为根据这个模型的假定，造成产量和价格波动的主要原因是：生产者总是根据上一期的价格来决定下一期的产量，即上一期的价格是生产者对下一期的预期价格。而事实是，生产者只能按本期价格来出售由预期价格所确定的产量。这种实际价格与预期价格的不吻合，造成了产量和价格的波动，而这一解释是不全面的。因为现实中的生产者会从自己的经验中逐步修正自己的预期价格，使预期价格与实际价格不断接近，从而使实际产量接近市场的实际需求量。

二、弹性与税收归宿

当政府对一种商品征税时，该商品的买者与卖者将分摊税额。但税额在买卖双方之间是怎样划分的呢？只有极少数情况下是平均分摊的。为了进一步说明税额的划分情况，我们利用需求价格弹性和供给价格弹性相差较大的两种情况来研究弹性对税收的影响，如图 3-7 所示。

图 3-7（a）表明需求缺乏弹性而供给富有弹性的市场上的税额划分，从中可以看出，消费者承担了更多的税额（P_1-P_0），而生产者承担了较少的税额（P_0-P_2）。图 3-7（b）表示需求富有弹性而供给缺乏弹性的市场上的税额划分，能够很容易地看出，在这种情况下，消费者承担的税收较少，而生产者承担了大部分税收。

通过上述分析可以得出税收归宿与弹性之间关系的一般结论：税收更多地由缺乏弹性的一方承担。如果某种商品的 $e_d > e_s$，税收主要由生产者承担，e_d 越大，生产者承担的税额越多。如果$e_d=\infty$，则生产者承担所有税额。相反，如果某种商品的$e_d<e_s$，税收主要由消费者承担，e_s越大，消费者承担的税额越多。如果$e_s=\infty$，则消费者承担所有税额。如果商品的$e_d=e_s$，则税收由生产者和消费者均摊。

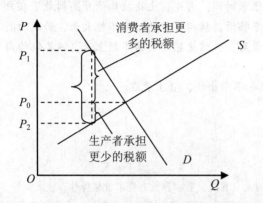 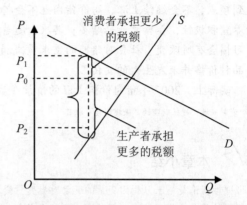

（a）需求缺乏弹性，供给富有弹性的税额划分　　（b）需求富有弹性，供给缺乏弹性的税额划分

图 3-7　弹性与税收归宿

政府会向哪种商品征税、向谁征税呢？这主要取决于政府的征税目的。如果为了增加财政收入，政府应该向如烟草、酒类等需求缺乏弹性的商品征税，因为即使对这些商品征税，消费者还是会购买，需求量变化不大，因而政府可以从消费者一方获得更多的税收。如果为了限制消费，政府应该向奢侈品等需求富有弹性的商品征税，因为对这些商品征税时，消费者可以很容易找到替代品，以达到抑制消费的目的。

 阅读材料 3-2

猪肉价格的大幅上涨

2007 年"五一"过后，全国许多地方的猪肉价格出现大幅度上涨。5 月的前 20 天，36 个大中城市每千克猪肉的平均批发价格达到 14.5 元，比上一年同期上涨了 4.4 元。

据 2007 年 5 月 23 日人民网报道，北京的白条猪平均批发价格达 15.70 元/千克，比上一年同期的 7.50 元/千克上涨了 109%。到 5 月 22 日为止，5 月份该市场的猪肉价格已经密集出现了 14 次上涨。也就是说，北京的猪肉价格几乎是每两天上扬一次。

2007 年 5 月期间，上海猪肉批发价格上涨至每千克 16 元，与十年来猪肉最高持平。5 月底，上海农产品中心批发市场猪肉价格曾经从 16 元/千克降为 15.70 元/千克，成交量也比价格最高峰时有所回升。但 6 月份，由于货源紧张，上海市场的猪肉价格再次上涨，达到了 17.2 元/千克的历史最高位。

商务部有关负责人表示，猪肉价格上涨的原因：一是上一年上半年受疫病和市场供需变化等因素影响，猪肉价格持续下降，一些养殖户为减轻损失，缩减养殖规模，而 6 月份后，虽然猪肉价格逐步回升，但养殖户的补栏进度比较缓慢，导致目前生猪存栏水平较低，市场供应少；

二是 2007 年后，玉米等主要饲料价格上涨，养猪成本增加。当时还有人认为重要原因之一是进城民工增加，由于民工的食肉总量增加所致。

山东省某市的物价局价格监测中心主任在 2007 年 5 月中旬曾对记者表示，猪肉价格已经达到顶点，不会继续上涨，高价猪肉也不会持续很长时间。首先，生猪收购价升高刺激了农户的养猪积极性，养猪户开始增多；其次，随着夏季临近，猪肉存放的时间不能太长，居民的消费习惯会有所改变，社会对猪肉的需求量减弱；最后，虽然生猪价格不断上涨，但其他的肉类品种价格并未发生大的变化。

实际上，2007 年猪肉价格上涨的情景在后来也不断出现，直至现在。

资料来源：搜狐财经的"微观财经"栏目

本章小结

弹性理论是用来分析因变量的变动对自变量变动的反应程度。需求弹性有需求价格弹性、收入弹性、交叉弹性等，分别说明需求量的变动对商品价格、消费者收入水平及相关商品价格变动的反应程度。供给价格弹性亦是分析供给量的变动对其价格变动的反应程度。根据弹性的大小，需求弹性和供给弹性都可以分为富有弹性、缺乏弹性、单一弹性、完全弹性和完全无弹性等类型。弹性理论在经济决策中具有重要的作用。

蛛网定理是一个动态的价格分析模型，用以解释现实中某些商品特别是农产品的价格和产量长期偏离均衡状态的非常规和持续的波动现象。蛛网定理为农产品的保护价格提供了理论基础。

课后习题

一、名词解释

供给的价格弹性　　需求的交叉价格弹性　　需求的收入弹性　　富有弹性

二、简答题

1．如何理解弹性原理在价格机制理论中的作用？
2．影响需求和供给的因素分别是什么？
3．图 3-8 中有三条为直线的需求曲线。

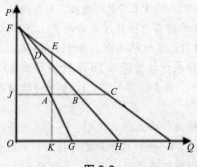

图 3-8

（1）试比较 A、B 和 C 点的需求价格弹性。

（2）试比较 A、D 和 E 点的需求价格弹性。

4．如果考虑到提高生产者的收入，那么对农产品和电视机、录像机一类高级消费品应采取提价还是降价的方法？为什么？

5．讨论下列问题：

（1）某城市大量运输的需求的价格弹性估计为 1.6，城市管理者问你，为了增加大量运输的收入，运输价格应该增加还是应该降低，你应当怎样回答？

（2）有人说，气候不好对农民不利，因为农业要歉收。但有人说，气候不好对农民有利，因为农业歉收以后谷物要涨价，收入会增加。对这两种观点你有何评价？

（3）$Q=5\,000-0.5P$ 这一需求函数中的价格弹性是否为常数？为什么？

6．运用供求分析说明：

（1）"谷贱伤农"的道理何在？

（2）为什么20世纪70年代石油输出国组织要限制石油产量？

三、计算题

1．某种商品原先的价格为1元，销售量为1 000千克，该商品的需求弹性系数为2.4，如果降价至0.8元/千克，此时的销售量是多少？降价后总收益是增加了还是减少了？增加或减少了多少？

2．某商品价格为9美元时，需求量为11；价格为11美元时，需求量为9。请计算：

（1）$P=9$，$Q_d=11$ 作为基数时的需求弹性。

（2）$P=11$，$Q_d=9$ 作为基数时的需求弹性。

第四章　消费者选择行为理论

 学习目标

通过本章的学习，理解一定条件下消费者的效用最大化选择，条件的变化对消费组合的影响，尤其是一种商品的价格变动对这种商品的需求量的影响，从而理解为什么说需求线上每一点意味着消费者效用最大化。

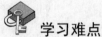 学习重点

（1）消费者偏好和效用；
（2）给定收入和价格下的效用最大化；
（3）收入的变动和恩格尔定律；
（4）价格的变动和需求线的推导；
（5）替代效应和收入效应的分解，以及吉芬商品的条件。

 学习难点

边际效用递减规律　　替代效应和收入效应的分解

引导案例

美国的经济学家萨缪尔森有个"幸福方程式"，即幸福=效用/欲望。从这个方程式中，我们看到欲望与幸福成反比。对于幸福，不同的人也有不同的理解，政治家把实现自己的理想和抱负作为最大的幸福；企业家把赚到更多的钱当作最大的幸福；老百姓往往把生活平平淡淡、衣食无忧作为最大的幸福。幸福是一种感觉。但多数人一般把拥有的财富多少看作是衡量幸福的标准。一个人的欲望水平与实际水平之间的差距越大，他就越痛苦；反之，就越幸福。市场经济发展到今天，贫富差距越来越大，如果穷人欲望过高，就只会给自己增加痛苦。富人比穷人更看重财富，他会追求更富，如果得不到它也会感到不幸福。因此，穷人幸福还是富人幸福完全是主观感觉。

在微观经济学中，消费者行为理论就是要研究消费者的资源配置行为，即消费者如何用有限的收入购买到适当的消费品以获得最大的满足。通俗地讲，所谓消费者行为理论，就是对下面两个问题作出回答：即在日常生活中消费者根据什么原则来决定购买何种消费品，以及每一种买多少？消费者在什么条件下才能得到最大的满足（即达到消费者均衡）？

第一节 效用理论

一、偏好

在发达市场经济中，典型消费者的问题是在一定条件下，按照效用最大化的方式把既定数量的货币用于购买价格给定的多种商品或服务。一方面，消费者有自己的偏好，即可供选择的消费组合在消费者心目中有一个排序；另一方面，有限的收入和给定的价格等条件限定了选择的机会。因此，典型消费者的问题是一定约束条件下的最优选择问题。本节将描述消费者的偏好。

消费者偏好是所有消费组合在消费者心目中的比较和排序。它有两个基本性质：可比较性和可递性。可比较性，是指消费者能够比较任何两个消费组合，也称为偏好的完全性。假设 A 和 B 代表任意给定的两个消费组合，那么一个消费者总能对两者进行比较，而且关于两者排序或偏好只能是如下三种情况之一：A 严格优于 B；B 严格优于 A；A 与 B 无差异。第一种情况下，将选择 A；第二种情况下，将选择 B；第三种情况下，心智健全人不会因为无法说出 A 和 B 哪一个更好而无法作出选择，可以选择 A 和 B 任何一个。

可递性的意思是，如果 A 优于 B 且 B 优于 C，那么 A 优于 C，又称一致性。这个性质意味着消费者能够作出逻辑上一致的选择。这也意味着，消费者的选择是可预测的。例如，如果观察到一个消费者总是在 A 和 B 之中选择 A、B 和 C 之中选择 B，我们可推断他将在 A 和 C 之中选择 A。

二、效用

效用（utility）是指消费者在消费商品时得到的满足感。或者说，效用是消费者对商品满足其欲望的能力的主观评价。

张三在消费一支香烟时所得到的满足感可能会较强烈。李四消费同样的一支香烟可能得不到什么满足感，甚至还可能产生厌恶感。王五在饥饿时消费一块面包得到较强的满足感，但他饭后再来消费同样的一块面包所得到的满足感就会大大削弱。这就说明效用是一个主观范畴，不同的消费者或消费者在不同条件下消费同样的商品所得到的效用是不同的。根据这一定义，效用只是消费者在一定条件下对所消费商品的一种主观心理评价，与商品的价格或消费者的支付能力无关。

三、基数效用论

效用是消费者对所消费商品的一种主观评价，是他所得到的满足感。对这种满足感应当怎样来度量，历史上先后出现了两种看法。以这两种不同的看法为基础各自发展出一套理论，分别是基数效用论和序数效用论。这两种理论在不同的假设下采用不同的方法进行研究。基数效用论采用边际效用分析法，而序数效用论则采用无差异曲线分析法。这两种方法后来成为经济学中最为基本的两种分析方法，广泛应用于经济学各专题的研究。

20世纪初之前，经济学界大都使用这一理论。基数效用论者假定效用像重量、长度和温度一样可以用基数来度量。例如，我们可以说甲消费者消费一支香烟获得了5个单位的效用，乙消费者消费一磅面包获得了10个单位的效用等。基数是可以加总的，我们可以说以上两位消费者一共获得了15个单位的效用。

在这一假定下，基数效用论者构建了一整套效用理论。这一理论最后得出了消费者均衡条件并推导出需求函数。

1. 效用函数

既然效用可用基数度量，那么消费者从消费一篮子商品 $\vec{Q}=(Q_1,Q_2,\cdots,Q_n)$ 中所得到的效用值 U 便是一个基数（实数），其大小取决于商品篮子中各种商品的数量。换言之，效用 U 是所消费各种商品的数量的多元函数，即

$$U = f(\vec{Q}) = f(Q_1, Q_2, \cdots, Q_n) \tag{4-1}$$

这个函数被称为效用函数。大多数情况下，我们将其中的商品种类数 n 当作 1 或 2 以简化讨论，所得结论可推广到 n 为任意自然数的情形。

下面专门讨论一元效用函数。

$$U = f(Q) \tag{4-2}$$

式中：Q 为某种商品的消费量；U 为相应的效用值。

2. 边际效用

边际效用（Marginal Utility）是指效用函数的导数，记作 MU。

如果效用函数是一元的，则边际效用为

$$\mathrm{MU} = \frac{\mathrm{d}U}{\mathrm{d}Q} \tag{4-3}$$

$\frac{\mathrm{d}U}{\mathrm{d}Q}$ 的几何意义是效用曲线上某点处的切线斜率。其经济意义是：假定其他商品的消费数量不变，再增加或最后增加的 1 单位商品所导致的效用增量。

3. 边际效用递减规律

表 4-1 中，我们看到第 1 块饼干带来的效用 MU(1)=1，第 2 块饼干带来的效用 MU(2)=2。这就是说，消费者对第 2 块饼干的评价更高。这可能是因为消费者太饿了，第 1 块饼干是囫囵吞下去的，结果并没有享受到因饼干味美而带来的满足感。他在吃第 2 块饼干后可能会有一种"越吃越想吃"的感觉。但这种情况不可能持续太久，从第 3 块饼干开始边际效用就越来越小。这种现象可用如下边际效用递减规律（law of diminishing marginal utility）来反映：随着一种商品消费数量的连续增加，其边际效用迟早会出现递减的现象。

表 4-1　某消费者消费饼干的效用和边际效用

Q/块	0	1	2	3	4	5	6	7	8	9	10	11	12	…
U	0	1	3	6	8	9.7	11	11	10	8	5	0	-8	…
MU		1	2	3	2	1.7	1.3	0	-1	-2	-3	-5	-8	…

这就是说，边际效用 MU 必定会在商品消费量 Q 的某一值处达到最大值，此后就随 Q 的连续增加而递减。这里并未排除消费量 Q 的这一值为零的可能性，即有可能从一开始边际效用就是递减的。从几何意义上来说，边际效用递减规律表明边际效用曲线呈倒 U 字形。在商品的消费量非常小时其边际效用可能会递增，在今后的讨论中我们有时有意忽略这一点而认定边际效用从一开始就递减。这种有意忽略的合理性在于作为经济人的消费者很少会在"越吃越想吃"的状态下停止消费，即理性的消费者会不断增加消费量直到边际效用出现递减。

边际效用之所以迟早会出现递减的现象是因为以下三个方面：

第一，生理原因。很多商品的消费是为了满足生理上的需要，而生理上的需要总是有限的。当生理需要得到一定的满足后，消费者从最后消费的一单位商品中得到的满足感最低。前文吃饼干的例子就是从生理方面来解释的。

第二，心理原因。人们总是对消费得较多的商品中的最后一单位有较低的心理评价。当花瓶里只有一两朵花时，再增插一朵也许会显著提高欣赏效果。如果花瓶里已有一大束花，再增插一朵的效果就不太明显了。

第三，商品的多用性。我们假定矿泉水按对消费者的重要性排列有 A、B、C、D、E 五种用途。1 升矿泉水用于饮用（用途 A）时效用较大，而若将其用于浇花（用途 E）则效用会非常小。理性的消费者在不断增加矿泉水消费量的过程中一定是按 A、B、C、D、E 的顺序来逐步满足各种需要的。当消费量较小时，全部矿泉水都会当作饮用水（用途 A），此时最后 1 升的效用（即边际效用）较大。当消费量较大时，如果消费者饮用（用途 A）和煮饭（用途 B）的需要已经满足，他就会用来沐浴（用途 C）。这时，最后 1 升矿泉水是用来沐浴的，所以边际效用较小。

关于边际效用的一个著名例子是由庞巴维克给出的。"殖民地的一个农民，他的木屋孤立地坐落在原始森林之中，远离人们常常热闹地聚集的地方。他刚好收获了五袋谷物。这些谷物必须使他维持到下一个收获季节。作为一个节俭的人，他制订了在这一年中如何使用这些谷物的计划。一袋是他活到下一个收获季节所必需的。第二袋使他由勉强维持生命变得强壮和有精力。一般来说，他不想要更多面包和用淀粉制造的其他食物，他很想吃一些肉，所以他打算用第三袋谷物饲养家禽。他打算用第四袋谷物酿酒。指定了第四袋谷物的用处之后，他的各种个人需要已经得到充分满足。对于第五袋谷物，除了饲养几只逗乐的鹦鹉，他想不出更好的用途。"假如他损失了一袋谷物，那么减少的效用是饲养鹦鹉所带来的效用。这是这五袋谷物的边际效用。值得注意的是，即便他损失的是原本写明了用于活命的那袋谷物，他损失的效用也是饲养鹦鹉的效用，因为他必定把原本写明了用于饲养鹦鹉的那袋谷物用于活命。

阅读材料 4-1

吃三个面包的感觉

美国总统罗斯福连任三届后，曾有记者问他有何感想，总统一言不发，只是拿出一块三明治面包让记者吃，这位记者不明白总统的用意，又不便问，只好吃了。接着总统拿出第二块，记者还是勉强吃了。紧接着总统拿出第三块，记者为了不撑破肚皮，赶紧婉言谢绝。这时罗斯福总统微微一笑："现在你知道我连任三届总统的滋味了吧"。这个故事揭示了经济学中的一个重要的原理：边际效用递减规律。

记者之所以不再吃第三块面包是因为再吃不会增加效用，反而是负效用。又如，水是非常宝贵的，没有水，人们就会死亡，但是你连续喝超过了你能饮用的水量时，那么多余的水就没有什么用途了，再喝边际价值几乎为零，或是在零以下。再如，现在我们的生活富裕了"天天吃着山珍海味也吃不出当年饺子的香味"，这就是边际效用递减规律。如果效用不是递减而是递增会是什么结果？吃一万块面包也不饱。吸毒就接近效用递增，毒吸得越多越上瘾。吸毒的人觉得吸毒比其他消费相比认为毒品给他的享受超过了其他的各种享受。所以吸毒的人会卖掉家产，抛妻弃子，宁可食不充饥、衣不遮体，毒却不可不吸。因此，幸亏我们生活在效用递减的世界里，在购买消费达到一定数量后因效用递减就会停止下来。

4. 总效用与边际效用的关系

用表 4-2 说明边际效用递减规律和理解总效用与边际效用之间的关系。

表 4-2　某商品的效用表

商品数量（1）	总效用（2）	边际效用（3）	价格（4）
0	0		
1	10	10	5
2	18	8	4
3	24	6	3
4	28	4	2
5	30	2	1
6	30	0	0
7	28	-2	

根据表 4-2 所绘制的总效用和边际效用曲线，如图 4-1 所示。

图中的横轴表示商品的数量，纵轴表示效用量，TU 曲线和 MU 曲线分别为总效用曲线和边际效用曲线。由于边际效用被定义为消费品的一单位变化量所带来的总效用的变化量，又由于图中的商品消费量是离散的，所以 MU 曲线上的每一个值都记在相应的两个消费数量的中点上。

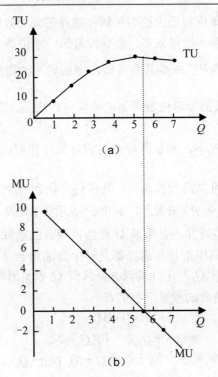

图 4-1 某商品的效用曲线

在图 4-1 中，MU 曲线因边际效用递减规律而成为向右下方倾斜的，相应地，TU 曲线则随着 MU 的变动而呈现先上升后下降的变动特点。总结 MU 与 TU 的关系：

当 MU＞0 时，TU 上升；

当 MU＜0 时，TU 下降；

当 MU＝0 时，TU 达到极大值。

从数学意义上讲，如果效用曲线是连续的，则每一消费量上的边际效用值就是总效用曲线上相应的点的斜率。

5. 消费者均衡

消费者均衡就是研究消费者在收入既定的情况下，如何消费可以实现效用最大化。

假设消费者的收入为 M，分别购买价格为 P_x 和 P_y 两种物品，当消费者购买两种商品的数量满足以下两个条件时就实现了总效用的最大化。

限制条件：

$$P_x Q_x + P_y Q_y = M \tag{4-4}$$

均衡条件：

$$\frac{MU_x}{P_x} = \frac{MU_y}{P_y} = MU_M \tag{4-5}$$

均衡条件：表示最后一单位货币无论购买何种物品带来的效用是相同的，根据边际效用递减规律，如果某种物品购买数量太多，会导致最后一单位货币购买该物品得到的效用太少，即 $\frac{MU_x}{P_x} < \frac{MU_y}{P_y}$，显然应当减少其购买量，增加另一种物品的购买量；对于另一种物品的情形也如此。只有当最后一单位货币无论购买何种物品，带来的效用都是相等的时，总效用达到最大。

以上是在收入既定的情况下，购买两种产品的分析，也可以扩展到购买 n 种情况的分析：

设市场上共有 n 种商品可供消费者选择，其价格分别为 $P_1, P_2, \cdots, P_n$。这一组价格也可以用一个向量 $\vec{P} = (P_1, P_2, \cdots, P_i, \cdots, P_n)$ 来表示，其中 P_i 表示第 i 种商品的价格（$i=1, 2, \cdots, n$）。消费者计划用于购买这些商品的货币量 M 称为消费者的预算。在此预算下，消费者的购买方案有无穷多种选择，其中的每种选择都是一个商品组合（或一个商品篮子）。这个商品组合也可以用向量 $\vec{Q} = (Q_1, Q_2, \cdots, Q_n)$ 来表示。其中 Q_i 表示所购买的第 i 种商品的数量（$i=1, 2, \cdots, n$）。根据消费者的预算，我们有

$$\vec{P} \cdot \vec{Q} = M \tag{4-6}$$

$$P_1 Q_1 + P_2 Q_2 + \cdots + P_n Q_n = M \tag{4-7}$$

消费者花费一定的预算 M 购买一篮子商品 $\vec{Q} = (Q_1, Q_2, \cdots, Q_n)$，显然存在非常多的选择余地。

"达到效用最大化"、"达到消费者均衡"和"购买到最优商品组合"都表示相同的意思。消费者要做到这一点，必须使其购买的商品组合不再存在优化调整。满足预算方程的一个商品组合 $\vec{Q} = (Q_1, Q_2, \cdots, Q_n)$ 在怎样的条件下还存在优化调整，或者说在什么条件下它不是一个最优商品组合？假设其中面包和牛奶的数量为 Q_1 和 Q_2，在当前的购买下相应的边际效用分别为 MU_1 和 MU_2，它们的边际效用价格比不相等，则

$$\frac{MU_1}{P_1} > \frac{MU_2}{P_2} \tag{4-8}$$

这表示消费者对面包的最后购买比对牛奶的最后购买更有效率，或者说花在面包上的最后 1 元钱比花在牛奶上的最后 1 元钱买来了更大的效用。如果减少 1 元钱的牛奶购买，总效用将减少 $\frac{MU_2}{P_2}$。但消费者却由此省下 1 元钱，用其购买面包，将总效用增加 $\frac{MU_1}{P_1}$。由不等式（4-8）得知，经过这样的调整，消费者的总效用将增加 $\frac{MU_1}{P_1} - \frac{MU_2}{P_2}$（结果大于零）。这就是说，这种商品组合不是最优的，上述调整就是一种优化调整。与最优商品组合相比，消费者购买了太多的牛奶和太少的面包。

我们也可以利用相对价格和相对边际效用的概念来重新考虑这一问题。

$$\frac{MU_1}{MU_2} > \frac{P_1}{P_2} \tag{4-9}$$

相对边际效用高于相对价格表明的是关于"1 磅面包值几磅牛奶"的问题,相对市场评价来说,消费者过高地评价了面包而过低地评价了牛奶。根据边际效用递减规律,消费者之所以对面包的评价太高是因为他购买了太少的面包;之所以对牛奶的评价太低是因为他购买了太多的牛奶。因为消费者认为 1 磅面包值 $\frac{MU_1}{MU_2}$ 磅牛奶,所以他用商品篮子中的 $\frac{MU_1}{MU_2}$ 磅牛奶换回 1 磅面包并不改变其总效用。然而到市场换回一磅面包只需用 $\frac{P_1}{P_2}$ 磅牛奶,于是,他仅用 $\frac{P_1}{P_2}$ 磅牛奶就换回了 1 磅面包,从而保持原效用不变。节省下来的 $\frac{MU_1}{MU_2} - \frac{P_1}{P_2}$(结果大于零)磅牛奶使商品篮子的总效用提高了。

综上所述,若消费者购买的商品篮子 $\vec{Q} = (Q_1, Q_2, \cdots, Q_n)$ 使得不等式出现以上的情况,则它不是最优商品组合。同理,在 $\frac{MU_1}{P_1} < \frac{MU_2}{P_2}$ 或 $\frac{MU_1}{MU_2} < \frac{P_1}{P_2}$ 成立时,所购商品组合也不是最优的,这时面包买得太多而牛奶买得太少。

于是,在面包与牛奶之间不存在优化调整的条件就是

$$\frac{MU_1}{P_1} = \frac{MU_2}{P_2} \tag{4-10}$$

或

$$\frac{MU_1}{MU_2} = \frac{P_1}{P_2} \tag{4-11}$$

式(4-10)表示花在面包上的最后 1 元与花在牛奶上的最后 1 元买来同样多的效用。式(4-11)表示关于"1 磅面包值几磅牛奶"这一问题,消费者应保持与市场相一致的评价。如果不仅在面包和牛奶间不存在优化调整,而且在任意两种商品间都是如此,那么这种商品篮子就不再存在优化调整了,或者说消费者买到了最优商品组合。这时公式可以表示为

$$\frac{MU_1}{P_1} = \frac{MU_2}{P_2} = \cdots = \frac{MU_n}{P_n} \tag{4-12}$$

和

$$\frac{MU_i}{MU_j} = \frac{P_i}{P_j} (i, j = 1, 2, \cdots, n) \tag{4-13}$$

式(4-12)与式(4-13)是等价的,我们主要讨论前者。式(4-12)表示花在每种商品上的最后 1 元都应买来相同的效用,那么这一效用值有何特殊的经济含义呢?若将第 n 种商品理解为"货币",即消费者购买 $n-1$ 种商品后未花完的预算剩余,那么当消费者购买各种商品后还剩下 20 元钱时,我们就说消费者还购买了 20 单位的"货币"——在此意义上消费者总是花光了他的预算。一种商品的价格是指购买 1 单位这种商品花的钱,"货币"的价格当然就等于 1 了。换言之,$MU_n = \lambda$,$P_n = 1$,于是式(4-12)式又可写成

$$\frac{MU_1}{P_1} = \frac{MU_2}{P_2} = \cdots = \frac{MU_n}{P_n} = \lambda \tag{4-14}$$

虽然没有用到"消费者的预算为 M"这一条件，但是，事实上式（4-14）可以在 M 为任何数时成立。于是，可以得到基数效用论的消费者均衡条件为

$$\begin{cases} \dfrac{MU_1}{P_1} = \dfrac{MU_2}{P_2} = \cdots = \dfrac{MU_n}{P_n} = \lambda \\ P_1 Q_1 + P_2 Q_2 + \cdots + P_n Q_n = M \end{cases} \quad (4\text{-}15)$$

6. 消费者剩余

消费者剩余是指消费者愿意对某商品支付的价格与实际支付的价格之间的差额，或者说，是消费者消费某种一定量商品所获得的总效用与为此花费的货币的总效用的差额。

在消费者购买商品时，一方面，我们已经知道，消费者对每一单位商品所愿意支付的价格取决于这一单位商品的边际效用。由于商品的边际效用是递减的，所以消费者对某种商品所愿意支付价格是逐步下降的。但是，另一方面，需要区分的是，消费者对每一单位商品所愿意支付的价格并不等于该商品在市场上的实际价格。事实上，消费者在购买商品时是按照实际的市场价格支付的。于是，在消费者愿意支付的价格和实际的市场价格之间就产生了一个差额，这个差额便构成了消费者剩余的基础。例如，某种汉堡包的市场价格为 3 元，某消费者在购买第一个汉堡包时，根据这个汉堡包的边际效用，他认为值得付 5 元来购买这个汉堡包，即他愿意支付的价格为 5 元。于是，当这个消费者以市场价格 3 元购买这个汉堡包时，就创造了额外的 2 元的剩余。在以后的购买过程中，随着汉堡包的边际效用递减，他为购买第二个、第三个、第四个汉堡包所愿意支付的价格分别递减为 4.5 元、4 元和 3.5 元。这样，他购买 4 个汉堡包所愿意支付的总数量为 5+4.5+4+3.5=17 元。但他实际按市场价格支付的总数量=3×4=12 元。两者的差额=17-12=5 元。这个差额就是消费者剩余。也正是基于这种感觉，他认为购买 4 个汉堡包是值得的，是能使自己的状况得到改善的。

消费者剩余可以用几何图形来表示。简单地说，消费者剩余可以用消费者需求曲线以下、市场价格线之上的面积来表示，如图 4-2 中的阴影部分面积所示。具体地看，在图 4-2 中，需求曲线以反需求函数的形式 $P^d = f(Q)$ 给出，它表示消费者对每一单位商品所愿意支付的价格。假定该商品的市场价格为 P_0，消费者的购买量为 Q_0。那么，根据消费者剩余的定义可以推断，在产量 O 到 Q_0 区间需求曲线以下的面积表示消费者为购买 Q_0 数量的商品所愿意支付的总数量，即相当于图中的面积 $OABQ_0$；而实际支付的总数量等于市场价格 P_0 乘以购买量 Q_0，即相当于图中的矩形面积 OP_0BQ_0。这两块面积的差额即图中的阴影部分面积，就是消费者剩余。

消费者剩余也可以用数学公式来表示。令反需求函数 $P^d = f(Q)$，价格为 P_0 时的消费者的需求量为 Q_0，则消费者剩余为

$$\text{CS} = \int_0^{Q_0} f(Q) \mathrm{d}Q - P_0 Q_0 \quad (4\text{-}16)$$

式中：CS 为消费者剩余的英文简写；式子右边的第一项即积分项，表示消费者愿意支付的总数量；第二项表示消费者实际支付的总数量。

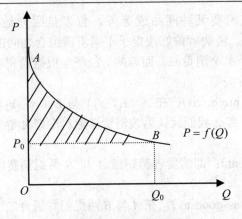

图 4-2 消费者剩余

前文我们利用单个消费者的需求曲线得到了单个消费者剩余,这一分析可以扩展到整个市场。类似地,我们可以由市场的需求曲线得到整个市场的消费者剩余,市场的消费者剩余可以用市场需求曲线以下、市场价格线以上的面积来表示。

最后需要指出的是,消费者剩余是消费者的主观心理评价,反映消费者通过购买和消费商品所感受到的状态的改善。因此,消费者剩余通常被用来度量和分析社会福利问题。

四、序数效用论

进入 20 世纪后,许多经济学家对基数效用论的基本假设提出了质疑。他们认为效用是一个类似于美丽、痛苦或艺术水平那样的概念,用基数来度量其程度是不可信的。他们假定效用只能用序数来度量,即消费者可根据其偏好对任意两组商品进行满足程度的排序。换言之,按序数效用论的这一假定,消费者面对一张芭蕾舞门票和一部手机且只能作出一种评价:"宁愿看芭蕾舞",或"宁愿要手机",或"随便要哪一个"。最后一种态度意味着消费者对看一场芭蕾舞和获得一台手机有相同的评价。序数是不可以加总的,如第一加第八是没有意义的。因此,在序数效用论的研究中不会出现效用加总的计算。在下面的章节中,将用预算线与无差异曲线来说明序数理论的消费者均衡。

第二节 消费者偏好和预算约束

一、消费者偏好

消费者形成需求有三要素:对物品的偏好、物品的价格和消费者的收入。价格和收入形成预算集(Budget Set),又称消费的可行性集(Feasible Set);偏好形成消费集(Consumption Set),又称为选择集(Choice Set)。

人们之所以要购买或消费某种商品或劳务,首先是因为他们主观上喜欢或偏好(prefer)这些商品和劳务。消费者偏好决定了不同消费组合之间的关系。注意:偏好是相对于整个消费组合(不是单个消费品)而言的。经济学根据消费者对某些商品或劳务的偏好程度,把偏好分为三种类型。

(1)强偏好(strictly preferred):在 A(x_1,x_2)与 B(y_1,y_2)两组消费组合之间,如果消费者肯定地选择 A,那么我们就认为该消费者绝对偏好 A 胜于 B。用公式表示为:$A > B$。

(2)无差异(indifferent):即消费者感到在 A 与 B 两组消费组合之间没有区别。用公式表示为:$A = B$。

(3)弱偏好(at least as good as):在 A 与 B 两组消费组合之间,如果消费者认为 A 至少与 B 一样好,那么我们就认为该消费者对 A 有较弱的偏好。用公式表示为:$A \geq B$。

二、个人的决策过程

居民或个人作为选择者,在进行消费决策时,必须回答两个问题:其一,该消费者要做什么或需要什么?这是对各种消费束进行偏好排序的过程。其二,该消费者能够做什么或允许做什么?这是对该消费者选择的内外部约束条件进行考察的过程。内部约束条件主要指消费者是否有足够的货币收入和消费时间等;外部条件主要指是否允许消费自己选定的消费束。在此基础上,消费者把自己需要的消费束和面临的约束条件综合起来,选定自己的最优决策。个人作为消费者的决策过程,如图4-3所示。

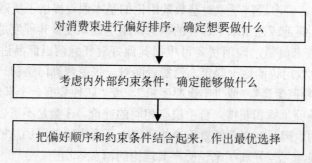

图4-3 个人的决策过程

这里的最优决策只具有理论分析上的意义。最优决策需要在信息完全的条件下作出,但搜寻完全信息需要付出巨大成本。例如,你要购买一件衣服,你不可能把世界上所有的衣服搜寻一遍后作出决策。因此,你的决策通常是次优决策。一般的选择行为也是这样。

三、预算线

1. 预算线的定义

消费者在作出购买或消费选择时,还要受到客观条件的约束。这一约束限制了人们的消费能力。描述消费者在市场中受到客观约束的工具是预算线,由预算线所围起来的区域,被称为预算集,或消费的可能性集。

当我们只考虑两种商品 x 和 y（其数量也用 x 和 y 来表示）时,预算方程式就写为

$$P_x x + P_y y = M \qquad (4\text{-}17)$$

这里常数 P_x 和 P_y 分别为两种商品的价格,消费者的预算 M 也是既定的。预算方程式的图像称为预算线（Budget Line）。

预算方程式是一个二元一次方程,其解集合即为预算线。预算线上的每个点都是预算方程的解,都是消费者花光其预算 M 所能买到的商品组合。因此,预算线将整个平面分为两个区域：一个是两条坐标轴和预算线所围的封闭三角形区域,称为消费可能区域；一个是消费可能区域的补集,称为消费不可能区域。消费可能区域中的每个点 (x, y) 都表示消费者有能力买到的商品组合（$P_x x + P_y y \leq M$）,其中预算线上的点花光了预算 M（$P_x x + P_y y = M$）,而其他点则未花光这一笔预算（$P_x x + P_y y < M$）。消费不可能区域中的每个点所表示的商品组合都是消费者用预算 M 买不来的商品组合,因为这样的点 (x, y) 使得 $P_x x + P_y y > M$。

2. 预算线的几何要素

预算线有三个几何要素：斜率和预算线在两条轴上的截距。

将预算方程写成斜截式 $y = \dfrac{M}{P_y} - \dfrac{P_x}{P_y} x$,即知预算线的斜率为 $-\dfrac{P_x}{P_y}$（相对价格的相反数）。

将预算方程写成截距式 $\dfrac{x}{M/P_x} + \dfrac{y}{M/P_y} = 1$,得预算线在两条轴上的截距分别为 $\dfrac{M}{P_x}$ 和 $\dfrac{M}{P_y}$。

这两个截距的经济含义是十分明显的,如 $\dfrac{M}{P_x}$ 表示将预算 M 全部花在商品 x 上所能购买的商品数量,如图 4-4 所示。

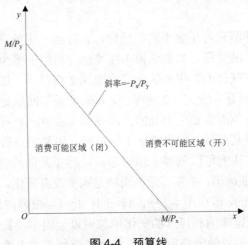

图 4-4 预算线

3. 预算线的变动

预算线的基本变动只有两种：平移和旋转。导致预算线平移的常见情形是两种商品的价格 P_x 和 P_y 不变（从而预算线斜率不变）而消费者的预算 M 变动。当消费者的预算 M 提高时，消费可能区域扩大，预算线向外平移；当消费者的预算 M 降低时，消费可能区域缩小，预算线向内平移。两种商品的价格 P_x 和 P_y 同比例变动而消费者的预算 M 不变，或 M 与 P_x 和 P_y 的变动比例不同也导致预算线平移。预算线旋转的情形是预算线绕其与坐标轴的交点旋转。如果 P_x 变动而 P_y 和 M 不变，那么预算线在 y 轴上的截距不变而它在 x 轴上的截距和斜率都改变了，于是预算线将绕其与 y 轴的交点旋转。至于旋转的方向，可视其在 x 轴上截距的变化而定。更方便的判定方法是考察消费可能区域的变化。如果 P_x 变大，则消费者变得相对更穷，从而消费可能区域缩小，预算线绕其与 y 轴的交点顺时针旋转。其他情况可以由此推出。除了这两种基本的变动以外，其他的变动都可看成这两种变动的叠加。

第三节　无差异曲线

一、无差异曲线的定义

消费品的多样化和消费者需求的多层次性决定了消费者的选择具有多样化特点。换言之，在一定收入水平下，消费者可以购买数量繁多的商品，即消费束中包含的元素可能是很多的。为了使下面的分析简单化，我们假定消费者在两种商品（啤酒和可乐）之间进行选择。显然，这样的假定是非现实的，但在以后的分析中可以看到，这种只有两种商品的选择理论可以被用来说明多种商品的情况，因为这样的假定既不失一般性，又可以使分析大大简化。请注意，微观经济学中常常用这样的方法分析经济问题，因为非现实的假定往往并不是坏的假定。

假定消费者甲某对啤酒和可乐有不同的偏好，为达到一定的满足水平，他需要 3 瓶啤酒和 4 瓶可乐。现在和甲某商量，如果减掉 1 瓶啤酒，再给他多少瓶可乐，甲某才会同意（甲某的满足水平并没有变化）？甲某认为需要增加 2 瓶可乐。这样，甲某的消费束就从原来的（3 瓶啤酒，4 瓶可乐）变为（2 瓶啤酒，6 瓶可乐）而满足水平没有变化，换句话说，甲某的两个消费束对他而言是无差异的，即在图 4-5 中，$A \sim B$。

同样也可以这样和甲某商量：如果增加 1 瓶啤酒，甲某愿意放弃多少可乐（甲某的满足水平没有变化）？甲某认为可以放弃 1 瓶可乐，这样甲某的消费束就从原来的（3 瓶啤酒，4 瓶可乐）变为（4 瓶啤酒，3 瓶可乐）而满足水平没有变化。换句话说，甲某的三个消费束对他而言是无差异的，即在图 4-5 中，$A \sim B$ 且 $A \sim C$，根据传递性假设，有 $A \sim B \sim C$。

反复这样做，而且假定啤酒和可乐的变化单位可以无限小，我们可以找到许许多多和 A 无差异且它们彼此也无差异的消费束，把这些消费束代表的点连接起来，就形成了甲某消费啤酒和可乐的无差异曲线，如图 4-5 所示。

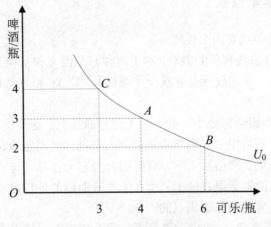

图 4-5　甲某的无差异曲线

可见，无差异曲线说明，消费者可以在无差异曲线上选择任何消费束而得到同样的满足水平。

无差异曲线（Indifference Curve）是指在满足消费者效用水平不变的情况下，两种商品消费数量的依从关系，或者说，无差异曲线是指在满足消费者效用水平不变的情况下，消费者消费两种商品的消费束代表的点的轨迹。

显然在图 4-5 中，为满足消费者达到 U_0 的效用水平不变，增加一种商品（可乐）的消费量，就可以减少另一种商品（啤酒）的相应的消费量，或者说，减少一种商品（可乐）的消费量，就必须增加另一种商品（啤酒）的相应的消费量。满足效用水平不变时，两种商品数量的依从关系就是无差异曲线。

需要指出的是，消费者一定的满足水平对应唯一的无差异曲线，把消费者不同满足水平的无差异曲线描绘出来，就形成了消费者的无差异曲线族，如图 4-6 所示，右上方的无差异曲线代表更高的满足水平。

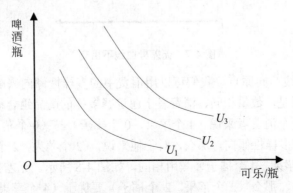

图 4-6　无差异曲线族

二、无差异曲线的基本性质

一般来说，无差异曲线有四个性质。

（1）正常的无差异曲线有负的斜率。对于两种好东西 x 和 y，当 x 的数量增加（减少）时，要想保持效用不变，y 的数量必须减少（增加），即 Δx 和 Δy 正负号相反，所以无差异曲线的斜率 $\Delta y/\Delta x$ 是负的。

（2）任何一个消费组合都至少在某一条无差异曲线上。这个性质来自偏好的可比性，即对于任意给定的一个消费组合，消费者总能将其与其他消费组合比较。比较的结果是，有些组合优于它，有些组合严格次于它，有些组合与它无差异。与它无差异的消费组合组成无差异曲线；优于它的消费组合位于它所在无差异曲线的远离原点的一侧；次于它的消费组合位于它所在无差异曲线靠近原点的一侧。

（3）无差异曲线不会相交。如图4-7所示，假设代表不同效用水平的两条无差异曲线 U_1 和 U_2 相交于 R 点，A 和 B 分别是位于 U_1 和 U_2 上的两个消费组合。一方面，A 与 R 都是落在无差异曲线 U_1 上的消费组合，所以 A 的效用等于 R 的效用。另一方面，B 与 R 都是落在 U_2 上的消费组合，所以 B 的效用等于 R 的效用。因此，A 的效用等于 B 的效用。但是，显然，B 落在 A 所在无差异曲线的外侧，而且从图4-7中可以看出，B 中 x 和 y 的数量都比 A 中多，应该有更大的效用。这就证明，代表不同效用水平的两条无差异曲线相交的假设是不成立的。

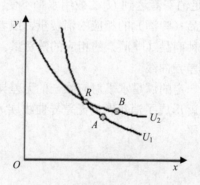

图4-7　无差异曲线不相交

（4）无差异曲线凸向原点。我们可以用消费中的多样性倾向来解释这个性质。消费的多样性倾向的意思是，数量相同，消费者宁愿选择多样的商品组合而不愿选择单调的商品组合。假设对于一个消费者来说（4个苹果，0个橘子）与（0个苹果，4个橘子）有相同效用。如果他没有多样性倾向，那么，对于他来说，（2个苹果，2个橘子）、（4个苹果、0个橘子）和（0个苹果，4个橘子）效用相同，如图4-8所示，无差异曲线是一条直线。如果他有多样性倾向，那么（2个苹果，2个橘子）要优于（4个苹果，0个橘子）和（0个苹果，4个橘子），（2个苹果，2个橘子）所在无差异曲线必定位于（4个苹果，0个橘子）和（0个苹果，4个橘子）所在无差异曲线的远离原点的一侧，即如图 4-8 所示，（4个苹果，0个橘子）和（0个苹果，4个橘子）所在无差异曲线必定从原点一侧绕过（2个苹果，2个橘子），即凸向原点。

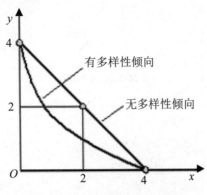

图 4-8　多样性倾向与凸向原点性

三、边际替代率

1. 边际替代率的定义

边际替代率是指消费者在保持相同效用的情况下，增加一单位的某种产品的消费所必须放弃的另一种产品的消费数量。

无差异曲线的递减性说明，要保持满足程度不变（即无差异），两种商品间应具有一定的替代性。减少一些 y 商品的消费而增加一些 x 商品的消费就可以保持原来的满足水平。

设消费者购买了图 4-9 中 A 点所示的商品组合，U 是过这一点的无差异曲线。用 B 点所示的商品组合来交换原商品组合，消费者的满足水平并不改变。这就是说，要保持无差异，Δx 单位的 x 商品可替代 Δy 单位的 y 商品，或 1 单位的 x 商品可替代 $\frac{\Delta y}{\Delta x}$ 的 y 商品。根据无差异曲线的递减性，增量比 $\frac{\Delta y}{\Delta x} < 0$。于是我们考虑用 $-\frac{\Delta y}{\Delta x}$ 来度量 1 单位的 x 商品可替代的 y 商品数。然而这个数的大小与 B 点的位置有关，B 点与 A 点的距离越近这种度量就越有意义，距离太远就会使度量失去意义。于是，我们利用极限来实施这一度量，称极限 $\lim\limits_{\Delta x \to 0} -\frac{\Delta y}{\Delta x}$ 为商品 x 对商品 y 的边际替代率（marginal rate of substitution），记作 MRS_{xy}。因为这个极限就是导数的相反数，所以 $MRS_{xy} = -\frac{dy}{dx} \approx -\frac{\Delta y}{\Delta x}$。根据导数的几何意义，边际替代率就是无差异曲线在某一点处的切线斜率的相反数，如图 4-9 中 A 点处的边际替代率 MRS_{xy}，它就是切线 l 的斜率 K_l 的相反数。根据以上分析，边际替代率的近似意义可用以下四种说法来表述：

（1）在保持无差异的前提下，1 单位的 x 商品可替代的 y 商品数。

(2) 在保持无差异的前提下,再增加 1 单位 x 商品的消费所必须放弃的 y 商品的数量。
(3) 在保持无差异的前提下,再减少 1 单位 x 商品的消费所必须补充的 y 商品的数量。
(4) 关于"1 单位 x 值几单位 y"的消费者主观评价。

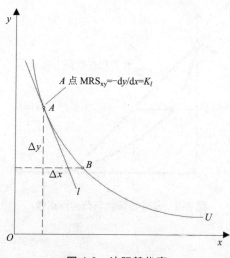

图 4-9 边际替代率

说明:

边际替代率的经济学含义是消费者愿意用多少个 y 来交换 1 单位 x。它代表的是消费者个人的主观交换比率。具体地说,边际替代率是消费者愿意用 x 来交换 y,或用 y 来交换 x 的比率。无差异曲线的斜率衡量了人们的边际支付意愿。边际替代率衡量人们为了得到商品 x 的一个边际量的额外消费而愿意支付的商品 y 的数量。为了得到某一个额外消费数量实际付出的数量也许与愿意付出的数量不同,而应该支付多少取决于该商品的价格,愿意支付多少取决于个人好。

同样,愿意为消费的大变动支付的数量也许与愿意为消费的边际变动支付的数量不同。最终为购买一个商品实际支付多少,取决于对该商品的偏好和面临的价格,而为获得一小部分额外商品,愿意支付多少只取决于个人偏好。

2. 边际替代率递减规律

在保持效用水平不变的情况下,随着一种商品消费数量连续增加,消费者为了得到每一单位的这种商品所愿意放弃的另一种商品的数量是递减的。边际替代率递减规律是边际效用递减规律在无差异曲线分析法中的表现。

边际替代率是关于"1 单位 x 值几单位 y"的消费者主观评价,这个数越大表明消费者对 x 商品的评价越高而对 y 商品的评价越低。在保持无差异的前提下,随着 x 商品消费的增加,y 商品的消费相应减少,在这一过程中消费者对 x 商品的评价应当是不断下降的,即边际替代率是不断减少的。这就是边际替代率递减规律:MRS_{xy} 随 x 的增加而递减,其原因与边际效用递减规律的原因相同,边际替代率递减规律也是生理原因、心理原因和商品的多用性共同作用的结果。

四、无差异曲线的特殊形式

1. 完全替代品的无差异曲线

两种商品互为完全替代品是指这两种商品的所有使用功能都是重合的。显然，完全替代品只是理论上的，只有当两种商品毫无差别，即它们实际上就是一种商品时，它们才是严格意义上的完全替代品。我们通常也将替代程度非常高的商品看作完全替代品。用 x 表示 2 个装的乒乓球，y 表示 1 个装的乒乓球。我们还假设，两种包装的乒乓球是一模一样的，消费者对包装也毫不在乎。这样，x 和 y 就是一对完全替代品。根据这一假设，$MRS_{xy}=2$ 为一个恒等式，相应的无差异曲线各处的斜率均为-2。换言之，该种商品的无差异曲线为斜率等于-2 的直线，如图 4-10 所示。

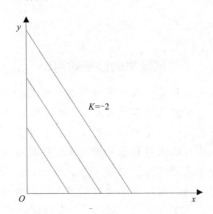

图 4-10　完全替代品的无差异曲线

2. 完全互补品的无差异曲线

完全互补品（Perfect Complements）是指必须以固定比例搭配起来才能满足消费者某种需求的两种或多种商品。

例如，人们穿的左鞋和右鞋，眼镜的镜片和镜框等可看成是完全互补品，它们必须分别以 1:1 和 2:1 的恒定比例结合起来才能满足消费者的需求。完全互补品的无差异曲线是直角线，图 4-11 给出消费 1 只左鞋、1 只右鞋，2 只左鞋、2 只右鞋和 3 只左鞋、3 只右鞋的满足程度，除此以外的点如 D 点（2 只左鞋和 1 只右鞋）的满足程度依然和 A 点的满足程度相等，因为多余的 1 只左鞋没有任何价值。

上例中不同满足水平的无差异曲线的直角点都在同一条射线 OA 上，OA 的斜率反映了两种商品配合的比例。

无差异曲线的特殊性分别背离了前面给定的无差异曲线的性质，原因是消费品的范围和性质被放宽了。

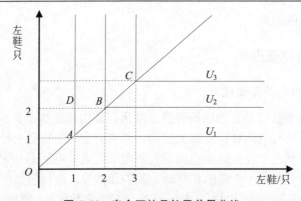

图 4-11 完全互补品的无差异曲线

无差异曲线分析法是微观经济学中重要的分析方法,是消费者选择理论的基础。

 阅读材料 4-2

垃圾中的边际效用

美国是世界上经济最为强大的国家,人均消费商品数量居世界第一,人均垃圾量也没有一个国家能与之相比。美国的垃圾不但包括各种废弃物,也包括各种用旧了的家具、地毯、鞋子、炊具,乃至电视机和冰箱。美国是一个提供消费的社会,它的生产力巨大,产品积压常常成为主要的经济问题。如果每个人将自己生产出来的产品(更精确地讲,是生产出来的价值)全部消费掉,经济则正常运转。如果生产旺盛,消费不足,或者说,居民由于富裕而增加了储蓄,产品就会积压。所以对于美国来说,医治经济萧条的主要措施是鼓励消费。

在美国旧东西有几条出路:或举办"后院拍卖",或捐赠给教堂、捐赠给旧货商店,或当垃圾扔掉。旧东西在美国很不值钱,你可以在后院拍卖中买到 1 美元一个的电熨斗,在教堂拍卖中买到 10 美元一套的百科全书(20 本)和 5 美元一套的西装。相反,旧东西在中国就值钱多了。在大城市,经常看到有人在收购各种旧的生活用品,然后运到贫穷、偏僻的农村地区以几倍的价格卖出。

表面上看,这是一个矛盾的现象:相对穷的中国人,却愿意花几倍于相对富的美国人愿意出的价钱去买这些旧东西。但这个现象可以用经济学中的效用理论来解释,即商品价格的高低与商品所提供的边际效用的大小成正比。

富人用一块钱要比穷人用一块钱轻率,或者说,富人的钱的边际效用低。人们越富裕,就越有钱来购买奢侈品。举例说,在美国最便宜的剃须刀是 10 美分一把,最豪华的剃须刀大约要 100 美元,二者相差达千倍。豪华剃须刀虽然更美观、更安全、更耐用,但它的基本功能也只限于剃胡子,它提供的附加效用非常有限。廉价手表和豪华手表的价钱也可相差千倍。过去我国比较穷,奢侈品没有市场,现在人们富裕起来了,情况正在变化。

由于中美两国富裕程度的差别而形成的效用评价的差别,提供了巨大的贸易机会,即中国可以用极低的价格进口某些旧用品,其代价主要是收集、分类及运输的成本,如旧汽车是值得进口的。在美国由于人力昂贵，修理费用高，所以报费的标准比较高。

资料来源：张云峰等. 微观经济学典型题解析及自测试题. 西安：西北工业大学出版社，2001

第四节　消费者选择

一、消费者均衡条件

前面我们分别考察了消费者的主观偏好和客观约束。消费者的购买行为是消费者主观偏好和客观约束共同作用的结果。使消费者效用最大化必须满足两个条件：第一，它必须位于预算线上；第二，最大化的商品组合必须给予消费者商品和服务的最偏好的组合。

如果用无差异曲线来反映消费者的主观偏好，作为效用最大化追求者（或根据永不满足公理），消费者偏好离原点最远的无差异曲线。但是，消费者的主观偏好要受到预算线的约束。

图 4-12 中线段 MN 是消费者的预算线。要达到无差异曲线 I 的满足水平，选择 A 点或 B 点即可，甚至选择 C 点还能节省一些预算。但这些点不是最优商品组合，因为位于更远离原点的无差异曲线 II 上的 D 点、E 点甚至 F 点都是在预算约束范围内的且都优于 A 点、B 点和 C 点。与此同理，无差异曲线 II 上的所有点也不是最优商品组合。无差异曲线 IV 虽然代表很高的满足水平，但因它整个位于消费不可能区域，其上的点也不可能是最优商品组合。无差异曲线 III 与预算线相切于 G 点，该点就是最优商品组合。因为比无差异曲线 III 更远离原点的无差异曲线都会像无差异曲线 IV 一样整个位于消费不可能区域，从而那些点都是消费者的预算所不能企及的。

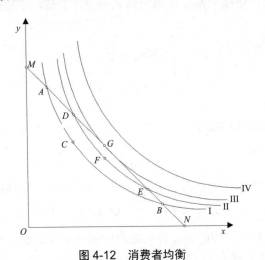

图 4-12　消费者均衡

消费者均衡点表示最优的商品组合，它要满足以下两个条件：一是位于预算线上；二是位于尽可能远离原点的无差异曲线上。第一个条件表示这样的商品组合是消费者花光其收入可以购买的，或者说这样的商品组合是消费者有能力购买的。第二个条件表示这样的商品组合是在第一个条件的限制下给消费者带来最高满足程度的，或者说这样的商品组合是消费者所愿意购买的。换言之，消费者均衡点表示的两种商品数量都是相应商品的需求量。从几何意义上来说，消费者均衡点就是预算线与某条无差异曲线的切点。在这一点上，无差异曲线的斜率与预算线的斜率相等，即边际替代率等于相对价格

$$\mathrm{MRS}_{xy} = \frac{P_x}{P_y} \tag{4-18}$$

上式可理解为：对于"1个 x 值几个 y"这一问题，消费者的评价要与市场评价一致。如果消费者的评价过高，即 $\mathrm{MRS}_{xy} > P_x/P_y$，则消费者虽然可用 MRS_{xy} 个 y 换取 1 个 x 而保持满足程度不变，然而到市场换取 1 个 x 却只需 P_x/P_y（小于 MRS_{xy}）个 y。根据消费者偏好非饱和性假设，这样的交换可提高效用水平而不改变所花的钱，于是当 $\mathrm{MRS}_{xy} > P_x/P_y$ 时，原商品组合的购买是不合理的，消费者应增加 x 的购买而减少 y 的购买。同理可说明关于"1个 x 值几个 y"这一问题，如果消费者的评价过低，即 $\mathrm{MRS}_{xy} < P_x/P_y$ 时，原商品组合的购买也是不合理的，消费者应减少 x 的购买而增加 y 的购买，即满足式（4-18）的商品组合能提供同等花费下的最高效用水平。

在基数效用论者看来，MRS_{xy} 就是 $\mathrm{MU}_x/\mathrm{MU}_y$，式（4-18）不过就是效用最大化条件 $\mathrm{MU}_x/\mathrm{MU}_y = P_x/P_y$ 的翻版罢了。虽然消费者均衡点满足

$$\begin{cases} \dfrac{\mathrm{MU}_1}{P_1} = \dfrac{\mathrm{MU}_2}{P_2} = \cdots = \dfrac{\mathrm{MU}_n}{P_n} = \lambda \\ P_1 Q_1 + P_2 Q_2 + \cdots + P_n Q_n = M \end{cases} \tag{4-19}$$

但通常每一条无差异曲线上都存在满足该式的点，于是，序数效用论的消费者均衡条件为

$$\begin{cases} \mathrm{MRS}_{xy} = \dfrac{P_x}{P_y} \\ P_x x + P_y y = M \end{cases} \tag{4-20}$$

二、价格变动对均衡点的影响

1. 价格—消费线

将商品 x 的价格和数量分别记作 P 和 Q，商品 y 的价格和数量分别记作 P_y 和 Q_y，消费者的预算记作 M，$(P, P_y, M) = (P_1, P_y, M)$，$P$ 一经确定就得到图 4-13（a）中的预算线 AB_1，它与布满整个平面的无差异曲线族中的一条 U_1 相切于此时的消费者均衡点 E_1。若 x 商品的价格由 P_1 下降为 P_2，即 (P, P_y, M) 由 (P_1, P_y, M) 变动到 (P_2, P_y, M)，预算线则由 AB_1 旋转至 AB_2。新的预算线与另一条无差异曲线 U_2 相切于新的消费者均衡点 E_2。让商品 x 的价格继续变动，可得到各种价格下的消费者均衡点，它们构成的曲线称为

商品 x 的价格—消费线。价格—消费线是一种商品价格变动下的消费者均衡点的轨迹。

2. 需求曲线的推导

图 4-13（a）中，E_1 点的横坐标 Q_1 就是商品 x 对应于价格 P_1 的需求量，于是我们在图 4-13（b）中得到商品 x 的需求曲线上的一点 E。同理，点 E_2 的横坐标 Q_2 就是商品 x 对应于价格 P_2 的需求量，我们又可得到商品 x 的需求曲线上的另一点 F。按照同样的方法我们可以得到 G 点等其他点。连接这些点就得到商品 x 的需求曲线 D。

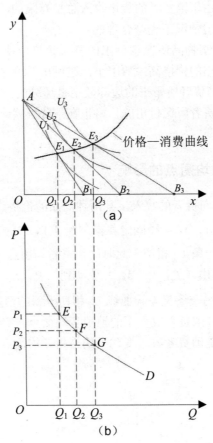

图 4-13　价格—消费线及由其推出的需求曲线

说明：

某种物品的需求量取决于价格，并与价格反方向变动。这是我们以前讲过的需求定理，那时我们并没有解释决定需求定理的原因。学过消费者行为理论，我们就可以用这一理论来解释需求定理。

消费者购买各种物品是为了实现效用最大化，或者也可以说是为了消费者剩余最大。当某种物品价格既定时，消费者从这种物品中所得到的效用越大，即消费者对这种物品评价越高,消费者剩余越大。当消费者对某种物品的评价既定时,消费者支付的价格越低,消费者剩余越大。因此,消费者愿意支付的价格取决于他以这种价格所获得的物品能带来的效用大小。也就是说,消费者所愿意付出的货币表示了他用货币所购买的物品的效用。例如,某消费者愿意以100元吃一顿饭或看一场演唱会,这就是说明吃一顿饭和看一场演唱会给消费者所带来的效用是相同的。在研究消费者行为时,有一个很重要的假设,就是货币的边际效用是不变的。只有货币的边际效用是不变的,才能用货币的边际效用去衡量其他物品的效用。同时,由于消费者的货币收入总是有限的,同样的货币可以购买不同的物品,所以这个假设在一般情况下也是合理的。

消费者为购买一定量某物品所愿意付出的货币价格取决于他从这一定量物品中所获得的效用,效用大,愿付出的价格高;效用小,愿付出的价格低。随着消费者购买的某物品数量的增加,该物品给消费者所带来的边际效用是递减的,而货币的边际效用是不变的,这样随着物品的增加,消费者所愿付出的价格也在下降。因此,需求量与价格必然呈反方向变动。

三、消费者预算变动对均衡点的影响

将消费者预算 M 看作消费者的收入,某两种商品的价格为 P_x、P_y,消费者收入 M: $(P_x, P_y, M) = (P_x, P_y, M_1)$,$M$ 一经确定就得到图 4-14 中的预算线 A_1B_1,它与布满整个平面的无差异曲线族中的一条 U_1 相切于此时的消费者均衡点 E_1。若消费者收入由 M_1 提高为 M_2,即 (P_x, P_y, M) 由 (P_x, P_y, M_1) 变动到 (P_x, P_y, M_2),预算线则由 A_1B_1 平移至 A_2B_2。新的预算线与另一条无差异曲线 U_2 相切于新的消费者均衡点 E_2。让消费者收入继续变动,即可得到各种消费者收入下的消费者均衡点,它们构成的曲线被称为收入—消费线。收入—消费线是消费者收入变动下的消费者均衡点的轨迹。

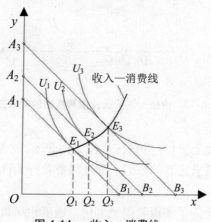

图 4-14　收入—消费线

阅读材料 4-3

中国农村居民恩格尔系数首次降至 40%以下

"吃了吗？"这是过去相当一段时期中国人见面后再熟悉不过的口头语。那用意几乎相当于国际流行的"你好吗？"

渐渐地，"吃了吗"这口头语我们听得越来越少了，因为"吃"对于中国人越来越不像过去那样重要了。换句话说，"吃"在中国人生活中所占的比重越来越小了。此现象在经济学上就叫做"恩格尔系数"降低。

何谓"恩格尔系数"？恩格尔是 19 世纪德国统计学家，他在研究人们的消费结构变化时发现了一条规律，即一个家庭的收入越少，用来购买食物的支出所占的比例就越大；反过来也是一样。而这个家庭用以购买食物的支出与这个家庭的总收入之比，就叫恩格尔系数。由此可以得出结论，对一个国家而言，这个国家越穷，其恩格尔系数就越高；反之，这个国家越富，其恩格尔系数越低。这就是世界经济学界所公认的恩格尔定律。

经济学上的名词不一定也没必要每个人都懂，但生活的变化和感受却是实实在在的。中国社会科学院农村发展研究所、社科文献出版社今日联合发布农村绿皮书：《中国农村经济形势分析和预测（2013）》。绿皮书指出，2012 年，全国农村居民人均纯收入实际增长 10.7%，农村居民恩格尔系数首次降至 40%以下。农村居民收入增速连续第 3 年超过城镇居民收入增速。

根据对全国 31 个省（自治区、直辖市）7.4 万个农村居民家庭的抽样调查，绿皮书称，2012 年，全国农村居民纯收入较快增长，农村居民消费信心同步增强，消费水平不断提升，生活质量进一步改善。

根据调查，2012 年农村居民人均纯收入 7 917 元，比 2011 年增加 939 元，增长 13.5%，剔除价格因素影响，实际增长 10.7%。名义增速和实际增速比 2011 年分别下降了 4.4 个和 0.7 个百分点。其中，农村居民人均工资性收入 3 448 元，比 2011 年增加 484 元，增长 16.3%，增速同比下降 5.6 个百分点；农村居民家庭经营纯收入人均 3 533 元，比 2011 年增加 311 元，增长 9.7%，增速同比下降 4 个百分点；农村居民财产性收入人均 249 元，比 2011 年增加 21 元，增长 9.0%；农村居民转移性收入人均 687 元，比 2011 年增加 123 元，增长 21.9%，增速连续两年保持在 20%以上。

绿皮书称，2012 年农村居民食品支出人均 2 324 元，比 2011 年增长 10.3%。农村居民食品支出占消费支出的比重（即恩格尔系数）为 39.3%，比 2011 年下降 1.1 个百分点，恩格尔系数首次降至 40%以下。在食品支出中，粮食支出人均 419 元，增长 5.5%；蔬菜及制品支出人均 212 元，增长 8.7%；肉禽蛋奶及制品支出人均 621 元，增长 8.3%；水产品支出人均 92 元，增长 14.3%。

农村绿皮书指出，2012 年，农村居民收入增速连续第 3 年超过城镇居民收入增速。2012 年，工资性收入增长仍然是农民收入增长的最主要因素，工资性收入增长 16.3%，高于农民人均纯收入名义增长 2.8 个百分点，其对农民收入增长的贡献率达到 51.5%，高于 2011 年 1.2 个百分点。工资性收入增长较快的原因:一是农民工总人数继续增长,2012年比2011年增长了3.9%;二是农民工工资水平提高,2012年外出农民工平均月工资比2011年增长11.8%。

资料来源:中国新闻网. 社科院:中国农民居民恩格尔系数首次降至40%以下. http://www.chinanews./gn/2013/04-10/4718299.shtml, 2013-4-10

第五节 收入效应和替代效应

一、相关定义

一种商品价格的变化会引起该商品的需求量的变化,这种变化可以被分解为替代效应和收入效应两个部分。

当一种商品的价格发生变化时,会对消费者产生两种影响:一是使消费者的实际收入水平发生变化。在这里,实际收入水平的变化被定义为效用水平的变化;二是使商品的相对价格发生变化。这两种变化都会改变消费者对该种商品的需求量。

例如,在消费者购买商品X和商品Y两种商品的情况下,当商品X的价格下降时,一方面,对于消费者来说,虽然货币收入不变,但是现有的货币收入的购买力增强了,也就是说实际收入水平提高了。实际收入水平的提高,会使消费者改变对这两种商品的购买量,从而达到更高的效用水平。这就是收入效应。另一方面,商品X价格的下降,使得商品X相对于价格不变的商品Y来说,较以前便宜了。商品相对价格的这种变化,会使消费者增加对商品X的购买而减少商品Y的购买。这就是替代效应。显然,替代效应不考虑实际收入水平变动的影响,所以替代效应不改变消费者的效用水平。当然,也可以同样地分析商品X的价格提高时的替代效应和收入效应,只是情况刚好相反罢了。

综上所述,一种商品价格变动所引起的该商品需求量变动的总效应可以被分解为替代效应和收入效应两个部分,即总效应=替代效应+收入效应。其中,由商品的价格变动引起实际收入水平变动,进而由实际收入水平变动所引起的商品需求量的变动,为收入效应。由商品价格变动引起商品相对价格的变动,进而由商品的相对价格变动所引起的商品需求量的变动为替代效应。收入效应表示消费者的效用水平发生变化,替代效应则不改变消费者的效用水平。

二、替代效应与收入效应和价格变化的关系

仅考虑商品价格变动所产生的替代影响时(假设消费者的实际收入并未变动),任何商品消费者总是倾向于增加购买变得更便宜的商品而减少购买变得更贵的商品。这就是说,商品涨价(价格增量大于零)则其替代效应为负数;商品降价(价格增量小于零)则其替代效应为正数,即任何商品的替代效应总是与其价格增量异号。

仅考虑商品价格变动所产生的收入影响时（假设相对价格并未变动），情况就要复杂一点。商品涨价使消费者实际收入降低，如果商品是正常商品，消费者将减少自己的需求量；如果商品是低档商品，消费者反而会增加自己的需求量。这就是说，正常商品的收入效应与其价格增量异号而低档商品的收入效应与其价格增量同号。

因为价格变动的总效应等于替代效应与收入效应之和，而正常商品的替代效应与收入效应都与其价格增量异号，所以正常商品的总效应也与其价格增量异号。这就说明正常商品符合需求规律，或者说正常商品的需求曲线是单调下降的。因为低档商品的替代效应与其价格增量异号而收入效应则与其价格增量同号，所以低档商品的总效应是否与其价格增量同号就取决于这两种效应的绝对值大小的对比了。如果低档商品的替代效应（替代效应的绝对值）大于收入效应（收入效应的绝对值），则总效应与价格增量异号从而符合需求规律；如果低档商品的替代效应小于收入效应，则总效应与价格增量同号从而违反需求规律。我们将这两类低档商品分别称为非吉芬物品和吉芬物品（见表4-3）。在此我们特别强调，吉芬物品是一种特殊（替代效应小于收入效应）的低档商品，也是唯一违反需求规律的商品。

表4-3 利用总效应的分解对商品分类

商品类别		替代效应与价格增量的关系	收入效应与价格增量的关系	总效应与价格增量的关系	是否符合需求规律
正常商品		异号	异号	异号	是
低档商品	非吉芬物品（|替代效应|>|收入效应|）	异号	同号	异号	是
	吉芬物品（|替代效应|<|收入效应|）	异号	同号	同号	否

阅读材料4-4

吉芬之谜

19世纪的欧洲，马铃薯主要被用来喂牲口。民间有一种普遍的误解，认为它不宜作为人的食品。1845年，爱尔兰发生大饥荒，人们不得不开始食用马铃薯。英国人吉芬在爱尔兰的一个穷山区调查发现，该地区的马铃薯违反需求规律。此前，经济学家普遍认为需求规律是一个铁的规律，是不可能违反的，因此吉芬的发现开始并未引起重视，人们都认为这一发现是统计错误而产生的结果。但后来陆续几批经济学家的相同调查结果使人们不得不正视这一现象。因当时经济学界对这一现象无法作出合理的解释，故称之为"吉芬之谜"。当时当地的马铃薯是一种低档商品，收入越高者越不愿意购买它。现在我们只需说明，它的替代效应很小而收入效应较大，"吉芬之谜"就得以破解了。

我们假设1845年爱尔兰的那个穷山区只有马铃薯和面包两种用来充饥的食品，前者产量较大而价格很低，后者产量很小而价格很高。大饥荒中人们的收入绝大部分都用来购买马铃薯，而只有小部分收入用于购买面包。马铃薯价格的上涨一方面使它与面包间的相对价格提高了；

另一方面也使消费者变得比过去更穷了。考虑替代效应时应注意人们普遍都很穷，马铃薯价格的上涨虽使面包变得相对便宜，但其绝对价格还是很贵的。因此，因替代影响而导致的面包需求量增加不可能很多。换言之，因替代影响而导致的马铃薯需求量的减少并不明显。这就是说，马铃薯涨价的替代效应很小。又因人们的收入中绝大部分都用来购买马铃薯，故马铃薯涨价使人们的实际收入大幅度降低。明显比过去更穷的消费者不得不大量减少面包（正常商品）的消费而大幅度增加马铃薯（低档商品）的消费。这就是说，马铃薯涨价的收入效应是很大的。因此，当时当地的马铃薯就是一种吉芬物品。

第六节　不确定性下的消费者行为

一、不确定性与风险

虽然我们生活在一个不确定的世界中，但我们很少问什么是不确定性。为了解释我们在一个不确定的世界中如何作出决策和互相进行交易，我们需要深入考虑不确定性和风险，并对它们加以区别。

不确定性（uncertainty）是可能有不止一个事件出现但我们不知道出现哪一件事的状态。例如，当人们出游时，几天以后的天气是不能完全确定的；买彩票是否中奖也是不确定的。

风险（risk）是指会出现不止一种结果而且每种可能结果的概率都是可以估算的状态。换种方式说，风险是引起损失（或某种其他不幸）的概率。概率是衡量一种可能事件出现的机会在 0~1 之间的一个数字。概率为零意味着事件肯定不可能发生；概率为 1 意味着事件肯定会发生；概率为 0.5 意味着事件出现与不出现的可能性一样。

有时概率可以衡量。例如，掷硬币面向上的概率可以根据多次重复试验的结果，确定一半时候向上一半时候向下的事实为 0.5；北京 2008 年汽车发生车祸的概率可以用警方和保险公司关于车祸的记录来估算。有时概率无法根据过去观察到的事件的几率来描述，只能根据主观判断，例如一款新手机定价和销售量的估算没有概率可以依据，因为产品是新的，但是通过观察过去类似新产品的经验，再辅之以一些判断仍可以解决上述问题，这种判断称为主观概率。

无论一些事情出现的概率是根据实际数据还是根据判断，甚至根据猜测，我们都可以用概率来研究人们面对不确定性时作出决策的方法。这样做的第一步是描述人们如何确定风险的成本。

二、预期效用和风险成本

一些人比另一些人更愿意承担风险，但在其他条件相同的情况下，几乎每一个人都更偏好于风险较小的情况。我们用财产效用曲线来衡量人们对风险的态度。财产的效用

（utility of wealth）是一个人从既定量的财产中得到的效用量。在其他情况相同的条件下，一个人的财产越多，这个人的总效用也越大。较多的财产引起较大的总效用，但随着财产增加，每增加 1 单位财产所增加的总效用量将不断减少。也就是说，财产的边际效用也是递减的。

图 4-15 表示了某人（甲）如何通过他的财产效用曲线进行不确定性选择。图中财产的效用曲线表示财产的边际效用是递减的。现在假设甲面临风险不同的两份暑假工作。一份工作是当油漆工，到暑假结束时工资足以使他的储蓄达到 5 000 美元。这份工作没有不确定性，从而没有风险。另一份工作是做一个电话推销员，这份工作是有风险的。如果他接受这份工作，到暑假结束时他的财产完全取决于他的销售成绩。一个好的销售员在暑假可以赚到 9 000 美元，而一个不好的销售员只能赚到 3 000 美元。甲从来没有做过电话销售，因此，他不知道自己能不能成功。假设成功的概率是 0.5，甲将选择哪一种结果呢？

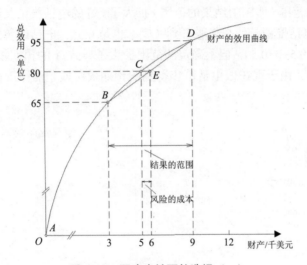

图 4-15　不确定性下的选择（一）

当存在不确定性时，人们并不知道他们从采取某种行动中将得到的实际效用，但计算他们预期得到的效用是可能的。预期效用是所有可能结果带来的效用的加权平均值。更准确地说，假设某种选择下有 n 种可能的后果，其效用分别为 $U_1, U_2, \cdots, U_n$ 来表示，各种后果的发生概率分别为 $p_1, p_2, \cdots, p_n$，则该选择的预期效用 EU 被定义为

$$\begin{aligned} EU &= (p_1, p_2, \cdots, p_n) \cdot (U_1, U_2, \cdots, U_n) \\ &= p_1 U_1 + p_2 U_2 + \cdots + p_n U_n \end{aligned} \quad (4\text{-}21)$$

因此，预期效用就是效用的数学期望值。

为了选择自己的暑假工作，甲必须比较每种工作中的预期效用（expected utility）。现在我们利用图 4-15 来具体分析。

如果甲做油漆工，他将确定地得到 5 000 美元，即 80 个单位效用。因此，他的预期效

用等于他的实际效用——80个单位。现在假设他从事电话销售工作,如果他赚了9 000美元,对应的效用是95个单位,如果他赚了3 000美元,对应的效用则是65个单位。甲的预期收入是这两种结果的加权平均数6 000美元(9 000×0.5+3 000×0.5)。他的预期效用是这两种可能总效用的加权平均数80个单位(95×0.5+65×0.5)。经济人甲应选择使自己预期效用最大的工作。在上述两种情况下,两种不同的选择有同样的预期效用——80单位,因此,这两种选择是无差异的。甲从有风险工作中得到的预期财产6 000美元和从无风险工作中得到的财产5 000美元之间的差额——1 000美元——正好抵消所增加的风险,我们将它称之为风险成本。风险成本是与无风险情况有相同的预期效用时必须增加的预期财产量。

图4-16中财产效用曲线与图4-15中的相同,但不确定性范围扩大了。这里假设甲可以从油漆工中得到的财产量仍然是5 000美元,而从电话销售中得到的预期收益也仍然不变,但其不确定性的范围(即图中结果的范围)扩大了。好的电话推销员赚12 000美元(概率为0.5),而差的电话推销员什么也赚不到(概率也为0.5)。电话销售的预期收入仍然是6 000美元(12 000×0.5+0×0.5),但不确定的范围扩大了导致A的预期效用减少到50个单位(100×0.5+0×0.5)。由于现在做电话销售得到的预期效用低于油漆工得到的,他将选择做油漆工。

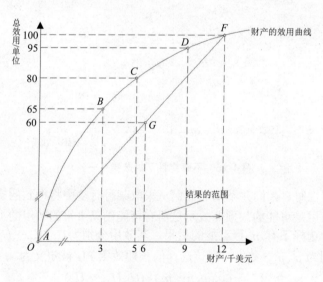

图4-16 不确定性下的选择(二)

三、消费者对风险的态度

社会中每个消费者对待风险的态度都不一样。有的人喜欢谨慎,有的人喜欢冒险。根据他们对风险的态度不同我们把消费者划分为三个类型:风险爱好者,风险中立者和风险回避者。财产效用曲线的形状表示人们对风险的态度——一个人的风险厌恶程度。一个人财产的边际效用递减得越快,这个人就越厌恶风险。相反的情况是风险爱好者,其预期财产的效用低于预期效用。几何图形上表现为财产效用曲线凸向下,即财产的边际效用递增。居中的情况是风险中立者,其预期财产的效用与预期效用相等。图形上表现为财产效用曲线为直线,即财产的边际效用保持为常数。一个风险中立者只关心预期财产而并不在意风险有多大。

图 4-17 表示一个风险中立者的财产效用曲线。这是一条直线,因而财产的边际效用是不变的。如果这个人的预期财产是 6 000 美元,无论围绕平均量不确定性的范围有多大,预期效用都是 50 个单位。如果获得 3 000 美元和 9 000 美元的概率都是 0.5,那么这与确定的 6 000 美元收入的预期效用是相同的。即便风险范围扩大为 0~12 000 美元之间,风险中立者的预期效用仍然和确定的 6 000 美元收入的预期效用一样。

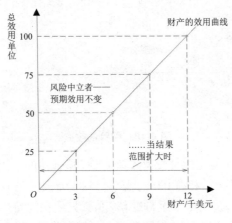

图 4-17 风险中立者

一般来说,在实际经济生活中大多数人都是风险回避者,而保险能使人们减少所面临的风险。

四、保险

保险(insurance)通过对风险下赌注来进行,因为大多数人是风险回避者,所以这样做是可能的和有利可图的。任何一个人有严重车祸的概率是很小的,但对于发生车祸的人来说,车祸的成本是很大的。由于发生车祸的概率可以根据历史数据估算,因此车祸的总成本就可以预期。保险公司可以对大量人口的风险下赌注,并分摊成本,它可以通过向每个人收取保险费并给受到损失的人支付赔偿。如果保险公司的计算是正确的,它收取的保险费至少和它付出的赔偿和运营成本同样多。

我们现在假设乙的财产效用曲线如图 4-18 所示,他有一辆价值 1 万美元的汽车,而且这是他唯一的财产。如果他没有发生车祸,他的效用将是 100 个单位,但是,在一年之内他发生车祸的机会有 10%(概率为 0.1)。如果乙不购买保险,那么车祸一旦发生将使他身无分文,从而丧失全部的效用。由于车祸的概率是 0.1,所以不发生车祸的概率是 0.9,因此乙的预期财产是 9 000 美元(10 000×0.9+0×0.1),而他的预期效用是 90 个单位(100×0.9+0×0.1)。

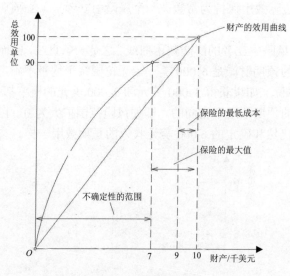

图 4-18 保险的收益

如果乙的财产是 7 000 美元而且没有不确定性,那么他的效用为 90 个单位。这就是说,乙有确定的 7 000 美元的财产,和有 0.9 的概率得到 1 万美元与有 0.1 的概率一无所有的效用一样。如果发生车祸保险公司给予全额赔偿,那么只要保险费用低于 3 000 美元(10 000-7 000),乙将购买保险。因此,乙在保险费低于 3 000 美元时有保险的动机。

假设像乙这样的人很多,每个人都有一辆价值 1 万美元的汽车,而且每个人在一年内发生车祸的概率都是 0.1,如果一个保险公司同意对每个发生车祸的人支付 1 万美元,公司将为 1/10 的人支付 1 万美元赔偿,或者每个人平均为 1 000 美元,那么这个量就是保险公司对这种保险的最低保险费。它低于对乙的保险价值,因为乙是风险回避者,他愿意付一些费用来减少他面临的风险。

现在假设保险公司为每份保险的经营支出是 1 000 美元,而每份保险费为 2 500 美元,扣除对投保者发生车祸的赔偿后每份保险还有 500 美元的盈利。乙以及所有像乙这样的人将通过购买这种保险而提高自己的效用。在图 4-18 中,只要保险公司将每份保险的价格定在保险的最低成本(1 000 美元)和保险的最大值(3 000 美元)之间,参保者和保险公司都会从中获益。

 **本章小结**

基数效用论者运用边际效用分析方法研究消费者的行为,基数效用论者将效用分为总效用和边际效

用。边际效用是指消费者在一定时间内增加一单位商品的消费所得到的效用量的增量。边际效用呈现出递减的规律。消费者均衡研究的是单个消费者如何把有限的货币分配购买获得最大的效用。

序数效用论者主要运用无差异曲线分析方法研究消费者行为。序数效用论借助于无差异曲线和预算线这两个分析工具来分析消费者均衡。消费者效用最大化的均衡条件表示：在一定的预算约束下，为了实现最大的效用，消费者应该选择最优的商品组合，使得两个商品的边际替代率等于两个商品的价格之比。

价格变化对消费量所产生的全部效应分为替代效应和收入效应。对于大多数商品来说，替代效应和收入效应变动的方向是一致的，由此产生了向下倾斜的需求曲线。然而对于低档物品来说则并不一致，这就是吉芬商品。

课后习题

一、名词解释

边际效用　　消费者均衡　　消费者剩余　　边际替代率　　预算线　　替代效应　　收入效应
吉芬物品　　无差异曲线　　边际效用递减规律

二、简答题

1．根据基数效用论的消费者均衡条件，若 $MU_1/P_1 \neq MU_2/P_2$，消费者应如何调整两种商品的购买量？为什么？

2．根据序数效用论的消费者均衡条件，在 $MRS_{12} > P_1/P_2$ 或 $MRS_{12} < P_1/P_2$ 时，消费者应如何调整两种商品的购买量？为什么？

3．用图分析正常物品的替代效应和收入效应，并进一步说明这类物品的需求曲线的特征。

4．某消费者原来每月煤气开支为 50 元，煤气的某些用途如取暖等可用电替代。现在煤气价格上涨 100%，其他商品价格不变，政府给予消费者 50 元作价格补贴，试问该消费者处境改善了还是恶化了？为什么？

5．假设某人花费一定收入消费两种商品 X 与 Y，又知当 X 的价格下跌时，某君对 X 消费的替代效应之绝对值大于收入效应之绝对值。请指出下列命题中正确的命题和不正确的命题，并说明理由。

（1）X 是正常商品；

（2）X 是劣质商品；

（3）X 不是吉芬商品；

（4）Y 是正常商品；

（5）Y 是劣质商品。

三、计算题

1．已知一件衬衫的价格为 80 元，一份肯德基快餐的价格为 20 元，在某消费者关于这两种商品的效用最大化的均衡点上，一份肯德基快餐对衬衫的边际替代率 MRS 是多少？

2．已知某消费者每年用于商品 1 和商品 2 的收入为 540 元，两种商品的价格分别为 $P_1=20$ 元和 $P_2=30$ 元，该消费者的效用函数为 $U = 3X_1 X_2^2$。该消费者每年购买这两种商品的数量各应是多少？每年从中获得总效用是多少？

3．某消费者赵某的收入为 270 元，他在商品 x 和 y 的无差异曲线上斜率为 $\frac{dy}{dx}=-20y$ 的点上实现均衡。已知 x、y 的价格分别为 P_x=2 元，P_y=5 元，那么此时赵某将消费多少 x 和 y？

4．假设某商品市场上只有 A、B 两个消费者，他们的需求函数各自为 $Q_A^d = 20-4P$ 和 $Q_B^d = 30-5P$。

（1）列出这两个消费者的需求表和市场需求表。

（2）根据（1），画出这两个消费者的需求曲线和市场需求曲线。

5．若某人的效用函数为 $U=4\sqrt{X}+Y$。原来他消费 9 单位 X、8 单位 Y，现 X 减到 4 单位，问需消费多少单位 Y 才能与以前的满足相同？

第五章 生产理论

 学习目标

  通过本章的学习，理解企业的性质，理解生产中的基本规律，并用生产中的规律解释产量和投入之间的关系。

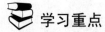 学习重点

（1）企业的性质；
（2）边际产量递减规律；
（3）生产者均衡及其实现条件。

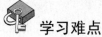 学习难点

  生产者均衡及其实现条件 规模经济与规模报酬的区别和联系

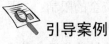 引导案例

  我们都知道在农田里撒化肥可以增加农作物的产量，当你向一亩农田里撒第一个100千克化肥的时候，增加的产量最多，撒第二个100千克化肥的时候，增加的产量就没有第一个100千克化肥增加的产量多，撒第三个100千克化肥的时候增加的产量更少，甚至撒的化肥过多时还有可能减少农作物的产量。也就是说，随着所撒化肥的增加，增产效应越来越低。这就涉及了本章将要学到的边际收益递减规律。

  生产理论的中心课题是研究怎样有效地分配和利用稀缺资源，以达到获得最大利润的目的。利润最大化原则支配着生产者的行为，预期利润的高低决定着商品生产或市场上的供给力量。从有形物质的实物角度考察投入的生产要素与产出的产量之间的物质技术关系，这就构成了生产理论。

第一节 厂 商

  西方经济学把生产者称为厂商，是指能够独立作出统一生产经营决策的经济单位。从

街头巷尾的零售店到庞大的跨国公司,都是厂商。

一、厂商的组织形式

通常而言,厂商有三种组织形式:个人业主制企业、合伙制企业和公司制企业。

1. 个人业主制企业

个人业主制企业是指个人出资兴办、完全归个人所有和个人控制的企业。这种企业在法律上称为自然人企业,是最早产生的也是最简单的企业形态。企业家往往同时是所有者和经营者。个人业主的利润动机明确、强烈;决策自由、灵活;企业规模小,易于管理。但个人企业往往资金有限,限制了生产的发展,而且也较易于破产。

个人业主制企业具有如下优点:

(1)开设、转让与关闭等行为仅需向政府登记即可,手续非常简单。

(2)利润全归个人所得,不需与别人分摊。

(3)经营制约因素较少,经营方式灵活。

(4)易于保护技术、工艺和财务秘密。

(5)企业主可以获得个人满足。

个人业主制企业具有如下缺点:

(1)责任无限。一旦经营失误,将面临资产抵押、家产抵押、人身抵押之困境。

(2)规模有限。这种企业的发展受到两个方面的限制:一是个人资金的限制;二是个人管理能力的限制。

(3)寿命有限。企业与业主同存同亡,业主的死亡、破产、犯罪或转业都可能使企业不复存在。因此,企业的雇员和债权人不得不承担较大的风险。债权人往往要求企业主进行人身保险,以便当企业主死亡时可以用保险公司支付的保险金抵付债务。

2. 合伙制企业

合伙制企业是由两个以上的企业主共同出资,为了利润共同经营,并归若干企业主共同所有的企业。合伙人出资可以是资金、实物或是知识产权。相对个人企业而言,合伙制企业的资金较多,规模较大,比较易于管理;分工和专业化得到加强。但由于多人所有和参与管理,不利于协调和统一;资金和规模仍有限,在一定程度上不利于生产的进一步发展;合伙人之间的契约关系欠稳定。

合伙制企业具有如下优点:

(1)资金来源较广,信用能力较大。

(2)才智与经验更多。

(3)发展余地更大。

合伙制企业具有如下缺点:

(1)产权转让须经所有合伙人同意方可进行,产权转让较为困难。

（2）投资者责任无限且连带。

（3）寿命有限。

（4）意见难以统一。

（5）规模仍受局限。

3. 公司制企业

公司制企业指按公司法建立和经营的具有法人资格的厂商组织。它是一种重要的现代企业组织形式。公司是法人，在法律上具有独立的人格，是能够独立承担民事责任、具有民事行为能力的组织。公司制企业又有以下几种形式：

（1）无限责任公司。这是由两个以上负无限责任的股东出资组成，股东对公司债务负连带无限清偿责任的公司。英美法系不承认这种公司为公司法人，而大陆法系则承认这种公司为公司法人。

（2）两合公司。这是由一人以上的无限责任股东和一定人数的有限责任股东出资组成的法人企业。

（3）有限责任公司。有限责任公司是指符合法律规定的股东出资组建，股东以其出资额为限对公司承担责任，公司以其全部资产对公司的债务承担责任的企业法人。依照《中华人民共和国公司法》（以下简称《公司法》）的规定，有限责任公司具备如下法律特征：有限责任公司是企业法人，公司的股东以其出资额对公司承担责任，公司以其全部资产对公司的债务承担责任；有限责任公司的股东人数是有严格限制的。各国对有限责任公司股东数的规定不尽相同。我国《公司法》规定股东人数为 2 人以上 50 人以下；有限责任公司是合资公司，但同时具有较强的人合因素。公司股东人数有限，一般相互认识，具有一定程度的信任感，其股份转让受到一定限制，向股东以外的人转让股份须得到其他股东的同意；有限责任公司不能向社会公开募集公司资本，不能发行股票；有限责任公司设立条件和程序相对股份有限公司而言较为简单和灵活。例如，组织机构、审批程序都比股份有限公司简单。

（4）股份有限公司也称股份公司，其信用基础是公司的资本而非股东个人，是一种典型的合资公司。股份有限公司是指由数量较多的股东所组成，其全部资本以股票为表现形式分为等额股份，股东以其所持股份为限对公司承担有限责任，公司以其全部财产对公司债务承担责任的企业法人。股份公司的股东人数不少于 5 人（国有企业改制为股份有限公司的除外），但没有最高人数限制；设立和运行中均可公开募股集资（目前证券法规不允许设立时公开募股）；股东权益转让灵活。

股份有限公司具有如下法律特征：股份有限公司是典型的合资公司，公司的信用完全建立在资本的基础上；股份有限公司设立条件较为严格；股份有限公司具有严密的内部组织机构；股份有限公司的股份是等额的；股份有限公司的股份体现为股票形式。股票是一种有价证券，可以在证券市场流通，任何人购买股票都可以成为公司的股东，股票持有者可以在市场上自由转让股票;股份有限公司是企业法人,依法独立承担民事责任。

设立股份有限公司,应具备下列条件:发起人符合法定资格和法定人数。设立股份有限公司,应有 5 个以上的发起人,且其中须有过半数的发起人在中国境内有住所。如果国有企业改建为股份有限公司,发起人可以少于 5 人,但应当采取募集设立方式。发起人必须按照《公司法》规定认购其应认购的股份,发起人认缴和向社会公开募集的股本达到法定最低资本限额。股份有限公司注册资本最低限额为人民币 1 000 万元,股份发行、筹办事项符合法律规定,发起人制定公司章程,并经创立大会通过股份有限公司的名称,建立符合股份有限公司要求的组织机构,有固定的生产经营场所和必需的生产经营条件,必须经过国务院授权的部门或者省级人民政府批准。

二、厂商的目标

在微观经济学中,一般总是假定厂商的目标是追求最大的利润。这一基本假定是西方经济学理性经济人的假定在生产和厂商理论中的具体化。关于这一基本假设,也是存在争论的。因为在现实经济生活中,厂商有时并不一定选择实现最大利润的决策。

在信息不完全的条件下,厂商所面临的市场需求可能是不确定的,而且厂商也有可能对产量变化所引起的生产成本的变化情况缺乏准确的了解,于是,厂商长期生存的经验做法也许就是实现销售收入最大化或市场销售份额最大化,以此取代利润最大化的决策。

更为一般的情况是,在现代公司制企业组织中,企业的所有者往往并不是企业的真正经营者,企业的日常决策是由企业所有者的代理人经理作出的。企业所有者和企业经理之间是委托人和代理人的契约关系。由于信息的不完全性,尤其是信息的不对称性,所有者并不能完全监督和控制公司经理的行为,经理会在一定程度上偏离企业的利润最大化的目标,而追求其他一些有利于自身利益的目标。例如,经理会追求自身效用最大化,他们并不一定很努力地工作,而追求豪华舒适的办公环境,讲究排场;他们也可能追求销售收入最大化和销售收入持续增长,一味地扩大企业规模,以此来增加自己的特权和收入,并提高自己的社会知名度;他们也可能只顾及企业的短期利益,而牺牲企业的长期利润目标等。

但是另一方面,经理对利润最大化目标的偏离在很大程度上受到制约。因为如果经理经营不善,企业效率下降,公司的股票价值就会下降,投资者就完全抛售公司股票。在这种情况下,企业就有可能被其他投资者低价收购,或者董事会也有可能直接解雇该经理,总之,经理的职位将难以保住。而被解雇的经理再寻找合适的工作,往往是很困难的。

更重要的是,西方经济学家指出,不管信息不完全条件下找到利润最大化的策略有多么困难,也不管经理偏离利润最大化目标的动机有多么强烈,有一点是很清楚的,一个长期不以利润最大化为目标的企业终将被市场竞争所淘汰。因此,实现利润最大化是一个企业竞争生存的基本准则。它具体表现为:在产量一定的情况下追求成本最小化;在成本既定的情况下追求产量的最大化。

阅读材料 5-1

被堵住的公路

上海电视台的"新闻透视"栏目在某年夏天报道了这样一条新闻：上海市西部两个相邻的村虽近在咫尺，却没有一条像样的公路将它们连接起来。A 区的那个村庄和所属的镇政府自筹资金，两年前就已经在所辖土地上建好了公路，只要 B 区的那个村庄和所属的镇政府在自己辖区内建好一小段对接的公路，两个村庄和周边地区就可以联通起来。但 B 区的这个村庄和镇政府考虑到自己离主干道近，这条公路打通与否对自己的影响不大，将这条公路建好打通后的主要受益方是对面的村庄和小镇，不仅如此，由于对面的投资环境改善，自己这边的招商引资工作可能会受到直接威胁，所以一直没有建那一段对接的公路，而且用砖头和水泥砌了一堵墙，堵住了对面公路往自己这边来的行人和自行车等。

这里涉及不同经济主体和主体的利益——成本问题，涉及它们之间的"协商"、"谈判"和"交易"的问题。在现实社会中，类似的现象是很普遍的。例如，为了维持本区域房地产价格和市场需求量，以各种借口拖延建设横跨河流的桥梁，以免改善属于其他行政区的对岸的交通状况，分流本区域房地产的市场需求量。省级交界处、县际交界处和区际交界处等的社会治安工作、市场管理工作、纠纷处理工作等，都存在与此类似的问题。

针对此类现象，有人认为应该加强协调；有人认为应该扩大行政区域范围；有人认为应该构建区域的协调结构等。从经济学的角度看，你认为造成上述现象的原因是什么？

第二节　生 产 函 数

一、生产和生产要素

所谓生产，就是将各种生产要素加以结合，通过改变劳动对象使之满足人类需要，创造或增加人类效用的行为。

生产要素又称投入，指生产中所使用的各种资源，它可以有很多形式，一般划分为劳动、土地、资本和企业家才能四种类型。劳动指人类在生产过程中提供的体力和脑力的总和。土地不仅指土地本身，还包括地上和地下的一切自然资源，如森林、河流、湖泊、空气、海洋、矿藏等。资本又称资本品或投资品，是指机器、厂房等生产设备和资金。企业家才能是指企业家组织建立和经营管理企业的才能。经济学家尤其强调企业家才能，认为劳动、土地、资本只不过是一根根琴弦，而将其谱成音乐，赋予其灵魂和美的则是企业家的才能。

生产的过程就是从生产要素的投入到产品的产出的过程。生产包括两个方面：一是物质产品的生产，即"制造"；二是劳务的生产，即服务。

按劳动对象和劳动过程，生产活动分为三大产业：

（1）第一产业，亦称初级产业，是指直接利用自然资源创造或增加效用的生产部门。其产品称为初级产品，如粮食、石油、木材、煤炭等。产业部门有农、林、牧、渔和采矿业。

（2）第二产业，也称次级产业，是指对初级产品进行加工，创造效用的生产部门。主要是加工工业（即制造业）和建筑业。

（3）第三产业是指提供各种劳务和服务的部门，即整个社会经济活动除物质生产以外的所有一切劳务活动，包括的部门有交通运输、邮电通信、仓储保管、商业、金融保险、房地产、社会服务、公共服务、饮食生活服务、供气供水、文教卫生、出版发行、环保、地质勘探等。随着社会经济的发展，第三产业呈加速发展的趋势。

二、生产函数

生产函数是一个生产单位按照一定方式组合起来的各种生产要素的投入量与它所能产出的最大产量之间的依存关系。任何一种产品和劳务的生产，都要投入数量不同的生产要素。例如，生产面包除了要占用一定的场地外，还要投入劳动、面粉、白糖、食品添加剂及企业家的管理才能等。在一定的技术条件下，各种生产要素的不同组合和投入量的变化，同产出量之间必然存在着密切的关系。事实上，投入量小，"欠缺火候"，产出量必然会少。但并不是说大量投资，就必定使产出大增。如何恰到好处地找到最佳生产要素组合点，是一个生产中的关键性问题。

如果用 Q 代表最大产出量，L 代表劳动，K 代表资本，N 代表土地，E 代表企业家才能，则生产函数表述为

$$Q = f(L, K, N, E)$$

这一公式表示各种生产要素的投入量和投入比例，在一定的物质技术条件下，得以完全充分地利用，所形成的最大产出量。由于不同企业、不同产品或劳务所需要的技术水平不同，所以不同企业、不同产品或劳务存在着不同的生产函数。

为了简便起见，在分析生产要素与产量的关系时，一般认为土地为固定的，企业家才能又难以估计，可以将生产函数加以简化为

$$Q = f(L, K)$$

这一函数式表示，在一定的物质技术条件下，生产总产量 Q 时，需要劳动与资本一定数量的配合。同时，它也可以表明，在劳动和资本的数量与配合已知的条件下，就可以明确最大产量 Q 是多少。

生产函数表示生产中的投入量和产出量之间的依存关系，这种关系普遍存在于各种生产过程之中。一家工厂必然具有一个生产函数，一家饭店也是如此，甚至一所学校或医院同样会存在着各自的生产函数。估算和研究生产函数，对于经济理论研究和生产实践都具有一定的意义。这也是很多经济学家和统计学家对生产函数感兴趣的原因。

三、生产函数的技术条件和技术系数

1. 生产函数的技术条件

生产函数总是以一定的技术水平为前提的，随着科学技术的迅速发展，先进技术的推广与应用，生产函数是不断变化的。因此，在每一种既定的技术条件下都存在着一个生产函数。

2. 固定技术系数与可变技术系数

在不同企业中，生产不同商品或劳务时，各种生产要素的配合比例都不尽相同。当一个生产函数包含两种或两种以上的生产要素时，各种生产要素的配合比例称为技术系数。这个比例的大小和变化反映着技术水平的高低与变化。

若各生产要素的配合比例不可改变，此配合比例称为固定技术系数，相应的生产函数称为固定技术系数生产函数或固定投入比例生产函数。这表明生产要素之间不能替代，生产要素的比例和搭配不变。产出增加或减少，各种生产要素也必然要同比例地增加或减少。

若生产某种产品所需要的各种生产要素的配合比例能够在一定范围内变动，称为可变技术系数的生产函数。这种函数表明，要生产一定数量的产出，可以有各种生产要素不同的投入组合，投入的生产要素可以互相替代，如生产中多使用劳动、少投入资本，也可以多投入资本、少使用劳动。

在现实经济活动中，严格、固定的技术系数的生产函数是不多的，大量存在的是可变技术系数的生产函数。

第三节 边际收益递减和一种变动要素的合理投入

一、边际收益递减规律

1. 边际收益递减规律

在研究一种生产要素的最佳投入时，首先应了解经济学中著名的"边际收益递减规律"。一般来说，当某一可变生产要素不断加到其他不变生产要素之上时，所导致的产量的增加速率变化是有规律的，也正是这一规律的存在，使我们对生产的最佳状态得以确定，这一规律就是边际收益递减规律。

边际收益递减规律可以表述为：在一定的技术水平条件下，当把一种可变的生产要素不断投入到一种或几种不变的生产要素中时，最初这种生产要素的增加会使产量增加，但当它的增加超过了一定限度时，增加的产量将要递减，最终还会使产量绝对减少。

2. 边际收益递减规律的前提

边际收益递减规律要发生作用必须具备三个前提条件。

第一,生产技术状况不变。这是这一规律发生作用的前提条件。如果在生产中采用了更加先进的技术设备和生产工艺,使用了熟练程度更高的工人,那么同使用落后技术相比,会相应延长边际收益递减过程。现今是技术革命的时代,虽然技术进步的速度相对较快,但总会有一个相对稳定的时期,在这一时期内技术水平不变。

第二,所投入的各生产要素之间的比例可变,即技术系数可以改变。边际收益递减规律考察的就是在其他生产要素固定不变的情况下,单一生产要素变动对产量进而对收益产生的影响。这种现象在经济活动中十分常见,如在工业生产中,在机器设备等生产要素不变的情况下,增加工人人数;在农业中,当土地、种子、灌溉等条件不变的情况下,增加施肥量。

第三,增加的生产要素必须具有同等的效率,或者投入的生产要素是同质的。可以说,边际收益递减规律之所以存在是因为可变生产要素是通过与固定生产要素相结合而发挥效能的,在量上的结合合理时,效能发挥就好,不合理时,效能发挥就不好。当某一可变生产要素的投入不断增加到某一投入量不变的固定生产要素上时,与每单位可变生产要素相结合的固定生产要素量越来越少。达到一定的结合比例后,固定生产要素的比例再减少,必然会越来越限制可变要素效能的发挥。

边际收益递减规律是一个很古老又被普遍承认的规律,现在仍被广泛地运用到一切生产函数的投入产出分析中,成为西方经济学某些概念的理论基础和分析工具。

二、单一生产要素的合理投入

边际收益递减规律存在,展现出一个生产过程中普遍存在的问题,即在一定的固定生产要素投入量的基础上,某一可变生产要素的投入量并非"韩信点兵,多多益善"。那么,怎样投入才是合理的呢?西方经济学针对这一问题首先确定了一个合理投入区域。关于合理投入区域的设定,应结合总产量、边际产量与平均产量的分析。

1. 总产量、边际产量和平均产量

总产量(TP)又称总产品,是指在一定时间内投入一定的可变生产要素所得到的总的产出量。

$$TP = f(L, K)$$

平均产量(AP)是指每一单位可变生产要素平均产出的产品数量,也就是等于总产量除以可变要素的投入量。

$$AP_L = \frac{TP_L}{L} = \frac{f(L)}{L}$$

边际产量(MP)是指每增加一单位可变生产要素投入所增加的总产量的增量。

$$MP_L = \frac{\Delta TP_L}{\Delta L} \text{ 或 } MP_L = \lim_{\Delta L \to 0} \frac{\Delta TP_L}{\Delta L} = \frac{df(L)}{dL}$$

假设某厂生产一种产品所使用的生产要素只有劳动和资本,而投入的资本固定不变,仅改变劳动的投入量,这时的总产量、平均产量、边际产量如表 5-1 所示。

表 5-1　总产量、平均产量和边际产量

资本投入量（K）	劳动投入量（L）	总产量（TP_L）	平均产量（AP_L）	边际产量（MP_L）
20	0	0	—	—
20	1	6.0	6.00	6.0
20	2	13.5	6.75	7.5
20	3	21.0	7.00	7.5
20	4	28.0	7.00	7.0
20	5	34.0	6.80	6.0
20	6	38.0	6.30	4.0
20	7	38.0	5.40	0.0
20	8	37.0	4.60	-1.0

2. 总产量曲线、平均产量曲线、边际产量曲线及其关系

表 5-1 反映出一切生产函数的特点。将表 5-1 的资料描点画线,可得到总产量曲线、平均产量曲线和边际产量曲线。

（1）总产量曲线。在图 5-1 中,纵轴 OQ 代表产量,横轴 OL 代表劳动投入量。QOL 平面上任一点都表示劳动投入与产量间的关系。

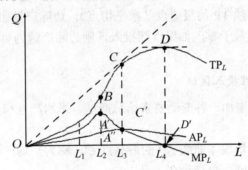

图 5-1　总产量、平均产量、边际产量曲线

按表 5-1 的数据,在图 5-1 上绘出 TP 曲线。从 TP 曲线可见总产量在 $O \sim L_2$ 间以不断递增的速度增加；在 $L_2 \sim L_4$ 间随着 L 的增加,以不断递减的速度增加；当劳动投入超过 L_4 后,总产量绝对减少。可以看出,随着劳动投入的增加,总产量增长速度顺次经过递增、递减和绝对减少三个阶段。

（2）平均产量曲线。除根据表 5-1 数值绘制外,还可以从 TP 曲线推导出平均产量曲线。平均产量可以用总产量曲线上任意点与原点连线的射线斜率表示出来。平均产量曲线就是 TP 上每个点的射线的斜率值的轨迹。

从图 5-1 可以看出,平均产量同射线的斜率呈正相关,射线越陡峭,即斜率越大,平均产量也就越大；反之，平均产量就越小。

（3）边际产量曲线。我们也可以再从 TP 曲线导出边际产量曲线。边际产量曲线 MP 是边际产量点的轨迹，也就是总产量曲线 TP 上每个点切线斜率值的轨迹。边际产量与切线的斜率呈正相关，切线越陡峭，斜率就越大，边际产量就越大；反之，边际产量越小。边际产量曲线变动的特点：边际产量在开始时，随着可变要素投入的增加不断增加，到一定点达极大值，之后开始下降，边际产量可以下降为零，甚至为负。边际产量是总量增量的变动情况，它的最大值在 TP 由递增上升转入递减上升的拐点处取得。

（4）总产量曲线、平均产量曲线和边际产量曲线的关系。第一，在总产量曲线上点 B 为拐点，相应的边际产量达到最高，然后下降。从 L_2 点后出现边际收益递减现象。

第二，过原点的射线与总产量曲线 TP 的切点 C 处，对应的平均产量达到最大，然后下降。边际产量曲线 MP 在平均产量曲线最高点，与平均产量曲线相交。边际产量曲线和平均产量曲线相交于平均产量曲线的最高点，这是因为，就任何一对边际量和平均量而言，只要边际量大于平均量，边际量就把平均量拉上；只要边际量小于平均量，边际量就把平均量拉下。举一个简单的实际例子：假定一个篮球队队员的平均身高为 1.90 米，如果新加入的一名队员的身高为 1.95 米（相当于边际量），那么整个队的平均身高就会增加；相反，如果新加入的一名队员的身高为 1.85 米（相当于边际量），那么整个队的平均身高就会下降。此外，由于在可变要素劳动投入量的变化过程中，边际产量的变动相对平均产量的变动而言要更敏感一些，因此，不管是增加还是减少，边际产量的变动都快于平均产量的变动。

第三，对应总产量曲线 TP 的极值点（水平切点），边际产量曲线 MP 与横轴 OL 相交于 D'（即 L_4），边际产量等于零。如果继续投入，则边际产量为负，而总产量曲线 TP 开始下降。

3. 一种变动要素合理投入区域

从图 5-2 中可以看出增加一种变动要素给总产量、平均产量和边际产量带来的影响，构成了三个区域。

第一区域从原点到平均成本曲线 AP 的最高点 C'，称为平均产量递增区域，边际产量达到最高后又开始趋于下降，总产量在上升。

第二区域从平均产量曲线 AP 的最高点 C' 到边际产量曲线 MP 与横轴的交点 D'（即 L_4），称为平均产量递减区域，边际产量虽下降仍然为正，总产量上升直到最高点 D。

第三区域从边际产量曲线 MP 与横轴 OL 的交点 D' 以后，边际产量为负，总产量绝对减少，这明显是生产者经营的禁区。

一种变动生产要素的合理投入同生产者的行为目标相联系，从以下三个方面分析：

（1）假定生产者不以利润最大化而以产量最大化为目标，可以不考虑单位产品成本，变动要素投入以第二区域右边为界，则劳动投入量为 L_4，达到总产量最大为目标。

（2）假定生产者不以产量最大化为目标，而是追求平均成本最低，那么一种变动要素投入应在第一区域的右边界，即劳动投入量为 L_3，达到平均产量最大，即单位产品平均成本最低。

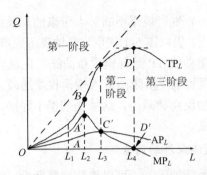

图 5-2 一种可变生产要素的生产函数的产量曲线

（3）假定生产者以利润最大化为追求目标，生产者决策如何作出呢？一种变动要素的投入起码必须达到平均产量的最高点，使单位成本最低，同时又绝不会超过总产量最高点，不然边际产量就要变负了。生产者应该选择在第二区域，即劳动投入在 $L_3 \sim L_4$ 之间，到底哪一点能达到最大化利润，还必须结合成本分析才能确定。

三、规模经济

前面考察的是单一生产要素的投入问题，若两种或多种生产要素的投入量增加，也就是生产规模扩大，那么生产者的收益将会怎样变动呢？这就是规模经济理论研究的内容。

1. 规模经济的概念及变动趋势

规模经济是指在技术水平不变的情况下，当两种生产要素或多种生产要素按同样的比例增加，即生产规模扩大时，对产量和收益产生的影响。如果生产规模扩大引起了产量增加、收益扩大，则是规模经济；反之，如果生产规模扩大引起产量或收益增加的幅度小于生产规模的扩大，甚至产量减少，则是规模不经济。

厂商扩大生产规模，一般会出现三种情况，经历三个阶段。

第一种情况是规模收益递增，是指生产规模扩大后，收益增加幅度大于规模扩大幅度。在生产函数 $Q=f(L,K)$ 中，用 λ 表示 L、K 的增长率，Z 表示 Q 的增长率，新生产函数为 $ZQ=f(\lambda L, \lambda K)$。如果 $Z>\lambda$，就是规模收益递增，原因在于：大规模生产可以实行专业化分工，采用先进设备与工艺、综合经营、节约费用等。

第二种情况是规模收益不变，即收益增加幅度等于规模扩大幅度。在生产函数 $ZQ=f(\lambda L, \lambda K)$ 中，如果 $Z=\lambda$，则称规模收益不变。线性齐次生产函数就属于这种状况。

第三种情况是规模收益递减，就是收益增加的幅度小于规模扩大的幅度。在生产函数 $ZQ=f(\lambda L, \lambda K)$ 中，如果 $Z<\lambda$，就是规模收益递减。一般由于技术水平和管理水平的制约，规模扩大不能带来相应的收益。

2. 规模经济与规模不经济

在技术水平既定的条件下,生产规模不断扩大带来的规模经济的规模收益会依次地经过递增、不变和递减三个阶段。仍以图 5-1 说明,横轴表示生产要素的投入量和生产规模,纵轴表示产量或收益,总产量曲线 TP 是规模收益曲线。在规模扩大初期(即从 O 点到 B 点)收益会递增,以后经过短暂不变阶段而进入规模收益递减。如果到 D 点后,厂商还要扩大生产规模,产量不会增加反而会减少,这就是规模不经济,原因在于大规模生产管理的复杂性和管理中的官僚主义。

3. 决定规模经济或规模不经济的因素

决定规模经济或规模不经济的因素,可以笼统地概括为:随着各种生产要素投入的增加,即生产规模的扩大,生产工艺、生产要素结合方式、生产经营管理方式、技术研究状况、外部市场条件、原料购买条件、资料来源情况等方面发生了一定变化,从而使单位产品中所包含的生产要素量发生了变化,进而单位产品中包含的成本发生了变化。具体而言,决定企业规模收益的因素可以分为企业内在因素和外在因素。

决定规模收益的企业内在因素又可以分为内在经济性因素和内在不经济性因素。内在经济性因素是企业规模扩大后由于其自身原因而导致产量增加和成本下降的因素。这些因素可以包括以下方面:

(1) 生产要素的分工和专业化协作。可以购买使用更加先进的机器设备,可以实行专业化生产。

(2) 市场经营的经济性。一是采购大量原材料,可以得到价格上的折扣和优惠;二是销售大批量产品,会降低单位产品中的销售成本。

(3) 获得综合开发的利益。大企业实力雄厚,可以变废为宝对副产品进行综合利用,创造更多的经济价值。

(4) 管理上的经济性。一是可以缩小和降低管理人员在全部员工中的比重,节约管理费用;二是达到一定规模,采用现代化设备提高管理水平和经济效益。

这些有利因素的充分发挥,可以使企业享受到规模生产的好处,是规模收益递增的重要原因。但是企业的生产规模并非越大越好。当一个厂商由于自身生产规模过大而导致其产量或收益减少时,被称为内在不经济。

影响和决定内在不经济的因素主要有以下方面:

(1) 生产规模巨大致使管理机构庞杂,一方面增加管理费用,另一方面使企业管理缺乏灵活性。

(2) 企业规模过大,内部容易产生内耗,工作效率降低。

(3) 生产要素价格上升与销售价格下降。

(4) 我国传统的企业办社会的厂商模式,更容易使企业不堪重负,增大成本,降低利润。

随着企业规模的日益扩大,这些影响规模收益的制约因素会日益明显化。

决定规模收益的外在因素主要是指因行业规模扩大给企业带来影响产量或收益的外在经济因素。也就是说,对一个厂商的产量和收益产生影响的,不仅有它本身的生产规模,而且还有一个行业的生产规模。

一个行业是由生产同种产品的厂商组成的,它的规模如何将直接影响每一家厂商的产量和收益。这种影响既可以是有利的,也可能是不利的,表现为外在经济与外在不经济。

外在经济是指整个行业规模的扩大,给个别厂商所带来的产量和收益的增加。引起外在经济的因素主要是随着行业规模的扩大,个别厂商会从行业扩大中享受大规模的原料基地、交通运输设施、更多的信息与更优秀的人才等便利,从而使成本降低,产量和收益增加。

但是一个行业的生产规模过大也会使个别厂商的产量与收益减少,这时称为外在不经济。导致外在不经济的因素主要是,随着行业规模过大,生产同类商品产品或劳务的大企业之间的竞争会加剧,各厂商为争夺生产要素和产品销售市场,将付出更高的代价。此外,整个行业的扩大也会使环境污染问题更加突出,个别厂商要为此承担更高的代价。

4. 最佳规模

生产规模过小,效率低不经济;生产规模过大,也会产生规模不经济。因此,每个厂商都有一个适度规模的问题。那么企业规模究竟多大才是适度的呢?

一般来讲,最佳生产规模的确定应考虑两个方面的因素:一是由企业的生产技术条件所决定的企业的最低限度规模经济界限;二是企业在节省交易成本方面的效益所决定的企业规模的最大界限。

首先,企业规模应当多大才能达到规模经济的要求,是由一系列的客观经济技术条件决定的。这些因素主要包括行业的技术特点、产品本身的性质、市场条件、自然资源状况等。

就行业技术特点而言,那些投资起点高、设备复杂先进的行业,适度规模的水平一般较高,如冶金、机械制造等行业;相反,那些投资量小、所用的设备比较简单的行业,如餐饮业、食品加工业等的适度规模就较小。就产品本身的性质而言,一般产品差异小、标准化程度高的行业其适度规模大;反之则适度规模小。就市场条件而言,市场需求大且较为稳定的行业如重工业行业,其适度规模较大;相反,市场需求小的行业如服装业,它的适度规模相对小一些。除了行业技术特点、产品本身性质及市场条件之外,在确定适度规模经济时还应考虑到自然资源的状况,如矿藏量的大小、水资源的丰裕程度等。另外,诸如交通条件、原料供给、政府的宏观政策等其他条件,也都是在确定适度规模时必须兼顾的。

其次,确定适度规模应考察企业规模效益和交易成本问题。当今世界存在着联合兼并的潮流,巨型企业越来越多。一家企业扩大其经济规模通常最简捷的是通过企业联合来实现。

企业联合一般分为横向联合和纵向联合。所谓横向联合指的是生产同类产品的企业间的联合。所谓纵向联合是指某种产品加工过程中的前后各个工艺阶段的联合,如钢铁厂和铁矿的联合、汽车制造厂同汽车零部件制造厂和销售商之间的联合等。

此外，还有一种通过多样化经营方式，将不同行业的生产经营企业联合在一个大企业中，例如一个主营钢铁的公司，可以生产计算机、石化，同时兼营旅馆、餐厅、文化娱乐、金融、房地产等。

通过各种方式联合而组织起来的企业规模越来越大，西方发达国家中一些大企业的年销售额可达千亿美元，如美国通用汽车公司的年销售额已超过 1 260 亿美元，这一数字相当于当年印度或韩国的国内生产总值的一半。企业巨型化发展并不意味着企业规模越大越好，企业联合的规模取决于企业外部协作的成本同企业内部协作的成本之间的比较，即企业的交易费用同企业的行政协调费用相比较。

需要强调的是，扩大企业规模来加强协作和联合的根本动力是节省交易费用。因此，究竟是促使各个独立生产者之间的联合还是进行大企业的分解，建立一个大企业应当具有多大的规模，最终应由经济效益决定。一般来说，企业规模过小，会有很高的交易成本；企业规模过大，虽然可以节省交易成本，但却会增加企业的行政协调成本。当企业为增大规模而增加的行政协调成本正好等于由此而节省的市场协调成本时，才能达到企业扩大规模的界限。

阅读材料 5-2

马尔萨斯的经济思想：人口增长+收益递减=饥饿

早在 1789 年，托马斯·罗伯特·马尔萨斯就对人口和粮食产量的关系进行了分析。马尔萨斯在《论人口对未来社会进步影响的原理》(《人口原理》)中提出了可能是世界上最耸人听闻的理论。

马尔萨斯说："我认为，人口的力量比土地向人类提供生活资料的力量不知大多少。如果人口不受控制，那么它就会以几何级数增长。而生活资料只是以算术级数增长。对这些数字稍有了解就可以看出前者的力量比后者的力量要大得多。"马尔萨斯所说的意思是，如果人口增长不受控制，它是以几何级数的速度增长的，而粮食产量由于收益递减，却赶不上人口的增长速度。

什么因素能够阻止人口增长？马尔萨斯认为，阻止人口增长的是饥荒。随着人口增长，人均粮食产量就会下降，直到越来越多的人陷于饥荒，死亡率上升为止。只有在此时，人口增长才能稳定下来，与粮食产量的增长率保持一致。

马尔萨斯的可怕预言是否会实现？有两个因素可以减轻马尔萨斯所描述的压力。第一个因素是，随着各国越来越发达，人口的增长趋于放缓。虽然健康状况的改善延长了人的寿命，但是由于人们选择维持小家庭而使得人口出生率下降，完全抵消了寿命延长的影响。第二个因素是，农业的技术进步大大地提高了每公顷农田的粮食产量。因此，发达国家的粮食产量已超过人口增长。发展中国家的情形虽然比发达国家糟得多，但农业方面也取得了一定的进展。"绿色革命"已经开发出许多新的高产农作物品种（特别是小麦和稻谷方面），所以许多发展中国家的粮食产量增长超过了人口的增长。例如，印度现在就已经开始出口粮食。

可是,马尔萨斯的恐惧在某些最贫穷的国家却非常现实。这些国家甚至不能养活它的人民。正是这些世界上最穷的国家,人口增长率最高。某些非洲国家的人口增长率每年在3%左右。

资料来源:斯罗曼. 经济学. 北京:经济科学出版社,2008.

第四节 生产要素最佳组合

在现实的实际生产活动中,一定数量的某种商品可用不同的生产要素组织方式生产出来。厂商行为的目的是实现利润最大化,选择哪一种组合方式进行生产才能达到目的呢?那就是要选择生产要素的最佳组合,做到资源的最优配置。

一、等产量曲线

1. 等产量曲线的含义及其特点

(1)等产量曲线的含义。在生产过程中,一定数量的某种商品可以通过相同生产要素的不同组合生产出来。例如,生产者为获得100单位产量,可用9单位资本、5单位劳动来实现,这是 A 种组合方式;还有 B、C、D 组合方式。虽然每种组合方式的资本量和劳动量不同,但都能生产100单位产量,如表5-2所示。

表5-2 等产量表

组　　合	资本的投入(K)	劳动投入(L)	产量(Q)
A	9	5	100
B	6	10	100
C	4	15	100
D	3	20	100

根据 A、B、C、D 不同资本与劳动的组合点,在坐标平面上找到这些点,连接起来就是一条等产量曲线,如图5-3所示。

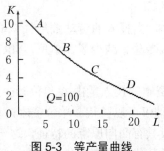

图5-3 等产量曲线

等产量曲线是指在一定技术条件下,能够生产出同等产量的两种生产要素数量组合点的轨迹。

(2) 等产量曲线的特点。在等产量曲线上的各点代表不同的生产要素数量组合点,代表的产量是相同的、相等的。因此,等产量曲线又被称为生产的无差异曲线。等产量曲线有以下特点:

第一,等产量线是一条向右下方倾斜的线。它表明在资源既定的条件下,为了达到相同的产量,在增加一种生产要素投入时,另一种生产要素必须减少,因为两种生产要素同时增加是资源既定时无法实现的,而两种生产要素同时减少则很难保持原有的产量水平。

第二,在同一平面图上可以有无数条等产量线。同一条等产量线上产量相等,不同的等产量线代表不同的产量水平。离原点越远的等产量线所代表的产量水平越高;反之,则越低。

第三,同一坐标中的各等产量线互不相交。

第四,等产量线是一条凸向原点的线。这是由边际技术替代率递减所决定的。

2. 边际技术替代率

边际技术替代率是在维持相同的产量水平时,增加一种生产要素与减少另一种生产要素的数量之比。用 ΔL 代表劳动的增加量,以 ΔK 代表资本的减少量,以 $MRTS_{LK}$ 代表以劳动代替资本的边际技术替代率,则有

$$MRTS_{LK} = \Delta K / \Delta L$$

边际技术替代率应该是负值,但我们一般取其绝对值。边际技术替代率是递减的,因为随着劳动量的增加,它的边际收益在递减,而随着资本量的减少,它的边际收益在递增。这样增加一定数量的劳动所能替代的资本量越来越少,即 ΔL 不变时,ΔK 越来越小,从而 $MRTS_{LK}$ 也是递减的,所以等产量线凸向原点。

边际技术替代率递减的主要原因在于:任何一种产品的生产技术都要求各要素投入之间有适当的比例,这意味着要素之间的替代是有限的。简单地说,以劳动和资本两种要素投入为例,在劳动投入量很少和资本投入量很多的情况下,减少一些资本投入量可以很容易地通过增加劳动投入量来弥补,以维持原有的产量水平,即劳动对资本的替代是很容易的。但是,在劳动投入增加到相当多的数量和资本投入量减少到相当少的数量的情况下,再用劳动替代资本将是很困难的。

以图 5-4 中的具体数字为例,当投入的劳动数量从 1 单位增加到 2 单位时,资本的投入量可由原来的 9 单位减少到 6 单位,减少了 3 单位,MRTS=3/1=3。这里,1 单位劳动可替代 3 单位资本。

若再增加 1 单位劳动,则资本的投入量由 6 单位减少到 4 单位,即减少了 2 单位,MRTS=2/1=2。这时,1 单位劳动仅可以替代 2 单位资本,依此类推。

前面提到,等产量曲线一般具有凸向原点的特征,这一特征是由边际技术替代率递减规律所决定的。因为由边际技术替代率的定义公式可知,等产量曲线上某一点的边际技术替代率就是等产量曲线在该点的斜率的绝对值,又由于边际技术替代率是递减的,所以等

产量曲线的斜率的绝对值是递减的，即等产量曲线是凸向原点的。

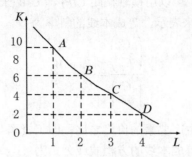

图 5-4　边际技术替代率的例证

二、等成本线

1. 等成本线的含义

等成本线又称企业预算线，是一条表明在生产者的成本与生产要素价格既定条件下，生产者所能购买到的两种生产要素的数量的最大组合的线。

假定厂商有成本 $C=60$ 元（能购买生产要素的总货币量），劳动（L）的价格（即工资率）$P_L=W=20$ 元，资本（K）价格（即利息率）$P_K=i=10$。假如全部用来购买劳动，可买 3 单位；如果全部用于购买资本，可购买 6 单位。根据假设的数值，就能作出等成本线。如图 5-5 所示，图中 AB 线就是等成本线。

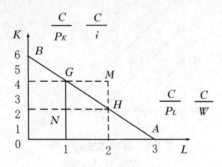

图 5-5　等成本线

AB 线上任何一点都是在货币量与生产要素价格既定的条件下，能购买到的劳动与资本的最大数量的组合。例如，在 G 点上，购买 4 单位资本耗用成本 40 元，购买 1 单位劳动耗用货币成本 20 元，正好用完 60 元货币成本。而该线内或线外的任何一点如 N 点和 M 点都不能满足这一条件。例如，N 点处于等成本线以内，它所购买的劳动与资本的组合可以实现，但并非最大数量的组合，即存在闲置的货币成本。而 M 点处于等成本线以外，所购买的资本和劳动的组合大于 G 点，但无法实现，因为此时所需要的货币超过了既定的成本。由此可以看出，等成本线是用等产量线方法研究生产要素最佳组合时的限制条件。

在 A 点全部购买劳动力，可以用横轴截距 C/P_L 即 C/W 来表示；在 B 点全部购买资本，可以用纵轴截距 C/P_K 即 C/i 来表示，等成本线的斜率为

$$\frac{\left(\dfrac{C}{P_K}\right)}{\left(\dfrac{C}{P_L}\right)}=\frac{P_L}{P_K}=\frac{W}{i}$$

等成本线的斜率是两种生产要素的价格之比，即工资率与利息率之比。

从图示及介绍中可知，等成本线的方程式或公式为

$$C=P_L \cdot L+P_K \cdot K=W \cdot L+i \cdot K$$

这是线性方程式，可以计算出在 A、B、G、H 点上，购买到的劳动与资本的四种组合，虽然购买劳动和资本的数量不同，但花费的总和都是总成本 60 元，等于既定总成本。

2. 等成本线的移动

从等成本线的方程式看，等成本线的变动取决于两个因素：一是总成本；二是生产要素的价格。

在生产要素的价格不变的情况下，总成本的变动会带来总成本线的平行移动，即保持斜率不变（因为价格既定），如图 5-6 所示。

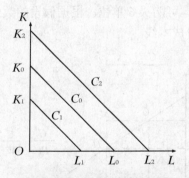

图 5-6 等成本线的平移

K_0L_0 是总成本为 C_0 时的等成本线，如果总成本减少到 C_1 时，等成本线从 K_0L_0 平移到 K_1L_1；当总成本增加到 C_2 时，总成本线从 K_0L_0 平移到 K_2L_2。K_1L_1、K_0L_0、K_2L_2 三条等成本线距离原点越来越远，表示较高水平或较高数量的两种生产要素组合。

假如某种生产要素（如资本）的价格保持不变，而另一种生产要素（如劳动）的价格发生变动，等成本线以价格不变的生产要素的原购买量为定点（或为中心点）发生旋转。

如图 5-7 所示，在总成本和资本价格不变的条件下，资本的购买量保持为 K_0。当劳动（L）价格提高时，等成本线会从 K_0L_0 向左旋转到 K_0L_1；当 L 的价格降低时，等成本线向右旋转到 K_0L_2。

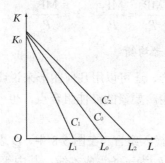

图 5-7 等成本线的旋转

三、生产要素的最佳组合

1. 生产要素最佳组合的原则

厂商为达到利润最大化的目的,在选择生产要素组合时,必然要遵循最大利益原则,就是在既定的产量下,达到成本最小的生产要素组合,或在总成本既定时,实现产量最大的生产要素组合。为了实现这个目标,必然要考虑购买的各种生产要素、所付出的价格和所能得到的边际产量。也就是要求在总成本既定的前提下,使得所购买的各种生产要素的边际产量与价格的比例都相等。

假设厂商使用两种要素进行生产,一种是劳动(L),另一种是资本(K)。劳动的价格为 P_L,边际产量为 MP_L,购买数量为 Q_L;而资本的价格、边际产量和购买数量分别为 P_K、MP_K 和 Q_K。那么,生产要素最佳组合的原则可表示为

$$P_L \cdot Q_L + P_K \cdot Q_K = C \tag{5-1}$$

$$\frac{MP_L}{P_L} = \frac{MP_K}{P_K} \tag{5-2}$$

式(5-1)表明在成本既定的限制条件,式(5-2)是生产要素最佳组合的实现条件。在等成本线介绍中已说明了式(5-1),下面分析式(5-2)。

MP_L/P_L 是劳动的边际产量和价格的比率,表示在劳动这类要素上花费 1 个货币单位所带来的边际产量。MP_K/P_K 是资本的边际产量和价格的比率,表示资本这类要素花费 1 个货币单位所带来的边际产量。如果 $MP_L/P_L > MP_K/P_K$,说明用在劳动上的 1 单位所带来的产出(边际产量)大于用在资本上的 1 单位所带来的产出(边际产量),这样必然要转移和改变资本的投向,增加用在劳动上的开支,而减少在资本上的开支。如果 $MP_L/P_L < MP_K/P_K$,这说明这时在资本上用 1 单位带来的边际产量大于在劳动上用 1 单位带来的边际产量。那么理性厂商将要增加资本的购买而减少劳动的购买,不断调整下去,最终使 $MP_L/P_L = MP_K/P_K$ 为止。

在生产中,厂商如果使用了 n 种生产要素,生产要素最佳组合的原则扩展为

$$P_1 \cdot Q_1 + P_2 \cdot Q_2 + \cdots + P_n \cdot Q_n = C \tag{5-3}$$

$$\frac{\mathrm{MP}_1}{P_1} = \frac{\mathrm{MP}_2}{P_2} = \cdots = \frac{\mathrm{MP}_n}{P_n} \tag{5-4}$$

2. 生产要素最佳组合：生产者均衡

选择和确定生产要素最佳组合，还可以用几何图形来说明，在同一坐标上寻找等成本线和等产量线的相切点，这就是生产要素的最佳组合点，也就是生产者均衡点，如图 5-8 所示。

（1）一定产量下成本最小的投入组合。在图 5-8 中，Q 表示一定的等产量曲线，在价格既定的条件下，K_1L_1、K_2L_2、K_3L_3 为三条等成本线，其中等成本线 K_2L_2 与等产量曲线 Q 相切于 E 点。

为实现 Q 产量，选择哪种投入组合才能使成本最小或最低呢？答案只能选择等成本线 K_2L_2。在这里，低于 K_2L_2 的等成本线 K_1L_1 与等产量线 Q 既不相交也不相切，表明这一成本不可能生产 Q 产量。而高于 K_2L_2 的等成本线 K_3L_3 与等产量曲线相交于 A、B 点，虽然产量可达到 Q，但投入的成本却比能达到 Q 产量的等成本线 K_2L_2 要高，这不符合成本最小的要求。因此，厂商要达到 Q 产量，只有选择 E 点，成本才能最小。所以 E 点是生产要素最佳组合点，即生产者均衡点。

（2）一定成本下产量最大的投入组合。如图 5-9 所示，K_0L_0 是在生产要素的价格既定的条件下的一条等成本线。Q_1、Q_2、Q_3 是三条等产量曲线。K_0L_0 与 Q_2 相切于 E 点。从图 5-9 中可以看出，现有既定成本条件下，不可能达到 Q_3 的产量水平，虽然可以达到 Q_1，但 Q_1 比 Q_2 水平低，所以唯有 K_0L_0 与 Q_2 切于点 E，才是厂商选择的最佳生产要素组合点。

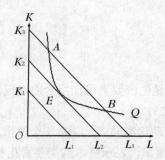
图 5-8　一定产量下成本最小的投入组合

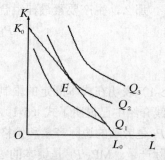
图 5-9　一定成本下产量最大的投入组合

（3）生产者均衡的条件。从上面的分析中可以看出，等成本线和等产量曲线的切点才是生产要素的最佳组合点。它表明在既定成本下，可以使产量达到最高；或者在既定产量下，可以使付出的成本降到最低。这时，便实现了资源的最优配置，达到了生产者均衡，处于一个相对静止、生产者满意的状态。因此，生产要素最佳组合、资源最优配置和生产者均衡完全是一致的、统一的。

实现生产要素最佳组合的条件或生产者均衡条件时，等成本线和等产量曲线相切，即它们的斜率相等。等产量曲线的斜率就是生产要素边际技术替代率，可以用两种生产要素

的边际产量之比表示。而等成本线的斜率是两种生产要素的价格之比。这样,把生产者均衡条件用公式表示为

$$\text{MRTS} = -\frac{\Delta K}{\Delta L} = \frac{\text{MP}_K}{\text{MP}_L} = \frac{P_L}{P_K} = \frac{W}{i} \quad (5\text{-}5)$$

从式(5-5)中得出 $\frac{\text{MP}_L}{P_L} = \frac{\text{MP}_K}{P_K}$,这就是生产者均衡的条件。

四、扩展线

1. 扩展线的含义

在生产要素的价格、生产技术和其他条件不变时,如果企业改变成本,等成本线就会发生平移;如果企业改变产量,等产量曲线就会发生平移。这些不同的等产量曲线将与不同的等成本线相切,形成一系列不同的生产均衡点,这些生产均衡点的轨迹就是扩展线。

在生产要素价格保持不变的条件下,如果厂商总成本不断增加,可以购买生产要素的数量逐渐增加,那么生产规模就会逐步扩大,产量水平就会逐渐提高。这样,生产要素最佳组合点必然要逐渐向右上方移动。

如图5-10所示,Q_1、Q_2、Q_3 表示三条不同产量水平的等产量曲线,K_1L_1、K_2L_2、K_3L_3 与 Q_1、Q_2、Q_3 分别相切于 E_1、E_2、E_3。这些切点是厂商在不同投入下的生产要素的最佳组合点,从原点 O 出发,把 E_1、E_2、E_3 连接起来,这就得出了生产扩展线,就是图中的 OS 线。扩展线表示,在生产要素价格、生产技术和其他条件不变的情况下,当生产的成本或产量发生变化时,厂商必然会沿着扩展线来选择最优的生产要素组合,从而实现既定成本条件下的最大产量或实现既定产量条件下的最小成本。扩展线是厂商在扩张或收缩生产时所必须遵循的路线。

2. 扩展线和规模收益

在规模收益不变的情况下,表示产量逐渐增加的各条等产量曲线在起自原点的各条线之间的距离相等。在图5-10中 $E_1E_2=E_2E_3$,表明产量随生产要素的增加而同比例地增加。

在规模收益递增的情况下,表示产量逐渐增加的各条等产量线在起自原点的各条线之间的距离是递减的。在图5-10中 $E_1E_2>E_2E_3$,表明产量比投入要素增加得快。

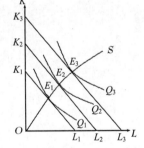

图5-10 扩张线

在规模收益递减的情况下,表示产量逐渐增加的各条等产量线在起自原点的各条线之间的距离是递增的。在图5-10中 $E_1E_2<E_2E_3$,表明产量增加一倍,投入的生产要素要大于一倍。

五、生产可能性曲线

以上考察一个厂商进行生产要投入多种生产要素时,怎样使资源配置实现最优化,这

是多种生产要素最佳组合问题。那么,在某种资源既定条件下怎样去实现资源的最优使用呢?这就是生产可能性曲线要回答的问题。

1. 生产可能性的含义

世界上的资源多种多样,每种资源都有多种用途。同时世界上的资源数量是有限的(稀缺),人类不可能生产出所需要的一切物品,只能在资源的各种可能用途中进行选择。对某个厂商也一样,拥有一定数量的生产要素,他生产甲商品,就不能生产乙商品。因此,在一定时期内,用一定资源能够生产的产品和劳务的数量就是生产可能性。

2. 生产可能性曲线

假定某厂商拥有既定资源,能够生产 X、Y 两种商品,如表 5-3 所示。

表 5-3 生产可能性表

可 能 性	X	Y	MRT_{XY}
A	0	15	>1
B	1	14	>2
C	2	12	>3
D	3	9	>4
E	4	5	>5
F	5	0	

根据表 5-3 中数据,可以绘出生产可能性曲线,如图 5-11 所示。

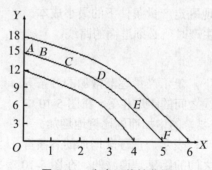

图 5-11 生产可能性曲线

在图 5-11 中,横轴 OX 和纵轴 OY 分别代表一定资源能够生产的 X、Y 两种商品的数量,AF 是生产可能性曲线,A、B、C、D、E、F 为组合点。因此,生产可能性曲线是指在既定的资源与技术水平条件下,所能生产的两种商品最大产量组合点的轨迹。AF 上任一点都是最大产量组合;AF 内的点缺乏效率,资源未被充分利用;AF 外的点在既定的资源和技术条件下是不能做到的。生产可能性曲线是在现有条件下生产不可超越的界限,又称"生产可能性边界"。

3. 生产可能性曲线的移动

随着生产技术的进步或者生产资源供给扩大，生产就会扩张，生产可能性曲线就会向右上方移动，产量就会比原来的产量提高。如果出现生产资源减少，生产可能性曲线就会向左下方移动，产量就会比原来产量减少。

本章小结

生产函数是指在一定的时期内，在技术水平不变的情况下，投入某种组合的生产要素与最大可能产出之间的关系。它反映了生产过程中投入和产出之间的关系。厂商的生产可以分为短期生产和长期生产。相应地，我们可以分别以短期生产理论和长期理论来讨论短期生产和长期生产的基本特征。

短期生产的基本规律是边际报酬递减规律。由短期边际产量曲线的特征可以推导出短期总产量曲线与短期平均产量曲线。短期生产可分为三个阶段，厂商的合理生产区间是第二阶段。长期生产理论的主要分析工具是等产量曲线和等成本线。等成本线又称企业预算线，是在生产者的成本（购买生产要素的总支出）与生产要素价格既定的条件下，由生产者所能购买的两种生产要素最大可能的数量组合点联结而成的直线。

在企业扩大规模的长期生产过程中，一般都会先后经历规模报酬递增、规模报酬不变和规模报酬递减这三个阶段。

课后习题

一、名词解释

边际报酬递减规律　　等产量曲线　　边际技术替代率　　等成本线　　规模报酬

二、简答题

1. 写出柯布—道格拉斯生产函数 $Q = AL^a K^{1-a}$ 关于劳动的平均产量和劳动的边际产量的生产函数。
2. 如果企业处于 $MRTS_{LK} > W/r$ 或 $MRTS_{LK} < W/r$ 时，企业应该分别如何调整劳动和资本的投入量以达到最优的要素组合？
3. 用图说明短期生产函数 $Q = f(L, \bar{k})$ 的 TP_L 曲线、AP_L 曲线和 MP_L 曲线的特征及其相互之间的关系。
4. 利用图说明厂商在既定的成本条件下是如何实现最大产量的最优要素组合的。

三、计算题

1. 已知某企业的生产函数 $Q = L^{2/3} K^{1/3}$，劳动的价格 $W=2$，资本的价格 $r=1$，求：

（1）当成本 $C = 3\,000$ 时，企业实现最大产量时的 L、K 和 Q 的值。

（2）当产量 $Q = 800$ 时，企业实现最少成本时的 L、K 和 C 的值。

2. 已知生产函数 $Q = -L^3 + 24L^2 + 240L$，求：在生产的三个阶段上，L 的投入量分别应为多少？

3. 已知生产函数 $Q = KL - 0.5L^2 - 0.32K^2$，若 $K = 10$，求：

（1）劳动的平均产量函数和边际产量函数；

（2）分别计算当总产量、平均产量和边际产量达到极大值时劳动的投入量；

（3）证明当 AP_L 达到极大值时，$AP_L = MP_L$。

4．已知生产函数 $Q = f(L,K) = 2KL - 0.5L^2 - 0.5K^2$，假定厂商目前处于短期生产，且 $K=10$，求：

（1）写出在短期生产中该厂商关于劳动的总产量 TP_L 函数、劳动的平均产量 AP_L 函数和劳动的边际产量 MP_L 函数。

（2）分别计算当总产量 TP_L、劳动平均产量 AP_L 和劳动边际产量 MP_L 各自达到极大值时的厂商劳动的投入量。

（3）在什么条件下 $AP_L = MP_L$？它的值又是多少？

5．已知生产函数为（a）$Q = 4\sqrt{KL}$，（b）$Q=\min(3K,4L)$，分别求厂商的扩展线函数。

第六章 成本理论

 学习目标

通过本章的学习，理解成本和利润的概念、厂商的利润最大化条件，理解生产中的基本规律，并用生产中的规律解释成本曲线的形状和各种成本曲线之间的关系。

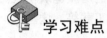 学习重点

（1）经济成本和经济利润的概念；
（2）利润最大化的条件；
（3）边际成本线的形状及其与平均成本线之间的关系；
（4）长期成本曲线与短期成本曲线的关系。

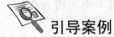 学习难点

长期成本函数的推导

引导案例

一个种植小麦的农场主向他的工人发布了这样一则坏消息："今年的小麦价格很低，而且我从今年的粮食中最多只能获得 3.5 万元毛收入。如果我付给你们与上一年相同的工资（3 万元），我就会亏本，因为我不得不考虑 3 个月以前已经为种子和化肥花了 2 万元。如果为了那些仅值 3.5 万元的粮食而让我花上 5 万元，那么我一定是疯了。如果你们愿意只拿上一年一半的工资（1.5 万元），我的总成本将为 3.5 万元（2 万元+1.5 万元），至少可以收支相抵。如果你们不同意降低工资，那么我也就不打算收割这些小麦了。"那么工人们到底应不应该同意降低工资呢？

第一节 成本与利润

一、成本的概念

成本即生产费用，是指厂商在生产过程中的全部支出。在西方经济学中，成本的概念包括厂商为生产必须支付的各种费用和正常利润。厂商的成本是使用各种生产要素的数量

和各种生产要素的价格的乘积的加总。从生产要素所有者角度看,成本是生产要素所有者参与生产应该得到的报酬或补偿,报酬形式如劳动的工资、资本的利息、土地的地租等。成本还应包括生产经营中所必须付出的费用,如原料费、管理费、销售费等。根据成本的含义,成本中包括正常利润,是厂商使用企业家才能支付的报酬,是企业家从事生产经营和管理活动所必须得到的最低报酬。因此,西方经济学在说到收益等于成本,即利润等于零时,实际上企业家已经获得了正常利润,会继续生产经营下去。

二、成本的种类与划分

成本按着不同标准,从不同角度可以有不同的划分。

1. 显性成本和隐性成本

显性成本是在生产要素市场购买生产要素时,厂商根据合同支付给生产要素所有者的费用。例如,工资、薪金、原料、运输费、电费、地租、利息、缴纳的税金和保险金等都是以货币支付的,并体现和记载在账面上,所以也称会计成本或账面成本。

隐性成本是生产者使用自己提供的那一部分生产要素,作为报酬而应支付的费用。例如,使用自有资本应付的利息,使用自有机器设备应付的折旧,使用自己的房屋建筑物应付的房租,使用自有地产应付的地租,自己经营管理、提供劳务等应付的工薪等。这些费用在形式上没有支付,不体现在账面上,因此也称为隐含成本。

厂商为什么要计算隐性成本呢?一是如果厂商自己没有这些生产要素,就要去租用或购买,就必须支付货币;二是如果自己不使用这些生产要素,可以卖出或出租而得到相应收入。只有计算隐性成本,才能真实地反映出生产产品的真实花费。

2. 会计成本和经济成本

会计成本是企业经营活动的财务分析中运用的一种成本概念。会计成本是指生产活动中厂商按市场价格支付的所有生产要素的费用。这些支付要记录在厂商会计账面上,也就是显性成本。

经济成本是指厂商从事某项经济活动的显性成本和隐性成本之和,与会计成本是不同的概念。

3. 私人成本和社会成本

厂商生产中使用的生产要素包括自有部分和购进租赁部分,其价格就是该厂商的生产费用或经济成本,也就是这个厂商的私人成本。因此,私人成本是会计成本和隐性成本之和,即经济成本。

厂商和私人的生产经营活动会给社会带来不同的影响。例如,化工厂在生产中排放的废气,钢铁厂排出的烟尘,造纸厂排出的废水等,都会造成环境污染,就必须投资加以治理,这就构成了外在成本问题,作为厂商并不为此而付出费用。将私人成本和外在成本加总就构成了社会成本,即社会成本=私人成本+外在成本。

4. 机会成本

前面我们已经提到过机会成本的概念。所谓机会成本，就是面对稀缺的资源，在相抗衡的各个目标之间必须作出选择，选择了其中一个，就必须放弃另一个有价值的选择，被放弃的选择的价值就是机会成本。机会成本不同于实际成本，并不全是由个人的选择所引起的，它是作出一种选择时所放弃的其他若干种可能的选择中最好的一种选择的价值。在经济活动中，资源的稀缺性决定了任何商品的生产都是有机会成本的。因此，在生产经营活动中，人们就要进行机会成本的计算与比较，科学决策，合理选择，从而实现资源配置的最优状态。

5. 沉没成本

沉没成本是指由于过去的决策已经发生了的，而不能由现在或将来的任何决策改变的成本。人们在决定是否去做一件事情的时候，不仅要看这件事对自己有没有好处，而且要看过去是不是已经在这件事情上有过投入。我们把这些已经发生不可收回的支出，如时间、金钱、精力等称为"沉没成本"（Sunk Cost）。在经济学和商业决策制定过程中会用到"沉没成本"的概念，代指已经付出且不可收回的成本。沉没成本常用来和可变成本作比较，可变成本可以被改变，而沉没成本则不能被改变。

沉没成本是一种历史成本，对现有决策而言是不可控成本，不会影响当前的行为或未来的决策。从这个意义上说，在投资决策时应排除沉没成本的干扰。对企业来说，沉没成本是企业在以前经营活动中已经支付现金，而在经营期间摊入成本费用的支出。因此，固定资产、无形资产、递延资产等均属于企业的沉淀成本。

三、经济利润与会计利润

会计利润和经济利润虽都是业绩评价指标，既存在明显的区别，又在作用、方法和数量上存在一定的联系。会计利润是事后利润。经济利润是一种事前预测，考虑了机会成本，消除了传统会计核算无偿耗用股东资本的弊端，更能全面地反映经营业绩，揭示利润产生轨迹，可以引导企业转变经营思想、更新经营管理理念，在相关性、真实性、有用性上优于会计利润。

1. 经济利润

经济利润是企业投资资本收益超过加权平均资金成本部分的价值，或者企业未来现金流量以加权平均资金成本率折现后的现值大于零后的部分。计算公式为

经济利润=(投资资本收益率-加权平均资金成本率)×投资资本总额

早在 1890 年，经济学家佛雷德·马歇尔在其出版的书中提到"所有者或经理的利润在按现行利率扣除了资本利息后剩余的部分可称为经营收益或管理收益"，其意思实际上就是把股东投入的资本的机会成本按照现行利率来计算，在计算经济利润时再加以扣除。马歇尔说："公司在任何期间创造的价值，不但必须要考虑到会计账目中所记录的费用开

支,而且要考虑到业务所占用资本的机会成本。"传统的会计利润恰恰忽略了资本需求和资金成本,经济利润消除了传统会计核算无偿耗用股东资金成本的弊端,要求扣除所有资源的成本,包括所有者权益资金成本。

经济利润的优势体现在以下三个方面:

(1)在评价企业的经济效益时,经济利润对企业的决策更具有相关性。经济利润不仅包括已经发生的也包括尚未发生的经济事项,还考虑机会成本、沉没成本等问题。

(2)经济利润所提供的信息更具真实性。经济利润主要依据现行市价确定企业的收益和费用,收入和费用不仅在内容上有必然的因果关系,在时间上也完全统一。

(3)经济利润的计量还涉及生产要素以外更复杂的概念,能更全面地反映生产要素成本,对成本的计量更客观、合理。

2. 会计利润

会计利润是企业在一定时期的经营成果,可简单表示为:会计利润=收入-费用。分析会计利润有利于评价企业的盈利能力,有利于分析企业经营成果,有利于考核管理层的工作绩效。

会计利润的缺陷体现在以下四个方面:

(1)会计利润是按收入实现原则来确定的,它反映企业已实现的利润,而不反映未实现的利润,利润表体现的是狭义的经营成果。

(2)会计上的资产按历史成本计价,资产负债表反映的是过去未分摊的资产成本的余额,在各种经济条件变化情况下,资产的价值会失去真实性。

(3)会计利润按历史成本转销费用,但收入按现行价格计量,这使收入与费用并未真正建立在同一时间基础上,收益的计量缺乏内在的逻辑上的统一性。

(4)会计按配比原则确定利润,使一些性质上不是资产或负债的递延项目也作为资产或负债反映在资产负债表上,在一定意义上降低了资产负债表的有用性。

3. 经济利润与会计利润的比较

经济利润与会计利润的区别主要表现在以下几个方面:

(1)服务主体不同。会计利润服务的对象是企业外部的使用者。设置会计利润的目的是客观地反映经济活动,并为利润分配提供可靠依据。设置经济利润的目的是提高经济活动的效率和加强管理,对企业面临的可供选择方案的风险收益进行预测,使企业管理决策更加具有客观性和科学性。

(2)目的角度不同。会计利润是站在企业所有者的角度的经营成果指标;经济利润是站在公司的角度的经营成果指标。公司作为一个相对独立的主体,可以通过债务资本和股权资本两个渠道来筹集资本,对于公司而言无论是债权人还是股东都是"投资者",当公司通过计算得出有经济利润时,说明投资这家公司就会获得"超额利润",自然就会吸引更多的资金进入公司。

(3)计量的范围不同。会计利润仅考虑与企业经营相关,可以用货币计量的生产要素，而经济利润还考虑股权资本成本、人力资源成本等机会成本。经济利润的计量还要涉及生产要素以外的更复杂的概念。

（4）计量依据不同。会计利润是以收入与费用相抵后计算出来的，因此会计利润依据的是权责发生制，经济利润需要在会计利润基础上扣除投资资本成本，而这项内容不是实际发生的，因此经济利润不都是依据权责发生制。其中，经济收入是指在期末和期初同样富有的情况下，一定期间的最大花费，即本期收入=期末财产−期初财产。

（5）成本计量不同。会计成本只确认和计量债务成本，而对于股权资本则不作体现。经济成本不仅包括会计上实际支付的成本，而且包括机会成本，即企业为将资源从其他生产机会中吸引过来而必须向资源提供者支付的报酬。这些报酬可以是显性的，也可以是隐性的。会计成本仅确认显性成本，隐性成本往往不被认识。经济成本是显性成本与隐性成本二者之和，是企业运作过程中的全部成本。

（6）应用范围不同。会计利润是企业一定时期内收入、成本、费用的综合反映，是在各个领域中运用的最为广泛的绩效类指标之一；经济利润则多应用于投资决策、绩效评价、收购重组、激励机制设计等方面。

（7）计量的程序不同。会计利润的计量通过一系列的程序和方法将企业的经济业务从发生到利润的形成都规范地记录下来，而经济利润的计算则没有固定的程序和方法。会计利润的计算必须遵守统一的会计准则，而经济利润则不受准则的限制。

（8）评价企业经济效益的依据不同。会计利润是依据过去已经发生或正在发生，并且可以以货币计量的事项评价企业经济效益的，对于未知的没有发生的事项在会计上则不予确认和计量，而经济利润既包括已发生的也包括尚未发生的经济事项，如机会成本、沉没成本等。

会计利润和经济利润虽然在许多方面存在差异。但在作用、方法和数量上存在一定的联系。首先，都是对于企业某一时期的经济活动的评价，只不过两者考虑的因素不同。其次，在数量上两个指标有一定的依存关系。会计利润是会计人员日常工作的积累，利用会计利润进行调整，可以得出经济利润。

4. 对比经济利润与会计利润的意义

（1）引导企业转变经营思想、更新经营管理理念。会计利润是单一评价指标；经济利润是多指标综合评价指标。随着人们对公司绩效指标复杂性、多层次和多维度性认识的加深，多指标的综合评价逐渐被重视。由于会计利润忽略了权益资本的机会成本，所以在公司经营业绩考核方面往往夸大经营利润，扩大了管理层的经营业绩，同时忽略了股东资本带来的价值。经济利润考虑了投资者的投资机会成本，使得管理层关注创造的价值，关注资金的组成结构，这一点在国有资本占主导地位的企业尤为突出。长期以来，管理层普遍认为权益资本是无偿使用的，片面追求利润而忽视了企业价值最大化，致使资本回报率较低。引入经济利润这个综合评价指标，将引导企业关注股东价值的创造。

（2）经济利润能够更加全面地反映企业的经营业绩、盈利能力和盈利状况。盈利能力是所有与企业相关的投资者、债权人和经理人所关注的。会计利润忽视了资本成本也就相应高估了利润，不能准确地反映经营者的经营业绩，而经济利润指标还原了收益，使企业的净收益更能真实地揭示经营者的经营业绩，站在股东的角度对企业的经营业绩进行评价。

（3）经济利润更能揭示利润产生的轨迹。经济利润克服了会计利润的局限性，在完整反映企业经济活动的成果时，考虑了各种影响损益的因素，更具有真实性，在经济效益评价方面更加客观，具有一定的现实意义。与会计利润相比，尽管经济利润在许多情况下对一些具体指标不能准确量化，但是，由于经济利润考虑了股权投资的机会成本，消除了传统利润核算无偿耗用股东资本的弊端，把经营者的利益和股东的利益最大限度地结合起来，极大地发挥了企业财务管理目标的导向和核心作用，因此，经济利润是一个更为全面的衡量经济效益的指标。现代企业财务战略的核心是价值管理，而价值管理则是一套以经济利润为核心的分析指标，它包括公司战略制定、组织架构建设和管理流程一套完整的战略性管理体系。可见，经济利润对于企业价值管理和财务战略具有重要意义。

阅读材料 6-1

商场平时为什么不延长营业时间？

春节期间许多大型商场都延长营业时间，为什么平时不延长？现在我们用边际分析理论来解释这个问题。

从理论上说延长 1 小时，就要支付 1 小时所耗费的成本，这种成本既包括直接的物耗，如水、电等，也包括由于延时而需要给售货员的加班费，这种增加的成本就是边际成本。假如延长 1 小时增加的成本是 1 万元（注意这里讲的成本是西方经济学成本概念，包括成本和正常利润），如果在延长的 1 小时里由于卖出商品而增加的收益大于 1 万元，作为一个精明的企业家，他还应该将营业时间在此基础上再延长，因为这时他还有一部分该赚的钱没有赚到手。相反，如果他在延长的 1 小时里增加的成本是 1 万元，增加的收益是不足 1 万元，他在不考虑其他因素的情况下就应该取消延时的经营决定，因为延长 1 小时的成本大于收益。

春节期间，人们有更多的时间去旅游、购物，使商场的收益增加，而平时紧张的工作、繁忙的家务使人们没有更多的时间和精力去购物，即使延时服务也不会有更多的人光顾，增加的销售额不足以抵偿延时所增加的成本。这就能够解释为什么在春节期间延长营业时间而在平时不延长营业时间了。

第二节　短期成本

一、成本函数和时间因素

1. 成本函数

成本作为生产经营中所支付的费用，要随着经营规模的扩大和产量的增加而变化，可

见成本和产量之间有密切的依存关系,即成本随着产量的变动而变动。用来表示这种关系的公式就是成本函数,可以写成

$$C = f(Q) \tag{6-1}$$

式中:C 代表总成本;Q 代表总产量。其含义是总成本是总产量的函数,总产量是自变量,总成本是因变量。将生产函数公式中 $Q = f(L,K)$ 代入后可知

$$C = f(L,K) \tag{6-2}$$

这说明总成本既是总产量的函数,又是生产要素投入量的函数。

2. 成本分析中的时间因素

在成本分析中,一般按考察期限分为短期和长期,划分的标准是厂商能否全部调整生产要素的投入量。

经济学上所说的短期指厂商不能根据它所要达到的产量来调整其全部生产要素的时期。具体来说,这一时期内它只能调整原料、燃料及生产工人数量等生产要素,而不能调整厂房、设备和管理人员这类生产要素。于是成本也就分成相应的可变成本和固定成本。

经济学上所讲的长期是指厂商能够根据所要达到的产量来调整其全部生产要素的时期。厂商不仅可以调整劳动力,而且可以调整所有生产要素投入量,如厂房规模、机器设备等。在短期内,一些支出项目是固定的,不随产量的增加而变动,因而就有所谓固定成本与可变成本的划分。但是在长期中,厂商有充裕的时间,可以根据其所要达到的产量目标来调整一切生产要素,所以一切成本支出都是可以变化的,没有固定成本与可变成本之分。在理解长期成本时有两点需要注意:一是长期成本不是绝对从时间长短来区分的,而是在各种可能实现的生产规模中发生的成本,在长期内,生产者可以选择不同的生产规模来达到不同的产量;二是长期成本不能脱离短期成本而存在,因为长期成本是在生产规模不断扩大的过程中由许多短期成本组合而成的。

短期和长期不仅要涉及时间,而且是生产的一组条件。由于不同行业、不同厂商在技术和规模上的差异,短期和长期的时间长短也相差很大,因此,成本分为短期成本和长期成本。

分析短期成本有以下假定:短期内某生产要素的投入量固定不变;不变要素需和一定的可变要素配合才能发挥作用;可变要素不可以细分,只能按单位量变动。

二、短期成本的类型

短期内由于生产要素可分为固定的和可变的,数量值可分为总量、平均量和边际产量,所以短期成本有七种。

1. 固定成本(FC)

厂商在短期内支付固定生产要素的费用叫固定成本,这是在既定生产规模下的固定开支,并不随着产量的变化而变化,如地租、利息、厂房设备折旧、管理人员薪金等,其公

式为

$$FC = C_0 \quad (C_0 \text{ 是大于零的常数}) \tag{6-3}$$

在坐标图上，固定成本曲线 FC 是一条在纵轴上有一定截距的、平行于横轴的直线，如图 6-1 所示。

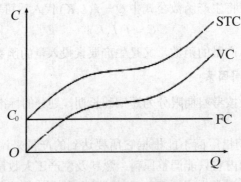

图 6-1 短期成本线

2. 可变成本（VC）

厂商在短期内支付可变生产要素的费用叫做可变成本。可变成本主要有工资、原材料、动力燃料费等项支出。由于可变生产要素的数量随着产量的变化而变化，所以可变成本 VC 也随着产量的变化而变化。可变成本是产量的函数，写成公式为

$$VC = f(Q) \tag{6-4}$$

随着产量的增加可变资本也增加，$VC = f(Q)$ 是增函数。在坐标图上，可变成本曲线 VC 是一条从原点出发，从左下方向右上方上升的曲线。在产量为零时，可变成本为零。

3. 短期总成本（STC）

短期总成本是生产一定数量的产品的成本总额，是固定成本和可变成本之和，即

$$STC = FC + VC = C_0 + f(Q) \tag{6-5}$$

短期总成本随着产量的增加而增加，是产量的增函数。因为短期总成本中的可变成本 VC 是产量的增函数，所以短期总成本曲线 STC 是一条以纵轴截距 C_0（固定成本量）为起点的由左下方向右上方上升的曲线（见图 6-1）。

4. 平均固定成本（AFC）

平均固定成本是每单位产品所均摊的固定成本，其公式为

$$AFC = \frac{FC}{Q} = \frac{C_0}{Q} \tag{6-6}$$

平均固定成本随产量的增加而不断降低，因为既定的固定成本分摊在越来越多的产品上，每单位产品所包括的固定成本必然越来越少。在坐标图上，平均固定成本曲线 AFC 是一条从左上方向右下方倾斜，且越来越贴近横轴又不能与其相交的曲线（见图 6-2）。

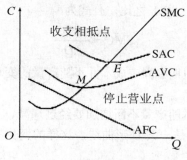

图 6-2 平均固定成本线

5. 平均可变成本（AVC）

平均可变成本是指平均每单位产品所消耗或均摊的可变成本。其公式可写为

$$\text{AVC} = \frac{\text{VC}}{Q}(Q>0) \tag{6-7}$$

西方经济学中，平均可变成本曲线通常为 U 形，先下降后又上升。其确切形状要看单位可变要素的平均产量而定。一般情况下，平均可变成本随着产量的变化而依次经历三个阶段：

第一阶段是平均可变成本递减。当固定要素因为没有最低数量的可变要素相配合，而不能得到充分有效的利用时，随着可变要素增加，固定要素得到充分有效的利用，平均产量上升，产量增加速度超过可变要素增加速度，使平均可变成本下降。

第二阶段是平均可变成本不变。当可变要素增加到一定程度，使固定要素配合充分发挥作用时，在相当范围内，产量增加，可能出现平均产量不变，因而平均可变成本也不变。在这一范围内，平均产量和平均可变成本维持不变的状态。

第三阶段是平均可变成本递增。在生产发展、产量不断增加（厂房设备不变）的情况下，不论什么行业和哪类厂商最终总要出现平均可变成本上升的现象，这是报酬递减规律发生作用的必然结果。

6. 短期平均成本（SAC）

短期平均成本是每单位产品所消耗或均摊的总成本，其公式为

$$\text{SAC} = \frac{\text{STC}}{Q} = \frac{\text{FC}}{Q} + \frac{\text{VC}}{Q} = \text{AFC} + \text{AVC} \tag{6-8}$$

公式说明，短期平均成本是产量的函数。一般情况下，短期平均成本开始会随产量增加而递减，达到最低水平后开始递增。在坐标图上，短期平均成本曲线是一条 U 形曲线，如图 6-2 所示。

短期平均成本曲线呈 U 形的原因和变化情况同平均可变成本相类似，不再重复。

7. 短期边际成本（SMC）

短期边际成本是指产量每增加一单位所带来的短期总成本的增量，即等于短期总成本

增量（ΔSTC）与产量增量（ΔQ）之比，公式为

$$SMC = \frac{\Delta STC}{\Delta Q} \qquad (6-9)$$

这里要引起注意的是，短期中固定成本并不随产量的变动而变动，所以短期边际成本实际上是指可变资本而言的。

一般来说，短期边际成本随产量不断增加要经过递减、不变、递增的过程。在图 6-2 中，短期边际成本曲线 SMC 是一条 U 形曲线，这样的变化特征是由边际产量变动规律决定的。

三、各种短期成本的相互关系

为了便于说明和理解各种短期成本之间的相互关系，假定某厂商短期成本数据如表 6-1 所示，并依据数据绘出各种短期成本曲线，具体各条曲线如图 6-1 和图 6-2 所示。

1. 短期成本表（见表 6-1）

表 6-1　短期成本表

产量 Q (1)	总成本			平均成本			边际成本
	固定成本 FC (2)	可变成本 VC (3)	总成本 STC (4) =(2)+(3)	平均固定成本 AFC (5)=$\frac{(2)}{(1)}$	平均可变成本 AVC (6)=$\frac{(3)}{(1)}$	平均成本 SAC (7)=$\frac{(4)}{(1)}$	SMC (8)=$\frac{\Delta(4)}{\Delta(1)}$
0	300	0	300				
1	300	300	600	300	300	600	300
2	300	400	700	150	200	350	100
3	300	450	750	100	150	250	50
4	300	500	800	75	125	200	50
5	300	580	880	60	116	176	80
6	300	720	1 020	50	120	170	140
7	300	890	1 190	42.9	127.5	170	170
8	300	1 100	1 400	37.5	137.5	175	210
9	300	1 400	1 700	33.3	155.5	188.9	300
10	300	2 300	2 600	30	200	230	600

2. 短期成本曲线比较

从图 6-1 和图 6-2 中，可以清楚地看出各条曲线的特点、形状及相互关系，它们的变化规律如下。

（1）只有固定成本曲线 FC 同横轴平行、不受产量变动的影响，保持某一固定水平。其他六种短期成本都是产量函数，即随产量变化而变化。

(2) 从原点出发的曲线只有可变成本曲线 VC，表示产量是零时可变成本也是零。短期总成本曲线 STC 不从原点出发而从固定成本出发，表示产量为零时只有固定成本。STC 和 VC 平行，距离为固定成本量 C_0，表示二者有相同的变化规律，都向右上方倾斜；由陡峭到比较平坦又到比较陡峭，说明随产量的变化 STC 和 VC 的增加从快到慢再到快。

(3) 一直向右下方倾斜的，只有平均固定成本曲线 AFC，这反映出平均固定成本随着产量的增加而减少。这是因为固定成本总量不变，产量增加，分摊到每一个单位产品上的固定成本也就减少了，随着产量不断增加，平均固定成本一直不断下降。它的变动规律是起初减少的幅度很大，以后减少的幅度越来越小，但永远不会是零，即不能与横轴相交。

(4) U 形曲线有三条：平均可变成本曲线 AVC、短期平均成本曲线 SAC 和短期边际成本曲线 SMC。平均可变成本变动的规律是：起初随着产量的增加，生产要素的效率逐渐得到发挥，因此平均可变资本减少，但产量增加到一定程度后，由于边际收益递减规律而增加。短期平均成本的变动规律是由平均固定成本变动规律和平均可变成本的变动规律共同决定的。当产量增加时，平均固定成本迅速下降，加上平均可变成本也在下降，所以短期平均成本迅速下降。后来，平均固定成本越来越小，它对平均成本的影响力下降，平均成本更多地随着平均可变成本的变动而变动。也就是说，平均成本的变动趋势是：先随着产量的增加而下降，当产量增加到一定程度之后，又随着产量的增加而增加。这三条曲线都是在开始阶段随着产量的增加成本下降，下降到一定程度后又开始上升，但它们的最低点是在不同的产量水平上出现的。随产量增加成本下降到最低点的顺序是：SMC、AVC、SAC。

(5) 短期边际成本曲线 SMC 与短期平均成本曲线 SAC 的最低点相交，即点 E。按它们的定义，短期边际成本最早降到最低点并开始上升，在上升过程中与短期平均成本曲线 SAC 的最低点相交，若 SMC<SAC，SAC 应继续下降，相交以后，SMC>SAC，二者都开始上升。在 E 点时，SMC=SAC，E 点是短期平均成本曲线由下降到上升的转折点，即最低点。E 点在经济学中被称为收支相抵点，这时不存在超额利润，仅获得正常利润，是实现利润最大化的均衡点。

(6) 短期边际成本曲线 SMC 与平均可变成本曲线 AVC 的最低点 M 相交。相交前，SMC<AVC；相交后，SMC>AVC。在 M 点上，SMC=AVC，经济学上称这个点为"停止营业点"，如果价格低于这个点的价格，厂商生产补偿不了可变成本。

第三节　长期总成本

一、长期总成本函数和长期总成本曲线

1. 长期总成本的定义

长期总成本是厂商在长期中在各种产量水平上通过改变生产要素的投入量所能达到的最低总成本。它反映的是理智的生产者在追求利润最大化的驱动下通过改变生产要素的

投入在不同产量点上成本的最低发生额。

2. 长期总成本曲线的推导

(1) 由短期总成本曲线的包络线推出。长期总成本是无数条短期总成本曲线的包络线。在短期内,对于既定的产量(如不同数量的订单),由于生产规模不能调整,厂商只能按较高的总成本来生产既定的产量。但在长期内,厂商可以变动全部的生产要素投入量来调整生产,从而将总成本降至最低。因此,长期总成本是无数条短期总成本曲线的包络线。

如图 6-3 所示,假设长期中只有三种可供选择的生产规模,分别由图中的三条 STC 曲线表示。这三条 STC 曲线都不是从原点出发的,每条 STC 曲线在纵坐标上的截距也不同。从图 6-3 中可以看出,生产规模由小到大依次为 STC_1、STC_2、STC_3。现在假定生产 Q_2 的产量,厂商面临三种选择:第一种是在 STC_1 曲线所代表的较小生产规模下进行生产,相应的总成本在 D 点;第二种是在 STC_2 曲线代表的中等生产规模下生产,相应的总成本在 B 点;第三种是在 STC_3 所代表的较大生产规模下生产,相应的总成本在 E 点。长期中所有的要素都可以调整,因此厂商可以通过对要素的调整选择最优生产规模,以最低的总成本生产每一产量水平。在 D、B、E 三点中,B 点代表的成本水平最低,所以长期中厂商在 STC_2 曲线所代表的生产规模下生产 Q_2 产量,所以 B 点在 LTC 曲线上。这里 B 点是 LTC 曲线与 STC 曲线的切点,表示生产 Q_2 产量的最优规模和最低成本。通过对每一产量水平进行相同的分析,可以找出长期中厂商在每一产量水平上的最优生产规模和最低长期总成本,也就是可以找出无数个类似的 B(如 A、C)点,连接这些点即可得到长期总成本曲线。

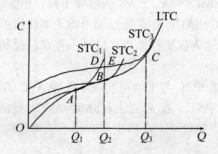

图 6-3 最优生产规模的选择和长期总成本曲线

(2) 由企业的扩展线推出。因为扩展线本身就表示对于既定的产量,使成本最小的两种生产要素最佳组合投入点的轨迹。而"两种生产要素最佳组合投入"就是一个长期的概念。于是,将产量点以及对应于产量点所得到的成本点(可以通过 $w \cdot OB$ 或 $r \cdot OA$ 算出)在坐标系上描出,即可得到长期总成本 LTC 曲线。

说明长期总成本曲线如何从生产扩展线中推导出来的,对理解长期成本的概念很有帮助,如图 6-4 所示。

从前面的分析中可知，生产扩展线上的每一点都是最优生产要素组合，代表长期生产中某一产量的最低总成本投入组合，而且长期总成本又是指长期中各种产量水平上的最低总成本，因此可以从生产扩展线推导长期总成本曲线。

以图 6-4（a）中的 E_1 点为例进行分析。E_1 点生产的产量水平为 50 单位，所应用的要素组合为 E_1 点所代表的劳动与资本的组合，这一组合在总成本线 A_1B_1 上，所以其成本即为 A_1B_1 所表示的成本水平，假设劳动价格为 w，则 E_1 点的成本为 $w \cdot OB_1$。将 E_1 点的产量和成本表示在图 6-4（b）中，即可得到长期总成本曲线上的一点。同样的道理，找出生产扩展线上每一个产量水平的最低总成本，并将其标在图 6-4（b）中，连接这些点即可得到 LTC 曲线。

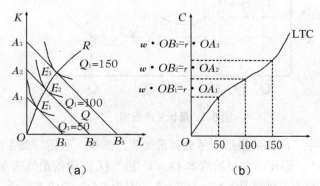

图 6-4　生产扩展线和长期总成本曲线

由此可见，LTC 曲线表示厂商在长期内进行生产的最优生产规模和最低总成本。LTC 曲线相切于与某一产量对应的最小的 STC 曲线，在切点之外，STC 都高于 LTC；LTC 从原点开始，因为不含固定成本；LTC 曲线先递减上升，到一定点后以递增增长率上升。

二、长期平均成本函数与长期平均成本曲线

1. 长期平均成本的含义

长期平均成本（LAC）表示厂商在长期内按产量平均计算的最低总成本。

2. 长期平均成本曲线推导

（1）根据长期总成本曲线的推导。将长期总成本曲线上每一点的长期总成本值除以相应的产量，便得到每一产量点上的长期平均成本值。再把每一产量和相应的长期平均成本值描绘在平面坐标系中，即可得到长期平均成本曲线。

（2）由无数条短期平均成本曲线的包络线画出。长期平均成本是指厂商在长期内按产量平均计算的最低成本，LAC 曲线是 SAC 曲线的包络线。公式为

$$LAC = \frac{LTC}{Q}$$

从上式可以看出，LAC 是 LTC 曲线连接相应点与原点连线的斜率。因此，可以从 LTC 曲线推导出 LAC 曲线。此外根据长期和短期的关系，也可由 SAC 曲线推导出 LAC 曲线。本书主要介绍后一种方法。

假设可供厂商选择的生产规模只有三种，即 SAC_1、SAC_2、SAC_3，如图 6-5 所示，规模大小依次为 SAC_3、SAC_2、SAC_1。

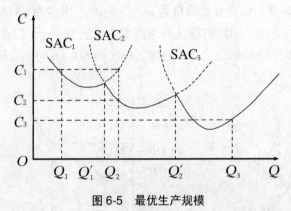

图 6-5　最优生产规模

现在来分析长期中厂商如何根据产量选择最优生产规模。假定厂商生产 Q_1 产量，厂商选择 SAC_1 进行生产。因此，此时的成本 OC_1 是生产 Q_1 产量的最低成本。如果生产 Q_2 产量，可供厂商选择的生产规模是 SAC_1 和 SAC_2，因为 SAC_2 的成本较低，所以厂商会选择 SAC_2 曲线进行生产，其成本为 OC_2。如果生产 Q_3 产量，则厂商会选择 SAC_3 曲线所代表的生产规模进行生产。有时某一种产出水平可以用两种生产规模中的任一种进行生产而产生相同的平均成本。例如，生产 Q_1' 产量，既可以选用 SAC_1 曲线所代表的较小生产规模进行生产，也可以选用 SAC_2 曲线所代表的中等生产规模进行生产，两种生产规模产生相同的生产成本。厂商究竟选哪一种生产规模进行生产，要看长期中产品的销售量是扩张还是收缩。如果产品销售量可能扩张，则应选用 SAC_2 所代表的生产规模；如果产品销售量收缩，则应选用 SAC_1 所代表的生产规模。由此可以得出，只有三种可供选择的生产规模时的 LAC 曲线，即图 6-5 中 SAC 曲线的实线部分。

在理论分析中，常假定存在无数个可供厂商选择的生产规模，从而有无数条 SAC 曲线，于是便得到如图 6-6 所示的长期平均成本曲线，LAC 曲线是无数条 SAC 曲线的包络线。在每一个产量水平上，都有一个 LAC 与 SAC 曲线的切点，切点对应的平均成本就是生产相应的产量水平的最低平均成本，SAC 曲线所代表的生产规模则是生产该产量水平的最优生产规模。

LAC 曲线相切于与某一产量对应的最小的 SAC 曲线，在切点之外 SAC 高于 LAC。LAC 曲线的最低点与某一特定 SAC 曲线的最低点相切，其余的点，LAC 曲线并不切于 SAC 曲线的最低点，而是 LAC 曲线的最低点左侧相切于 SAC 曲线的最低点左侧，LAC 曲线的最低点右侧相切于 SAC 曲线的最低点右侧。

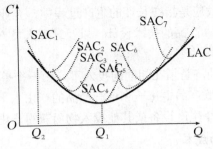

图 6-6　长期平均成本曲线

从前述内容可知，短期内，生产规模不能变动，因而厂商要做到在既定的生产规模下使平均成本降到最低，而长期决策则要在相应的产量下使成本最低，如图 6-6 中的 Q_2 产量水平。虽然从短期看用小的生产规模达到了 SAC_1 的最低点，但是它们仍高于生产这一产出水平的长期平均成本。尽管用 SAC_2 生产这一产量的平均成本不是在 SAC_2 曲线的最低点，但这是生产 Q_2 产量水平的长期最低平均成本。这是因为短期内厂商仍然受到固定投入的限制，不可能使生产要素的组合比例调整到长期最低水平。只有在长期中，厂商才可能对所有投入要素进行调整，从而使它们的组合达到最优，并达到长期平均成本最低点。因此，在其他条件相同的情况下，短期成本要高于长期成本。LAC 曲线先下降后上升（分析同短期成本）。

3. LAC 曲线呈 U 形特征的原因

长期平均成本的 U 形特征是由长期生产中内在的规模经济与不经济所决定的。规模经济是指厂商由于扩大生产规模而使经济效益得到提高，此时产量增加倍数大于成本增加倍数。规模不经济是指厂商由于生产规模扩大而使经济效益下降，此时产量增加倍数小于成本增加倍数。规模经济与规模不经济与生产理论中提到的规模报酬不同，二者的区别在于前者表示在扩大生产规模时成本的变化情况，而且各种要素投入数量增加的比例可能相同也可能不同；而后者表示在扩大生产规模时产量的变化情况，并假定多种要素投入数量增加的比例是相同的。但一般来说，当规模报酬递增时，对应的是规模经济阶段；当规模报酬递减时，对应的是规模不经济的阶段。往往在企业生产规模由小到大的扩张过程中，先出现规模经济，产量增加倍数大于成本增加倍数，因而 LAC 下降；然后再出现规模不经济，产量增加倍数小于成本增加倍数，LAC 上升。由于规模经济与规模不经济的作用，所以 LAC 曲线呈 U 形。此外，外在经济与不经济会影响 LAC 曲线的位置（上、下）。

4. 影响长期平均成本曲线变化的因素

（1）规模经济与规模不经济。规模经济是指由于生产规模扩大而导致长期平均成本下降的情况。规模不经济是指由于企业规模扩大使得管理无效而导致长期成本上升的情况。

（2）外在经济与外在不经济。外在经济是由于厂商的生产活动所依赖的外界环境改善而产生的。外在不经济是指企业生产所依赖的外界环境日益恶化。

（3）学习效应。学习效应是指在长期的生产过程中，企业的工人、技术人员、经理人员等可以积累起产品生产、产品的技术设计，以及管理人员方面的经验，从而导致长期平均成本下降。

（4）范围经济。范围经济是指在相同的投入下，由一个单一的企业生产联产品比多个不同的企业分别生产这些联产品中每一个单一产品的产出水平要高。这是因为这种方式可以通过使多种产品共同分享生产设备或其他投入物而获得产出或成本方面的优势。

5. 不同行业的长期平均成本

以上对长期平均成本的讨论都假设生产要素的价格是不变的。如果考虑到生产要素价格的变动，则各行业长期平均成本变动的特点又有所不同。一般可以根据长期平均成本变动的情况把不同的行业分为三种情况：成本不变、成本递增和成本递减。

（1）成本不变的行业。这种行业中各厂商的长期平均成本不受整个行业产量变化的影响，即无论产量如何变化，长期平均成本是基本不变的。这种行业就是"成本不变的行业"。

形成这些行业成本不变的原因主要有两个：第一，这一行业在经济中所占的比重很小，也就是说，与其他行业相比，它是非常微小的。这样一来，它所需要的生产要素在全部生产要素中所占的比例也很小，从而它的产量的变化不会对生产要素的价格发生影响。因此，这一行业中各厂商的长期平均成本也就不会由于这一行业产量的变动而变动。第二，这一行业所使用的生产要素的种类与数量与其他行业呈反方向变动。例如，其他行业都在增加对资本的使用，减少对劳动的使用，而某一行业却反其道而行之，减少对资本的使用，增加对劳动的使用。这样一来，它的产量的变动也就不会引起生产要素价格的变动，从而保持长期平均成本不变。具有成本不变特点的行业并不多见，一般是一些小商品生产或特殊行业。

（2）成本递增的行业。这种行业中各个厂商的长期平均成本要随整个行业产量的增加而增加。这种行业在经济中属于普遍的情况。形成这些行业成本递增的原因是由于生产要素是有限的，所以整个行业产量的增加就会使生产要素价格上升，从而引起各厂商的长期平均成本增加。这也就是以前所说的"由于外部因素，一个行业扩大给一个厂商所带来的'外在不经济'"。这种情况在以自然资源为主要生产要素的行业，如农业、渔业、矿业中更为突出。

（3）成本递减的行业。这种行业中各个厂商的长期平均成本要随整个行业产量的增加而减少。这也就是以前说过的规模经济中的外在经济。形成这种行业成本递减的原因是，外在经济对这种行业特别重要。例如，在同一地区建立若干汽车制造厂，各厂商就会由于在交通、辅助服务等方面的节约而产生成本递减。但是，应该特别指出的是，这种成本递减的现象只是在一定时期内存在。由于在长期中，外在经济必然会变为外在不经济，因此，一个行业内的成本递减无法长期维持下去。

三、长期边际成本函数和长期边际成本曲线

1. 长期边际成本的定义

长期边际成本是指长期中增加一单位产量所增加的最低总成本。公式为

$$LMC = \frac{\Delta LTC}{\Delta Q} \qquad (6\text{-}10)$$

当 $\Delta Q \to 0$ 时，则

$$LMC = \lim_{\Delta Q \to 0} \frac{\Delta LTC}{\Delta Q} = \frac{dLTC}{dQ} \qquad (6\text{-}11)$$

2. 长期边际成本曲线的推导

（1）由长期总成本曲线求导、描点得出。

从式（6-11）可以看出 LMC 是 LTC 曲线上相应点的斜率。因此，可以从 LTC 曲线推导出 LMC 曲线。

（2）由短期边际成本曲线求出。

由长期总成本曲线是短期总成本曲线的包络线推出：对应于某一产量点，短期总成本曲线的包络线的长期总成本曲线每一点上两条曲线相切，该点的斜率相等，即 LMC=SMC。将每一产量点上对应的 SMC 计算出来，再用一条平滑的曲线连起来，便得到一条光滑的曲线，即为长期边际成本 LMC 曲线。

3. 长期边际成本曲线的形状

长期边际成本曲线呈 U 形，它与长期平均成本曲线相交于长期平均成本曲线的最低点，如图 6-7 所示。

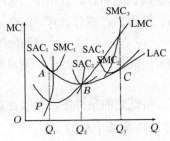

图 6-7 长期边际成本曲线与短期成本曲线

 阅读材料 6-2

旅行社在旅游淡季如何经营

某旅行社在旅游淡季打出从天津到北京世界公园 1 日游 38 元（包括汽车和门票），我的一位朋友不信，认为是旅行社的促销手段。一日他跟我提起这件事，问我："真的会这么便宜吗？38 元连世界公园的门票都不够。"我给他分析："这是真的，因为旅行社在淡季游客不足，而旅行社的大客车、工作人员这些生产要素是不变的，一个游客都没有，汽车的折旧费、工作人员的工资等固定费用也要支出。任何一个企业的生产经营都有长期与短期之分，从长期看如果收益大于成本就可以生产，更何况就是 38 元票价旅行社也还是有钱赚的。我们给他算一笔账，一个旅行社的大客车载客 50 人，共 1 900 元，高速公路费和汽油费假定是 500 元，门票价

格每人 10 元共 500 元，旅行社净赚 900 元。在短期内，不经营也要损失固定成本的支出，因此只要收益弥补可变成本，就可以维持下去。换个说法，每位乘客支付费用等于平均可变成本就可以经营。另外，公园在淡季门票打折，团体票也会打折都是这个道理。"

第四节 收益和利润最大化

在市场上，消费者购买商品与劳务的消费支出就是生产者的销售收入或收益，厂商要比较付出的成本和得到的收益来决定生产规模，从成本和收益的变化，确定出最佳的生产规模和产量，以实现利润最大化。

一、收益的概念

收益是指生产者销售商品或劳务所获得的收入。收益可分为总收益、平均收益和边际收益。

1. 总收益（TR）

总收益是指厂商生产并销售一定数量商品和劳务的收入总额或销售的全部收入。假如厂商生产多种多样的商品，那么总收益就是每种商品的卖价（用 P 表示），与每种商品销售数量的乘积的加总。若用 $P_1, P_2, P_3, \cdots, P_n$ 表示每种商品的销售价，$Q_1, Q_2, Q_3, \cdots, Q_n$ 表示每种商品的销售量，则有公式

$$TR = P_1 Q_1 + P_2 Q_2 + P_3 Q_3 + \cdots + P_n Q_n$$

如果厂商生产一种产品，则总收益为价格和销售量的乘积，即

$$TR = P \cdot Q \tag{6-12}$$

在价格既定的条件下，总收益是销售量的递增函数。

2. 平均收益（AR）

平均收益是厂商出售一定数量的商品时，出售每单位商品所得到的平均收入也就是平均每单位商品的价格，等于总收益与销售量之比，公式为

$$AR = TR/Q = P \tag{6-13}$$

平均收益就是单位商品的售价。

3. 边际收益（MR）

边际收益是厂商增加销售一单位商品而获得的总收益的增量，即最后一单位商品的卖价。

如果用 ΔTR 代表总收益的增量，ΔQ 表示产量的增量，则 $MR = \Delta TR / \Delta Q$。

4. 收益和产量

在价格既定的条件下，收益是商品销售量的函数，如果厂商顺利地出售自己的商品，

销售量就等于产量。

生产理论说明，总产量、平均产量和边际产量是以实物计量的产量形式，销售价格若都是 P，那么以价值形式对应的总收益、平均收益和边际收益就可以表示为

$$总收益=总产量\times 价格 \quad TR=TP \cdot P$$
$$平均收益=平均产量\times 价格 \quad AR=AP \cdot P$$
$$边际收益=边际产量\times 价格 \quad MR=MP \cdot P$$

5. 总收益、平均收益和边际收益曲线

总收益函数 $TR=f(Q)$ 表明，总收益是随产量（或销售量）的变化而变化的。总收益变化规律是随着产量的增加，总收益开始时递增，接着升到最高或达到极大值，然后开始递减，在图 6-8（b）中总收益是一条倒 U 形曲线。

平均收益等同于商品卖价或价格，则厂商的平均收益函数与它的需求函数是同一函数，平均收益曲线与需求曲线为同一条向右下方倾斜的线。如图 6-8（a）所示，平均收益曲线可看作是在不同价格下的销售量，即生产者的销售曲线；从消费者角度可看作是在不同价格下的购买量，即产品的需求曲线。因此，生产者的平均收益曲线、生产者的销售曲线、消费者的需求曲线是同一含义和同一曲线。

边际收益曲线（MR）如图 6-8（a）所示，随产量或销售量的增加是递减的，且下降速度比平均收益曲线要快。为什么边际收益水平小于平均收益呢？根据定义，边际收益是每增加销售一单位商品引起总收益的增量。根据需求定理，把增加的商品要能卖出去，全部商品的价格必须降低。于是，在计算边际收益时，必须从最后一单位新增商品的销售收益中，减去以前各单位商品由于降价而损失的部分，因而边际收益总是低于平均收益。

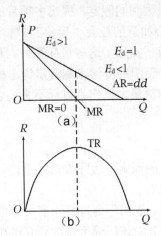

图 6-8　总收益、平均收益和边际收益线

二、厂商的目标

在社会经济活动领域，作为市场主体的厂商从事生产经营的目标是什么？对这个问题

的回答是多种多样的。

长期以来,在经济学界被普遍接受的观点是:厂商的目标就是追求最大利润或实现利润最大化。如果从事生产经营的厂商不能获得利润,生产就不会继续进行下去。因此,一般来说,利润是厂商行为的动机和目的。因此,在经济学理论考察分析中假定厂商的目标是利润最大化。

在西方经济学中,利润中的正常利润包括在成本之中,是企业家应得的报酬。一般来说,利润额被看作是总收益 TR 和总成本 TC 之差,公式为

$$利润=总收益-总成本$$

如果用 π 来表示利润,上式可写为

$$\pi=TR-TC$$

若 TR>TC,则 $\pi>0$,厂商获得超额利润;若 TR=TC,则 $\pi=0$,厂商只获得正常利润,这时参与生产的每个要素都得到了应有的报酬;若 TR<TC,则 $\pi<0$,厂商处于亏损状态。因为总收益和总成本都是销售量的函数,利润也必然是销售量的函数,因此,上式可写为

$$\pi=R(Q)-C(Q)$$

这就是厂商的目标函数,厂商的目的是追求利润最大化。

在第二次世界大战后,特别是 20 世纪五六十年代,西方经济学家对利润最大化的目标提出了许多不同的观点,主要有以下三个。

第一,"令人满意的"行为假定。厂商的目的是获得令人满意的利润,而不是最大利润。该观点认为行动的动机在于需要,需要得到了满足就行了。不过,很多经济学家对令人满意的利润标准争论不休,而且运用起来含糊易变。

第二,多种目的。围绕着最大利润假定,提出多项目的:保持或增加市场份额,为增长而增长,创造或保持一种称心如意的社会"形象",履行社会责任,保持一种满意的财务状况,建立良好的劳资关系等。实际上这些目标和最大利润是不能分开的。

第三,销售额最大化假设。美国经济学家鲍莫尔提出模型,是把利润限制在股东所能接受的必需的最低水平,以销售额最大化作为目标不去追求利润最大化。

三、利润最大化的条件

在经济分析中,利润最大化的原则是边际收益等于边际成本。为什么在边际收益等于边际成本时能实现利润最大化呢?

如果边际收益大于边际成本,表明厂商每多生产一单位产品所增加的收益大于生产这一单位产品所增加的成本。这时,对该厂商来说,还有潜在的利润没有得到,厂商增加生产是有利的,也就是说没有达到利润最大化。

如果边际收益小于边际成本,表明厂商每多生产一单位产品所增加的收益小于生产这一单位所增加的成本。这对该厂商来说就会造成亏损,更谈不上利润最大化了,因此厂商必然要减少产量。

无论是边际收益大于边际成本还是小于边际成本,厂商都要调整其产量,说明这两种情况下都没有实现利润最大化。只有在边际收益等于边际成本时,厂商才不会调整产量,即实现了利润最大化。厂商对利润的追求要受到市场条件的限制,不可能实现无限大的利润。因此,利润最大化的条件就是边际收益等于边际成本。用公式表示为

$$MR=MC$$

阅读材料6-3

全球每四个微波炉就有一台格兰仕

格兰仕的微波炉,在国内已达到70%的市场占有率,在国外已达到35%的市场占有率。格兰仕的成功就运用规模经济的理论的结果,即某种产品的生产,只有达到一定的规模时,才能取得较好的效益。微波炉生产的最小经济规模为100万台。早在1996—1997年间,格兰仕就达到了这一规模。随后,规模每上一个台阶,生产成本就下降一个台阶。这就为企业的产品降价提供了条件。格兰仕的做法是,当生产规模达到100万台时,将出厂价定在规模80万台企业的成本价以下;当规模达到400万台时,将出厂价又调到规模为200万台的企业的成本价以下;而现在规模达到1 000万台以上时,又把出厂价降到规模为500万台企业的成本价以下。这种在成本下降的基础上所进行的降价,是一种合理的降价。降价的结果是将价格平衡点以下的企业一次又一次大规模淘汰,使行业的集中度不断提高,使行业的规模经济水平不断提高,由此带动整个行业社会必要劳动时间不断下降,进而带来整个行业的成本不断下降。成本低价格必然就低,降价最大的受益者是广大消费者。从1993年格兰仕进入微波炉行业到现在的10年之内,微波炉的价格由每台3 000元以上降到每台300元左右,下降了90%以上,这不能不说是格兰仕的功劳,不能不说是格兰仕对中国广大消费者的巨大贡献。

本章小结

企业的生产成本可以分为显性成本和隐性成本两部分。显性成本是在生产要素市场购买生产要素时,厂商根据合同支付给生产要素所有者的费用。隐性成本是生产者使用自己提供的那一部分生产要素,作为报酬而应支付的费用。西方经济学中还要区分经济利润和会计利润。企业的经济利润是指企业的总收益和总成本之间的差额,简称企业的利润。会计利润是企业在一定时期的经营成果。

成本理论以生产理论为基础,无论是短期成本函数还是长期成本函数,都是产量的函数。短期成本有七种:总成本、固定成本、可变成本、平均成本、平均固定成本、平均可变成本、边际成本。在理解七条短期成本曲线各自的特征及其相互关系时,关键是抓住短期生产的基本规律,即边际报酬递减规律。长期成本有三种,即长期总成本、长期平均成本、长期边际成本。其中长期边际成本曲线可以由短期边际成本曲线推导得出。

收益是厂商销售一定量产品所得到的全部收入。厂商收益可以分为总收益、平均收益和边际收益。平均收益是企业平均每单位产品的销售所获得的收益。边际收益是指企业增加一单位产品的销售所增加

的收益。厂商的目标是追求利润最大化，所以必须遵循两个规则：损失最小化和利润最大化。

课后习题

一、名词解释

机会成本　　显性成本　　隐性成本　　经济利润　　会计利润　　不变成本　　可变成本　　总成本　　平均成本　　边际成本

二、简答题

1．某人决定暑假去参加一个计算机培训班，这样他就不能去打工赚 2 000 元。参加这个培训班学费 2 000 元，书本费 200 元，生活费 1 400 元。参加这个培训班的机会成本是多少？

2．为什么 SAC 的最低点一定在 AVC 的最低点的右侧？

3．说明 AVC 和 APL、MC 和 MPL 之间的关系？

4．说明 AC、AVC 和 MC 之间的关系。

5．短期平均成本曲线和长期平均成本曲线都呈 U 形，请解释它们呈 U 形的原因有什么不同。

三、计算题

1．假定某企业的短期成本函数是 $TC = Q^3 - 10Q^2 + 17Q + 66$，求：

（1）指出该成本函数中的可变成本部分和固定成本部分。

（2）写出下列函数：TVC、AC、AVC、AFC、MC。

2．已知某企业的短期总成本函数是 $STC = 0.04Q^3 - 0.8Q^2 + 10Q + 5$，求最小的平均可变成本值。

3．一个企业每周生产 100 单位产品，成本状况如下：机器 200 元，原料 500 元，抵押租金 400 元，保险费 50 元，工资 750 元，废料处理费 100 元。求企业总固定成本和平均可变成本。

4．假设某厂商的边际成本函数 $MC = 3Q^2 - 30Q + 100$，且生产 10 单位产量时的总成本为 1 000。

（1）固定成本的值。

（2）写出下列函数：总成本函数、总可变成本函数，以及平均成本函数、平均可变成本函数。

5．假定一企业的平均成本函数 $AC = (160/Q) + 5 - 3Q + 2Q^2$，求边际成本函数。

6．若某企业短期总成本函数为 $STC = 1\,200 + 240Q - 4Q^2 + (1/3)Q^3$。问：

（1）当 SMC 达到最小值时，它的产量为多少？

（2）当 AVC 达到最小值时，它的产量是多少？

第七章 市场结构与市场效率

 学习目标

通过本章的学习,理解完全竞争、垄断、垄断竞争和寡头情况下厂商的产量和价格决策,理解为什么垄断者会进行价格歧视,理解为什么寡头市场有多个模型和最常见模型中的寡头行为,掌握博弈论的基本概念及其应用。

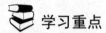 学习重点

(1)市场结构分类;
(2)完全竞争厂商的产量和价格决策;
(3)垄断者的产量和价格决策;
(4)垄断竞争情况下厂商的行为;
(5)博弈论的基本概念及应用。

 学习难点

完全竞争均衡的条件　　不完全竞争的价格实践

 引导案例

20世纪70年代,石油输出国组织(OPEC)的成员决定提高世界石油价格,以增加它们的收入。这些国家通过共同减少它们提供的石油产量而实现了这个目标。从1973年到1974年,石油价格上升了50%以上。几年之后欧佩克又一次合作,1979年石油价格上升了14%,随后1980年上升了34%,1981年又上升了34%。但是欧佩克发现维持高价格是困难的。从1982年到1985年,石油价格连续每年下降10%左右。1986年,欧佩克成员国之间的合作完全破裂了,石油价格猛跌了45%。这个事件表明,供给和需求在短期与长期中的状况是不同的。

第一节　市场结构分类

在市场经济的研究中,市场结构是一个很重要的概念,市场结构的不同会造成企业的行为、获得利润的多少、运行效率高低等方面有很大差异。

一、市场结构的含义

市场结构是指企业与市场关系的特征和形式。主要有以下几种市场关系:
(1) 卖方(企业)之间的关系。
(2) 买方(企业或消费者)之间的关系。
(3) 买卖双方的关系。
(4) 市场内现有的卖方、买方与正在进入或可能进入该市场的卖方、买方之间的关系。

从根本上说,市场结构是反映市场竞争和垄断关系的一个指标。

二、划分市场结构的主要依据

1. 本行业内部的生产者数目或企业数目

如果本行业只有一家企业,那就可以划分为完全垄断市场;如果只有少数几家大企业,那就属于寡头垄断市场;如果企业数目很多,则可以划入完全竞争市场或垄断竞争市场。一个行业内企业数目越多,其竞争程度就越激烈;反之,一个行业内企业数目越少,其垄断程度就越高。

2. 本行业内各企业生产者的产品差别程度

这是区分垄断竞争市场和完全竞争市场的主要方式。

3. 进入障碍的大小

所谓进入障碍,是指一个新企业要进入某一行业所遇到的阻力,也可以说是资源流动的难易程度。一个行业的进入障碍越小,其竞争程度越高;反之,一个行业的进入障碍越大,其垄断程度就越高。

根据这三个方面因素的不同特点,市场可以划分为完全竞争市场、垄断竞争市场、寡头垄断市场和完全垄断市场四种市场类型。

在四种市场结构中,完全竞争市场竞争最为充分,完全垄断市场不存在竞争,垄断竞争市场和寡头垄断市场具有竞争但竞争不充分。四种市场结构的特点比较如表7-1所示。

表7-1 四种市场结构的特点比较

市场类型	厂商数目	产品差别	对价格的控制程度	进出一个行业的难易程度	接近的商品市场
完全竞争	很多	完全无差别	没有	很容易	一些农产品,如玉米、小麦
垄断竞争	很多	有差别	有一些	比较容易	一些轻工业品,如服装、食品
寡头垄断	几个	有差别或无差别	相当程度	比较困难	汽车、石油
完全垄断	唯一	唯一的产品,且无相近的替代品	很大程度但常受管制	很困难,几乎不可能	公用事业,如水、电

第二节　完全竞争条件下的企业行为模式

在这种市场上，不存在任何垄断因素，竞争可以充分展开，市场机制在资源配置方面的作用不受任何阻碍和干扰。

一、完全竞争市场的特征

1. 有很多小规模的买者和卖者

在有很多小规模厂商的情况下，每个厂商的产量相对于整个市场来说很小，其产量变动不会显著影响市场价格。此外，当厂商的个数很多时，厂商也不大可能联合起来控制产量和操纵价格。这是因为当厂商个数很多时，厂商很难就产量配额达成协议，而且很难监督各厂商是否履行产量配额协议。

2. 产品同质

这意味着，不同厂商提供的产品没有任何差别。它们就像同一条流水线生产出来的乒乓球一样难以区别。同质的产品还意味着地点和服务质量等也相同。这就消除了质量差异所造成的价格差异。

3. 进出市场自由或资源自由流动

资源自由流动意味着不存在人为的进入或退出一个行业的障碍，但并不意味着每个人都有能力进入该行业。建造生产设施和形成生产能力需要时间，因此在短期内，存在进入或退出一个行业的障碍。但在长期内，不存在这样的障碍。这进一步保证了在一个行业中现有的厂商更难以通过统一限制产量来操纵价格。例如，设想一个城市现有100家面包房。假如他们把价格提高到有较高利润的水平，那么其他人就会加入面包制造商的行列。这些新来者不受价格协议的限制召集起来达成减产和提高价格的协议也许是可能的，虽然这样做的成本很高。但是在无法阻止其他人进入这个行业的情况下，他们的计划不可能成功。这是因为以略微低一些的价格出售同质的面包，会使原来的生产者无法坚持原来的价格。

4. 信息是完全的

完全信息的意思是，市场上的每个买卖者都十分清楚产品的质量和各个卖者的要价。在这种情况下，任何一个厂商都不会因为自己的无知而收取较高或较低的价格，也无法利用消费者的无知来收取较高或较低的价格。在这种情况下，任何一个厂商都无须做广告，也不需要做其他促销活动。总之，忽略运输成本，整个市场上只有一个统一的价格。我们可以看到，完全竞争的市场结构只是对现实世界的高度抽象，是一个理想的模型。它的主要作用在于为现实世界中的各种市场结构提供一个可以进行比较的参照系，用于判断资源配置的效率状况。在完全竞争条件下，只要企业追求最大利润，从长期看，不仅企业生产效率能够达到最高，而且资源在各种产品之间的分配也是最优的。

二、企业行为模式

1. 竞争厂商的边际收益

单个竞争厂商是价格接受者，即价格与他的产量无关。因此，当他的产量每增加1单位时，其收益的增加（即边际收益）正好等于市场价格。例如，当一种产品的市场价格等于10元时，一个竞争厂商的产量每增加1单位，其收益就增加10元。因此

$$MR=P$$

如图7-1所示，市场供求决定价格，对于单个厂商来说，价格是常数，不随其产量增加而变化，所以其边际收益线是一条水平直线。

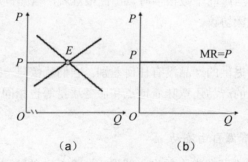

图 7-1 完全竞争厂商的边际收益线

经济学家构造完全竞争市场模型的目的是使单个厂商成为价格接受者。完全竞争的条件包括：很多小规模生产者、产品同质、资源自由流动和完全信息。价格接受者的边际收益等于价格，其边际收益线是一条水平的直线，就是价格线。

2. 厂商的短期产量决策

（1）最优产量。利润最大化的一般条件是 MR=MC。短期内，利润最大化的条件是 MR=SMC。如图7-2所示，当市场价格为 P 时，竞争厂商的边际收益等于价格。另外，根据第六章的讨论，典型的短期边际成本线是图中的 SMC。与两者的交点 E 相应的产量 Q^* 是最优产量。

【例 7-1】假设竞争厂商的边际成本函数为 $SMC=0.4Q-12$，市场价格 $P=20$，且已知生产10件产品的成本为100。求利润最大时的产量。

解：令有利润最大化条件 MC=MR=P，得

$$0.4Q-12=20$$

解方程得，最优产量为

$$Q^*=80$$

（2）盈亏情况。要说明单个厂商的盈亏情况，我们必须把厂商的平均总成本曲线画出来。如图 7-3 所示，给定价格 P，典型厂商的最优产量是 Q^*，相应的总收益等于价格 P 乘以产量 Q^*，是图中矩形 $OPEQ^*$ 的面积。总成本等于平均总成本 SAC 乘以产量 Q，是图中矩形 ABQ^*O 的面积。因此，厂商获得图中阴影区域所代表的正的经济利润。

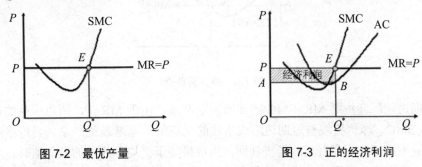

图 7-2　最优产量　　　　图 7-3　正的经济利润

如图 7-4 所示，当价格低于平均总成本时，按照 MR=SMC 所决定的产量，厂商有经济亏损。

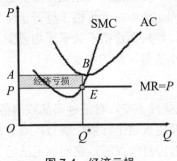

图 7-4　经济亏损

当价格正好等于平均总成本的最小值点时，厂商的经济利润为零。

亏损的产量怎么会是最优产量呢？这是因为在短期内有固定设施和固定成本。如果厂商停产，那么他的亏损等于全部固定成本。因此，在短期内，只要亏损不超过固定成本，厂商就会坚持生产，相应的产量是亏损最小化的产量。

如图 7-5 所示，当价格正好等于平均可变成本的最小值时，每单位产品带来的收益正好弥补一单位产品所需材料和劳动服务等可变成本，厂商的总收益正好等于总可变成本，即 TR=VC，其亏损额等于固定成本。不难理解，当价格低于平均可变成本时，每单位产品带来的收益小于平均可变成本，厂商的总收益小于总可变成本，其亏损大于固定成本。当价格高于平均可变成本的最小值时，每单位产品带来的收益大于单位可变成本，厂商的总收益大于总可变成本，其亏损小于固定成本。总之，在短期内，停产情况下的亏损额等于固定成本，所以只要价格不低于平均可变成本，厂商就会坚持生产；当价格低于平均可变成本时，厂商就会停产，所以平均可变成本的最小值点是厂商的停业点。

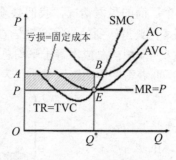

图 7-5 停业营业点

在短期内，厂商按照 MR=SMC 的准则决定产量。由于 MR=P，所以厂商的决策准则变成了 P=SMC，即价格线与短期边际成本线的交点的产量是最优产量。当价格高于平均总成本的最小值时，厂商有正的经济利润；当价格等于平均总成本的最小值时，厂商有零经济利润；当价格低于平均总成本的最小值时，厂商有经济亏损即负的经济利润。在短期内，正的经济利润存在是因为其他厂商来不及进入这个行业。经济亏损情况下的产量也可以是最优产量，因为短期内现有厂商无法马上退出这个行业。不过，厂商能够忍受的亏损不大于停产情况下的亏损，即固定成本。当价格正好等于平均可变成本的最小值时，厂商的亏损正好等于固定成本。因此，只要价格不低于平均可变成本的最小值，厂商就会暂时坚持生产。平均可变成本的最小值是厂商的停业点。

3. 竞争市场的长期均衡

（1）零利润原理。当其他条件不变，对某种商品或服务的需求增加时，其价格上升。在短期内，由于其他厂商来不及进入这个行业，现有厂商有正的利润；相反，当价格因某种原因而下降，使得现有厂商有经济亏损时，它们也无法马上退出这个行业，在价格不低于平均可变成本的情况下，他们会暂时继续生产。

但是，在长期内，正的经济利润会吸引其他厂商进入这个行业，这个行业中的厂商个数增加，供给增加，从而使价格下降、利润减少并趋于消失；相反，亏损使一些厂商退出这个行业，这个行业中的厂商个数减少，供给减少，从而使价格上升、亏损减少并最终消失。因此，竞争行业的长期均衡状态是零利润。

如图 7-6 所示，在竞争行业的长期均衡状态，典型厂商最终调整到其长期平均成本等于市场价格的零经济利润状态。根据长期成本线和短期成本线之间的关系，这个状态也意味着厂商选择了短期平均成本最小的设施，即用恰当的设施生产最优的产量。在长期均衡状态有

$$P=MR=LMC=SMC=LAC=SAC$$

（2）完全竞争市场的优点。完全竞争的市场是西方主流经济学家心目中理想的市场结构。当经济学家歌颂市场经济时，他们心目中的市场是竞争的市场。

在完全竞争的市场中，价格和产量由需求和供给决定。需求的背后是消费者的效用最

大化,供给的背后是厂商的利润最大化。分散的、独立自主的个人最优选择所形成的资源配置机制有如下特征:

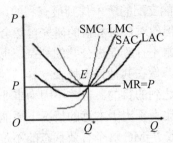

图 7-6　典型厂商的长期均衡状态

第一,产品价格低。这并不是说竞争市场中的价格绝对低,而是相对于典型厂商的成本来说,价格接近于成本。正如上面的分析所表明的那样,从长期趋势看,竞争市场中的价格等于平均成本最小值。

第二,生产有效率。一是厂商会采用最节约的生产方式。正如我们在第五章中说明的那样,对于任意给定的产量,厂商会选择成本最小化的生产要素组合。二是典型厂商的产量是长期平均成本最小的产量。这意味着典型厂商选择了恰当的设备,而且设备的设计能力得到了充分利用。

第三,经济利润为零。零利润意味着一定意义上的收入分配平等,即同质的资源在不同行业中得到的报酬均衡。具体来说,这意味着不同行业中的司机、清洁工、会计、管道工等的报酬相同;用于生产苹果的土地和用于生产橘子的土地的报酬(租金)相同;风险相同的情况下,投入不同行业的资金的报酬率相同。

第四,资源配置有效率。我们在第二章里说明了需求线和供给线的交点所决定的价格和数量意味着消费者剩余和生产者剩余之和最大。这里的讨论可以使我们换个角度来说明竞争市场的有效性。

在完全竞争市场的长期均衡状态下,有

$$P=MC$$

其中,价格 P 是消费者用货币量表达的对 1 单位这种产品的评价,反映消费者对这种产品的需要的迫切程度;边际成本 MC 反映的是消费者对其他产品的评价,是消费者对其他产品的需要的迫切程度。例如,假设我们研究的是苹果市场,那么 P 反映的是消费者对 1 筐苹果的需要的迫切程度。由于资源是稀缺的,多生产 1 筐苹果,就必须少生产其他产品,如橘子。因此,从整个社会的角度看多生产 1 筐苹果的成本是因此而少生产的橘子的价值,即消费者愿意为这些资源本来可以生产的橘子支付的数额。因此,当 $P>MC$ 时,一方面,表明消费者相对来说更迫切需要苹果;另一方面,追求利润的企业家也将因为多生产苹果而得到奖励。当 $P<MC$ 时,表明消费者相对来说更迫切需要橘子,多生产苹果的企业家将受到惩罚。当 $P=MC$ 时,消费者对不同产品的需要达到了平衡,即没有机会把一单

位资源从现有用途转移到更为重要的用途。

更为重要的是，消费者的需要与生产者对利润的追求是和谐的。正如斯密所说："每个人都不断地努力为他自己所能支配的资本找到最有利的用途。固然，他所考虑的不是社会的利益而是他自身的利益，但他对自身利益的研究自然会或者必然会引导他选定最有利于社会的用途……确实，他通常不打算促进公共的利益，也不知道他自己在多大程度上促进公共的利益……在这种场合，像在其他许多场合一样，他受到一只看不见的手的指导，去尽力达到一个并非他本意要达到的目的。也并不因为事非出于本意，就对社会有害。他追求自己的利益，往往能使他比真正出于本意的情况下更能促进社会的利益。"

用现代经济学术语说，导致 $P=MC$ 这个有效状态的不是厂商的慈善，而是他们对利润的追求。本来厂商想要实现的是个人利润最大化，即

$$MR=MC$$

然而，竞争使

$$MR=P$$

从而，竞争厂商按照

$$P=MC$$

决定产量。这是消费者最迫切需要得到满足的状态，是追求利润最大化的厂商无意却趋于实现的状态。

第五，竞争促进创新。现实中，厂商会尽其所能以各种方式为消费者提供更好的产品和服务。他们争相发明出能吸引消费者的新产品，或改进产品的质量；他们采用新材料，以降低成本和价格，或者提高产品质量；他们发明出各种方便消费者的措施。为了生存，为了更多的利润，厂商们保持着高度的警觉，唯恐错失为消费者提供更好的产品和服务的机会。一次成功的创新，只能给创新者带来短暂的好时光，接着是大量模仿者，产量迅速增加，产品质量普遍提高或价格普遍下降，结果是消费者受益。

阅读材料 7-1

大型养鸡场为什么赔钱？

为了实现市长保证"菜篮子"的承诺，许多大城市都由政府投资修建了大型养鸡场，结果这些鸡场在市场上反而竞争不过农民，往往赔钱者多。这里的奥妙何在呢？

从经济学的角度看，这首先在于鸡蛋市场的市场结构。我们知道，鸡蛋市场有三个显著特点：第一，市场上买者与卖者很多，即使是一个大型养鸡场在市场上所占的份额也是微不足道的，难以通过产量控制价格。用经济学的术语说，每家企业都是价格接受者。第二，鸡蛋是无差别产品，企业不能用产品差别形成垄断力量。第三，自由进入与退出。这三个特点决定了鸡蛋市场是一个完全竞争市场。

大型养鸡场的不利之处正在于这种调节能力小。我们知道，在短期中，养鸡的成本分为固

定成本（鸡舍等支出）和可变成本（鸡饲料、劳动等）。在短期中，如果价格低于平均总成本，企业就要亏本，但只要高于平均可变成本就可以维持生产。大型养鸡场的固定成本远远高于农民。当价格低时，农民由于固定成本低，甚至可以不计劳动成本，只要能弥补饲料成本就可以维持生产，而此时大型养鸡场要支付高额的固定成本，必然难以经营或大量亏损由政府补贴。当价格高时，许多农民会迅速进入养鸡行业，大型养鸡场则难以迅速扩大。农民迅速进入使短暂的盈利机会消失，大型养鸡场则难以利用这个机会。船小好调头，养鸡市场上的农民就是如此。在长期中，鸡蛋市场均衡价格等于农民的生产成本加正常利润，而这一价格低于大型鸡场的总成本，因此，大型养鸡场必然要亏损了。

第三节　完全垄断市场的厂商均衡

一、完全垄断的定义与形成原因

1. 完全垄断的定义

完全垄断又称垄断或独占，是指整个行业的市场完全处于一家厂商所控制的状态，即一家厂商控制了某种产品的市场。

在理解完全垄断时要注意两个方面：一是完全垄断市场只有一家厂商，没有第二家，即"独此一家，别无分店"；二是完全垄断是经济中的一种极端情况。假定在烈日炎炎的沙漠中，仅有一家冷饮店，饥渴的过客只能也必须从此店买到一瓶救命的冰水。这时我们就可以说，在茫茫沙漠之中，这家冷饮店就处于完全垄断的状态。当然，在现实经济生活中，很少有这样的特例，任何行业也不能真正地实现一个厂商"独步天下"的局面。

完全垄断市场的特点如下：

其一，厂商即行业或产业。完全垄断市场只有一家厂商，控制整个行业的商品供给，行业或产业就是厂商，因此，厂商与行业合而为一。

其二，供给不能替代的商品。完全垄断厂商提供的商品没有相类似的替代品，需求交叉弹性为零，不受竞争威胁。

其三，新厂商不能进入。完全垄断市场上不存在竞争者，完全垄断厂商通过对价格或原料的有效控制，任何新厂商都不能进入这个行业。

其四，独自定价并实行差别价格。完全垄断厂商不但控制商品供给量，而且还控制商品价格，是价格制定者，可使用各种手段定价，保持垄断地位。完全垄断厂商还可以依据不同的销售条件，实行差别价格来获取更多的超额利润。

理解和认识完全垄断市场应注意以下两点：

第一，完全垄断行业并非活动于"真空"地带。在复杂的社会经济活动中，各种商品和劳务之间都存在竞争或存在潜在竞争，这对完全垄断厂商有制约作用，不能把价格定得过高而失去或缩小市场。

第二，完全垄断厂商的最基本特点是对某种供给的控制。在现实经济生活中，绝大多数商品都有一定的替代性，纯粹垄断是罕见的。如果在某个市场上，一个厂商能排斥他人，控制这种商品的供给，进而又能控制价格，就应该认为这是垄断厂商。例如，由政府控制的行业或特许的行业，都是垄断行业或市场。

2. 垄断产生的原因

在社会经济领域，垄断的产生是一个很复杂的问题，有各种各样的论述和分析，可归纳为两个方面。

（1）法定或人为垄断。任何社会都不能没有政府或国家对经济活动的管理和调节，为某种需要批准某一厂商生产某种产品而形成垄断。

第一，政府法律、法令规定，特许某个别厂商在某种商品生产或经营上垄断。例如，许多国家政府对铁路、电信、供水、供电等公用事业的完全垄断。又如，烟酒的专营专卖，麻醉药品的生产与销售，武器弹药的生产、销售及管理。例如，英国历史上的东印度公司就曾经由于英政府的特许而垄断了对东方的贸易。

第二，专利发明权。由于厂商具有生产某商品独特的技术，或具有生产某种特殊产品的唯一权利，形成和产生垄断。一般国家以专利发明形式保护发明者的利益。在享受特权的期间内，其他厂商不准生产和销售同类产品，发明者具有一定的垄断权。例如，美国的可口可乐公司就长期控制了可口可乐饮料的配方而垄断了这种产品的供给。实行专利法具有经济上的合理性，假如发明成果能被他人随意复制和模仿，却没有为发明、研究承担任何费用，那么厂商和个人就不会投资大量资金从事科研和革新等活动，这对科技发展和社会经济发展都是不利的。

（2）自然垄断。自然垄断的形成并非法律和政府原因，而是由于自然因素和产业本身特点形成的。

第一，需要大量资金，投资规模巨大，不宜多家经营的行为，造成完全垄断。在国民经济中，有些部门或产业的生产经营方面有特殊性，一般来说需要庞大的固定机器设备，建造的工期比较长，在相当大的范围内生产成本递减，具有大规模生产的利益，如铁路运输、采矿、水利工程、邮电通信等。

第二，控制投入造成垄断。如果一个厂商控制了用于生产某种商品的基本投入的生产要素或独特的生产知识和工艺，就能成为一个垄断者。例如，第二次世界大战前的半个世纪，美国制铝公司一直是美国唯一生产铝的公司，原因就在于该公司控制全部炼铝原料——铝矾土矿产资源。

第三，规模经济。如果某种商品的生产技术具有特殊的性质，一个大厂商能以有利的较低的价格供给全部商品，适应市场需要，就会形成垄断。因为由一家全部供给时平均成本最低，若有两个以上的经营者必然造成浪费。这种自然垄断，广泛存在于公用事业，如某地区的供电、供水和服务部门。

二、垄断厂商的需求曲线与供给曲线

1. 垄断厂商的需求曲线

在完全垄断条件下,一家厂商控制了生产,它的供给增加,价格下降,需求就会增加,它的供给减少,价格上升,需求也会减少。供给影响着价格,价格与需求量呈反方向变动,因此,需求曲线是一条向右下方倾斜的线。这同完全竞争厂商有根本区别:完全竞争厂商是价格的接受者,有一条水平的需求曲线,只能按市场价格出卖任何数量的商品;而完全垄断厂商是价格的制定者,如果提高价格,销售量就必然下降,虽然它能控制价格和产量,也只能是在高价少销与低价多销之间作出抉择。它所决定的价格就是产品的市场价格,消费者只是既定价格的接受者。卖价仍然等于平均收益,因此需求曲线仍与平均收益曲线重叠为一条线。这时厂商每增加一单位产品,价格就会下降,因为平均收益是下降的,所以边际收益也是下降的。如前所述,当平均收益减少时,边际收益一定小于平均收益。因此,边际收益曲线和平均收益曲线都是向右下方倾斜的线,而且边际收益曲线一定在平均收益曲线的下面,且比较陡峭些。

2. 完全垄断条件下的厂商收益

在完全垄断条件下,厂商仍然会追求最大利润,它可以通过控制产量和价格来获取利润,但是,也不一定总能获得利润。这可以分为短期和长期来分析。

在短期内,如果独占厂商生产的产量的平均收益高于平均成本,厂商当然就有了利润。不过对他而言,只有把生产量决定在边际收益等于边际成本的水平上,才能获得最大利润。如图 7-7 所示,垄断者按照 MR=MC 的准则决定的利润最大化产量是 Q^*,垄断者沿着需求线决定的价格是 P^*。在需求曲线位于平均成本上方的情况下,价格高于平均成本,垄断者有图 7-7 中阴影区域面积所代表的经济利润。

【例 7-2】假设市场需求为

$$P=132-8Q$$

垄断者的成本函数为

$$C=Q^3-14Q^2+69Q+128$$

计算其利润最大化的产量、价格和利润。

解:由 $P=132-Q$ 得

$$TR=PQ=132Q-8Q^2$$

$$MR=132-16Q$$

由 $C=Q^3-14Q^2+69Q+128$ 得

$$MC=3Q^2-28Q+69$$

令 MR=MC 得

$$Q^*=7, \ P^*=132-8Q^*=76$$

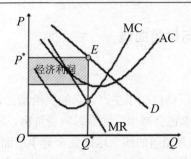

图 7-7 垄断者的最优产量和价格

则利润为

$$TR-TC=532-268=264$$

但独占厂商也不能永远高枕无忧、坐享利润，有时也有亏本的时候。当供过于求导致价格下跌，或者投入要素价格提高导致成本上升时，厂商生产的平均总成本大于销售价格，独占厂商必然在劫难逃了。因为在短期内，厂商无法改变固定生产要素的投入，因此无论是否生产，固定成本都是要支付的，所以发生亏本的独占厂商是否停止生产，要分两种情形而定：一是若价格仍然高于平均可变成本，厂商的收益就可以弥补一部分固定成本的支出，因此它可以继续生产；二是若价格低于平均可变成本，那么厂商必须立即停止生产。

当垄断厂商的需求曲线低于短期平均成本曲线（SAC），高于平均可变成本曲线（AVC）时，不论在哪个产量水平，厂商都会亏损。

在长期中，独占厂商可以获得超额利润。因为完全垄断市场由厂商独家提供商品，不会遇到竞争。因此，从长期看，在适当的生产规模和最佳产量水平上，只要厂商获得的利润或收支相抵，厂商就会经营下去。在市场需求曲线既定的情况下，厂商会不断地扩充或减少设备，调整规模，把产量调整到能获得最大利润的水平上，从而独占最大利润。长期里也不会有新厂商进入独占市场，因此它可以一直保持其拥有的超额利润。

当然，这种超额利润的获得也不是绝对的，一旦垄断的铁壁被摧毁，就会使原来的厂商面临优胜劣汰的威胁。但如果生产的东西没有人认可，如水加汽油制成的饮料，即使没有人与你竞争，你仍然赚不到钱。可见，垄断不是赚钱的同义语。

3. 完全垄断厂商没有供给曲线

在完全竞争市场上，不论厂商还是行业都有供给曲线，反映着产品价格和产量供给量之间一一对应的关系，即价格提高则供给增加，价格降低则供给减少。完全竞争市场的供给曲线具有正斜率，价格与供给量存在正相关。然而在完全垄断市场上，商品价格和产量之间并不存在对应关系，或者说完全垄断厂商或市场没有供给曲线。

为什么完全垄断厂商没有供给曲线呢？供给曲线是指在既定价格的条件下，厂商或行业愿意并且能够提供的商品量。在完全竞争市场上，厂商是价格接受者，不能控制或影响价格，而只能按既定价格通过调整产量来实现利润最大化。而在完全垄断市场上，不存在价格和产量的对应关系，垄断厂商的产量是与价格同时决定的，所以没有供给曲线。

在完全垄断条件下，价格和产量是同时决定的，在需求曲线移动时，同一价格下可能会产生一系列不同的产量，或者同一产量水平也可能导致不同的价格，所以垄断厂商不存在价格与数量一一对应的供给曲线。

三、垄断厂商的差别定价

在现实经济领域，垄断厂家为获取最大的垄断利润，可以通过差别定价方法来增加总收益。差别定价是指厂商对同一种商品向不同的消费者索取两种或两种以上的价格。例如，同样质量的一套房子，向有钱的老板开价 100 万元，而向低收入者则开价 50 万元。

实行价格歧视应有两个前提条件：

（1）各个市场是彼此分割的，这样厂商在实行价格歧视时，买方很难向价格低的市场购买此产品。例如，对于沙漠中一个因饥饿而生命危在旦夕的人，当时当地唯一拥有食品的人可以向其漫天要价，因为此时他已经没有能力再向前走很远寻觅食物了。

（2）卖者要能够了解不同层次的买者购买商品的意愿和能力，恰当定价。一般垄断者会对需求弹性小的市场实行高价格，以获得垄断利润。

一般根据价格差别的程度价格歧视可分为三种类型：

（1）一级价格歧视。假设垄断了解一个消费者为购买产品或劳务所愿意付出的最高价格，并据此确定产品价格。典型的事例是西方社会的个体自由职业者，如律师、医生、会计师等，一般根据当事人的经济状况收取劳务费。在差别价格下消费者剩余被垄断厂商获得。

（2）二级价格歧视。这是指根据不同购买量确定不同的价格，即垄断厂商把产品分批定价销售，以获取最大利益，或者厂商将商品按消费者购买量分成两个以上的组别，按组别分别定价，部分消费者剩余被垄断厂商获得。例如，供水部门对一定量以内的水量实行一种价格，对再增加的水量实行另一种价格。

（3）三级价格歧视。这是指厂商对不同市场的不同消费者实行不同价格。例如，电力部门对工业用电与居民用电实行不同的价格；公园对儿童减价售票；商店对老主顾打折服务等。一般对外贸易中存在三级价格差别。

显然，垄断对于一个厂商来说简直是妙不可言，而对于消费者却是相当不公平的。因为在特定情形下，有一些消费主体，如危在旦夕的病人、饿得奄奄一息的路人、情人节时抢购玫瑰的男士，他们很有可能会被厂商狠宰一笔。政府一般都会对这类问题有所干预。为了防止厂商利用垄断地位而大敲竹杠，政府会利用价格限制来规定最高价格或收费标准，以保护处于劣势的消费者。

第四节 垄断竞争市场的厂商均衡

一、垄断竞争市场的含义和特征

1. 垄断竞争市场的含义

垄断竞争市场是指一种既有竞争又有垄断,两者相结合的市场结构类型。这是一种有许多厂商销售类似但又不完全相同的商品的市场。在这种市场上,有许许多多独立的厂商,厂商之间存在竞争,能够不受限制地进入和退出市场。从这个角度来看,这类市场与完全竞争相似,厂商是竞争者。厂商生产和销售的既是同类相似的可以互相替代的商品,又是有差别的不能完全替代的商品,这样厂商对商品具有一定的垄断力量。从这个角度来看,这类市场与完全垄断相似,厂商又是垄断者。因此,这类市场的厂商是竞争的垄断者,这些厂商所在的市场就是垄断竞争市场。

2. 垄断竞争市场的特征

(1)市场上存在较多的买者和卖者。厂商可以施加给市场的影响是有限的,不可能达到互相勾结、控制价格的程度。规模不大的厂商所作出的任何一次决策对其他厂商的影响都不大,厂商行为是独立的。

(2)各厂商生产的商品存在差别。厂商生产有差别的商品是指从消费者方面说的。产品差别是垄断竞争理论中一个最重要的概念,指同类产品在消费者心中存在的差异。这可能是现实的差别,也可能是想象中的差别,差别产生的原因有:一是商品自身的品质、性能、设计、颜色、式样和包装的不同,这是实质性差别;二是专利、广告、商标牌号和商品名称的不同,造成消费者主观感受上的差别,这是想象上的差别;三是销售地点(如距消费者居住地区的远近)、经营方式、工作效率、交易信誉、服务态度和时间等方面的差别。理解有差别的商品要注意的是同类性或相似性是第一位的,而差别性居第二位。商品的差别不是大得不能互相替代,但又不能完全替代,从产品差别性产生一定程度的垄断,差别越大,垄断程度就越大;从产品替代性形成激烈竞争,替代性越大,竞争程度越高。因此,厂商既是垄断者又是竞争者。

(3)厂商进入或退出行业比较容易。厂商规模不大,运用资金较少,进退没有什么障碍和阻力,比较自由。在垄断竞争市场上存在超额利润,就会吸引新厂商从事这类行业或产业;当存在亏损时,原有厂商也会退出而转入其他行业或市场。垄断竞争是现实经济生活中普遍大量存在的现象,比较接近现实,如零售商业、手工业、轻工业等。

二、垄断竞争厂商的市场均衡

在垄断竞争市场中,短期的产量与价格的变动与垄断的情形相同。因为短期内,各厂商都难以改变其生产规模,所以各厂商凭借自己的有差别的产品而垄断一定份额的市场。

它为了获得最大利润,必须按边际成本小于边际收益的原则来决定产量、安排生产并按由此确定的均衡价格出售产品。

从长期看,当独占性竞争厂商获得超额利润时,不仅本行业原有厂商会扩大生产规模,而且新厂商也会加盟,因此,各厂商之间的竞争加剧。竞争的结果必然引起产量增加、价格下跌,从而使价格从大于平均成本压向小于平均成本。反之,如果垄断性厂商出现了亏损,一些厂商必然会压缩生产或者退出该行业,从而使产量下降、价格上升,直到高于平均成本为止。这样,长期内不会存在超额利润,也不会亏本,从而实现了长期均衡。

总之,在垄断竞争市场中,厂商在短期内可以保有一定的垄断地位,长期内又必须进行有效的竞争,这既保证了市场的相对稳定性又使得消费者可以有所选择,所以这种市场对于社会是比较有利的。

三、垄断竞争市场上的产品差别竞争

相同产品的竞争容易导致价格战。企业为了避免竞相削价,往往给自己的产品添加一些特色,以与竞争对手的产品保持一定的距离。这样的产品叫做差别产品。随便观察一下市场上的各种产品,我们发现同一市场上不同厂商的产品总是有些不同的。例如,电视机有不同的大小、质量和功能;家具有不同的式样和材料;同是连衣裙,有不同的款式、不同的面料、不同的色彩。必须指出的是,差别产品之间不一定存在物理、化学等方面的实质性差别,只要消费者认定两种产品是不同的,它们就是差别产品。一家生产隐形眼镜的厂商在美国市场上推出两种产品,其中一种标为质量较高的,因而价格也较高。后来有人披露,这两种产品是完全一样的,它们是用相同的原料和生产工艺,经过同一生产线生产出来的。但因为有些顾客认为其中一种的质量比较高,所以愿意付较高的价格。因此,厂商常常通过广告、品牌来制造产品差异。

阅读材料 7-2

一个最需要做广告宣传的市场

打开电视扑面而来的广告都是垄断竞争市场的产品。通过这种大众媒体做广告的大多数是化妆品、洗涤用品、牙膏、药品、家电等轻工业产品,从来也没有看到过石油、煤炭、钢铁,更没有看到过大米、白面、水、电(不包括公益广告)。这是为什么呢?大米、白面最接近完全竞争市场。在这个市场上有很多的消费者也有很多的生产者,产品是没有差别的。而轻工业产品市场就是垄断竞争市场。

引起这个市场存在的基本条件是产品有差别,例如自行车,由于消费者的个人偏好不同,每一款自行车都可以以自己的产品特色在一部分消费者中形成垄断地位,但这种垄断又是垄断不住的。这是因为不同品牌的自行车是可以互相替代的。这就形成一种垄断竞争的状态,这也正是为什么生产轻工业产品的厂商不惜血本大做广告的原因。不仅如此,这个市场上的各个商

家在制定价格决策时要充分考虑同类产品的价格,正确估计自己的商品在市场上的地位,定价过高会被同类产品替代,失去本来属于自己的市场份额。有差别的产品需要做广告,就是把自己产品的特色告诉消费者,这本身就是产品的特色。

例如,"农夫山泉有点甜"突出了它的特色在于口感与其他矿泉水不同,从而赢得了市场。创造品牌是企业的重要的营销策略。品牌的创造是产品质量和广告宣传结合的产物,两者缺一不可。"好酒也怕巷子深"是说好酒也需要吆喝着卖,但没有好酒,再吆喝也没有用。美国的宝洁公司成功的广告宣传,使它的"海飞丝""飘柔""沙宣"家喻户晓,占领了洗发水的80%的市场。这就是产品质量和广告宣传有机结合的典型范例。西方人说,销售如果不做广告,就如同在黑暗中向情人暗送秋波,别人根本就不知道你在干什么。

第五节 寡头垄断市场的厂商均衡

一、寡头垄断市场的含义与条件

寡头垄断又称寡头,其原意是指为数不多的销售者。寡头垄断是指少数几家厂商垄断了某一行业的市场,控制这一行业的供给,他们的产量在该行业的总产量中占绝大部分比重。这里所说的"少数"要少到什么程度呢?可以理解为每个厂商都在总产量中占有相当的份额,从而每个厂商对整个行业的价格与产量的决定有着举足轻重的影响,以至于任何一家厂商在价格或产量方面的变动都会引起同行的反应,这样就可以认为是一种少数状态。因此,在寡头垄断市场上,每个厂商作出价格与产量决策时,仅仅考虑自身的成本收益情况还不够,还必须眼观六路、耳听八方、相机而动。

二、寡头市场的价格与产量

在寡头垄断市场中,少数大厂商所生产的几乎是完全相同的商品,而且各自的产量相当大,因此,寡头厂商所面临的是与自己势均力敌的强劲对手,一不留神就会两败俱伤。寡头市场上价格与产量的决定取决于厂商之间是否存在勾结。在厂商勾结和不勾结的情况下,产量和价格的决定是有差异的。

首先,考察一下产量的决定是否存在勾结。如果各厂商之间存在勾结,产量是由各寡头之间协商确定的,而协商结果有利于谁则取决于各寡头实力的大小。这种协商可能是对产量的限定,如石油输出国组织对各产油国规定的限产数额,也可能是对销售市场的瓜分。一般来讲,这种勾结往往是短期内的一种协调制衡,当各寡头的实力发生变化之后,就要重新确定产量或瓜分市场。在不存在勾结的情况下,各寡头根据其他寡头的产量决策来调整自己的产量,以追求利润最大化。

其次,寡头垄断市场上的价格决定也要区分存在或不存在勾结。在不存在勾结的情况下,价格决定的方法是价格领先制和成本加成法;在存在勾结的情况下,则是卡特尔。

第一种，价格领导制。寡头垄断厂商，为了减少相互之间的竞争和各自独立决策的不确定性，以保护各自的利润或阻止局外人加入，从而保持已有的垄断权利，通常采取相互勾结、协调行动的行为方式。这种勾结或协调可以采取多种形式。它可以是像卡特尔这样的正式协议型，但大多是非正式的大家默然同意的一些"行动准则"。例如，相互承认削价倾销是违反商业道德的；相互尊重对方的市场份额和销售范围，使用同一种方法计算价格，认可已经进行了一些时候的价格水平和竞争行为等。

价格领导是指一个市场的价格通常由某一厂商率先制定，其余厂商追随其后确定各自的产品销售价格。如果产品是同质的，那么价格通常是相同的；如果产品是有差别的，价格可能是相同的也可能是差别定价。这个领先的厂商不时地宣布变动价格，如上涨10%，随后其他厂商的价格也各提高10%。价格领导制通常的形式是所谓"晴雨表型"的价格领先制。领先变动价格的厂商被称为"晴雨表型"厂商，这个厂商不一定是该市场中规模最大或效率最高的厂商，但可能在某些方面，如管理或把握市场行情变化动向方面有较好的判断力。如果一个市场的产品需求继续保持呆滞，积压的存货日益增多，许多厂商都认为需要降低价格了，这时通常由某种非正式的协商形式，"晴雨表型"的厂商第一个宣布调整价格，其他厂商随即宣布降低各自的价格。

领先确定价格的厂商一般是本行业中最大、最有实力的厂商。它根据自己的成本、收益核算，按照利润最大化原则，确定产品价格及变动规律，被称为价格"领头羊"。领先价格一出，其余规模较小的厂商竞相仿效，以此为蓝本对自己的产品进行定价或作出调整。

第二种，成本加成法。这是寡头市场上一种最常用的方法。它先估计每一单位产量的平均成本，然后再加上一定百分比的利润。这种定价方法可以缓和竞争，降低不确定的程度，避免寡头之间的恶性价格竞争而导致的"两虎相争，两败俱伤"。

第三种，卡特尔。各寡头之间的公开勾结，组成卡特尔，协调彼此的行动，共同确定价格。石油输出国组织就是国际卡特尔。

总之，寡头垄断在经济中十分重要。一般来讲，它具有两个明显的优点：一是可以实现规模经济，从而降低成本，提高经济效益；二是有利于科学技术进步，如美国著名的贝尔实验室，对电子、物理等科学技术的发展作出了突出贡献，而它是以美国电话电报公司的雄厚经济力量为后盾的。当然，寡头之间的勾结往往会抬高价格，损害消费者利益和社会经济福利。

三、寡头垄断市场的理论模型

1. 双头垄断理论

双头垄断是指一种产品在市场上只有两个卖者。因此，双头垄断可以看作是寡头垄断的一个特例。双头垄断是法国经济学家古诺在1838年出版的《财富理论的数学原理研究》一书中最先提出的一个模型，所以也称做古诺模型。

古诺的双头垄断模型属于生产者之间不存在任何勾结的类型，它考虑到竞争者相互依存这个因素，并假定每一方都知道对方将怎样行动。此外，他还假设每个生产者都以利润最大化作为决策目标。为了使这个模型能够得出确切的结论，古诺模型作出了一些十分抽象且严格的假定：

（1）两个生产者都生产完全相同的产品。

（2）产品的生产成本为零。这个假定只是为了简化论证说明。事实上，假定两个生产者以相同的成本进行生产，并且在任何产量范围时，单位成本是固定不变的，也可以得出相同的结果。这是因为单位产品成本固定不变表示边际成本是常数，从而利润取决于销售价格与销售量的乘积。

（3）两家公司分享市场，总需求曲线是线性的。

（4）每家公司都确切地知道总需求，且知道需求曲线上的每一个点。

（5）任意一方都根据对方采取的行动，并假定对方会继续这样行事，来作出自己的决策。

（6）两家公司都通过调整产量，并根据市场需求状况调整价格，以实现最大化的利润。

古诺模型设想，开始时是一家厂商完全垄断了该市场，然后有一个竞争者进入该市场，这两个竞争者将在上述假定下不断调整自己的产量，最终达到有确切答案的厂商均衡。

2．弯折的需求曲线

由于寡头垄断市场70%以上的产量是由几家大型公司所提供的，这一特点导致了这些厂商的相互依存和各自的决策所产生结果的不确定性，这种不确定性促使厂商尽可能减少价格的变动。同时，经验研究的材料表明，寡头垄断市场的产品价格比较稳定，并不紧密地随成本的变化而变化，一般只在一些成本项目如税收、重要原材料和工资等的价格提高，可以确定每个竞争者都会提价的情况下才改变定价。因此，寡头垄断厂商之间的竞争一般不在价格方面展开，而主要集中于改变产品的设备、促销活动等方面。为了解释寡头垄断厂商产品的价格刚性，美国经济学家保罗·斯威在《寡头垄断条件下的需求》一文中提出一种假说：寡头垄断厂商的产品价格之所以是一种刚性价格，在某一水平固定下来后不经常变动，是因为这种产品的市场需求曲线不是一条光滑的曲线，而是在某一价格水平出现拐折点后转折向下倾斜的曲线。这种需求曲线被称为拐折的需求曲线。

第六节　博弈论简介

博弈论是研究人们在各种策略的情况下如何行事。这里的"策略"是指每个人在决定采取什么行动时，必须考虑其他人对这种行动会做出什么反应的状况。由于寡头垄断市场上企业数量很少，每家企业都必须按策略行事。每个企业都知道，它的利润不仅取决于它生产多少,而且还取决于其他企业生产多少。在作出生产决策时,寡头市场上的每个企业都必须考虑到它的决策会如何影响所有其他企业的生产决策。

寡头在力图达到垄断结果时的博弈类似于两个处于困境的囚徒的博弈。垄断结果对寡头是共同理性,但每个寡头都有违背协议的激励。正如利己使"囚徒困境"中的囚犯坦白一样,利己也使寡头难以维持低产量、高价格和垄断利润的合作结果。

一、博弈论的含义

博弈论(Game Theory),又叫对策论,是研究决策主体的行为发生直接相互作用时的决策以及这种决策的均衡问题的理论。也就是说,博弈论研究的是一个主体(人或企业)的选择受到其他主体(人或企业)的选择的影响,而且反过来又影响其他主体的选择时的决策问题和均衡问题。博弈论认为,决策者的效用函数既依存于决策者本身的选择,也依赖于其他决策者的选择,某决策者的最优选择是其他决策者选择的函数。从这个意义上说,博弈论研究的是在存在相互外部经济的条件下的经济主体选择问题。

二、博弈论的分类及其区别

博弈论分为合作博弈和非合作博弈两种类型。二者的主要区别在于经济主体的行为相互作用时,当事人能否达成一个具有约束力的协议。如果能达成这样的协议,就是合作博弈;反之,则为非合作博弈。值得注意的是,合作博弈强调的是团队理性,强调的是效率、公正、公平;而非合作博弈强调的是个人理性、个人最优决策,其结果可能是有效率的,也可能是无效率的。

现在,经济学家谈到博弈论时,一般指的是非合作博弈,很少指合作博弈。因此,本节也只介绍非合作博弈。

三、博弈论的产生和发展

博弈论开始于 1944 年,其标志是由冯·诺依曼(Von Neumann)和摩根斯坦恩(Morgenstern)合作的《博弈论和经济行为》(*The Theory of Game and Economic Behaviour*)一书的出版。合作博弈在 20 世纪 50 年代达到顶峰,同时非合作博弈也开始创立。纳什(Nash)在 1950 年和 1951 年发表了两篇关于非合作博弈的重要文章,增克(Tucker)于 1950 年定义了"囚徒困境"(Prisoner's Dilemma)。他们的著作基本奠定了现代非合作博弈论的基石。可以说,20 世纪 50 年代是博弈论巨人产生的年代。到 20 世纪 60 年代又出现了一些重要人物,主要是泽尔腾(提出了"精练纳什均衡"的概念)和海萨尼(把不完全信息引入博弈论的研究)。20 世纪 80 年代又产生了几个比较有影响的博弈论专家,主要是科瑞普斯和威尔逊,他们在 1982 年合作发表了关于动态不完全信息博弈的重要文章。

博弈论在经济学中的绝大多数应用模型都是在20世纪70年代中期以后发展起来的，大体从20世纪80年代开始，博弈论逐渐成为主流经济学的一部分，甚至可以说成为微观经济学的基础，无论是在微观经济学，还是产业组织理论，甚至宏观经济学中，博弈论都占据相当多的内容。可以说，最近几十年，经济学经历了一场博弈论革命，使经济学有了前所未有的发展。1994年，诺贝尔经济学奖授予纳什、泽尔腾和海萨尼三位博弈论专家，就是博弈论在经济学领域作出突出贡献的有力证明。这更激发了人们了解、研究博弈论的兴趣和热情。

四、非合作博弈的简介

非合作博弈（以下统称为博弈）有四种类型，这四种类型是从两个角度形成的。

第一个角度，按参与人行动的先后顺序划分，博弈可以划分为静态博弈和动态博弈。所谓静态博弈，是指在博弈中参与人同时选择行为或虽非同时但后行动者并不知道先行动者采取了什么具体行动。所谓动态博弈，是指参与人的行动有先后顺序且后行动者能够观察到先行动者所选择的行动。

第二个角度，按参与人对有关其他参与人（对手）的知识（对手的特征、战略空间及支付函数）的掌握程度划分，博弈可以划分为完全信息博弈和不完全信息博弈。所谓完全信息是指每一个参与人对所有其他参与人（对手）的特征、战略空间及支付函数有准确的知识；反之，则为不完全信息。

将上述两个角度的划分结合起来，就得到四种不同类型的博弈：完全信息静态博弈、完全信息动态博弈、不完全信息静态博弈、不完全信息动态博弈。与这四种不同类型的博弈相对应的均衡概念分别是：纳什均衡、子博弈精练纳什均衡、贝叶斯纳什均衡、精练贝叶斯纳什均衡。这四种类型的划分、对应的均衡概念及主要代表人物可从表7-2中体现出来。

表7-2 博弈的分类、对应的均衡概念及主要代表人物

信息掌握程度 \ 行动顺序	静 态	动 态
完全信息	完全信息静态博弈 纳什均衡 纳什（1950，1951）	完全信息动态博弈 子博弈精练纳什均衡 泽尔腾（1965）
不完全信息	不完全信息静态博弈 贝叶斯纳什均衡 海萨尼（1967—1968）	不完全信息动态博弈 精练贝叶斯纳什均衡 泽尔腾（1975） Kreps和Wilson（1982） Fudenberg和Tirole（1991）

下面具体来了解这四种类型的博弈。

1. 完全信息静态博弈——纳什均衡

纳什均衡指的是这样一种战略组合：这种战略组合由所有参与人的最优战略组成，也就是说，在给定别人的战略的情况下，任何单个参与人都没有积极性选择其他战略，从而任何人都没有积极性打破这种均衡。

要正确理解纳什均衡概念，我们可以通过"一个不具有法律效力的协议的执行情况"来分析。前面我们已经分析到，在相互关联的经济主体之间，如果各主体相互达成了一个具有法律约束力的协议，那么这个博弈就是合作博弈。而如果各主体互相达成的协议不具有法律约束力，则这种博弈是非合作博弈。那么，在这种非合作博弈中，这个不具有法律约束力的协议是否能够自动实施呢？如果它能够自动实施，则说明它构成了一个纳什均衡；如果它不能够自动实施，则说明它不构成一个纳什均衡。能用于分析纳什均衡的例子有很多，能用于分析纳什均衡的例子有很多，能用于分析纳什均衡的例子有限，下面通过一个经典案例来说明。

案例 1

进退两难的宝洁公司

宝洁（P&G）、联合利华和花牌同时计划进入日报杀虫胶带市场。它们都面临同样的成本和需求条件，而各厂商必须在考虑到它的竞争者们的情况下决定一个价格。如果 P&G 和它的竞争者都将价格定在 1.50 美元，它能得到更多的利润。这从下表中的支付矩阵中看得很清楚。如果所有厂商都定价 1.50 美元，它们每月各可赚到 20 000 美元利润，而不是定价 1.40 美元可以赚到的 12 000 美元。那么为什么它们不定价 1.50 美元呢？

		联合利华和花牌定价	
		1.40 美元	1.50 美元
宝洁（P&G）	1.40 美元	12, 12	29, 11
	1.50 美元	3, 21	20, 20

*假设联合利华和花牌定相同的价格。矩阵中数字以每月千美元为单位。

因为这些厂商处在一个囚徒的困境中，不管联合利华和花牌定价多少，宝洁定价 1.40 美元都能赚更多的钱。例如，若联合利华和花牌定价 1.50 美元，宝洁定价 1.40 美元每月可赚 29 000 美元，而定价 1.50 美元只能赚 20 000 美元。这对联合利华和花牌也是正确的。例如，宝洁定价 1.50 美元而联合利华和花牌定价 1.40 美元，它们将各赚到 21 000 美元而不是 20 000 美元。结果，宝洁知道如果它定价 1.50 美元，它的竞争者会有强烈的低价竞争，定价 1.40 美元的冲动，这样 P&G 将只有一个很小的市场份额和只能赚到每月 3 000 美元的利润。P&G 应该冒险防信任竞争者定价 1.50 美元吗？如果你面对这样的困境，你会怎么做呢？

2. 完全信息动态博弈——子博弈精练纳什均衡

子博弈是指在给定条件下，从每一个行动选择开始至博弈结束又构成一个博弈。子博弈还会进一步产生更多的子博弈，或者我们暂且称之为"孙博弈"。无数的子博弈构成了一棵"博弈树"。在博弈论的著作中，一般把整个博弈也称为一个"子博弈"。下面来了解子博弈精练纳什均衡。所谓子博弈精练纳什均衡是指不包含不可置信威胁的纳什均衡。这里通过一个叫做"父子关系"的案例来说明。

 案例2

"父子关系"

父亲和儿子关系一直很好，谁也离不开谁。然而，有一天，儿子突然迷上网络游戏，经常不去学校上学，人也变得孤僻起来，甚至有时彻夜不归。父亲忍无可忍，向儿子宣布："如果你再不改过自新，继续上网玩游戏的话，我将与你断绝父子关系。"这是父亲对儿子的威胁。从儿子方面来看，假定不考虑其他因素，面对父亲的威胁，他是否会就此罢手了呢？这要看父亲的威胁是否是可信的。如果父亲只是想吓唬吓唬儿子而已，那么父亲是不会与儿子断绝父子关系的。假如儿子也看清了这一点，那么，对于儿子来说，父亲的威胁就是不可置信的。结果是儿子排除了父亲不可置信的威胁，继续上网玩游戏。这个结果就是子博弈精练纳什均衡。

3. 不完全信息静态博弈——贝叶斯纳什均衡

贝叶斯（Bayes）是一位概率统计学家。贝叶斯纳什均衡由海萨尼研究得出，它指的是这样一种类型依从战略组合：在给定自己的类型和别人类型的概率分布的情况下，每一个参与人的期望效用达到了最大化，也就是说，没有人有积极性选择其他战略。我们通过案例3来分析这个问题。

 案例3

市场进入的贝叶斯纳什均衡

在某个行业领域，假设有一个垄断企业已经在市场上，我们可称之为在位者，另一个企业想进入这个市场，我们称之为进入者。在位者想保持自己的垄断地位，所以要阻挠进入者进入。两者之间进行博弈。在这个博弈中，进入者有两种战略可以选择：进入或不进入。在位者也有两种选择：默许或阻挠。对于进入者来说，是否进入取决于它对在位者的信息的掌握程度。假定进入者实际上并不完全了解在位者的信息，它只能依赖于对在位者类型的判断来作出决策。如果它判断在位者为高成本类型的概率为50%以上，那么它进入市场在位者一般会选择默许，因为阻挠的成本或者代价太高。因此，它会作出进入的决策。而如果它判断在位者为低成本类型的概率为50%以上，那么它进入市场在位者一般会选择阻挠，所以它会作出不进入的决策，这对它来说是最优战略。这个结果就是贝叶斯纳什均衡。

贝叶斯纳什均衡的一个重要领域是招标或者拍卖方面。设想政府有一项大型建设工程要出包，选择要价最低的承包者。这时，不同的投标者之间进行的就是一项博弈。假定每个投标者不知道其他投标者的真实成本而仅仅知道其概率分布,那么各投标者就要用概率分布法来对对手进行判断。这时每个投标者在选择自己的报价时就面临着这样的交替:一方面,报价越低,中标的可能性就越大;另一方面,给定中标的情况,报价越低,利润就越小。博弈分析证明,每个投标人的标价依赖于它的类型,这里指的是生产成本,然而一般来说,贝叶斯均衡标价高于生产成本,两者之间的差异随着总投标者数量的增加而减少。这就是说,让更多的企业参加投标,对招标者是一件有利的事情。同样,政府出卖或出租国有企业、国有资产也是这种情形,只是出价最高者中标。

4. 不完全信息动态博弈——精练贝叶斯纳什均衡

精练贝叶斯纳什均衡是指当事人根据所观察到的他人的行为,利用贝叶斯规则来修正自己对他人类型的"信念"即修正主观概率,并由此选择自己的行动。这里运用的贝叶斯规则是概率统计学中应用所观察到的现象修正先验概率的一种标准方法。例如,假设小周是小邓单位新来的一个同事,小邓对小周的人品并不了解,也就是说,小邓认为小周是好人或坏人的可能性相等,各自概率为 0.5。一般认为,好人是不做坏事的。如果有一天小邓发现小周做了一件坏事,小邓就会修正自己对小周的看法,认为小周可能是坏人。这里,小邓事实上运用了贝叶斯规则,把他认为小周是坏人的概率由 0.5 修正为 1。于是,小邓不想与小周在工作中共同合作。这个结果就是精练贝叶斯纳什均衡。可见,当人们使用贝叶斯规则修正先验概率以后,就要选择自己的行动。

阅读材料 7-3

囚 徒 困 境

一桩严重的谋杀案在某市发生了,警察很快在附近抓到两个嫌疑犯。事实上,正是这两个人合作策划和实施了这起杀人案。但是,由于犯罪分子的犯罪手段高明、隐蔽,警方没有掌握足够的证据,只得把他们隔离囚禁起来,要求他们坦白交代。如果他们都承认杀人,每人将被判入狱 15 年;如果他们都不承认,每人将被只判入狱 1 年;如果一方抵赖而另一方坦白并愿意出来作证,那么抵赖者将被判入狱 20 年,坦白者将被宽大处理——判 5 年,但监外执行,即不入狱。这两个囚徒该怎样作出对自己最有利的选择呢?是抵赖,还是坦白?这让这两个囚徒犯难了。这就是博弈论中著名的"囚徒困境"。如果我们把囚徒双方分别称为 A 和 B,那么 A、B 双方的执行矩阵,如图 7-8 所示。

		囚徒 B	
		坦白	抵赖
囚徒 A	坦白	15 年,15 年	监外执行 5 年,20 年
	抵赖	20 年,监外执行 5 年	1 年,1 年

图 7-8 囚徒的困境

从图 7-8 中可以看出，最好的策略是双方都选择抵赖，结果是大家都被判入狱 1 年。那么，双方选择的结果是否是这样的呢？现在假定两个囚徒（A，B）都是只为了自己的利益打算的所谓"理性主体人"，那么结果会怎样呢？在 A 看来，在 B 选择抵赖的情况下，A 选择坦白的话，A 将被判监外执行 5 年，但是，如果也选择抵赖的话，将被判入狱 1 年。因此，A 认为选择坦白对自己更有利。在 B 选择坦白的情况下，A 也选择坦白的话，两个人都要坐 15 年的牢，但是，如果 A 选择抵赖的话，要坐 20 年的牢，因此，A 认为还是选择坦白对自己更有利。可见，不管 B 采取什么策略，A 认为选择坦白总是对自己更有利。同样，B 也会作出这样的判断和选择。可见，（坦白，坦白）即（15，15）是一个纳什均衡，是必然出现的结果，而（抵赖，抵赖）即（1，1）则不是纳什均衡，它不会是双方选择的最终结果。这是因为两个囚徒都处于被隔离的状态下而无法串供，每一个人都从利己的目的出发，每一方在选择策略时都只选择对在自己最有利的策略，而不考虑另一方的利益，但选择这种策略得出的结果又适得其反。

囚徒困境反映出一个很深刻的问题，就是个人理性与集体理性的矛盾。如果两个人都抵赖，各判刑 1 年，显然比两个人都坦白各判 15 年要好，但这个结果不可能出现，因为它不满足个人理性的要求，（抵赖，抵赖）不是纳什均衡。也许有人会说，如果两个囚徒事先定好了攻守同盟，可能就会出现（抵赖，抵赖）即（1，1）的结果。但是，在警察的严厉审问下，犯罪分子的心理防线最终都将被攻破。因为攻守同盟（即死不坦白）不构成纳什均衡，没有人有积极性遵守这个协定，所以最终结果只能是作为纳什均衡的（坦白，坦白）即（15，15）。

实际上，"囚徒困境"是现实生活中许多现象的一个抽象概括，一旦深陷其中，要摆脱这个困境远非易事。例如，冷战时期两个超级大国长达 40 年的军备竞赛，各国的贸易保护主义倾向和寡头垄断企业之间的价格战都属于这种情况。

第七节　不同市场的经济效率比较

经济效率是指利用经济资源的有效性。高的经济效率表示对资源的利用充分或能以最有效的生产方式进行生产；低的经济效率表示对资源的利用不充分或没有以最有效的方式进行生产。不同市场组织的经济效率是不相同的，市场组织的类型直接影响经济效率的高低。西方经济学家通过对不同市场条件下厂商的长期均衡状态的分析得出结论：完全竞争市场的经济效率最高，垄断竞争市场较高，寡头市场较低，垄断市场最低。可见，市场的竞争程度越高，则经济效率越高；反之，市场的垄断程度越高，则经济效率越低。其具体分析如下：

在完全竞争市场条件下，厂商的需求曲线是一条水平线，而且厂商的长期利润为零，所以在完全竞争厂商的长期均衡时，水平的需求曲线相切于 LAC 曲线的最低点，产品的均衡价格最低且等于最低的生产的平均成本，产品的均衡产量最高。在不完全竞争市场条件下，厂商的需求曲线是向右下方倾斜的。厂商的垄断程度越高，需求曲线越陡峭；垄断程度越低，需求曲线越平坦。在垄断竞争市场上，厂商的长期利润为零，所以在垄断竞争厂商的长期均衡时，向右下方倾斜的、相对比较平坦的需求曲线相切于 LAC 曲线的最低点的左边，产品的均衡价格比较低且等于生产的平均成本，产品的均衡产量比较高，企业存在多余的生产能力。在垄断市场上，厂商在长期内获得利润，所以在垄断厂商的长期均衡时，向右下方倾斜的、相对比较陡峭的需求曲线与 LAC 曲线相交，产品的均衡价格最高且大于生产的平均成本，产品的均衡产量最低。设想，垄断厂商若肯放弃一些利润，价格就可以下降一些，产量就可以增加一些。在寡头市场上，厂商的需求曲线不太确定。一般认为，寡头市场是与垄断市场比较接近的市场组织，在长期均衡时，寡头厂商的产品的均衡价格比较高，产品的均衡数量比较低。

除此之外，西方经济学家认为，一个行业在长期均衡时是否实现了价格等于长期边际成本即 $P=LMC$，也是判断该行业是否实现了有效的资源配置的一个条件。商品的市场价格 P 通常被看成是商品的边际社会价值，商品的长期边际成本 LMC 通常被看成是商品的边际社会成本。当 $P=LMC$ 时，商品的边际社会价值等于商品的边际社会成本，它表示资源在该行业得到了有效的配置。倘若不是这样，当 $P>LMC$ 时，商品的边际社会价值大于商品的边际社会成本，它表示相对于该商品的需求而言，该商品的供给是不足的，应该有更多的资源投入到该商品的生产中来，以使这种商品的供给增加、价格下降，最后使该商品的边际社会价值等于商品的边际社会成本，这样社会的境况就会变得好一些。

在完全竞争市场，在厂商的长期均衡点上有 $P=LAC$，它表明资源在该行业得到了有效的配置。在不完全竞争市场，在不同类型的厂商的长期均衡点上都有 $P>LAC$，它表示资源在行业生产中的配置是不足的。尤其在垄断市场，独家厂商所维持的低产高价，往往使得资源配置不足的现象更为突出。

以上是西方经济学家在不同市场组织的经济效率比较问题上的基本观点。此外，西方经济学家对这一问题的研究还涉及以下几个方面：

（1）关于垄断市场与技术进步的关系。有的西方经济学家认为，垄断厂商会阻碍技术进步。因为垄断厂商只要依靠自己的垄断力量就可以长期获得利润，所以垄断厂商往往缺乏技术创新的动力，甚至为了防止潜在竞争对手的新技术和新产品对其垄断地位造成的威胁，还有可能通过各种方式阻碍技术进步。但也有不少西方经济学家认为，垄断是有利于技术进步的。这是因为，一方面，垄断厂商利用高额利润所形成的雄厚经济实力，有条件进行各种科学研究和重大的技术创新；另一方面，垄断厂商可以利用自己的垄断地位，在长期内保持由于技术进步而带来的更高的利润。这些经济学家还认为，垄断有利于技术进步的观点，在一定程度上对寡头厂商也是适用的。

（2）关于规模经济。西方经济学家认为，对不少行业的生产来说，只有大规模地生产才能得到规模经济的好处，而这往往只有在寡头市场和垄断市场条件下才能做到。不能设想，无数个如同完全竞争行业或垄断竞争生产集团内的企业，可以将钢铁生产和铁路运输经营在有效率的水平上。

（3）关于产品的差别。西方经济学家认为，在完全竞争市场条件下，所有厂商的产品是完全相同的，它无法满足消费者的各种偏好。在垄断竞争市场条件下，众多厂商之间的产品是有差别的，多样化的产品使消费者有更多的选择自由，可满足不同的需要。但是，产品的一些虚假的非真实性的差别，也会给消费者带来损失。在产品差别这一问题上，产品差别寡头行业也存在与垄断竞争生产集团相类似的情况。

（4）关于广告支出。西方经济学家认为，垄断竞争市场和产品差别寡头市场的大量广告中有的是有用的，因为它为消费者提供了信息。但是，过于庞大的广告支出会造成资源的浪费和抬高销售价格，再加上某些广告的内容过于夸张，这些都是对消费者不利的。

本章小结

根据市场上厂商数目的多寡、产品差异的程度、资源流动的难易程度等因素将市场划分为四种市场结构：完全竞争、完全垄断、垄断竞争和寡头垄断。

完全竞争市场上厂商对价格没有干预的能力，只能接受现行市场的价格。短期内厂商按照边际收益等于边际成本的原则实现利润最大化。完全垄断市场是一家厂商控制某种产品全部市场供给的市场结构。垄断的成因是多方面的，垄断厂商的供给就是行业的供给。完全垄断厂商可以通过价格歧视来榨取消费者剩余。

寡头垄断市场是一种只有少数几个厂商控制某个市场的市场结构。这种市场结构既包含垄断因素又包含竞争因素，但它是更加接近于完全垄断的一种市场结构。

博弈论是描述和研究行为者之间的策略，是相互依存和相互作用的一种决策理论。任何一个博弈都有三个基本要素：参与者、策略和报酬。博弈均衡是指所有参与者都不想改变自己的策略的一种状态。博弈均衡分为四种类型：纳什均衡、子博弈精炼纳什均衡、贝叶斯纳什均衡和精炼贝叶斯纳什均衡。

 课后习题

一、名词解释

完全竞争　停止营业点　垄断竞争　价格歧视　寡头　博弈论　古诺模型　纳什均衡

二、简答题

1．为什么完全竞争厂商的需求曲线、平均收益曲线和边际收益曲线是重叠的？
2．说明完全竞争条件下行业的短期供给曲线和厂商的短期供给曲线相互之间的关系。
3．解释为什么垄断企业总在需求曲线上弹性充足的地方进行生产。
4．试说明垄断企业的边际收益与价格之间的差距会随着产量增大而增大。
5．为什么垄断势力会随着需求弹性的增加而减少？请用数学式子推导它们之间的关系式。

三、计算题

1．某成本不变的完全竞争行业的代表性厂商的长期总成本函数为 $LTC=Q^3-60Q^2+1\,500Q$，产品价格

$P=975$ 美元,市场需求函数为 $P=9\,600-2Q$,试求:

(1) 利润极大时的产量、平均成本和利润。

(2) 该行业长期均衡时的价格和厂商的产量。

(3) 若市场需求曲线是 $P=9\,600-2Q$,试问长期均衡中留存于该行业的厂商人数是多少?

2. 假定一个垄断者的产品需求曲线为 $P=10-3Q$,成本函数为 $TC=Q^2+2Q$,求垄断企业利润最大时的产量、价格和利润。

3. 假设某垄断竞争厂商的产品需求函数为 $P=9\,400-4Q$,成本函数为 $TC=4\,000+3\,000Q$,求该厂商均衡时的产量、价格和利润。

4. 在垄断竞争市场结构中的长期(集团)均衡价格 P_1,是代表性厂商的需求曲线与其长期平均成本(LAC)曲线相切之点。已知代表性厂商的长期成本函数和需求曲线分别为

$$LTC=0.002\,5Q^3-0.5Q^2+384Q$$
$$P=A-0.1Q$$

上式中,A 是集团内厂商人数的函数。求长期均衡条件下代表厂商的均衡价格和产量,以及 A 的数值。

第八章 市场失灵与政府干预

 学习目标

通过本章的学习,理解垄断的危害及其解决办法,理解外部影响、公共物品和信息不对称分别是如何导致市场失灵的及其相应的解决办法,理解收入分配不平等的衡量、成因和收入再分配的理由。

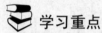 学习重点

(1)垄断的危害和对付垄断的措施;
(2)外部影响如何导致市场失灵及其解决办法;
(3)公共物品如何导致市场失灵及其解决办法;
(4)信息不对称如何导致市场失灵及其解决办法。

 学习难点

垄断导致的资源配置无效率　　科斯定理及其应用

 引导案例

我们经常看到一对男女,男的不帅但女的很漂亮,为什么呢?这就是由于信息不对称造成的逆向选择的结果。假设,某优秀的男生甲和普通男生乙共同追求美丽的女生。男生乙自知在相貌、品学和经济实力等诸方面均不如男生甲,所以追求攻势猛烈,而优秀男生甲虽然也喜欢美丽的女生,但碍于面子,也自持实力雄厚,追求时内敛、含蓄、不温不火。美丽的女生实际上喜欢甲要胜过乙。但由于女孩子的自尊心作怪,再加上信息不对称——她不知道甲是不是喜欢她,所以会显得很矜持。最后的结果是不如甲的乙追到了美丽的女生,而美丽的女生带着遗憾,心里想着甲却成为了别人的新娘。这就是由于信息不对称而造成的"逆向选择",也叫做"劣币驱逐良币"。由于信息不对称造成类似结果在我们的生活中是屡见不鲜的。

第一节　市场失灵及其成因

市场失灵理论认为完全竞争的市场结构是资源配置的最佳方式,但在现实经济中,完全竞争市场结构只是一种理论上的假设,理论上的假设前提条件过于苛刻,现实中是不可

能全部满足的。由于垄断、外部性、信息不完全和在公共物品领域仅仅依靠价格机制来配置资源无法实现效率——帕累托最优，出现了市场失灵。

一、市场失灵

1. 市场失灵的提出

长期以来，自由放任思想在西方经济学发展史上一直占据主导地位。古典经济学家认为，在"看不见的手"的调节下，供求决定了生产什么和生产多少；厂商通过竞争以最便宜的方式进行生产；社会根据要素的贡献率来决定人们的收入，社会生产既不过剩也不会不足，市场会自动出清，经济活动可以获得均衡、和谐、有序、有效地发展。然而资本主义经济的周期性波动和危机，尤其是1929年世界性的经济大危机爆发后，西方出现了严重的经济萧条，物价猛跌，生产大幅度下降，工人大量失业，整个社会动荡不安，人们开始怀疑仅靠市场能否自动地调节好经济，这就为市场失灵理论的提出及进一步研究提供了初始动力和条件。

提出市场失灵的西方经济学家认为，市场经济并不是完美无缺的。一方面，市场经济有一定的局限性，市场经济活动只是人类社会的一个主要方面，市场不可能解决经济社会中的一切问题；另一方面，由于某些干扰，市场机制不能正常地发挥调节作用，造成资源配置失误或浪费性使用。这种由于某些局限性和干扰，影响社会发展目标的实现和导致市场经济中资源配置缺乏效率的情况，被称为市场失灵。

2. 市场失灵的表现

关于市场失灵的表现，西方经济学家主要立足于四个方面的分析。

（1）非完全竞争的存在。西方经济学家对市场经济理想的描述是建立在完全竞争条件之上的，但市场秩序时常被破坏，市场结构时常被改变，尤其是垄断的存在，抑制了市场机制的有效运作，妨碍了经济效率的提高。

（2）社会平等目标的存在。社会追求的目标绝不止于提高效率和促进经济增长，而且要把效率和平等结合起来，在不同的市场经济发展阶段上两者的重点应有所不同。在市场经济发展早期，可能更注重于效率的提高。在市场经济较为发达、完善的条件下，则应注重强调收入公平等社会目标的实现。但仅靠市场配置资源，可能导致一些人成为亿万富翁，而另一些人却无家可归、饥寒交迫，尤其是那些没有较多技能和资产及一些弱势群体（如失业者，丧失工作能力的病人、老人、儿童）更难以生存。

（3）公共产品的存在。人们消费的产品大致分为两大类：一类是按市场价格从私人生产者那里买来的，称为私人产品；另一类是由社会（或政府）提供并对社会整体有益的产品，称为公共产品。在公共产品的生产上存在着"沧海一粟"和"搭便车"的两难困境。因此，一般来说，一个按自己的利益行事的消费者，不具有自愿为公共产品生产捐助的动机或经济刺激。同时追求利润最大化的私人厂商发现，生产公共产品是无利可图的。在这里，市场出现了失灵，市场对公共产品生产的资源配置不起作用，其结果是缺乏效率的。

（4）经济外在性的存在。人们的经济活动既有积极的外在性（即使其他人受益），又有消极的外在性（即使他人受损，如环境污染等），而市场本身不具有自发机制迫使经济活动者考虑这种损失。厂商为生产某种产品直接投入的是私人成本，但却使别人受害、付出代价，构成了社会成本。因此，在处理经济外在性时，市场失灵了。

3. 市场失灵的分类

市场失灵可以区分为原始的市场失灵和新的市场失灵。原始的市场失灵，是与诸如公共物品、污染的外部性等因素相联系的市场失灵；而新的市场失灵，则是以不完全信息、信息的有偿性以及不完备的市场为基础的市场失灵。美国著名经济学家约瑟夫·E.斯蒂格利茨指出这两种市场失灵之间主要存在两点差别。原始的市场失效在很大程度上是容易确定的，其范围也容易控制，需要明确的政府干预。由于现实中所有的市场都是不完备的，信息总是不完全的，道德风险和逆向选择问题对于所有市场来说是各有特点的，因此经济中的市场失灵问题是普遍存在的。因此，政府把注意力集中在较大、较严重的市场失灵情况上是比较合理的。因为在市场失灵问题普遍存在的情况下，要实施全面的纠正性政策所需要的实际信息在目前是无法获得的，当市场缺陷比较小的时候，全面纠正性政策的实施成本要比收益大得多。这里需要强调的是，新的市场失灵和原始的市场失灵之间的根本区别，在于不完全信息和不完备市场问题的普遍性。

市场失灵与市场功能组合在一起，共同构成了市场的最基本特性，因此，市场失灵与市场功能就成为市场最基本特性的正反两个方面的表现，很明显，市场失灵是市场基本特性的负面影响的表现。市场失灵作为市场负面影响的基本特性，是市场本身所固有的。它随着市场的产生而产生，伴随着市场的发展而发展。如果不强加人为的干预，完全由市场发挥调节经济运行的功能，市场失灵就不可避免。因此，市场失灵是市场自然运行过程中一种必然出现的市场现象。

二、公共物品与市场失灵

公共物品是与私人物品相对应的一个概念，是指公共使用或消费的物品。公共物品是可以供社会成员共同享用的物品，严格意义上的公共物品具有非竞争性和非排他性，一般不能或不能有效通过市场机制由企业和个人来提供，主要由政府来提供。

非竞争性，是指某人对公共物品的消费并不会影响别人同时消费该产品及其从中获得效用，即在给定的生产水平下，为另一个消费者提供这一物品所带来的边际成本为零。非排他性，是指某人在消费一种公共物品时，不能排除其他人消费这一物品（不论他们是否付费），或者排除的成本很高。

通常不具备排他性或（和）竞争性，一旦生产出来就不可能把某些人排除在外的商品称为（纯）公共物品。所谓商品的排他性是指商品的生产者或者购买者可以很容易地把他人排斥在获得该商品带来的利益之外；商品的竞争性是指消费商品的数量与生产这一数量的成本有关。

1. 公共物品的分类

第一类是纯公共物品，即同时具有非排他性和非竞争性的物品。

第二类公共物品的特点是消费上具有非竞争性，但却可以较轻易地做到排他，有学者将这类物品形象地称为俱乐部物品（Club Goods）。

第三类公共物品与俱乐部物品刚好相反，即在消费上具有竞争性，但却无法有效地排他，有学者将这类物品称为共同资源。

俱乐部物品和共同资源物品统称为"准公共物品"，即不同时具备非排他性和非竞争性。准公共物品一般具有"拥挤性"的特点，即当消费者的数目增加到某一个值后，就会出现边际成本为正的情况，而不是像纯公共物品，增加一个人的消费，边际成本为零。准公共物品到达"拥挤点"后，每增加一个人，将减少原有消费者的效用。公共物品的分类以及准公共物品"拥挤性"的特点为我们探讨公共服务产品的多重性提供了理论依据。

2. 公共物品的供给

公共物品的非竞争性特点说明，尽管有些公共物品的排他性可以很容易被发现，但这样做并不一定有效率。依照有效率的条件，厂商的定价原则应该是价格等于边际成本。如果桥梁由私人部门提供，它们会索要等于边际成本的费用，既然每辆车花费厂商的边际成本接近于零，那么厂商的价格也应该等于零，所以私人不可能供给这些产品。公共物品的这种性质，使得私人市场缺乏动力，不能有效地提供公共物品和服务。

政府的运行机制和市场的运行机制是不同的。政府主要是通过无偿征税来提供公共物品。但是，征税是可以精确计量的，而公共物品的享用一般是不可以分割的，无法量化。此外，由于公共物品具有非排他性和非竞争性的特征，它的需要或消费是公共的或集合的，如果由市场提供，每个消费者都不会自愿掏钱去购买，而是等着他人去购买而自己顺便享用它所带来的利益，这就是经济学的"免费搭车"现象。

由以上分析可知，市场只适用于提供私人产品和服务，对提供公共物品是失效的，而提供公共物品恰恰是政府活动的领域，是政府的首要职责。政府经济学关心的问题，是政府提供公共物品与市场提供私人物品之间的恰当组合，以及政府提供公共物品所花费的成本和代价，合理地确定政府提供公共物品和财政支出的规模。

因此，公共物品的本质特征决定了政府提供的必要性。公共物品的基本特征是非排他性、非竞争性和外部性。非排他性决定了人们在消费这类产品时，往往都会有不付费的动机，而倾向于成为免费搭乘者，这种情形不会影响他人消费这种产品，也不会受到他人的反对（由公共物品的非竞争性特点所决定的）。在一个经济社会中，只要有公共物品存在，"免费搭车者"就不可避免。这样，私人企业如果提供公共物品，就无法收回成本。同时，由于公共物品的个人消费"量"是不确定的，价格机制不能有效发挥作用，竞争市场上一般无法提供这类产品,就像经济学家所说的,竞争性的市场不可能达到公共物品供给的帕累托最优,无法满足社会对这类产品的需求,因此,需要公共经济部门介入——用税收手段来集资,提供这些产品。

3. 公共物品供给效率分析

在市场竞争条件下,为了达到有效的资源配置,消费者必须以出价购买表达自己的个人偏好,促使供给者以最低的成本满足消费者的偏好,两者之间的信号传递是资源有效配置的必要条件。但是,公共物品的消费却没有这样的信号传递过程,生产者不知道消费者的有效需求,也无法从公共物品的生产中得到相应的回报,因此,如果由私人部门作为理性的经济人去生产公共物品,市场机制所确定的均衡实际上不可能实现有效资源配置的均衡。

由于公共物品的特殊性,市场机制决定的公共物品供给量远远小于帕累托最优状态。先后出现的庇古均衡、林达尔均衡、萨缪尔逊均衡和马斯格雷夫均衡等四种主要的公共物品均衡模型对公共物品的供给问题进行了研究,最终可以得出如下结论:区别于私人物品的帕累托最优要求个人边际替代率等于个人边际转换率,公共物品的帕累托最优要求所有人的"公共"边际替代率总和等于边际转换率。

既然市场机制在提供公共物品方面是失灵的,政府的介入就成为必要。但是,政府介入公共物品的供给并不等于政府生产所有的公共物品,更不等于政府完全取代公共物品的市场。政府可以通过直接生产公共物品来实现,也可以通过某种方式委托私人企业的间接生产方式来实现。对于公共物品的供给,前者包括中央政府直接经营、地方政府直接经营和地方公共团体经营等三种情形;后者包括签订合同、授予经营权、经济资助、政府参股、法律保护私人进入、社会资源服务等六种情形。还有一种新兴的公共物品提供方式是BOT(build-operate-transfer),即建设—经营—转让,是指政府通过契约授予私营企业(包括外国企业)以一定期限的特许专营权,许可其融资建设和经营特定的公用基础设施,并准许其通过向用户收取费用或出售产品以清偿贷款、回收投资并赚取利润,待特许权期限届满时,该基础设施无偿移交给政府。

在实际的操作过程中,政府提供公共物品的效率是低下的,原因如下:

第一,公共物品供给部门一般都采取垄断营运方式,缺乏外部的竞争压力,使公共物品供给部门不积极提高效率。

第二,公共物品供给部门与生产私人物品的营利性企业不同,它不是以追求利润最大化作为其行为目标,而只是完成政府规定的供给任务,缺乏提高效率的内在动力。

第三,公共物品供给部门的预算约束是软的。大多数公共物品供给部门依靠政府财政拨款维持营运和供给,难免存在着高报生产(供给)成本和投入量的现象,一旦不能完成指标或者出现亏损,便要求政府继续增加财政拨款或者财政补贴。因此,公共物品供给部门同时也缺乏提高效率的内在压力。

第四，对公共物品供给部门的负责人缺乏有效的经济激励机制。公共物品供给部门大多是由政府任命的官员或经理进行管理的，由于他们的薪金是固定的，缺乏有效的经济激励机制，使得他们缺乏提高公共物品供给效率的积极性。

第五，对公共物品供给效率的评价存在困难。

第六，政府官员的腐败现象。若出现官员腐败，公共物品供给部门负责人就会只追求自身利益的最大化，只追求权力的扩张，不关心公共物品供给效率，公共物品的供给效率也就不可能提高。

阅读材料 8-1

搭便车

搭便车问题是一种发生在公共财产上的问题，是指经济中某个体消费的资源超出他的公允份额，或承担的生产成本少于他应承担的公允份额；或者指一些人需要某种公共财产，但事先宣称自己并无需要，在别人付出代价取得后，他们就可不劳而获地享受成果。搭便车问题常指宏观经济学中的公共物品的消费问题。

在财政学上，免费搭车是指不承担任何成本而消费或使用公共物品的行为，而有这种行为的人或具有让别人付钱而自己享受公共物品收益动机的人称为免费搭车者。

免费搭车现象源于公共物品生产和消费的非排他性与非竞争性。免费搭车行为往往导致公共物品供应不足。搭便车行为妨碍市场的自动调节过程。在日常生活中经常可以找到搭便车的例子。例如，许多轮船公司不肯兴建灯塔，而当政府兴建起来后他们可以获得同样的服务，此种搭便车问题会影响公共政策的顺利制定及有效执行。又如，德国的高福利政策也是搭便车的例子，高收入者支付的高额税收对同样享用高福利（医疗、教育）的低税收贡献者来说是被后者"搭了顺风车"。

三、经济的外部效应与市场失灵

外部效应是指在实际经济活动中，生产者或者消费者的活动对其他生产者或消费者带来的非市场性影响。这种影响可能是有益的，也可能是有害的，有益的影响被称为外部效应或正外部性，而有害的影响被称为外部不经济性或负外部性。外部成本通常指厂商或个人在正常交易以外为其他厂商或个人提供的便利或施加的成本。

外部性可区分为正外部性和负外部性两类。正外部性，即未被市场交易所体现的额外收益。例如，教育、研发、扶贫、环境保护、自然保护、养蜂和经营果园等是具有正外部性的典型。

负外部性，即未被市场交易所体现的额外成本。例如，不遵守交通秩序，在公共休息、学习或工作场所制造噪声，不遵守公共卫生，不爱护公共设施（如践踏花园、草地），环境污染,过度开发自然资源(如过度放牧、竭泽而渔、大规模砍伐森林)等是具有负外部性的典型。

(1)正外部性与供给不足。当存在外部性时,市场对商品的配置是缺乏效率的。具有正外部性的产品,市场供给不足。因为个人或厂商在决定生产多少时,只考虑自己获得的收益,而不考虑是否会给别人带来好处,因此,具有正外部性的产品生产,其私人收益就低于社会收益,从而由私人边际收益和边际成本决定的私人最优产量(市场供给)就低于由社会边际收益和边际成本决定的社会最优产量。

(2)负外部性与过量供给。与市场对于具有正外部性的产品供给不足相反,市场对于具有负外部性的产品的供给过量。因为生产者在决定生产多少时只考虑自己实际面对的成本(Private Cost,私人成本),不考虑给别人造成的成本(损害),因此,具有负外部性的产品生产,其私人成本就低于社会成本(Social Cost,经济中所有个人所承担的成本),从而由私人边际成本和边际收益决定的私人最优产量(市场供给)就高于由社会边际成本和边际收益决定的社会最优产量。

在竞争性市场经济中,私人的最优活动是按照私人成本等于私人收益的原则进行决策的,此时,如果没有外部性,私人成本与社会成本是一致的,因而市场是有效率的。在存在外部不经济性的情况下,就发生了私人成本与社会成本的差异。对于污染排放者,由于无须承担消除对其他人造成的不利影响的成本,其私人成本就小于社会成本。这样,污染者仅从自己的私人成本和私人收益出发选择"最优"产量,具有过度生产的动机,其产量远远超过从整个社会角度出发所考察确定的"社会最优产量"。而对于其他受影响的生产者来说,由于要承担污染者造成的不利影响,其私人成本就大于社会成本。这些生产者就会从私人成本和私人收益出发选择自身的"最优"产量,具有缩小生产规模的动机,其产量则达不到"社会最优产量"所要求的水平。这就说明,在存在外部效应的情况下,竞争企业的利润最大化行为并不能自动导致有效率的资源配置,只能使某些私人的福利达到最大,却无法使社会的福利达到最大。我们把这种现象称为"市场失灵"(Market Failure)。

在图 8-1 中,D 为需求曲线,MPC 为钢铁厂的私人边际成本曲线,MSC 为社会边际成本曲线。如果市场是完全竞争的,那么边际成本曲线就是供给曲线,因而,由私人边际成本曲线与需求曲线的均衡点所决定的最优产量就是 Q_1。但从社会成本来看,生产钢铁的成本还包括污染成本,即外部性成本 MEC。从图 8-1 中可以看出,社会边际成本曲线 MSC 高于私人边际成本曲线 MPC,它等于 MPC+MEC。这样,社会边际成本曲线与需求曲线构成的交点所决定的最优产量,即为 Q_0,低于前者的产量 Q_1。由此可见,在存在外部性的条件下,完全竞争导致生产或消费过多,社会资源没有得到最有效的利用,市场失灵了。

我们以环境污染资源利用为例,进一步阐述负外部性产生的原因。在市场经济条件下,环境问题是怎样失调的呢?经济学家们把产生环境问题的市场"失灵",归纳为以下几个方面:

(1)一些环境资源产权不存在或不安全,影响人们对环境资源保护、管理和投资的积极性，引起广泛的短期行为。由于空气和河流、海洋水体没有产权，私人通常不会对合理使用这种资源感兴趣。

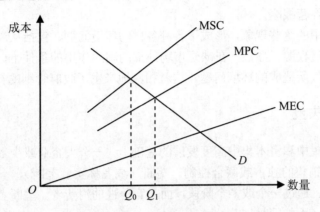

图 8-1　私人成本与社会成本的关系

（2）一些环境资源没有形成市场或市场竞争不足，没有价格或价格偏低，造成过度利用。江河湖泊、海洋、空气等提供的环境"服务"通常没有市场、没有价格，利用者不花什么钱就可以任意占用，造成水环境和大气环境的不断恶化。有些水资源、能源和许多其他矿产资源有市场，但价格偏低，价格构成中并没有反映其开发利用中的环境成本，加剧了不合理的开发利用。

（3）环境资源利用中存在着广泛的外部不经济性。这主要是指企业和个人的经营活动对同其没有直接市场交易关系的其他企业或个人造成了不利的影响，如企业污染了周围环境，给周围居民和企业带来了危害；上游砍伐森林导致水土流失，淤积了下游河道，加剧了洪涝灾害。外部不经济性造成了私人成本低于社会成本的后果，原因就在于企业一般不会承担有关企业和居民在防止污染、医疗等方面的损害费用。从整个市场的情况来看，如果政府不对污染大、社会成本高的企业进行控制，这些企业实际上就以损害社会为代价获得了某种竞争优势。

（4）很多环境资源是"公共物品"，使用和消费不具有排他性，无法由市场自发地提供。如果一个企业保护了清洁的空气和清洁的水体，但不能阻碍周围的企业和人们享用，就形不成需求市场。没有需求市场，通常也就不会有以盈利为目的的企业去提供这类"公共物品"服务。

（5）环境资源领域建立产权和市场的交易成本太高。交易成本是指取得信息、相互合作、讨价还价和履行合同所需的费用。例如，对海洋渔业资源，特别是那些洄游性鱼类资源，很难建立有效的产权，即使划定了产权，如把某一群鱼划给某一个渔民，但监视、保护起来难度很大，成本也太高。

（6）环境资源利用及其影响一般是一个长期的过程，林木成材要十多年甚至数十年；

采矿从勘探到开采通常也需要很长的时间,同长期性相连的是不确定性,时间越长,不确定性就越大,开发经营的风险也就越大,从而抑制了企业和个人确立一种有利于资源长期持续利用的投资和经营战略。

正是经济过程中的这些现象,形成了各种各样的环境问题,包括从局部区域到全球环境问题的深层次经济根源。显然,在缺乏市场外部的制约作用的条件下,市场自身并不能解决由市场"失灵"所造成的环境问题,这就相应地产生了政府管制的社会要求。

四、垄断与市场失灵

垄断指在生产集中和资本集中高度发展的基础上,一个大企业或少数几个大企业对相应部门产品生产和销售的独占或联合控制。垄断(或者称卖者垄断),一般指唯一的卖者在一个或多个市场,通过一个或多个阶段,面对竞争性的消费者。垄断者在市场上能够随意调节价格与产量(不能同时调节)。

1. 垄断产生的原因

垄断是从自由竞争中成长起来的。资本为了在追逐利润和在竞争中取得胜利,必须采用新的技术设备扩大生产规模,以提高劳动生产率和降低生产成本。这就需要不断地进行资本积聚,即通过利润的资本化来不断地扩大资本。在资本积聚的基础上,竞争又引起资本集中。这主要是通过大资本吞并中小资本或建立股份公司的方式来实现的。资本积聚和资本集中的结果,使生产日益集中于少数大企业。当生产集中发展到一个部门已被少数大企业所控制的阶段,必然会形成垄断。这是因为,一方面,在少数几个大企业之间,比较容易达成协定,使垄断具有了可能性;另一方面,由于大企业规模巨大、实力雄厚,中小企业同它们竞争困难,从而使拥有压倒性优势的大企业本身就具有垄断的趋势,而这种状况也会给大企业之间的竞争带来两败俱伤的风险,从而在一定条件下,特别是在它们势均力敌的条件下,就会产生谋求暂时妥协、达成垄断协定的必要性。

在现实经济运行的过程中,还有其他原因造成垄断。

(1)法律壁垒。有些独家经营的特权是由法律规定并受到法律保护的,专利权和版权便是法律特许的垄断。为了鼓励创造发明,绝大多数国家制定了专利法,可见专利垄断是由法律壁垒造成的。在某些场合下,政府授予某厂商独家经营的权利;也有时政府通过招标竞争以合同的形式授予厂商独家经营的特权。

(2)规模经济与自然垄断。如果某种产品需要大量固定设备投资,大规模生产可以使成本大大降低,那么一个大厂商就可能成为该行业的唯一生产者。由一个大厂商供给全部市场需求时平均成本最低,两个或两个以上的厂商在该市场上经营就难以获得利润,这时该厂商就形成了自然垄断。

(3)技术性与策略性垄断。如果除垄断者外无他人掌握某种生产技术或诀窍,该市场自然就形成了技术性垄断。在既无技术壁垒又无法律壁垒的情况下,厂商通过高筑壁垒以确立或巩固其垄断地位，这便是策略性垄断。

（4）其他壁垒。上述壁垒并没有列尽全部因素，也不一定相互排斥，如厂商控制了某种原材料的供应。凡是阻挡竞争者进入市场的壁垒都是造成垄断的原因。

2. 垄断的危害

垄断是竞争的对立面。在市场经济中，一旦垄断取代了自由竞争，就会给市场的运行过程投下停滞与腐朽的阴影，从而给社会造成诸多的危害。

（1）垄断会阻碍社会技术的进步。市场经济主体对利润的追求是其生产的内在动力，而竞争则表现为外部的压力。正是这种动力和压力才促使企业在采用先进技术、改善经营管理、提高产品质量等方面积极创新。由于垄断能够获得固定的超额利润，垄断组织就不再进行技术创新，使新技术的采用和劳动生产率的提高受到极大的影响。不仅如此，垄断企业甚至还要阻止他人的创新和超越，以避免对自己的垄断地位造成威胁。

（2）垄断会破坏市场公平竞争。市场产生垄断以后，垄断企业会利用市场上的优势地位来控制资源和生产销售，并设置进入壁垒以排斥竞争，使市场成为强者的天下，削弱由自由竞争所产生的市场活力；或者通过联合定价、划分市场、共同抵制交易等，约束竞争者相互间的竞争，使其他竞争者尤其是中小企业难有立足之地。同时，垄断形成的寡头间的竞争更为激烈，层次更高，影响的范围更大，其结果会波及整个国家的经济稳定，甚至导致国家之间的恶性竞争。

（3）垄断会损害消费者利益。经济学的研究表明，在一个竞争的市场中，消费者能够得到优质的产品、合理的价格和良好的服务。这些都是消费者应当获得的利益，它来自由竞争的结果。但是，如果是在一个缺乏竞争的垄断市场中，消费者的这些利益就不可能得到维护，垄断企业对利润的追求会把价格维持在一个较高的水平，也不会保持技术和质量的不断提高。即使由于扩大规模产生规模经济的效应，使得生产成本下降，所有的检验表明，节省的成本也会流进企业的口袋，而不是消费者的口袋。因此，维护消费者正当利益的最好办法是让市场充满竞争而不是垄断。

（4）垄断还会影响经济民主制度。既然可以不必依赖改进和创新来获取利润，那么为了维持其垄断地位，垄断企业必然会滥用其已有的市场优势地位扩张其优势，达到实现垄断利润的目标。因此，在一个垄断市场上，垄断者往往会采用种种手段限制其他经营者进入市场，强制不愿交易的经营者进行交易，专横跋扈，欺行霸市，尤其是排挤同行，打击中小企业，凭借市场优势单方面决定产品与服务的价格，控制产量和标准等。这些行为对其他经营者，尤其是中小企业是一种极大的威胁，也是极不公平和极不民主的。在垄断者控制市场的 19 世纪末期，我们看到，垄断企业成了所有社会资源的支配者，市场价格的制定者和经营利润的掠夺者、市场的公平竞争机制一旦被破坏，人们所追求的经济民主制度也就荡然无存了。

五、信息不对称与市场失灵

信息不对称是指在市场经济活动中，各类人员对有关信息的了解是有差异的；掌握信息比较充分的人员往往处于比较有利的地位，而信息贫乏的人员则处于比较不利的地位。信息不对称理论是由三位美国经济学家——约瑟夫·斯蒂格利茨、乔治·阿克尔洛夫和迈克尔·斯彭斯提出的。该理论认为：市场中卖方比买方更了解有关商品的各种信息；掌握更多信息的一方可以通过向信息贫乏的一方传递可靠信息而在市场中获益；买卖双方中拥有信息较少的一方会努力从另一方获取信息；市场信号显示在一定程度上可以弥补信息不对称的问题；信息不对称是市场经济的弊病，要想减少信息不对称对经济产生的危害，政府应在市场体系中发挥强有力的作用。这一理论为很多市场现象如股市沉浮、就业与失业、信贷配给、商品促销、商品的市场占有等提供了解释，并成为现代信息经济学的核心，被广泛应用到从传统的农产品市场到现代金融市场等各个领域。

1. 信息不对称理论产生背景

信息不对称这一现象早在 20 世纪 70 年代便受到三位美国经济学家的关注和研究，它为市场经济提供了一个新的视角。现在看来，信息不对称现象简直无处不在，就像周身遍布的各种名牌商品。按照这一理论，名牌本身也在折射这一现象，人们对品牌的崇拜和追逐，从某种程度上恰恰说明了较一般商品而言，名牌商品提供了更完全的信息，降低了买卖双方之间的交易成本。这一理论同样适应于广告，在同质的情况下，花巨资广而告之的商品比不做广告或少做广告者的商品提供了更多的信息，所以它们更容易为消费者接受。

信息不对称理论的意义当然不止于此。它不仅要说明信息的重要性，更要研究市场中的人因获得信息渠道的不同、信息量的多寡而承担的不同风险和收益。三位经济学家分别从商品交易、劳动力和金融市场三个不同领域研究了这个课题，最后殊途同归。最早研究这一现象的是阿克尔洛夫，1970 年，他在哈佛大学《经济学》期刊上发表了著名的《次品问题》一文，首次提出了"信息市场"概念。阿克尔洛夫从当时司空见惯的二手车市场入手，发现了旧车市场由于买卖双方对车况掌握的不同而滋生的矛盾，这些矛盾最终导致旧车市场的日渐衰落。在旧车市场中，卖主一定比买主掌握更多的信息。为了便于研究，阿克尔洛夫将所有的旧车分为两大类，一类是保养良好的车，另一类是车况较差的"垃圾车"。然后再假设买主愿意购买好车的出价是 20 000 美元，差车的出价是 10 000 美元，而实际上卖主的收购价却可能分别只有 17 000 美元和 8 000 美元，从而产生了较大的信息差价。由此可以得出一个结论：如果让买主不经过旧车市场而直接从车主手中购买，那么将产生一个更公平的交易，车主会得到比卖给旧车市场更多的钱，与此同时买主出的钱也会比从旧车市场买的要少。但接下来会出现另外一种情况，当买主发现自己总是在交易中处于不利位置时，他会刻意压价，以致低于卖主的收购价，如好车的出价只有 15 000 美元，差车的出价只有 7 000 美元，这便使得交易无法进行。面对这种情况，旧车交易市场的卖主通常会采取以次充好的手段满足低价位买主,从而使得旧车质量越来越差,最后难以为继。

信息不对称现象的存在使得交易中总有一方会因为获取信息的不完整而对交易缺乏信心,对于商品交易来说,这个成本是昂贵的,但仍然可以找到解决的方法。还是以旧车交易市场为例,对于卖主来说,如果他们一贯坚持只卖好车不卖一辆"垃圾车",长此以往建立的声誉便可增加买主的信任,大大降低交易成本;对于买主而言,他们同样也可以设置更好的策略将"垃圾车"剔除出来。2001年度诺贝尔经济学奖的另外两个得主斯宾塞和斯蒂格利茨,则提供了企业和消费者如何从各式各样的商品中去芜存精的方法。

斯宾塞的研究着重于劳动力市场,他从长期的观察中发现,在劳动力市场存在着用人单位与应聘者之间的信息不对称情况,为了谋到一个较好的单位,应聘者往往从服装到毕业文凭挖空心思层层包装,使用人单位良莠难辨。在这里,斯宾塞提出了一个所谓的"获得成本"概念。他举例说,对于用人单位而言,应聘者如果具有的学历越难获得就越具有可信度,例如拥有哈佛文凭的应聘者的才能就比一般学校的毕业文凭更有可信度。对于人才市场的信息不对称现象,斯宾塞在其博士论文《劳动市场的信号》中作了详尽的表述。无论是个人、企业还是政府,当它们不能直截了当地传达其个人偏好或意图时,"信号法"可以提供较大的帮助。例如,举债经营传达出来的一个信号是"公司对未来收益有着良好的预期";名牌商品向消费者传达的一个准确无误的信号是"它是一种高含量的创造,就是应该比一般商品更贵也更值钱"。当然如果品牌要保持自身阳春白雪的地位,必须限量生产。这一理论也同样可以解释为什么企业喜欢向员工分红派息而不是派现金,从信号理论的角度而言,分红派息强烈地表达了公司良好的前景。

斯蒂格利茨在三位获奖人中名气最大,他在几乎所有的经济学领域都有贡献,包括宏观经济学、货币经济学、公共理论及国际事务乃至发展经济学,都卓有建树。斯蒂格利茨将信息不对称这一理论应用到保险市场,他指出,由于被保险人与保险公司间信息的不对称,客观上造成一般车主在买过车险后疏于保养,使得保险公司赔不胜赔。斯蒂格利茨提出的解决问题的理论模型是,让买保者在高自赔率加低保险费和低自赔率加高保险费两种投保方式间作出抉择,以解决保险过程中的逆向选择问题。其实,信息不对称现象在现代金融领域的表现更为普遍和突出,尤其在新兴市场和东南亚地区乃至中国大陆,企业骗贷、出口骗退和银行呆坏账的涌现无不与此紧密相关。

2. 信息不对称理论的作用

(1)该理论指出了信息对市场经济的重要影响。随着新经济时代的到来,信息在市场经济中所发挥的作用比过去任何时候都更加突出,并将发挥更加不可估量的作用。

(2)该理论揭示了市场体系中的缺陷,指出完全的市场经济并不是天然合理的,完全靠自由市场机制不一定会给市场经济带来最佳效果,特别是在投资、就业、环境保护、社会福利等方面。

(3)该理论强调了政府在经济运行中的重要性,呼吁政府加强对经济运行的监督力度,使信息尽量由不对称到对称,由此更正由市场机制所造成的一些不良影响。

3. 信息不对称理论的重要启示

（1）充分认识新经济的特点，高度重视信息对未来经济社会可持续发展的重大影响。我们正在进入由信息业推动，以生命科学、超级材料、航天技术等新知识和新技术为基础的新经济时代。这是一个充满不确定性、高利润与高风险并存、快速多变的"风险经济"的时代。在这个时代里，市场经济中的信息不对称现象比比皆是，问题的关键是各行各业的决策者怎样努力掌握与了解比较充分的信息，研究生产力发展的规律和趋势，把握住经济、技术和社会的发展动向。可以预见，在新经济时代，只有及时掌握比较充分的信息，才能胸有成竹，变不确定为确定，认准方向，加快发展。

（2）在政府职能转变的过程中，应注意政府对经济运行发挥作用的方式、方法的研究。市场经济不排除政府对市场的干预，关键是要研究什么地方需要干预，用什么手段干预以及怎样干预，才能完善和发展市场经济。经济手段、法律手段和行政手段的运用，都应以相关信息的收集、研究为前提，一切唯书、唯上、照抄、照搬是不行的。特别是加入 WTO、与国际接轨后，在利用市场法则方面，我们处于信息不充分的不利地位，更应早做准备，尽量避免或少走弯路。

（3）重视信息资源的开发利用工作，扶持信息服务业的发展。要不断地发掘信息及其他相关要素的经济功能，并及时将其转化为现实的信息财富，努力开拓其在经济社会发展中的用途。要克服知识和观念方面的障碍，树立正确的信息意识。

六、收入再分配

1. 衡量收入分配的不平等

一个社会中收入分配的不平等程度不能简单地用最穷的人的财富与最富的人的财富的差距来衡量，而是要用一定比例的家庭占有社会财富的比例来衡量。如果每 1% 的家庭恰好占有社会财富的 1%，那么这个社会的收入分配就是完全平等的；如果 10% 的富人占有社会财富的 90%，那么这个社会的收入分配就是极度不平等。

为了衡量收入分配不平等程度，我们按照收入高低把家庭分为若干组，然后看每组家庭占社会财富的比例，并从低到高累计，计算一定比例的家庭占社会财富的比例。在一个假想的社会中，我们把家庭按照收入从低到高分为 5 组，每组占家庭总数的 20%，各组家庭占社会财富的比例，如表 8-1 所示。

表 8-1 各组家庭占社会财富的比例

家庭分组	低收入	偏低收入	中等收入	偏高收入	高收入
占财富百分比/%	5	10	20	25	40

根据表 8-1，我们可以算出从低到高累计一定比例的家庭占社会财富的比例。例如，

从低到高累计 40%的家庭占有社会财富的 15%；累计 60%的家庭占有社会财富的 35%等。如图 8-2 所示，家庭比例和占有社会财富的比例之间的关系表现为图中的洛伦兹曲线（Lorenz Curve）。洛伦兹曲线偏离图中正方形对角线的程度衡量这个社会的收入分配不平等程度。图中的对角线意味着每 1%的家庭正好占有社会财富的 1%，是收入分配绝对平等线。图中的正方形的下和右两个边合起来组成收入分配绝对不平等线，意味着全部社会财富归一个家庭所有。

如图 8-3 所示，洛伦兹曲线偏离对角线的程度，即收入分配不平等程度，可以用图中面积 A 相对于$(A+B)$的大小来衡量。$A/(A+B)$被称做基尼系数（Gini index），基尼系数越大，收入分配越不平等。当 $A=0$ 时，基尼系数为零，收入分配绝对平等；当 $A=A+B$ 时，基尼系数等于 1，收入分配绝对不平等。

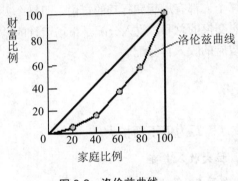

图 8-2 洛伦兹曲线

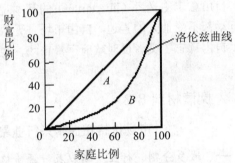

图 8-3 基尼系数

2. 市场必定导致一定程度的收入不平等

在市场经济中，收入分配是通过自愿交换完成的。在要素市场上，关于生产要素服务的自愿交换形成各种要素服务的价格，提供要素服务者按照要素价格得到收入。而且，通过竞争，各种要素服务的价格趋于等于要素的边际产品价值，即该要素的贡献。一个人的收入高低取决于他向社会生产过程提供的各种要素的数量和质量。由于个人天赋不同，加之遗产制度，收入的不平等是难免的。

3. 收入再分配的理由

从原理上说，自由市场必然导致收入分配不平等。政府是否应该进行收入再分配的问题是一个有激烈争议的问题，似乎也是一个不大可能通过科学的争论来解决的问题。关于收入再分配的三种主要哲学观点是：功利主义、自由主义和自由意志主义。

功利主义者（utilitarian）的主要创始人是英国哲学家边沁。其基本主张是，政府的目标是最大多数人的最大福利。功利主义者主张收入再分配的理由是边际效用递减。依照边际效用递减规律，对于富人来说，一元钱的边际效用很小，而对于一个穷人来说，一元钱的边际效用较大，因此政府对富人征税，把一部分收入从富人手中转移到穷人手中，社会福利必定增加。不过，功利主义者并不主张收入均等，因为收入均等会降低人们工作的积极性。从理论上说,功利主义的缺陷在于人与人之间的边际效用是无法比较的。

自由主义(Liberalism)或罗尔斯主义(Rawlsian)的主要代表人物是美国政治哲学家罗尔斯(Rawls),其代表作是1971年出版的《正义论》(*A Theory of Justice*)。罗尔斯试图论证收入再分配是一个正义的制度。首先,他认为已经来到这个世界上的人有各自的特殊利益,从而不可能由他们制定出正义的制度。尤其在讨论是否进行收入再分配时,由于每个人口袋里的钱不一样多,每个人都不可能不带偏见地提出主张。因此,罗尔斯提议,设想一群即将投胎转世的灵魂在一起商讨未来世界的正义制度,如是否建立收入再分配制度。由于谁也不知道自己的命运如何,每个人都可能成为最不幸的人,从而每个人都会赞成收入再分配,即赞成对富人征税,并转移给穷人。其实,基于这个理由而进行的收入再分配相当于为自己将来有可能成为穷人而投保。

自由意志主义者(libertarian)的基本观点是每个人都有思想和行动的自由,即每个人的行动都不受他人的强迫。自由市场是无数人自愿交换的总和。收入分配是市场运行的结果。自由意志主义者反对政府干涉市场,也反对政府的收入再分配。

阅读材料 8-2

市场价格扭曲带来行业暴利 收入差距为何不断扩大

一、城乡分割、行业垄断以及资源价格扭曲,拉大收入差距

赵刚在一家国有金融控股集团任部门经理,税后年薪80多万元,加上房补、车补、书费、健身费、休假补贴、补充养老保险以及各种临时性的"福利",实际收入在100万元以上。赵刚的高中好友小灿在中部一个地级市的加工企业上班,企业效益好,他年工资总额4万多元,在当地属高收入。"收入的1/3还房贷,1/3供孩子上学、老人看病。国家说扩大消费,可靠这点儿工资收入,不顶事儿!"他说生活压力很大。赵刚的小学同学王培仍在老家务农,天暖种地、养鱼,天冷去铁路打零活,一年到头累得要命,纯收入只有2万多元,还不抵赵刚工作一星期。

三个人收入悬殊的现状,正是目前我国居民收入差距不断扩大的真实写照。

北京师范大学收入分配与贫困研究中心主任李实认为,目前收入差距扩大主要体现在三个方面:一是城乡收入差距进一步拉大。1997年,我国城乡居民收入比为2.6:1,2010年已达到3.33:1,"落差"幅度不仅远高于发达国家,也高于巴西、阿根廷等发展中国家。二是垄断行业收入远远高于社会平均收入。"20世纪八九十年代,金融、电力、电信等行业与制造加工业工资水平差不多,但随着垄断地位的加强,这些行业的工资水平已远远超过社会平均水平。"李实说。根据人力资源和社会保障部的统计,目前,电力、电信、金融、保险、烟草等行业职工的平均工资是其他行业职工平均工资的2~3倍,如果再加上住房、工资外收入和职工福利待遇上的差异,实际收入差距可能在5~10倍之间。三是市场价格扭曲导致的行业暴利以及管理部门的灰色收入。我国的生产要素市场发育并不完备,资本、土地和自然资源的使用和配置基本上都受控于政府部门,市场价格难以形成,交易价格往往是扭曲的。以低价获得矿山、土地等要素的企业会轻而易举地从中获得高额利润,而相关管理部门会以寻租等方式从中获取大量灰色收入。

二、户籍、出身、企业身份等差别,成为拉大收入差距的推手

"改革开放之初,我国基尼系数在0.3左右,20世纪90年代中期达0.42,但到了2010年,已经达到0.48。这表明居民收入差距正在不断扩大。收入分配问题不仅影响人民群众共享改革成果,更事关社会稳定,已成为当前改革的焦点问题之一,整顿收入分配不公迫在眉睫。"李实说。

由于目前缺乏科学公正的人才评价体系和充分竞争的人力资源市场,教育投入的价值并未充分体现,而户籍、出身、企业身份等差别已成为拉大收入差距的推手。调查显示,北京等地黑市为应届毕业生"代办户口"的价码已经涨到10万元以上,而帮助一个大学生进入"国字号"大企业特别是垄断企业,中间的"帮忙费""好处费"已飙至十几万甚至数十万元。至于企业、政府领导让自己子女"潜规则"就业的新闻,也不时见诸媒体。

"工薪阶层、农民家庭的优秀子弟通过自身努力'鲤鱼跃龙门'、入职高薪管理机构和行业的机会越来越少,这不仅削弱经济和社会发展中人力资本的效率,也导致收入阶层的不断分化与强化——富者愈加富有,贫穷家庭延续贫穷。"李实说。

资料来源:曲哲涵. 市场价格扭曲带来行业暴利 收入差距为何不断扩大. http://finance.people.com.cn/GB/11672418.html, 2010-05-24

第二节 解决市场失灵的微观经济政策

一、征税和补贴

1. 庇古税

庇古税是由福利经济学家庇古所提出的控制环境污染这种负外部性行为的一种经济手段。那么,什么叫环境污染呢?环境污染是指人类活动产生的污染物或污染因素排入环境,超过了环境容量和环境的自净能力,使环境的构成和状态发生了改变,环境质量恶化,影响和破坏了人们正常的生产和生活条件。环境污染既是一种行为,也是一种物品,作为物品也可以称之为"受污染的环境"。由于环境污染直接导致人们生活质量的下降,因此它是一种厌恶品。如果环境污染仅仅是一种厌恶品,那么只要生产者不去生产它、消费者不去消费它即可。因为,理性的生产者总是追求利润的最大化,理性的消费者总是谋求效用评价最高的消费组合。

不幸的是,环境污染不仅是一种厌恶品,而且是一种厌恶公共品。公共物品是与外部性密切相关的。所谓外部性就是某经济主体的效用函数的自变量中包含了他人的行为,而该经济主体又没有向他人提供报酬或索取补偿。外部性可以分为正外部性和负外部性。环

境污染具有负外部性。它表现为私人成本与社会成本、私人收益与社会收益的不一致。在没有外部性时，私人成本就是生产或消费一件物品所引起的全部成本。当存在负外部性时，由于某一厂商的环境污染，导致另一厂商为了维持原有产量，必须增加一定的成本支出（如安装治污设施），这就是外部边际成本。私人边际成本与外部边际成本之和就是社会边际成本。

由于环境污染这种负外部性的存在，造成了环境资源配置上的低效率与不公平的本质，这促使人们去设计一种制度规则来校正这种外部性，使外部效应内部化。按照庇古的传统，经济学家主张使用税收的方法迫使厂商实现外部性的内部化：当一个厂商施加一种外部社会成本时，应该对它施加一项税收，该税收等于厂商生产每一连续单位的产出所造成的损害，即税收应恰好等于边际损害成本。值得说明的是，这里所讲的"税收"概念是一个学术概念，在实际应用时既可以是税收，也可以是收费，如环境资源税、环境污染税、排污收费等。

庇古税有以下两个作用：

第一，庇古税可以达到资源有效配置，能够导致污染减少到帕累托最优水平。污染者权衡保持污染水平所支付的税收和减少污染少交税所获的收益，控制成本小于税率，则污染减少，直到二者相等时，达到污染最优水平。这有动态和静态两个方面的优势：首先在静态条件下，因为只要有污染就会被征税，企业出于少缴税的目的也要控污；其次在动态方面，若税率不变，企业通过技术进步可以减少对未来税收的支付，庇古税这种提供进一步减少污染的动态效率与静态效率一起被认为是与其他方式相比的主要特点。

第二，庇古税对外部的不经济有矫正性的功效。它通过税收的方式对生产和消费中的外部成本进行矫正，使产量和价格在效率的标准上达到均衡，矫正的边际私人成本使企业认识到在社会层面上的成本，所以又名"矫正性税收"。从另一个角度来看，矫正性税收的优势在于，它很好地避免了税收的扭曲性效应。例如，个人所得税的税率过高时，人们会以闲暇替代，有奖懒罚勤的副作用；相反，庇古税正是将外部不经济调整为经济，是修正性的，在初衷上就避免了扭曲效应。

在实践中，征收环境税、提供补贴、发放污染许可证、收取押金都是间接控制的方法。征收环境税与提供补贴相比，是阻止而不是鼓励资源流入污染严重的企业；无须确定污染的基准点，只需确定单位排放量的税金就够了；可附带得到一笔财政收入。征收环境税与发售污染许可证相比，许可证的发售有膨胀的可能，存在炒买炒卖的投机性。征收环境税与收取押金相比，收取押金的操作相当麻烦，且只能限于很小的范围内。由此可见，征收环境税的确是一个理想的环境保护手段。

2. 补贴

对于正的外部效应内在化的政府矫正性财政补贴的作用有以下两点：一是实现资源配置的帕累托最优，通过调整产量到社会边际效益等于社会边际成本的最佳水平；二是增加消费者效益，鼓励消费。例如，政府可以对增加人们收益的发明者给予直接的投资或贷款的支持，授予专利给予一定期限的保护，也可以通过津贴或奖励的方式予以补偿。对于负的外部效应内在化的政府矫正性税收的作用有以下两点：一是实现资源配置的帕累托最优，调整产量到社会边际效益等于社会边际成本的最佳水平；二是实现部分收入转移，对受害企业或消费者进行补偿。存在负的外部效应的厂商在缴纳与边际污染成本相当的税收后，其边际私人成本和边际社会成本一致，政府可以利用这笔税金来补偿外部效应的受损者。

二、明晰产权

1. 产权的定义

第一，产权首先是指特定的客体，即任何产权都是以特定客体为前提和基础的，产权中"产"即为客体，没有特定客体的存在，产权便不再存在；同样任何产权都是依赖于特定客体的产权，也只能是某一特定客体的产权。在现实生活中，这样的客体有多种表现形式，如财产、资产、资本、商品等。

第二，产权是指主体对客体的权利，即主体与特定客体的关系。这种关系在现实生活中常表现为财产权等，主要包括对财产的所有权、占有权、使用权、支配权、收益权和处置权等，可以说产权是主体对客体一系列权利束的总称。

第三，产权还应该包括不同主体基于对特定客体的权利，相互之间发生的各种各样的经济关系，如常见的领导与被领导，监督与被监督，生产者、经营者、消费者等之间的相互关系。在现代公司制企业中，经常是公司的所有者与公司的管理者以及公司各利益相关者的关系等，构成现代公司法理论的重要内容。

第四，从权利本身的内容来讲，产权的内容包括两个方面：一是特定主体对特定客体和其他主体的权能，即特定主体对特定客体或主体能做什么、不能做什么或采取什么行为的权利；二是该主体通过对该特定客体和主体采取这种行为能够获得什么样的收益，所以产权又称为权益。传统经济学侧重于研究收益的配置机制，而现代经济学侧重于研究权利的配置机制。

2. 产权清晰的重要性

产权清晰是指要以法律形式明确企业的出资者与企业的基本财产关系责任，即企业在产权关系方面的资产所有权及相关权利的归属明确、清晰。它是现代企业制度在产权关系方面所表现出来的特征。

现代企业制度中产权明晰的表现是，如果企业的资产是由国家单独出资形成的，其企业的所有权即对资产的占有、使用、收益和处分的权利属于国家；如果企业的资产是由包括国家在内的多个出资者投资形成的，其企业的资产所有权属于包括国家在内的多个出资者按投资数额分别所有；而企业则拥有包括国家在内的出资者投资形成的全部法人财产权，即由企业资产所有者委托或授权给企业法人对企业全部资产行使占有、使用、处分和收益的权利。企业产权关系明晰后，任何人都不得非法侵犯所有权和法人财产权。

产权清晰之所以重要是因为产权的清晰与否会对产权效率形成直接而重要的影响。在市场经济条件下，产权主体处分产权的目的主要是使财产发挥更好的效用，获得更高的收益。也就是说，任何一项产权，都会有一个效率的问题。产权的效率，指的是将某项财产产权用于交易、经营或者其他目的时产生的经济、社会效果。通常，清晰的产权会导致较高的效率，不清晰的产权则导致较低的效率。

清晰的产权较好地体现了权利与义务的对等、风险与收益的平衡，符合市场经济运行的基本规律和要求，可以从多个方面降低交易成本和提高效率。

（1）减少产权争议发生的可能性，大大降低因产权争议导致的各种成本。不清晰的产权很容易引起产权主体间的产权争议，并导致各种各样的成本。常见的因产权争议引起的成本主要有：协商成本，即产权主体为解决争议进行协商所花费的时间和金钱；诉讼成本，即在协商不成的情况下，产权主体通过诉诸法律的方式解决争议所形成的时间和金钱成本；产权闲置成本，即由于产权争议引起的财产产权被闲置而引起的机会成本；隐性社会成本，产权争议还会导致很高的隐性社会成本，如亲情的湮灭、友情的丧失引起的社会道德水平的下降和社会结构的脆弱化，虽然其成本难以准确估计，但其影响却绝对不容忽视。

（2）在产权内部容易形成有效的激励，从而直接提高产权效率。产权效率的高低，与其内部的激励机制关系密切。

在产权清晰的情况下，产权主体是产权处分结果的确定的承担者，产权结果与产权主体的自身利益直接、紧密相关并且高度对应。由于产权主体都是趋利避害的"经济人"，都追求利益的最大化和损失的最小化，因此，产权主体有强烈的追求良好结果的内在动力。这将有助于在产权内部形成有效的激励机制，从而直接提高产权的效率。

在产权不清晰的情况下，产权主体对产权结果的承担则通常是不确定的、非高度对应的。因此，在产权内部容易形成"机会主义"与"偷懒"行为，产权的内在激励会被弱化，从而导致产权效率的低下。

（3）降低产权保护成本，提高产权内部监督的效率，从而间接地提高产权效率。清晰的产权，还会产生另外两种积极作用。

第一，比较有利于产权的保护。一方面，由于产权清晰，"越界"行为发生的可能性大大降低；另一方面，产权主体出于自身权益的考虑，有对自己的财产产权进行严格保护的动力，这种动力会转化为实际的保护行为。这种可以预期的产权主体的保护行为，会对"意图越界者"产生预先的警戒作用，减少"越界"行为的发生。

第二，提高产权内部监督的效率。在自利动机的驱使下，各产权主体间易于形成较有效率的内部互相监督关系，从而减少、防止内部"越界"行为及机会主义行为的发生。无论是产权保护成本的降低，还是内部监督效率的提高，都会间接导致产权效率的提高。

总而言之，在市场经济条件下，产权清晰与否对产权效率有重要的影响与作用。产权清晰对于产权效率的提高有比较直接、显著的积极性影响，这种影响主要是通过减少产权争议、形成有效的内部激励与内部监督约束、降低产权保护的成本等途径实现的。

三、科斯定理

科斯是新制度经济学的奠基人，因"发现和澄清了交易费用和财产权对经济的制度结构和运行的意义"，荣获了1991年度的诺贝尔经济学奖。科斯获奖的成果在于两篇论文，其中之一就是《社会成本问题》。而《社会成本问题》的理论背景是"庇古税"，长期以来，关于外部效应的内部化问题被庇古税理论所支配。

在《社会成本问题》一文中，科斯多次提到庇古税问题。从某种程度上讲，科斯理论是在批判庇古理论的过程中形成的。科斯对庇古税的批判主要集中在如下几个方面。

第一，外部效应往往不是一方侵害另一方的单向问题，而具有相互性。例如，化工厂与居民区之间的环境纠纷，在没有明确化工厂是否具有污染排放权的情况下，一旦化工厂排放废水就对它征收污染税，这是不严肃的事情。这是因为也许建化工厂在前，建居民区在后。在这种情况下，也许化工厂拥有污染排放权。要限制化工厂排放废水，也许不是政府向化工厂征税，而是居民区向化工厂"赎买"。

第二，在交易费用为零的情况下，庇古税根本没有必要。因为在这时，通过双方的自愿协商，就可以产生资源配置的最佳化结果。既然在产权明确界定的情况下，自愿协商同样可以达到最优污染水平，可以实现和庇古税一样的效果，那么政府又何必多管闲事呢？

第三，在交易费用不为零的情况下，解决外部效应的内部化问题要通过各种政策手段的成本—收益的权衡比较才能确定。也就是说，庇古税可能是有效的制度安排，也可能是低效的制度安排。

上述批判就构成所谓的科斯定理：如果交易费用为零，无论权利如何界定，都可以通过市场交易和自愿协商达到资源的最优配置；如果交易费用不为零，制度安排与选择是重要的。这就是说，解决外部性问题可能可以用市场交易形式即自愿协商替代庇古税手段。

科斯定理进一步巩固了经济自由主义的根基，进一步强化了"市场是美好的"这一经济理念，并且将庇古理论纳入到自己的理论框架之中：在交易费用为零的情况下，解决外部性问题不需要"庇古税"；在交易费用不为零的情况下，解决外部性问题的手段要根据成本—收益的总体比较，也许庇古方法是有效的，也许科斯定理是有效的。可见，科斯已经站在了巨人——庇古的肩膀之上。有的学者把科斯理论看作是对庇古理论的彻底否定，这是一种误解。实际上，科斯理论是对庇古理论的一种扬弃。

随着20世纪70年代环境问题的日益加剧，市场经济国家开始积极探索实现外部性内部化的具体途径，科斯理论随之被投入到实际应用之中。在环境保护领域，排污权交易制度就是科斯理论的一个具体运用。

四、立法和行政手段

为了更加有效地纠正和弥补市场失灵，政府需要不断地去强化经济职能。在市场经济条件下，政府主要存在三项职能：一是提高效率的职能，主要表现在限制垄断、矫正外部效应、提供公共产品等三个方面；二是促进宏观经济的稳定和增长，主要体现在治理失业、通胀和经济失衡方面；三是增进平等的职能，体现在公平收入再分配方面。

1. 提高效率的职能

（1）政府限制垄断，维护竞争。解决垄断的措施有很多种，例如，制定垄断法，加强价格和市场监管，对垄断行业的物价采取国家定价方式，对市场采取引进综合企业，扩大行业的国际化；约束国有企业的垄断，对国有企业采取市场公平竞争策略，规范国有企业的流程；成立国家反垄断预警部门，有相应的行业垄断预警和对策，由商务部直接管理；提高行业的准入机制，完善各企业的技术和核心能力的建设，避免出现技术垄断等；各企业要合理管理，完善技术等保密年限，规范企业的专利和知识产权保护机制，合理运用等。政府要做到限制垄断，维持竞争具体应做到加强成本监控，科学规范价格定制成本。

目前，大部分与居民生活密切相关并且又具有一定垄断经营特征的行业需要实行政府定价，不仅因为这些行业价格的调整直接影响到广大人民群众的切身利益，社会影响面广，还因为垄断行业与消费者之间的信息不对称，消费者无法调查其真实合理的成本。由此可见，代表消费者利益的政府就要采取措施来保护消费者权益。实行成本监控时需要对垄断行业生产经营成本进行严格、认真的审核，科学、合理地确定经营者的实际成本，同时还要根据市场供求、国家政策以及消费者的承受能力综合确定利润率水平。这样就有效地做到了加强成本监控、限制垄断，从而有利于防止垄断企业的乱定价、乱收费等问题，为市场创造一个公平竞争的环境。同时政府要逐步建立、完善反垄断法律法规。虽然现行的法律法规在一定程度上起到了抑制行政垄断的作用，但是对于建立真正健康完善的市场经济体系而言，这样的法治条件远远无法满足市场经济的需求。

（2）政府提供公共产品。由于市场不会自动提供公共产品和公共服务，这体现出市场的重大失灵，所以政府必然成为提供公共产品和服务的主体。政府可以直接生产公共产品或者通过激励非政府部门提供这类产品或服务。具体来讲，政府可以采取多种经济资助手段，鼓励民营企业生产公共产品，国家可以采取多种经济资助手段，如补助津贴、优惠贷款、无偿赠款、减免税收等引导民营企业参与公共产品生产。

2. 有效治理失业、通货膨胀和经济失衡，促进宏观经济的稳定和增长

针对失业，我国于1986年建立了失业保险制度，并于1999年1月颁布《失业保险条例》，使我国建立起与社会主义市场经济相适应的失业保险制度。同时还需要做六个方面的努力以确保我国的失业保险制度更加完善：一是适时提高统筹层次，加大省级调剂力度，建立失业保险中央调剂金;二是提高失业保险的给付水平;三是参照工伤保险,建立差别费率和浮动费率相结合的费率调整机制;四是建立农民工失业保险制度或失业救济制度;五是完善失业统计指标体系;六是加强对失业保险基金的管理。

针对我国的通货膨胀,我国政府可以通过通货紧缩政策和收入政策来解决。通货紧缩政策通常采用的方法是增加税收、提高贴现率和减少信贷总额;收入政策是通过限制工资、物价的上涨来抑制通货膨胀。

针对我国经济的内外部失衡,分别针对内部失衡和外部失衡提出解决措施,首先是改变内部失衡的状态:第一,通过合理控制投资、优化投资结构来改变投资的低效;第二,通过增加长期的消费倾向来解决消费不足的问题,如增加居民消费尤其是农民消费,增加对低收入家庭的补助、家电下乡补贴、农机购置补贴等;第三,通过增加对公共产品的投资来杜绝储蓄过高的现象,还可以通过加快社会保障体系建立和国内金融体制的改革,提高国内储蓄转化为国内投资的效率。其次是改变外部失衡的状态,可以通过加快人民币汇率改革的手段,实行有管理的货币升值对通货膨胀和经济过热起到缓冲的作用,同时也要注意与其他政策相配合来减少升值的幅度和对经济带来的不利影响。此外,有效改变我国经济内外部失衡状态的措施还有发展服务业、转变政府职能等。

3. 增进公平的职能,调节收入分配,主要是通过运用收入再分配来弥补市场失灵

收入再分配是指在进行了初次分配的基础上,对市场范围内的全体社会成员,通过征收个人所得税、实施社会保障制度实行的收入分配。收入再分配的主旨是增进经济公平和社会公平,有效缩小社会差距。改革开放以来,我国基本建立了包括税收、社会保障、农村扶贫、社会救济、财政转移支付等政策工具在内的再分配调节体系。为了保证收入再分配措施的有效开展,还要进行相关配套的方法,如健全个人所得税体系,积极促进教育公平和医疗公平的实现,保证财政优先增长用于改善民生的支出等。

五、政府调控经济的有限性

现代市场经济条件下,市场调节和政府干预是有机结合在一起的。实践证明,市场的作用不是万能的,市场会出现失灵,同样政府的作用也不是万能的,政府的干预也会出现失灵。在我国市场经济发展的过程中,正确处理好政府与市场的关系,减少政府失灵,对于完善我国社会主义市场经济体制具有重要意义。

1. 政府调控能力有限性的主要原因

(1)政府失灵。政府失灵,是指国家行动不能改善经济效率或政府把收入再分配给不恰当的人,个人对公共物品的需求得不到很好的满足,公共部门在提供公共物品时趋向于浪费和滥用资源,致使公共支出规模过大或者效率降低,政府的活动并不总像应该的那样或像理论上所说的那样"有效"。在布坎南看来:"政府作为公共利益的代理人,其作用是弥补市场经济的不足，并使各经济人所作决定的社会效应比政府进行干预以前更高。否则，政府的存在就无任何经济意义。但是政府决策往往不能符合这一目标，有些政策的作用恰恰相反。它们削弱了国家干预的社会'正效应'，也就是说，政策效果削弱而不是改善了社会福利。"

政府失灵与市场失灵一样是一种客观存在的现象，它是政府克服市场失灵所导致的效率损失超过市场失灵所导致的效率损失。一般来说，政府失灵表现为以下几种情形：其一，政府干预经济活动达不到预期目标；其二，政府干预经济活动虽达到了预期目标，但成本高昂且效率低下；其三，政府干预经济活动达到预期目标且效率较高，但引发负效应。

(2) 政府失灵的表现。

第一，政府政策的低效率。政府政策的低效率，即公共决策失误，是指政府干预经济活动达不到预期目标或者政府干预虽达到了预期目标但成本高昂。首先，政府制定所谓的公共政策并不一定代表社会公共利益，政府的思维方式和具体行为也并非完全理性、完全符合公共利益，如政府有关部门为维护本部门利益而出台的非公益性政策、地方保护主义等。在这种情况下，政府往往借社会公共利益之名行政府机构私利之实，从而导致政府失灵。其次，公共政策的制定过程实际上是一个涉及面很广、错综复杂的过程，而正确的决策必须以充分可靠的信息为依据。但由于这种信息分散在无数的微观个体行为者之中，政府很难全面掌握，加上现代市场经济活动的复杂性和多变性，增加了政府对信息分析处理的难度，很容易导致政府决策的失误，出现政府失灵。此外，公共政策在执行上也存在着一些难以逾越的障碍。任何好的政策在实施和执行的过程中，都必须具有相应的前提和条件，主要包括必要的政策资源、正确的执行策略、合格的执行者、有效的沟通、正确的协调、适宜的环境、有效的监督等，这些因素中的任何一方面或它们之间的配合出了问题，都可能导致政策失效。另外，在政策实施和执行的过程中，由于中央和地方的财权与事权的分离及两者利益上的差异，易发生下级政府执行不力的情况，这必然导致政策失效。

第二，政府工作机构的低效率。首先，由于政府在提供公共物品的时候处于垄断地位，政府不但是公共物品的唯一提供者，而且政府中的各个部门也分别处于各类公共物品的垄断生产者地位，相互之间因为缺乏替代性而无竞争，这样政府各部门就缺乏降低成本、提高服务质量的压力。其次，由于政府官员花的是纳税人的钱，没有产权约束，在行政时往往不太考虑成本，而且本部门的年度财政节余不能自留，降低成本不能给本部门带来直接的收益，因此政府各部门都有扩大开支预算的倾向。再次，政府在提供公共物品和从事其他政府行为时，由于政府行为机制与市场机制的差异以及公共物品价格的非敏感性，衡量这些行为的社会成本和社会收益比确定市场行为的成本收益更加困难，政府在很多情况下很难利用"边际社会成本等于边际社会收益"的原则来判断自己的行为是否有效率。最后，由于民众与政府机构的地位不平等和信息不对称及监督力量薄弱，全社会缺乏对政府机构和官员的有效监督，从而不能很好地促进政府提高效率。

第三,政府的创租、寻租活动及官员腐败。租金是指某种资源由于产权垄断或经营垄断而产生的超额收入。寻租是指由于政府的无意创租、被动创租和主动创租可使经济中产生巨额租金,经济人通过各种政治的、经济的、合法的、非法的手段从政府官员那里获得某种垄断特权或者是政府机构及其官员直接凭借其垄断特权而取得的非生产性利润的活动。由于寻租排除竞争,造成经济上的特权,阻碍生产效率的提高,过度干预资源配置,可能使社会平均利润被少数生产者不公平地占有。同时寻租活动把本来可用于生产活动的资源浪费在无益于增加社会财富的活动上,实质上增加了全社会的非生产性支出,其存在直接带来了资源配置的无效率及分配不公。更值得注意的是,寻租活动扭曲了政府行为,如果政府官员接受了来自企业的特殊利益,就会使政府行为出现不公正,出现官员滥用权力的腐败现象。

第四,政府机构的内在效应及其规模的扩张。政府行为的内在效应是指政府机构及其官员在以追求公共利益或社会福利为借口的同时,力求实现自身的组织目标或自身利益的现象。如同外部性被看成是市场缺陷及市场失灵的一个重要原因一样,内在效应被认为是非市场缺陷及政府失灵的一个基本原因。沃尔夫曾指出,市场缺陷理论的核心是外在性,而非市场缺陷理论的核心是内在性。内在效应使政府机构在非市场活动中不断扩大机构规模和提高运行成本,使其高于技术上的成本,导致较高的单位成本和比社会有效水平更低的非市场产出水平,这样就产生了非市场缺陷。政府部门这种追求私利的内在效应必然使社会资源低效配置,并极大地促进政府机构规模的扩张。虽然这种扩张表面上可能包含着政府要做得更好的愿望,但其结果却是事与愿违。政府也是由经济人组成的,无论是扩大官员自己的权限,还是提高待遇,都要通过扩大本部门的规模和提高预算来实现。为了本部门规模的最大化和预算的最大化,官员总是设法从上级争取更多的拨款,政府开支因此而增加,其结果虽然有利于官员所属的部门,但公共福利却受到损失。既然内部性决定了政府机构的行为及运行,那么政府机构对"利润"的追求在很大程度上左右了那些意志薄弱的行政部门和贪图享乐的政府官员,可能会诱使其行为动机和行为准则偏离服务的宗旨,以至于他们很可能无视国家和人们的利益,利令智昏,运用人们赋予的权力贪婪地追逐"私人"利益。

(3) 政府失灵的原因。

第一,信息不完全。斯蒂格利茨认为,如同私人部门面临的信息不完全一样,公共部门制定和实施决策时也有信息不完全的问题。例如,政府难以确定把公共福利给予哪些真正需要关怀或帮助的人。如果要把真正应该享受福利的人与不应该享受福利的人区分开来,其成本可能是很高的。在我国,还存在严重信息失真的问题,这方面主要指统计数据的掺假。由于考核地方官员以经济增长为主要指标,这就鼓励了各地官员在统计数据上弄虚作假,以虚假信息来对付上级政府的考核,而中央往往根据这些层层上报的有严重水分的失真数据作出形势判断,并制定相应的政策,这种政策供给的无效率可想而知。

第二，政府官员的动机。政府官员是为自己的利益工作的，而政府政策具有公共物品的性质，这就使得政府官员没有足够的动力去设计符合公共利益的政策。政府官员在一套既定的公务员规则下工作，这种规则往往不够灵活，它很难给好的官员相当于私人部门中做类似工作的人的那种工资水平，或者很难给他们提供提升的机会，更为困难的是难以解雇能力低下的官员或将他们降职。因此，难以给政府官员提供有效的激励。

第三，难以预期私人部门对政府计划的反应，从而使政府行为的后果具有不确定性。政府行动的成败不仅取决于政府官员的动机，而且取决于私人部门的反应。私人部门对政府行动的意外反应有时候使政府计划南辕北辙。例如，政府通过医疗计划向老年人提供近乎免费的医疗保健，但是这项计划却导致老年人对医疗服务的需求大量增加，由此导致政府在这方面的开支远远高于先前预期的水平。私人部门对政府计划的反应与政府计划的不一致性，也是导致政府失灵的原因之一。

第四，对政府行为的监督缺乏力度。监督机构不能完全行使独立的监督权，监督者有可能被被监督者操作或支配，使获得信息的渠道不畅通，难以对政府机构的运行了如指掌。

2. 解决政府调控能力有限性的措施

政府失灵是客观存在的，政府失灵是随着经济发展而产生的一种客观经济现象，只要政府存在，政府失灵就不可能消除。因此，我们的目标是如何最大限度和最为有效地减少政府失灵。正如布坎南所说，"市场的缺陷并不是把问题交给政府去处理的充分条件""政府的缺陷至少和市场一样严重"。

在现行的民主制度下，没有一种选择机制可以称得上是最优选择机制或有效率的选择机制。既然政治市场上现行的选择机制是失灵的，那么出路何在？公共选择理论为此提出市场化改革和宪法制度改革两种思路。市场化改革是由公共选择理论中的芝加哥学派提出的，宪法制度改革是由公共选择理论中的弗吉尼亚学派提出的。

所谓市场化改革是试图通过把经济市场的竞争机制引入政治市场来提高后者的运行效率。市场化改革的思路主要包括三个方面的内容：一是明晰和界定公共物品——公有地、公海、公共资源——的产权，希望以此消除在这些公共物品使用上的"逃票乘车"和掠夺性消费；二是在公共部门之间引入竞争机制，重构政府官员的激励机制，允许办事机构的负责人把他们生产中节省的成本以奖金的形式发给官员或用作预算外投资，按照市场经济原则来组织公共物品的生产；三是重新设计公共物品的偏好显示机制，使投票人尽可能真实地显示其偏好。

所谓宪法制度改革，是试图通过建立一套经济和政治活动的宪法规则来对政府权力施加宪法约束，通过改革决策规则来改善政治。在公共选择理论家们看来，要克服政府干预行为的局限性及减少政府失灵，最关键的是要在宪制上做文章，布坎南认为，要改进政府的行政过程，首先必须改革规则，因此，"公共选择的观点直接导致人们注意和重视规则、宪法、宪法选择和对规则的选择"。布坎南等人着重从立宪的角度分析政府制定的规则和约束经济与政治活动的规则或限制条件,即他们并不直接提出具体的建议供政策制定者选择,而是为立宪改革提供一种指导或规范建议,为政策制定提出一系列所需的规则和程序,从而使政策方案更合理,减少或避免决策失误。

建立完善的机制来解决政府失灵问题,其目的在于确保政府在弥补市场失灵的基础上,进而采取一定的措施防止政府失灵,实现经济与社会发展、市场调节与政府干预之间的良性互动关系和最优组合。"政府失灵"的矫正也是相对的,事实上不可能完全消除,就像"市场失灵"的矫正一样,矫正的结果又会产生一些新的问题。对"市场失灵"的矫正和对"政府失灵"的矫正,都是为了寻求一种市场与政府的相对有效组合,这种组合关系要随着社会经济的发展变化而不断调整、修正。

本章小结

由于存在垄断、外部性、不完全信息和公共产品等因素以致市场机制无法使资源达到最优的配置时会导致市场失灵。由于存在外部性,科斯定理提出了明晰产权的重要性。市场存在着信息的不完和不对称,买者和卖者之间的不对称信息导致次品市场和逆向选择,而逆向选择会产生市场配置的低效率。为了解决道德风险和信息不对称问题,必须充分发挥市场的信号作用,进行激励机制的设计。公共物品存在"搭便车"问题,所以市场机制不能自发地产生公共物品的供给,要运用一致的统一规则、多数规则等公共选择方法来分析公共产品的供给。

课后习题

一、名词解释

市场失灵　公共物品　信息不对称　搭便车　逆向选择　科斯定理

二、简答题

1. 市场经济有哪些缺陷?
2. 公共物品有什么特点?
3. 为什么公共物品只能靠政府来提供?
4. 公共物品和私人物品在最优产量决定上有什么区别?
5. 举例说明外部经济和外部不经济。
6. 如何克服外部不经济对社会的影响?

三、计算题

1. 假定某社会只有 A、B 两个公民。A 对某公共物品的需求是 $Q=100-P_A$,B 对该公共物品的需求是 $Q=200-P_B$,每单位该物品的边际成本为 120 元。问:

（1）该物品的社会最优产出水平是多少?

（2）如果该物品由私人厂商生产,产出会有多少?

2．在一个社区内有三个集团，他们对公共电视节目小时数 T 的需求曲线分别为：$W_1=100-T$，$W_2=150-2T$，$W_3=200-T$。假定公共电视是一种公共物品，它能以每小时 100 美元的不变边际成本生产出来。

（1）公共电视有效率的小时数是多少？

（2）如果电视为私人物品，一个竞争性的私人市场会提供多少小时数？

3．设一个公共牧场的成本是 $C=5x^2+3\,000$，其中，x 是牧场上养牛的头数，牛的价格为 $P=1\,000$ 元。

（1）求牧场净收益最大时的养牛数。

（2）若该牧场有 5 户牧民，牧场成本由他们平均分担，这时牧场上将会有多少养牛数？这会引起什么问题？

第九章　宏观经济数据及测量

 学习目标

通过本章的学习，可以了解和掌握宏观经济的目标以及重要的统计数据——国内生产总值——用数量表示了经济的运行状况，公共和私人决策者用这些统计数据来监视经济的变动并制定适当的政策，经济学家用这些统计数据建立并检验有关经济运行的理论。

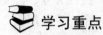 学习重点

（1）宏观经济目标；
（2）宏观经济数据分析。

 学习难点

GDP 的核算及其相关计算

 引导案例

美国劳工部 2013 年 7 月公布的数据显示，6 月份美国非农业部门失业率仍维持在 7.6%。由于美国 6 月份新增就业岗位数量好于预期，提升了市场对于美联储收紧宽松货币政策的预期，美元兑其他货币汇率走高，美元指数一度涨至 84.50，创下自 2010 年 6 月以来的最高水平。受此影响，上周五国际金价重挫近 3%。失业率是投资者判断美联储政策走向的重要指标。失业率也是反映一个国家或地区失业状况的重要指标。

第一节　宏观经济目标

一、宏观经济目标及其含义

从西方国家战后的实践来看，宏观经济目标一般包括经济增长、充分就业、物价稳定和国际收支平衡等四项。

1. 经济增长

西方经济学家认为，经济活动的最终目标是消费，而消费最大化以人均产量的最大化

即经济增长为前提。因此,经济增长是宏观经济的重要目标。这里的"经济增长"是指一个特定时期内经济社会所生产的人均产量和人均收入持续增长,一般以实际国民生产总值的年平均增长率来衡量。但由于各国所处的经济发展阶段以及资源和技术状况不同,经济增长的速度会有差别。一般来说,经济处于较低发展阶段的增长较高,而处于较高发展阶段的增长率会较低。因此,很难用具体的增长率数值来规定经济增长。此外,经济增长在带来社会经济福利增加的同时,也要付出代价,如造成环境污染、引起各种社会问题等。因此,经济增长的目的不仅在于提高人均收入水平,而且在于解决贫困问题和收入再分配问题。就某一个国家来说,经济增长的目标应该是实现与本国具体情况相符的适度增长率。

2. 充分就业

充分就业是宏观经济政策的首要目标。凯恩斯宏观经济学将失业分为摩擦性失业、自愿性失业和非自愿性失业三类。摩擦性失业和自愿性失业这两类失业是任何经济手段都无法消除的自然失业。它不仅难以避免,而且也是经济所必需的,因而充分就业目标不包括这类失业的消除。

充分就业目标的真实含义只是指非自愿失业的消除。可见,充分就业并不是指失业率为零,而是指维持一定水平的失业率,这个失业率称为自然失业率或正常失业率。因此,自然失业的存在与充分就业并不矛盾,当然,自然失业率也要保持在一定的水平之下,否则是社会所无法接受的。各国在不同时期根据不同情况确定自然失业率水平。

此外,充分就业目标还有一种更广泛的含义,不仅指劳动这一生产要素,而且包括资本、土地、企业家才能等所有各种生产要素都按他们的所有者愿意接受的价格全部被投入生产和使用的经济状态,即全社会的经济资源被充分利用的经济状态。

3. 物价稳定

这里所说的物价稳定是指一般价格水平,即物价总水平的稳定。也就是说,它既不是指单个商品价格水平的稳定,也不是指物价总水平的固定不变,而是指物价总水平不出现剧烈的、大幅度的上涨,不出现恶性通货膨胀。因此,西方经济学家认为,物价稳定与价格总水平的温和上涨并不矛盾。物价稳定并不是通货膨胀率为零,而是维持一种能为社会所接受的低而稳定的通货膨胀率的经济状态。他们把每年平均为 1%~3%或不超过 4%的通货膨胀率称做温和的或爬行的通货膨胀。他们认为通货膨胀率控制在这一变动幅度内就算实现了物价稳定的目标,并认为低而稳定的通货膨胀不会对经济产生不利影响,反而有刺激经济增长的积极作用。

4. 国际收支平衡

这也是宏观经济政策一个具有重要意义的目标。所谓国际收支平衡是指既无国际收支赤字又无国际收支盈余的状态。从长期看,无论是国际收支赤字还是盈余都对一国经济有不利的影响,会限制和影响其他经济政策目标的实现。长期的国际收支盈余是以减少国内消费与投资,从而不利于充分就业和经济增长为代价的。国际收支赤字要由外汇储备或借款来偿还，外汇储备与借款都是有限的，长期国际收支赤字会导致国内通货膨胀。在国际收支平衡中，贸易收支的平衡更为重要。

二、各目标之间的关系

值得注意的是，上述四个宏观经济目标之间并不是完全一致的，它们之间存在着矛盾，也就是说，要同时实现是有困难的。因此，如何确定重点政策目标和采取具体的政策措施协调各经济目标之间的矛盾，就成为宏观经济政策的重要内容。

1. 物价稳定与充分就业之间的矛盾

英国经济学家菲利普斯发表了一篇题为《1861—1957 年英国失业率与货币工资变动率之间的关系》的论文，画出了一条向右下方倾斜的曲线，即著名的菲利普斯曲线，得出结论：失业率和物价上涨率之间存在着此消彼长的关系。

图 9-1 中，纵轴代表名义工资上升率或通货膨胀率，横轴代表失业率。菲利普斯曲线表明，一个国家要实现充分就业，就必须增加货币供应量，降低税率，增加财政支出，以刺激总需求的增加。而总需求的增加，在一定程度上必然引起物价总水平的上升；相反，要降低物价上涨率，就必须缩减货币供应量，提高税率，削减政府支出，这又会导致失业率的提高。因此，失业率和通货膨胀率之间只能有三种选择：一是通货膨胀率较高的充分就业；二是失业率较高的物价稳定；三是物价上涨率和失业率两级之间的组合。显然，中央银行的货币政策目标只能是在物价上涨率与失业率之间进行的相机抉择。

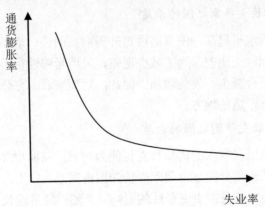

图 9-1 菲利普斯曲线中通货膨胀率与失业率之间的关系图

2. 物价稳定与经济增长之间的矛盾

各国的实践表明，经济增长常常伴随着物价的上涨。在经济衰退时期采取扩张性货币政策，以刺激总需求、促进经济增长和减少失业，但这常常造成流通中的货币数量相对过多，导致物价上涨。从另一个角度来讲，在治理通货膨胀的过程中也通常要牺牲经济增长。

因为这种情况下采取的紧缩性货币政策,会抑制投资和消费,往往阻碍经济增长并促使就业机会减少。例如,美国在 1980—1984 年间治理通货膨胀的代价是:通货膨胀率每降低 1 个百分点,就会损失 1 000 亿~2 200 亿美元的 GNP。可见,物价稳定与经济增长之间有一定的矛盾,选择这两个目标的一个最优结合点,便成为货币政策选择的一个问题。

3. 物价稳定与国际收支平衡之间的矛盾

对于开放经济条件下的宏观经济,以物价稳定为目标的货币政策措施常常会影响到国际收支平衡。如果针对国内发生的通货膨胀,中央银行采取紧缩性货币政策,提高利率或降低货币供应量,那么在资本自由流动的条件下,利率的提高有可能导致资本的流入,资本项下出现顺差,同时由于国内物价上升的势头减缓和总需求减少,出口增加,进口减少,经常项目下也可能出现顺差,这样就会导致国际收支失衡;相反,片面地追求贸易平衡而人为制造货币贬值以刺激出口,也可能导致国内通货膨胀的加剧。

4. 物价稳定与金融市场稳定之间的矛盾

中央银行为了实现物价稳定的目标而调节货币供应量时,一个常用的手段就是在金融市场上买卖债券(公开市场业务),而这种手段的实施必然会影响债券价格,进而使利率发生波动,金融市场变得不稳定。但如果中央银行以稳定利率为目标而变动货币供应量,又会通过对总需求的作用而导致物价的不稳定。另一方面,中央银行为了稳定金融体系,救助濒临倒闭的商业银行而发挥最后贷款人职能时,也可能因为货币供应量的增加而导致物价不稳定。

5. 充分就业与国际收支平衡之间的矛盾

就业人数增加,收入水平提高,使得国内对外国商品的进口增加,国内商品的出口相对减少,从而扩大了国际收支逆差。为了减少逆差,采用紧缩性货币与财政政策来抑制国内需求,这又导致就业机会减少、失业增加。因此,短期来看,充分就业与国际收支平衡这两个目标也存在着相互矛盾的地方。

6. 经济增长与国际收支平衡之间的矛盾

国内经济增长会导致国民收入的增加和支付能力增强,从而增加对进口商品的需求,同时国内本来用于出口的一部分商品也因此而转为国内需求。如果出口贸易的增长不足以抵消这部分需求,必然会对贸易产生逆差性的影响。当然,经济增长对外资的吸引也是一个需要考虑的因素。虽然外资的流入会导致国际收支中资本项目出现顺差,在一定程度上可以弥补由贸易逆差造成的国际收支失衡,但也并不能确保经济增长与国际收支平衡目标的同时实现。

因此,在制定经济政策时,必须对经济政策目标进行价值判断,权衡轻重缓急和利弊得失,确定目标的实现顺序和目标指数高低,同时使各个目标能有最佳的匹配组合,使所选择和确定的目标体系成为一个和谐的有机的整体。

阅读材料 9-1

2013 年我国经济社会发展的主要目标

2013 年是全面贯彻落实党的十八大精神的开局之年，是实施"十二五"规划承前启后的关键一年，是为全面建成小康社会奠定坚实基础的重要一年，做好今年经济社会发展工作的意义重大。2013 年，经济社会发展的主要预期目标如下。

经济保持平稳增长。国内生产总值增长 7.5%左右。主要考虑：一方面，保持适度的经济增长，符合经济实际运行情况，有利于稳定社会预期和增强信心，为增加就业、改善民生提供必要条件，为转方式、调结构、改善企业经营和财政收入状况创造稳定环境；另一方面，是为了更好地落实科学发展观，营造推进结构调整、加快转变经济发展方式和深化改革开放的良好环境，引导各方面把工作重心放到转方式、调结构上，放到提高经济增长的质量和效益上。同时，2013 年我国经济发展还面临不少困难和挑战，实现 7.5%左右的增长目标需要付出艰苦的努力。

发展的平衡性、协调性、可持续性进一步增强。加快发展服务业，提升服务业发展质量；研究与试验发展经费支出占国内生产总值比例提高到 2.05%；区域发展更趋协调，城镇化质量继续提高，城乡发展一体化扎实推进；能源资源节约和生态环境保护加强，单位国内生产总值能耗和二氧化碳排放量均下降 3.7%以上，主要污染物排放量继续减少。主要考虑：适应我国发展重要战略机遇期内涵和条件的变化，实现有质量、有效益、可持续的发展，必须加快转变经济发展方式，坚持科技引领和创新驱动，推动工业化、信息化、城镇化、农业现代化同步发展，构建现代产业发展新体系；必须深入落实区域发展总体战略和主体功能区战略，提升基本公共服务均等化水平，推进区域协调发展；必须把生态文明建设放在更加突出的位置，融入经济建设、政治建设、文化建设、社会建设各方面和全过程，推进绿色发展、循环发展、低碳发展。

价格总水平基本稳定。居民消费价格涨幅 3.5%左右。主要考虑：绝大多数商品供应充足，特别是粮食产量实现"九连增"，库存充裕，保持物价总水平基本稳定有较好的物质基础。但是，推动物价上行的因素不容忽视，主要包括：土地、劳动力等要素价格和农产品、服务类价格仍存在上涨压力，输入性通胀压力也会有所抬头，预计新涨价因素在 2 个百分点左右；上年居民消费价格上涨的翘尾因素约 1 个百分点；促进资源节约和环境保护，理顺资源性产品价格也需要留出一定空间。

人民生活水平进一步提高。城镇新增就业 900 万人以上，城镇登记失业率控制在 4.6%以内；城乡居民收入实际增长与经济增长同步；社会保障制度进一步完善、保障水平稳步提高；社会事业加快发展；人口自然增长率保持在 6.5‰以内；城镇保障性安居工程住房基本建成 470 万套、新开工 630 万套；在保证质量和标准的前提下，改造农村危房 300 万户以上。主要考虑：坚持民生优先，使发展成果更多、更公平地惠及全体人民，必须统筹兼顾、尽力而为，把保障改善民生的事情办好；但是经济增速相对前几年有所放缓，化解产能过剩矛盾，都会影响就业和居民收入，财政收支压力加大也会影响对民生领域的投入，必须突出重点、量力而行，把保障改善民生的事情办实。

国际收支状况进一步改善。外贸进出口总额力争增长 8%左右，低于上年预期目标，高于上年实际增速，服务贸易发展加快；利用外资结构进一步优化，对外投资稳步扩大。主要考虑：世界经济低速增长态势仍将延续，主要经济体总需求仍较疲弱，各种形式的保护主义明显抬头，我国出口面临的形势依然严峻，同时世界经济格局持续调整，我们实行更加积极主动的开放战略，抓紧创建新的竞争优势，就可以更好地利用两个市场、两种资源，稳定和扩大国际市场份额，进一步提升开放型经济水平。

资料来源：国家发展和改革委员会. 关于 2012 年国民经济和社会发展计划执行情况与 2013 年国民经济和社会发展计划草案的报告，2013-03-19

第二节 国民收入核算

科学家、经济学家和侦探有许多共同之处：他们都想理解自己周围的世界发生了什么。为了做到这一点，他们既依靠理论也依靠观察。他们建立理论是要说明他们所看到的事情的含义。在形成理论之后，他们转向更系统地观察，以便评价理论的正确性。只有在理论与事实一致时，他们才感到自己理解了事态。

今天，经济数据提供了系统而客观的信息来源，几乎每天的报纸都有关于一些新近公布的统计资料的报道。这些统计资料多数是政府编制的。政府机构对家庭和企业进行调查，了解他们的经济活动、他们赚了多少钱、他们购买什么，他们支付的价格是多少，以及他们有工作还是在找工作等。从这些调查中，计算出概括经济状况的各种统计数据。经济学家用这些统计数据研究经济，决策者用这些统计数据监控经济的发展并制定政策。

本节集中关注经济学家和决策者最常用的经济统计数据——国内生产总值或 GDP，它告诉我们一国的总收入及其用于产品与服务产出的总支出。在以下内容中，我们将看到这些统计数据是如何计算的，它们告诉我们有关经济的哪些信息。

一、国内生产总值

国内生产总值（Gross Domestic Product，GDP）是指在一定时期内（一个季度或一年），一个国家或地区的经济中所生产出的全部最终产品和劳务的价值，常被公认为衡量国家经济状况的最佳指标。它不但可反映一个国家的经济表现，还可以反映一国的国力与财富。

1. GDP 的概念

第一，国内生产总值是用最终产品来计量的，即最终产品在该时期的最终出售价值。一般根据产品的实际用途，可以把产品分为中间产品和最终产品。所谓最终产品，是指在一定时期内生产的可供人们直接消费或者使用的物品和服务。这部分产品已经到达生产的最后阶段,不能再作为原料或半成品投入其他产品和劳务的生产过程中去,如消费品、资本品等。中间产品是指为了再加工或者转卖用于供别种产品生产使用的物品和劳务,如原材料、燃料等。GDP 必须按当期最终产品计算,中间产品不能计入,否则会造成重复计算。

第二,国内生产总值是一个市场价值的概念。各种最终产品的市场价值是在市场上达成交换的价值,都是用货币来加以衡量的,通过市场交换体现出来。一种产品的市场价值就是用这种最终产品的单价乘以其产量获得的。

第三,国内生产总值一般仅指市场活动导致的价值。那些非生产性活动以及地下交易、黑市交易等不计入 GDP 中,如家务劳动、自给自足性生产、赌博和毒品的非法交易等。

第四,GDP 是计算期内生产的最终产品价值,因而是流量而不是存量。

第五,GDP 不是实实在在流通的财富,只是用标准的货币平均值来表示财富的多少。但是,生产出来的东西能不能完全地转化成流通的财富,是不一定的。

2. GNP 与 GDP

国民生产总值(GNP)是一个国民概念,是指某国国民所拥有的全部生产要素在一定时期内所生产的最终产品的市场价值。因此,一个在日本工作的美国公民的收入要计入美国的 GNP 中,但不计入美国的 GDP 中,而计入日本的 GDP 中。在 1991 年之前,美国均是采用 GNP 作为经济总产出的基本测量指标,后来因为大多数国家都采用 GDP,再加上国外净收入数据不足,GDP 相对于 GNP 来说是衡量国内就业潜力的更好的指标,易于测量,所以美国才改用 GDP。

3. 实质增长

实质 GDP 和名义 GDP 通常是不等的(只有计算实质 GDP 的固定价格的基数年相等),它们之间的关系是

实质 GDP=名义 GDP÷本地生产总值平减物价指数(指以基期为 100 该期间的指数)

名义 GDP=实质 GDP×本地生产总值平减物价指数

至于名义 GDP 增长率与实质 GDP 增长率的关系,则是

名义 GDP 增长率=[(1+实质 GDP 增长率)×(1+本地平减物价指数升幅)×100%]-1

4. GDP 核算的方法

GDP 核算有三种方法,即生产法、收入法和支出法,三种方法从不同的角度反映国民经济生产活动的成果。生产法是从生产的角度衡量常住单位在核算期内新创造价值的一种方法,即从国民经济各个部门在核算期内生产的总产品价值中,扣除生产过程中投入的中间产品价值,得到增加值。核算公式为:增加值=总产出-中间投入。收入法是从生产过程创造收入的角度,根据生产要素在生产过程中应得的收入份额反映最终成果的一种核算方法。按照这种核算方法,增加值由劳动者报酬、生产税净额、固定资产折旧和营业盈余四部分相加得到。支出法是从最终使用的角度衡量核算期内产品和服务的最终去向,包括最终消费支出、资本形成总额和货物与服务净出口三个部分。

(1) 生产法。用生产法核算 GDP，是指按提供物质产品与劳务的各个部门的产值来计算国内生产总值，又叫部门法。这种计算方法反映了国内生产总值的来源。

运用这种方法进行计算时，各生产部门要把使用的中间产品的产值扣除，只计算所增加的价值。商业和服务等部门也按增值法计算。卫生、教育、行政、家庭服务等部门无法计算其增值，就按工资收入来计算其服务的价值。

按生产法核算国内生产总值，可以分为下列部门：农、林、渔业；矿业；建筑业；制造业；运输业；邮电和公用事业；电、煤气、自来水业；批发、零售商业；金融、保险、不动产；服务业；政府服务和政府企业。把以上部门生产的国内生产总值加总，再与国外要素净收入相加，考虑统计误差项，就可以得到用生产法计算的 GDP 了。

从理论上说，按支出法、收入法与生产法计算的 GDP 在量上是相等的，但实际核算中常有误差，因而要加上一个统计误差项来进行调整，使其达到一致。在实际统计中，一般以国民经济核算体系的支出法为基本方法，即以用支出法计算出的国内生产总值为标准。

在我国的统计实践中，收入法计算 GDP 分为四项：

GDP=劳动者报酬+生产税净额+固定资产折旧+营业盈余

第一项为劳动者报酬，是指劳动者因从事生产活动所获得全部报酬，劳动者报酬包括劳动者获得的各种形式的工资、奖金和津贴（既包括货币形式的，也包括实物形式的），还包括劳动者所享受的公费医疗和医药卫生费、上下班交通补贴和单位支付的社会保险费等。

第二项为生产税净额，指生产税减生产补贴后的余额。生产税指政府对生产单位生产、销售和从事经营活动，以及因从事生产活动使用某些生产要素（如固定资产、土地、劳动力）所征收的各种税、附加费和规划费。生产补贴与生产税相反，是指政府对生产单位的单方面的收入转移，因此视为负生产税，包括政策亏损补贴、粮食系统价格补贴、外贸企业出口退税等。

第三项为固定资产折旧，是指一定时期内为弥补固定资产损耗按照核定的固定资产折旧率提取的固定资产折旧。它反映了固定资产在当期生产中的转移价值。

第四项为营业盈余，是指常驻单位创造的增加值扣除劳动报酬、生产税净额和固定资产折旧后的余额。它相当于企业的营业利润加上生产补贴。

(2) 收入法。收入法核算 GDP，就是从收入的角度把生产要素在生产中所得到的各种收入相加来计算的 GDP，即把劳动得到的工资、土地所有者得到的地租、资本得到的利息以及企业家才能得到的利润相加来计算 GDP。这种方法又叫要素支付法、要素成本法。

在没有政府的简单经济中，企业的增加值即其创造的国内生产总值，就等于要素收入加上折旧，但当政府介入后，政府往往征收间接税，这时的 GDP 还应包括间接税和企业转移支付。间接税是对产品销售征收的税，它包括货物税、周转税。这种税收名义上是对企业征收的，但企业可以把它纳入生产成本之中，最终转嫁到消费者身上，故也应视为成本。同样，还有企业转移支付（即企业对非营利组织的社会慈善捐款和消费者呆账），它也不是生产要素创造的收入，但要通过产品价格转移给消费者，故也应看作成本。资本折旧也应计入 GDP，它虽不是要素收入，但包括在应回收的投资成本中。

还有，非公司企业主收入也应计入 GDP 中。非公司企业主收入，是指医生、律师、小店铺主、农民等的收入。他们使用自己的资金、自我雇用，其工资、利息、租金很难像公司的账目那样，分成其自己经营应得的工资、自有资金的利息、自有房子的租金等，其工资、利息、利润、租金常混在一起作为非公司企业主收入。

这样，按收入法计算的公式为

$$GDP=工资+利息+利润+租金+间接税和企业转移支付+折旧$$

也可看成是

$$GDP=生产要素的收入+非生产要素的收入$$

从理论上讲，用收入法计算出的 GDP 与用支出法计算出的 GDP 在量上是相等的。

（3）支出法。支出法核算 GDP，就是从产品的使用出发，把一年内购买的各项最终产品的支出加总而计算出的该年内生产的最终产品的市场价值。这种方法又称最终产品法、产品流动法。从支出法来看，国内生产总值包括一个国家（或地区）所有常住单位在一定时期内用于最终消费、资本形成总额，以及货物和服务的净出口总额，它反映本期生产的国内生产总值的使用及构成。

如果用 Q_1，$Q_2\cdots Q_n$ 代表各种最终产品的产量，P_1，$P_2\cdots P_n$ 代表各种最终产品的价格，则使用支出法核算 GDP 的公式为

$$Q_1P_1+Q_2P_2+\cdots+Q_nP_n=GDP$$

在现实生活中，产品和劳务的最后使用主要是居民消费、企业投资、政府购买和出口。因此，用支出法核算 GDP，就是核算一个国家或地区在一定时期内居民消费、企业投资、政府购买和净出口这几个方面支出的总和。

居民消费（用字母 C 表示），包括购买冰箱、彩电、洗衣机、小汽车等耐用消费品的支出，服装、食品等非耐用消费品的支出，以及用于医疗保健、旅游、理发等劳务的支出。建造住宅的支出不属于消费。

企业投资（用字母 I 表示），是指增加或更新资本资产（包括厂房、机器设备、住宅及存货）的支出。投资包括固定资产投资和存货投资两大类。固定资产投资指新造厂房、购买新设备、建筑新住宅的投资。为什么住宅建筑属于投资而不属于消费呢？因为住宅像别的固定资产一样是长期使用、慢慢地被消耗的。存货投资是企业掌握的存货（或称成为库存）的增加或减少。如果年初全国企业存货为 2 000 亿美元而年末为 2 200 亿美元，则存货投资为 200 亿美元。存货投资可能是正值，也可能是负值，因为年末存货的价值可能大于也可能小于年初存货。企业存货之所以被视为投资，是因为它能产生收入。从国民经济统计的角度看，生产出来但没有卖出去的产品只能作为企业的存货投资处理，这样从生产角度统计的 GDP 和从支出角度统计的 GDP 相一致。计入 GDP 中的投资是指总投资，即

重置投资与净投资之和，重置投资也就是折旧。

投资和消费的划分不是绝对的，具体的分类则取决于实际统计中的规定。

政府购买（用字母 G 来表示），是指各级政府购买物品和劳务的支出，包括政府购买军火、军队和警察的服务、政府机关办公用品与办公设施、建设诸如道路等公共工程、开办学校等方面的支出。政府支付给政府雇员的工资也属于政府购买。政府购买是一种实质性的支出，表现出商品、劳务与货币的双向运动，直接形成社会需求，成为国内生产总值的组成部分。政府购买只是政府支出的一部分，政府支出的另一部分如政府转移支付、公债利息等都不计入 GDP。政府转移支付是政府不以取得该年生产出来的商品与劳务作为报偿的支出，包括政府在社会福利、社会保险、失业救济、贫困补助、老年保障、卫生保健、对农业的补贴等方面的支出。政府转移支付是政府通过其职能将收入在不同的社会成员间进行转移和重新分配，将一部分人的收入转移到另一部分人手中，其实质是一种财富的再分配。有政府转移支付发生时，即政府付出这些支出时，并不相应地得到什么商品与劳务，政府转移支付是一种货币性支出，整个社会的总收入并没有发生改变。因此，政府转移支付不计入国内生产总值中。

净出口（用字母 $X-M$ 表示，X 表示出口，M 表示进口）是指进出口的差额。进口应从本国总购买中减去，因为进口表示收入流到国外，同时也不是用于购买本国产品的支出；出口则应加进本国总购买量之中，因为出口表示收入从外国流入，是用于购买本国产品的支出。因此，净出口应计入总支出。净出口可能是正值，也可能是负值。

把上述四个项目加起来，就是用支出法计算 GDP 的公式，即

$$GDP = C + I + G + (X-M)$$

在中国的统计实践中，支出法计算的是国内生产总值，划分为最终消费、资本形成总额和货物与服务的净出口总额，它反映了本期生产的国内生产总值的使用及构成。

最终消费分为居民消费和政府消费。居民消费除了直接以货币形式购买货物和服务的消费外，还包括以其他方式获得的货物和服务的消费支出，即所谓的虚拟消费支出。居民虚拟消费支出包括以下几种类型：单位以实物报酬及实物转移的形式提供给劳动者的货物和服务；金融机构提供的金融媒介服务；保险公司提供的保险服务。

通过支出法计算 GDP，我们可以计算出消费率和投资率。所谓消费率就是最终消费占 GDP 的比率；所谓投资率就是资本形成总额占 GDP 的比率。

二、我国 GDP 的核算

1. 核算单位

GDP 核算主要以法人单位作为核算单位，在核算中依据法人单位从事的主要活动将其划分到不同的行业，分别计算各个行业的增加值，再将各行业增加值汇总得到 GDP。

2. 核算频率

核算频率为季度，我国从 1992 年 1 季度开始核算季度 GDP。目前，季度核算采取累

计核算方式,即分别计算各年1季度,1~2季度,1~3季度和1~4季度的GDP数据。

从2011年1季度开始,国家统计局正式对外发布各季GDP环比增长速度。

3. 法律依据

GDP核算严格遵守《中华人民共和国统计法》的规定。目前,我国GDP是按照《中国国民经济核算体系(2002)》(CSNA)的要求进行测算的,该体系采纳了联合国1993年《国民经济核算体系》(SNA)的基本核算原则、内容和方法。近年来,国家统计局正在对联合国等国际组织修订的2008年SNA进行研究,并将逐步对我国GDP核算制度方法进行修订。

4. 保密性

依照《中华人民共和国统计法》第一章第九条的规定,统计机构和统计人员对在统计工作中知悉的国家秘密、商业秘密和个人信息应当予以保密。

国民经济核算人员在进行GDP核算时对所使用的未经公开的专业统计数据和行政记录数据严格保密,在GDP核算数据发布前对当期GDP数据也严格保密。

5. 用户需求

季度GDP数据的国内用户主要是政府部门、研究机构、大学、行业协会、媒体以及社会公众。此外,国家统计局定期向联合国、国际货币基金组织、经济合作与发展组织、亚洲开发银行等国际组织提供我国季度GDP数据。

6. 分类体系

参照《国民经济行业分类》(GB/T 4754—2002)和我国的实际情况,季度GDP核算的行业划分采用三级分类。

第一级分类直接采用国家统计局2003年制定的《三次产业划分规定》,分为第一产业、第二产业和第三产业,但在第三产业中剔除国际组织部分。

第二级分类基本上采用国民经济行业分类中的门类,分为农林牧渔业,工业,建筑业,交通运输、仓储和邮政业,批发和零售业,住宿和餐饮业,金融业,房地产业,其他服务业等九个行业。其中,工业包含采矿业,制造业,电力、燃气及水的生产和供应业三个门类行业;其他服务业包含信息传输、计算机服务和软件业,租赁和商务服务业,科学研究、技术服务和地质勘查业,水利、环境和公共设施管理业,居民服务和其他服务业,教育,卫生、社会保障和社会福利业,文化、体育和娱乐业,公共管理与社会组织等9个门类行业。

第三级分类在第二级分类的基础上,将第三产业中国民经济行业分类中的一部分门类细化为行业大类。

7. 资料来源

在核算季度GDP时,将所有可以在核算时获得的、适用的经济统计调查数据都用于

GDP核算。资料来源主要包括两部分：一是国家统计调查资料，指由国家统计系统实施的统计调查获得的各种统计资料，如农林牧渔业、工业、建筑业、批发和零售业、住宿和餐饮业、房地产业等统计调查资料、服务业抽样调查资料、人口与劳动工资统计资料、价格统计资料等。二是行政管理部门的行政记录资料，主要包括财政部、中国人民银行、国家税务总局、保监会、证监会等行政管理部门的相关数据，如中国人民银行的金融机构本外币信贷收支情况、国家税务总局分行业的税收资料等。

8. 核算方法

（1）现价增加值核算方法。根据资料来源情况，季度现价增加值核算主要采用增加值率法、相关价值量指标速度推算法、利用不变价推算现价方法等。

① 增加值率法。增加值率法是先计算现价总产出，再根据上年年报资料和当期有关生产情况确定现价增加值率，然后将二者相乘得出增加值，计算公式为

$$现价增加值 = 现价总产出 \times 现价增加值率$$

② 相关价值量指标速度推算法。相关价值量指标速度推算法是利用相关价值量指标的现价增长速度推算现价增加值的增长速度，然后用上年同期现价增加值乘以推算出的现价增加值增长速度得出当期现价增加值，计算公式为

$$现价增加值 = 上年同期现价增加值 \times (1 + 现价增加值增长速度)$$

其中，现价增加值增长速度，根据本期相关价值量指标现价增长速度，以及以前年度现价增加值增长速度和相关价值量指标的现价增长速度之间的数量关系确定。

③ 利用不变价推算现价方法。先利用物量指数外推法求得本期不变价增加值，再根据相关价格指数推算现价增加值。计算公式为

$$现价增加值 = 不变价增加值 \times 价格指数$$

（2）不变价增加值核算方法。不变价增加值是把按当期价格计算的增加值换算成按某个固定期（基期）价格计算的价值，从而剔除价格变化因素的影响，以使不同时期的价值可以比较。不变价增加值采用固定基期方法计算，目前每5年更换一次基期，现在的基期是2010年。

季度不变价增加值核算主要采用价格指数缩减法和物量指数外推法。

① 价格指数缩减法。利用相关价格指数直接缩减现价增加值，计算不变价增加值，计算公式为

$$不变价增加值 = 现价增加值 \div 价格指数$$

② 物量指数外推法。物量指数外推法就是利用相关物量指标的增长速度推算不变价增加值的增长速度，然后用上年同期不变价增加值乘以推算出的不变价增加值增长速度得出当期不变价增加值，计算公式为

$$不变价增加值 = 上年同期不变价增加值 \times (1 + 不变价增加值增长速度)$$

其中，不变价增加值增长速度，根据本期相关物量指标增长速度，以及以前年度不变价增加值增长速度和相关物量指标的增长速度之间的数量关系确定。

9. 季节调整

GDP 环比增长速度是季度增加值与上一个季度增加值数据对比的结果。在测算时，须剔除季节性因素对时间序列的影响，利用国家统计局版季节调整软件（NBS-SA）对时间序列进行季节调整。NBS-SA 是在目前国际上比较常用的季节调整软件的基础上，考虑了我国特有的季节因素研制而成的。该软件添加了处理我国特有的季节因素的新模块，有效地剔除了我国特有的季节因素，包括春节、端午、中秋等传统假日因素、周工作天数从原来的 6 天制到 5 天制转变的因素、假期变动及调休带来的变化因素等。

10. 数据修订

（1）修订的必要性。季度 GDP 初步核算对时效性要求很强，一般在季后 15 天左右公布，这时，GDP 核算所需要的基础资料不能全部获得，因此，季度 GDP 初步核算利用专业统计进度资料和相关指标推算得到。之后，随着可以获得的基础资料不断增加和完善，会利用更加完整的基础资料，如专业统计年报、行业财务资料和抽样调查资料以及财政决算资料对 GDP 数据进行修订，使其更加准确地反映经济发展的实际情况。

（2）修订程序。按照《国家统计局关于我国季度国内生产总值核算和数据发布程序规定》，以及《关于我国 GDP 核算和数据发布制度的改革》的规定，我国季度 GDP 核算分为初步核算、初步核实和最终核实三个步骤。通常，年度 GDP 初步核实和最终核实后，要对季度数据进行修订，称为常规修订；在开展全国经济普查，发现对 GDP 数据有较大影响的新的基础资料，或计算方法及分类标准发生变化后，对年度 GDP 历史数据进行修订，然后也要对季度 GDP 历史数据进行相应修订，称为全面修订。

（3）修订方法。

① 累计数据的修订。我国目前对季度 GDP 数据修订的方法是比例衔接法，即利用年度基准值与年内四个季度汇总数的差率调整季度数据的方法。比例衔接法的基本做法是：首先对国民经济各行业现价和不变价增加值分别进行衔接，GDP、三次产业增加值是衔接后的行业增加值的汇总。也就是说，衔接后的农林牧渔业季度现价增加值为第一产业季度现价增加值；将衔接后的工业和建筑业季度现价增加值加总，得到衔接后的第二产业现价增加值；将衔接后的第三产业各行业现价增加值加总，得到衔接后的第三产业现价增加值；将衔接后的三次产业现价增加值加总，得到衔接后的季度现价 GDP。不变价 GDP 和不变价三次产业增加值的衔接方法与现价相同。

② 环比数据的修订。由于季节调整的对象是时间序列数据，因此，当时间序列中任何一个季度数据发生变化时，都会影响季节调整的结果；在时间序列中加入最新的一个季度的数据，也会使以前季度的环比数据或多或少地发生变化，这是模型自动修正的结果。根据季节调整原理，一般情况下，离最新数据时间较近的时期，数据受影响较大；离最新数据时间较远的时期，数据受影响较小。为了便于用户使用，在发布当期环比数据的同时，会通过国家统计局网站发布修订后的以前季度的环比数据。

11. 质量评估

（1）对基础数据的评估。对于 GDP 核算所使用的各专业统计数据和行政记录数据，有关部门都会对其质量进行检验，确保数据合理地反映经济发展的实际情况。当 GDP 核算部门得到这些基础数据后，会再次对数据的完整性和准确性进行检验，确保这些数据符合 GDP 核算的概念和要求。

（2）对核算方法的评估。在 GDP 核算中，GDP 核算部门会根据我国不断发展的经济实际情况，依据不断完善的国民经济核算标准，对我国的季度 GDP 核算方法进行修订，以确保核算方法的合理性。目前，正着手研究对《中国国民经济核算体系（2002）》进行修订。

（3）对核算结果的评估。在得到季度 GDP 核算结果后，要对 GDP 各构成项目数据、GDP 数据与相关专业、部门统计数据以及宏观数据的协调性进行检验，保证 GDP 数据和其他主要数据的相互协调与匹配。目前，我国正在建立以国民经济核算为核心框架，对各专业和部门基础统计数据进行评估的制度。

（4）可比性。《中国国民经济核算体系（2002）》采纳了联合国 1993 年《国民经济核算体系》（SNA）的基本核算原则、内容和方法，因而 GDP 数据具有国际可比性。在开展全国经济普查或计算方法及分类标准发生变化后，对季度 GDP 历史数据进行了修订，因此 1992 年 1 季度以来的季度 GDP 时间序列具有可比性。

12. 数据发布

季度 GDP 初步核算数一般于季后 15 天左右完成；季度 GDP 初步核实数在年度 GDP 初步核实数发布后 45 天内完成；季度 GDP 最终核实数在年度 GDP 最终核实数发布后 45 天内完成。对于主要统计指标的发布，国家统计局会在年初发布的《经济统计信息发布日程表》中说明发布日期，GDP 数据将按照规定日程发布。

三、国民收入核算中的其他几个基本概念

1. 国内生产净值（NDP）

国内生产总值（GDP）计量一定时期内一个国家的所有生产活动。"某年某国产出多少"就是指国内生产总值，国内生产总值中的"总"字的意思是，在计算各个生产单位产出时，未扣除当期的资本耗费。任何产品价值中不但包含有消耗的原材料、燃料等的价值，还包含有使用的资本设备的折旧。最终产品价值并未扣去资本设备消耗的价值，因此，还不是净增价值，因而最终产品市场价值总和只能称国内生产总值。如果把最终产品价值中消耗的资本设备价值也扣除了，就得到了国内生产净值（NDP）。因此，从 GDP 中扣除资本折旧，就得到 NDP。"总"和"净"对于投资也具有类似意义。总投资是一定时期内的全部投资，即建设的全部厂房设备和住宅等，而净投资是总投资中扣除了资本消耗或者说重置投资部分。例如，某企业某年购置 10 台机器，其中 2 台用来更换报废的旧机器，则

总投资为10台机器，净投资为8台机器。

2. 国民收入（NI）

国民收入有广义和狭义之分。广义的国民收入泛指国民收入五个总量，即国民收入可以是指国内生产总值、国内生产净值，也可以是指个人收入和个人可支配收入等。狭义的国民收入是指一个国家一年内用于生产各种生产要素所得到的全部收入，即工资、利润、利息和地租的总和，也就是按生产要素报酬计算的国民收入。国民收入决定理论中所讲的国民收入就是指广义的国民收入。以后所提到的国民收入也指广义的国民收入。

从国内生产净值中扣除间接税和企业转移支付再加上政府补助金，就得到了一国生产要素在一定时期内所得报酬即狭义的国民收入，即工资、利息、租金和利润的总和意义上的国民收入。间接税是指可以转嫁给消费者的税收，企业转移支付包括企业捐赠和呆账。间接税和企业转移支付虽然构成产品价格，但不称为要素收入；相反，政府给企业的补助金虽不列入产品价格，但称为要素收入。所以在国民收入中应扣除间接税和企业转移支付，而加上政府补助金。

3. 个人收入（PI）

个人收入是指一个国家一年内个人所得到的全部收入。生产要素报酬意义上的国民收入并不会全部成为个人的收入。这是因为，一方面利润收入中要给政府缴纳公司所得税，公司还要留下一部分利润不分配给个人用作积累，只有一部分利润会以红利和股息形式分给个人，并且职工收入中也有一部分要以社会保险费的形式上缴有关机构；另一方面，人们也会以各种形式从政府那里得到转移支付，如退伍军人津贴、工人失业救济金、职工养老金、职工困难补助等。因此，从国民收入中减去公司未分配利润、公司所得税及社会保险税（费），加上政府给个人的转移支付，大体上就得到了个人收入。

4. 个人可支配收入（PDI）

个人可支配收入是指一个国家一年内个人可以支配的全部收入，即人们可以用来消费或储蓄的收入。个人收入不能全归个人支配，因为要缴纳个人所得税，所以缴纳个人所得税以后的个人收入才是个人可支配收入，即个人可用来消费与储蓄的收入。

$$个人可支配收入（PDI）=个人消费+个人储蓄$$

5. 五个总量之间的关系

上述国民收入核算中的四个总量都与国民生产总值有密切关系，而且各总量指标之间也是相互联系的。它们的关系用公式表示如下

$$NDP=GDP-折旧$$
$$NI=NDP-间接税-企业转移支付+政府补助金$$

或
$$NI=工资+利息+利润+地租+津贴$$
$$PI=NI-公司所得税-公司未分配利润-社会保险税+政府对居民的转移支付$$
$$PDI=PI-个人所得税=消费+投资$$

6. 国民生产总值与国内生产总值

国民生产总值（GNP）是和国内生产总值相联系但又有区别的经济总量指标。国内生产总值是指一定时期内在本国领土范围内所生产的最终产品和劳务的市场价值的总和。它以地理上的国境为统计标准，即按所谓的"国土原则"计算的。也就是说，凡是在本国领土范围内所生产的最终产品和劳务，无论所有权属谁、经营者是谁、服务对象是谁，其价值都应计入本国的GDP。相反，超出本国领土范围，即使所有者、经营者或服务对象是本国领土的，也不能计入GDP。具体来说，它包括本国居民与外国居民在本国领土上所生产的最终产品的价值总和。

国民生产总值是按"国民原则"计算的，是指本国常住公民所生产的最终产品和劳务的市场价值的总和。它以人口为统计标准，即凡是本国公民所生产的最终产品和劳务，其价值都应计入GNP。在国民生产总值中既包括本国常住公民在国内生产的最终产品，也包括本国常住公民在国外生产的最终产品，但不包括外国公司在本国生产的最终产品。由此可以看出，GDP与GNP存在以下关系

GDP=GNP−国外要素净收入
=GNP−本国公民在国外生产的最终产品的价值总和
+外国公民在本国生产的最终产品的价值总和

GNP=GDP+国外要素净收入
=GDP+本国公民在国外生产的最终产品的价值总和
−外国公民在本国生产的最终产品的价值总和

在封闭经济条件下，显然有GDP=GNP。但在经济一体化的现代社会，这种情况是不存在的。一般会出现两种情况：如果本国公民在国外生产的最终产品的价值总和大于外国公民在本国生产的最终产品的价值总和，则GNP大于GDP；如果本国公民在国外生产的最终产品的价值总和小于外国公民在本国生产的最终产品的价值总和，则GNP小于GDP。GDP和GNP只会在一定的精确度下大约相等，在开放条件下绝对相等的概率可以认为等于0。

四、国内生产总值的调整和比较

1. 国内生产总值的调整

如前所述，国内生产总值是反映一定时期内一国整体经济规模的最重要的指标，在实际计算和使用GDP时，必须加以调整，以保证资料的准确性。

在实践中，中间产品和最终产品有时很难进行区别，同一种产品用于生产就是中间产品，而用于消费则成了最终产品。解决这个问题的方法不是采用支出法而是运用增加价值（Value Added）法来避免重复计算。一个最终产品生产出来要经过很多生产过程，把每一生产过程新增加的价值加总就等于这个产品的最终价值。以汽车生产为例，假定零部件制

造厂生产的零部件价值 10 万元，汽车制造厂出售的汽车价格 15 万元，最终产品的价值为 15 万元。从新增加价值的角度出发，零部件制造厂新增价值 10 万元，而汽车制造厂新增价值为汽车价格（15 万元）减去零部件成本（10 万元）等于 5 万元。新增加价值的总和（10 万+5 万）等于 15 万元，和最终产品价值一致。因此，一国所有生产过程中新增加价值的总和等于最终产品或服务价值的总和，所以 GDP 也可以表示为一定时期内经济中的新创造的价值总和。

关于本期产出的计算问题。GDP 是本期所生产的产品和服务的价值构成的。因此，GDP 应该排除那些在过去生产的、当前又重复交易的产品。例如，一幢旧房屋的买卖不应计入当期的 GDP，因为当这幢房屋建造时，已作为那一期的 GDP 计算过了。然而，我们会将销售这幢旧房屋的房地产公司的服务收入计算为本期 GDP 的一部分，因为房地产公司为促进交易提供的服务是当期的经济活动，它是本期产出的一个合理组成部分。

2．国内生产总值的比较

利用国内生产总值进行动态比较反映其变化，是我们分析国民经济发展情况的常用方法。国内生产总值是一个价值指标，它的变动必然会受到产量和价格两个方面的影响。产量的变动所引起的国内生产总值的变化是正常的，而价格的变动所引起的国内生产总值的变化则是虚假的。为了准确地反映国内生产总值的变化情况，一般分别按现价和不变价格计算 GDP，于是就产生了名义 GDP 和实际 GDP 指标。

名义 GDP 是指一定时期内以当前市场价格来测算的国内生产总值，即按当年市场价格计算的一年所生产的全部产品和劳务的价值。如 1999 年的名义 GDP 就是以 1999 年的市场价格计算的当年总产出的价值。用公式表示为

$$某年名义GDP = \sum_{i=1}^{n}(Q_i \times P_i)$$

式中：Q_i 表示 i 产品当年的产量；P_i 表示 i 产品当年的价格。

从公式中可以看出，造成不同年份名义 GDP 变化的原因有两个：一是产品和劳务的实际产出量的变化；二是市场价格的变化。假设一个国家当年和上一年的实际产出量相等，而市场价格上升了一倍，那么这个国家的名义 GDP 将会比上一年增长一倍。正因为名义 GDP 的变动包含了价格上涨因素，不能准确地反映产品和劳务的实际产出量的变化，因此，在经济统计中经常使用实际 GDP。

实际 GDP 是指按不变价格计算 GDP，即用过去某一年（称为基年）的价格为标准，测算国内生产总值的数值。实际 GDP 可以衡量两个不同时期经济中产品和劳务的实际产出量的变化。用公式表示为

$$某年实际GDP = \sum_{i=1}^{n}(Q_i \times P_i^1)$$

式中：P_i^1 表示 i 产品的不变价格。

为了分析比较生产水平的实际增长幅度，往往需要把按当年价格计算的名义 GDP 调

整为按不变价格计算的实际 GDP。调整方法是：把某年选定为基年，那么该年的价格水平即基年价格为不变价格。例如，如果把 2000 年作为基年，那么不管是 2000 年之前还是以后各年的实际 GDP 都是按 2000 年的市场价格计算的。这样有

$$某年实际GDP = \frac{该年名义GDP}{价格指数}$$

$$价格指数 = \frac{\sum(Q_i \times P_i)}{\sum(Q_i \times P_i^1)} \times 100\%$$

这一价格指数也叫做 GDP 的折算系数。

根据以上所述，我们可以得到国民经济的发展速度的计算方法。例如，某国 2003 年的国民经济发展速度的计算公式为

$$某国2003年的国民经济发展速度 = \frac{2003年按2000年不变价格计算的实际GDP}{2002年按2000年不变价格计算的实际GDP} \times 100\%$$

五、国民收入核算的缺陷和纠正

国民收入核算体系从产生到形成已有几十年的历史了，这一体系基本上能反映一国经济状况，尤其是实际 GDP 剔除了物价变动的影响，在这个意义上，它代表着一个社会在一定时期内所创造的价值，是一个社会可供继续使用的资源。GDP 越大，说明综合国力越强；人均 GDP 越高，说明人们的生活水平越高，生产力越进步。人均 GDP 是区分发达国家与发展中国家的首要统计指标。其计算方法也有许多优点。然而由于与实际产出和社会福利有关的一些问题在国民收入核算中未得到反映，即使是实际 GDP，其代表的物质财富和生活质量也不完全一致，往往使得实际产出被高估或低估，从而不能反映人们由生产中得到的福利变动情况，不能做到全面地、准确地反映一国实际经济情况，需要采取一定的措施加以纠正。

1. 国民收入核算的缺陷

国民收入核算的缺陷主要表现在以下三个方面。

第一，核算范围具有局限性，不能全面地反映一个国家的真实产出。因为国民收入核算的统计数据基本上是根据市场交易获得的，对那些没有经过市场交易但却对实际产出具有影响的经济活动，由于计算困难而未予核算。首先，非市场交易活动得不到反映。例如，在西方国家普遍存在的如贩毒生产、投机等非经济活动；在许多国家，特别是在发展中国家大量存在的如自给性生产、服务、家务劳动等非经济活动，难以在国民收入核算中反映出来。其次，不少地下经济活动得不到反映。地下经济活动只是为了偷税、漏税，经济活动发生了，但在国民收入核算中却未反映出来。再次，某些中间产品与最终产品难以划分，部分项目存在重复计算等，使得原有国民收入核算所核算的范围无法包揽进来。

第二，核算内容具有片面性，不能反映一个国家的真实生活水平。由于国民收入核算

注重单一的收入或支出核算,并不能反映出人们在生产中所得到的福利变动的情况,不能反映一个国家人们的真实生活水平。例如,它反映不出人们在精神上的满足与不满足,反映不出闲暇所带来的福利,反映不出人们生活质量的变化,反映不出产品质量的提高与产品类别的变动对人们的福利的影响,也反映不出产品分配及其对社会福利的影响,而国民收入的增加也并不等于社会福利的增加。另外,国民收入核算忽略了外部影响,如现代工业社会的快速增长带来了许多环境污染问题,在国民收入核算中都没有反映出来。

第三,国际上的不可比性。由于各国使用的国民收入核算方法的不统一,即采用的不是同一种国民收入核算方法,并且各国商品化程度存在差异,各国统计资料缺乏完备性,因此运用的国民收入核算在进行国际上的比较时会遇到许多困难,即使能比较,也缺乏准确性。

但总的来看,GDP 虽有诸多不足,但仍不失为一个有用的总量指标。尤其是人均 GDP 基本上能反映综合国力的强弱、生产力水平的高低和生活质量的差异,实现 GDP 的增长是所有国家追求的经济目标。这正所谓"GDP 不是万能的,但没有 GDP 是万万不能的"。

为了完善现行的国民经济核算体系,各国经济学家与统计学家进行了长期不懈的努力。例如,为了将自然资源损耗和环境质量评价引入国民收入核算体系,不少国家试图建立自然资源核算体系。从现行国民经济核算体系中的种种缺陷来看,要全面系统地修正现行的核算体系还需要克服很多困难。很多方面的研究进展还较缓慢,可以说,国民收入核算体系仍处于不断完善之中。

2. 国民收入核算的纠正

针对国民收入核算中存在的各种缺陷,世界各国的经济学家及有关国际组织都在进行探索,试图予以弥补和纠正。

对于国民收入核算范围的局限,联合国分别制定了 SNA 和 MPS 两大国民经济核算体系供成员国参考使用。特别是 20 世纪 90 年代,世界政治局势发生了巨大变化,MPS 国家或改变政体或通过经济改革,感到原 MPS 在核算范围上存在局限和不足,决定扩大国民经济核算范围。于是联合国组织新 SNA 的修订,1993 年第 27 届统计委员会通过修订稿,决定取消 MPS 体系,确定把 SNA 作为世界各国共同采用的国民经济核算体系。随着 SNA 体系在世界各国的广泛使用和不断完善,国民收入核算范围扩大,原国民收入核算体系的局限性将逐渐被克服。

对于原国民收入核算体系的核算内容的片面性的克服,美国经济学家托宾和诺德豪斯提出了经济福利尺度(Measure Economic Welfare,MEW),萨缪尔森提出了纯经济福利(Net Economic Welfare,NEW)理论,试图将国民收入核算的内容从单一的经济核算扩大到福利的变化。他们认为,经济活动的最终目的是家庭福利的增加,社会福利更多地取决于消费而不是生产,国民生产总值是对生产的衡量,而 MEW 和 NEW 是衡量所有对人类福利作出贡献的消费。因此,MEW 和 NEW 就是要在原有国内生产总值指标的基础上减去某些不能对社会福利作贡献的项目,加上某些对福利已作出贡献却还没有计入国内生产总值的项目。具体来说,应减去不能直接对改善生活作出贡献的(如国防、警察等)产品支出,再减去对福利有副作用(如环境污染等)的项目,加上没有通过市场的价值(如家务劳动、自给性服务等),加上闲暇的价值(根据闲暇的机会成本计算)。由于这些计算问题还没有完全解决,因而没有得到推广。

对于国民收入核算资料国际上的不可比性,除了因为各国不同的核算范围、内容与方法外,主要是因为产品价格的不可比性,或者说不同国家货币间的汇率不合理。为此,瑞典学派经济学家卡塞尔以货币数量学说为基础,提出了购买力平价理论,即在不兑现纸币制度的条件下,以各国货币国内购买力的对比关系说明汇率的决定和变动。他认为一国之所以对外国货币产生要求并对外币支付一定的价格,归根到底是因为外币在其发行国对商品和劳务具有购买力。因此,一国对外国货币的汇率,从根本上说是根据两国通货的相对购买力来决定的。例如,假定有代表性的一组货物在美国值 2 美元,而在法国值 10 法郎,则这两种货币的汇率就是 1:5。只有使两国通货的国内购买力相等的汇率,才是两国间的真正汇率平价。可见,购买力平价理论对消除国与国之间产品价格的差别、提高国民收入核算资料国际上的对比具有一定意义,因而已被部分国际组织采用。

第三节 衡量宏观经济的其他指标

国内生产总值是最主要的宏观经济指标。当然,为了比较全面地分析一国的宏观经济形势,除了上述主要指标外,还有一些其他指标。

一、居民消费价格指数

居民消费价格指数(Consumer Price Index,CPI)指在反映一定时期内居民所消费商品及服务项目的价格水平变动趋势和变动程度。居民消费价格水平的变动率在一定程度上反映了通货膨胀(或紧缩)的程度。通俗地讲,CPI 就是市场上的货物价格增长百分比。一般市场经济国家认为 CPI 增长率在 2%～3%属于可接受范围,当然还要看其他数据。CPI 过高始终不是好事,高速经济增长率会拉高 CPI,但物价指数增长速度快过人们平均收入的增长速度就一定不是好事,而一般平均工资的增长速度很难超越 3%～4%。

居民消费价格指数是度量居民生活消费品和服务价格水平随着时间变动的相对数,综合反映居民购买的生活消费品和服务价格水平的变动情况。它是进行国民经济核算、宏观经济分析和预测、实施价格总水平调控的一项重要指标,并且世界各国一般用消费价格指数作为测定通货膨胀的主要指标。一般来说,当 CPI 同比增长大于 3%时,我们称其为通货膨胀;而当其大于 5%时,我们称其为严重的通货膨胀。

二、失业率

失业率(Unemployment Rate)是指失业人口占劳动人口的比率(一定时期全部就业人口中有工作意愿而仍未有工作的劳动力数据),旨在衡量闲置中的劳动产能,是反映一个国家或地区失业状况的主要指标。

商务印书馆《英汉证券投资词典》解释:失业率英语为 unemployment rate,即失业人数占总劳动力人口的比例,是资本市场的重要指标,属滞后指标范畴。失业率增加是经济疲软的信号,可导致政府放松银根,刺激经济增长;相反,失业率下降,将形成通货膨胀,使央行收紧银根,减少货币投放。

另外,失业率数字的反面是就业数字(The Employment Data),其中最有代表性的是非农业就业数据。非农业就业数据为失业数据中的一个项目,该项目主要统计从事农业生产以外的职位变化情形,它能反映出制造行业和服务行业的发展及其增长,数据减少便代表企业降低生产,经济步入萧条。当社会经济发展较快时,消费自然随之而增加,消费性以及服务性行业的职位也就增多。当非农业就业数字大幅增加时,理论上对汇率应当有利;反之,则对汇率有害。因此,该数据是观察社会经济和金融发展程度与状况的一项重要指标。计算公式为

$$失业率=失业人数/(在业人数+失业人数)\times 100\%$$

通过该指标可以判断一定时期内全部劳动人口的就业情况。一直以来,失业率数字被视为一个反映整体经济状况的指标,而它又是每个月最先发表的经济数据,所以失业率指标被称为所有经济指标的"皇冠上的明珠",是市场上最为敏感的月度经济指标。一般情况下,失业率下降,代表整体经济健康发展,有利于货币升值;失业率上升,便代表经济发展放缓、衰退,不利于货币升值。若将失业率配以同期的通胀指标来分析,则可知当时经济发展是否过热,是否会构成加息的压力,或是否需要通过减息以刺激经济的发展。

三、存货

存货是企业所持有的原料、半成品和未销售出去的最终产品的存量。存货投资是指企业为使经营更有效率而有选择地在手头存储一些货物。这些货物可以被看成一种投资,作为总支出的一部分。存货投资并不一定代表产品与劳务的实际支出,而是企业持有的存货数量的变化,即产量实际超过销售量的存货积累,这种积累对于企业保持正常运转和占有市场是十分重要的。但是,存货上升意味着大量产出没有销售出去,预示着在不远的未来,需求会下降,经济有可能萎缩;反之,则需求会上升,经济有可能蓬勃发展。

四、信心指数

信心指数是对相关群体对经济景气的信心调查中定性指标的量化描述。通过其上升和

下降的动态变化,反映和预测经济发展的状态。信心指数的数值范围为 0～200 之间,100 为临界值,当指数大于 10 时,表示经济状况处于积极的运行状态;当指数小于 100 时,表示经济状况处于消极的运行状态。常见的信心指标有:

(1) 企业家信心指数。这是指根据企业家对企业外部市场环境和宏观政策的认识、看法、预期(通常表述为"乐观""一般""不乐观")而编制的指数,用以综合企业家对宏观经济环境的感受与信心,反映了投资需求的未来走势。

(2) 消费者信心指数。它综合描述消费者对当前经济状况满意程度和对未来经济走向的预期,反映了消费需求的未来走势。

五、遗憾指数

遗憾指数又称为通过指数,是指通货膨胀率和失业率之和。例如,通货膨胀率为 5%,失业率为 5%,则遗憾指数为 10%。这一指数说明了人们对宏观经济状况的感受,该指数越大,人们对宏观经济状况越不满。

由于宏观经济学家不可能把宏观经济预测中所有的,尤其是非经济的因素和变量考虑进去,所以对宏观经济的衡量和准确预测是一件十分复杂和困难的事情。但是,宏观经济的预测复杂并不等于宏观经济学在此领域就无能为力了。以医生为例,一个心脏科医生再高明也无法准确无误地预测病人何时会心脏病发作,但是他可以大致预测出病人发病的可能性和概率。同样,经济学家也能够对宏观经济现象变化的一般规律作出分析和判断。

对于宏观经济的把握,除了前面所论述的国内生产总值和五个次要指标之外,下面的指标对于企业家判断经济形势也有一定的帮助。

(1) 新住房购买数量(领先指标:先于经济周期高峰和低谷出现的经济活动)。

(2) 销售额变化(同步指标:与经济周期的高峰和低谷差不多同时发生的经济活动)。

(3) 新增就业岗位变化(滞后指标:在经济周期的高峰和低谷之后出现的经济活动)。

阅读材料 9-2

中国居民消费价格指数(CPI)的统计方法

全国居民消费价格指数(CPI)涵盖全国城乡居民生活消费的食品、烟酒及用品、衣着、家庭设备用品及维修服务、医疗保健和个人用品、交通和通信、娱乐教育文化用品及服务、居住等八大类、262 个基本分类的商品与服务价格。数据来源于全国 31 个省(区、市)500 个市县、6.3 万家价格调查点,包括食杂店、百货店、超市、便利店、专业市场、专卖店、购物中心以及农贸市场与服务消费单位等。

编制居民消费价格指数的目的,是了解全国各地价格变动的基本情况,分析研究价格变动对社会经济和居民生活的影响,满足各级政府制定政策和计划、进行宏观调控的需要,以及为国民经济核算提供参考和依据。

与就业形势报告(非农)结合在一起,消费者物价指数(CPI)就成了金融市场上被仔细研究的另一个热门的经济指标。它获得关注的原因显而易见：通货膨胀影响着每一个人，它决定着消费者花费多少来购买商品和服务，左右着商业经营的成本，极大地破坏了个人或企业的投资，影响着退休人员的生活质量。而且，对通货膨胀的展望有助于设立劳动合同和制定政府的财政政策。

为了更好地适应我国经济社会发展和城乡居民消费结构变化，切实保障CPI计算的科学性和准确性，2012年国家统计局对CPI调查方案进行了例行调整，涉及对比基期、权数构成、调查网点和代表规格品的调整。

从2011年1月起，我国CPI开始计算以2010年为对比基期的价格指数序列。这是自2001年计算CPI定基价格指数以来，第二次进行基期例行更换，首轮基期为2000年，第二轮基期为2005年。调整基期，是为了更容易比较，因为对比基期越久，价格规格品变化就越大，可比性就会下降。选择逢0逢5年度作为计算CPI的对比基期，目的是与我国国民经济和社会发展五年规划保持相同周期，便于数据分析与使用。

根据2010年全国城乡居民消费支出调查数据以及有关部门的统计数据，按照制度规定对CPI权数构成进行了相应调整。其中，居住提高4.22个百分点，食品降低2.21个百分点，烟酒降低0.51个百分点，衣着降低0.49个百分点，家庭设备用品及服务降低0.36个百分点，医疗保健和个人用品降低0.36个百分点，交通和通信降低0.05个百分点，娱乐教育文化用品及服务降低0.25个百分点。

根据各选中调查市县2010年最新商业业态、农贸市场以及服务消费单位状况，按照国家统一规定的原则和方法，增加了1.3万个调查网点。采集全国CPI价格的调查网点（包括食杂店、百货店、超市、便利店、专业市场、专卖店、购物中心以及农贸市场与服务消费单位等）达到6.3万个。

各选中调查市县根据当地居民的消费水平、消费习惯，按照国家统一规定的原则和方法，对部分代表规格品及时进行了更新。

资料来源：国家统计局网站。

本章小结

宏观经济目标一般包括经济增长、充分就业、物价稳定和国际收支平衡等四项。国内生产总值（GDP）是衡量宏观经济运行状况的一个重要指标。国内生产总值是某一时期内在一国境内生产出来并在市场上出售的所有最终产品和服务的货币价值的总和。核算国内生产总值最常用的方法是总支出法和总收入法。国民经济活动是一个大系统，核算指标还包括了国内生产净值、狭义的国民收入、个人收入以及个人可支配收入等核算指标，它们与国内生产总值具有密切的联系。理解这些指标可以更好、更全面地了解国民收入核算的内容。

课后习题

一、名词解释

国民生产总值　　国内生产总值　　个人可支配收入　　支出法　　收入法

二、判断题

1．国内生产总值中的最终产品是指有形的物质产品。（   ）
2．今年建成并出售的房屋价值和去年建成而在今年出售的房屋价值都应计入今年的国内生产总值。（   ）
3．用作钢铁厂炼钢用的煤和居民烧火用的煤都应计入国内生产总值。（   ）
4．同样的服装，在生产中作为工作服穿是中间产品，在日常生活中穿就是最终产品。（   ）
5．某人出售一幅旧油画所得到的收入，应该计入当年的国内生产总值。（   ）

三、简答题

1．在统计中，社会保险税增加对 GDP、NDP、NI、PI 和 DPI 这五个总量中哪个总量有影响？为什么？
2．如果甲、乙两国合并成一个国家，对 GDP 总和会有什么影响（假定两国产出不变）？
3．储蓄投资恒等式为什么并不意味着计划储蓄总等于计划投资？
4．为什么在证券市场买债券和股票不能看作是经济学意义上的投资活动？
5．为什么从公司债券得到的利息应计入 GNP，而人们从政府得到的公债利息不计入 GNP？

四、计算题

1．假设国内生产总值是 5 000 万元，个人可支配收入是 4 100 万元，政府预算赤字是 200 万元，消费是 3 800 万元，贸易赤字是 100 万元，试计算：

（1）储蓄；（2）投资；（3）政府支出。

2．某经济社会在某时期发生了以下活动：一银矿公司支付 7.5 万美元工资给矿工开采了 50 万磅银卖给一银器制造商，售价 10 万美元；银器制造商支付 5 万美元工资给工人造一批项链卖给消费者，售价 40 万美元。

（1）用最终产品生产法计算 GDP。

（2）每个生产阶段生产了多少价值？用增值法计算 GDP。

第十章　国民收入决定与经济增长

 学习目标

通过本章的学习,可以了解和掌握宏观经济的构成,以及经济增长的含义、衡量及其源泉。本章根据宏观经济的构成,介绍了两部门、三部门和四部门经济中国民收入的决定,并通过乘数理论分析了一定量的注入的变动会引起国民收入的变动程度。在此基础上,依据索洛模型的思想,分析了经济增长的影响因素及促进经济增长的政策。

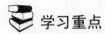 学习重点

(1) 两部门经济构成;
(2) 三部门经济构成;
(3) 四部门经济构成;
(4) 经济增长模型。

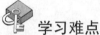 学习难点

经济增长模型及分析

 引导案例

经济增长率对经济水平的影响是复利作用,所以一个很小的增长率差别在长期内会对不同国家经济发展水平产生巨大影响。美国经济学家曼昆用"70规则"来说明这种影响。若某个经济变量年增长率为X%,则该变量在70/X年内翻一番,因而称做"70规则"。从这一规则看,如果甲国经济增长率为1%,它的GDP翻一番需要70年,乙国经济增长率为3%,它的GDP翻一番需要70/3或23年。也就是说,即便甲、乙两国人均收入起点水平大致相同,2个百分点增长率差别在100年后会导致3~4倍的巨大收入差别。假定我国有可能在未来20~30年保持较高的增长水平,且保持人均GDP年均5%的增长率,则人均GDP在本世纪中期将达到2万美元,实现赶上中等发达国家人均GDP水平的目标。

第一节　宏观经济的构成

一、两部门经济构成

所谓两部门经济是指只有厂商和居民户两个经济部门的经济。在这种经济中,居民户

向厂商提供各种生产要素，得到相应的收入，并用这些收入购买和消费各种产品与劳务；厂商购买居民户提供的各种生产要素进行生产，并向居民户提供各种产品和劳务。这时，居民户与厂商之间的联系，两部门经济构成模型，如图 10-1 所示。

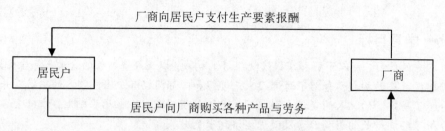

图 10-1　两部门经济构成模型

图 10-1 中的箭头表示货币收入的流向。在这个循环中，只要居民户把他们出卖生产要素所得到的全部收入用于购买厂商生产出来的各种产品与劳务，这个经济就可以以不变的规模进行下去。

如果居民户把一部分收入用来购买厂商的各种产品和劳务，把另一部分收入储蓄起来；如果厂商在居民户的消费支出外又获得了其他来源的投资，那么扩展后两部门经济构成模型，如图 10-2 所示。

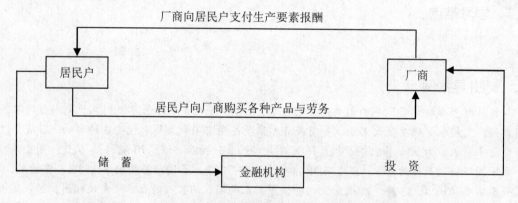

图 10-2　扩展后两部门经济构成模型

图 10-2 表明，如果居民户把储蓄存入金融机构，厂商则从金融机构获得投资。若通过金融机构把居民户的全部储蓄都转化为厂商的投资，即储蓄等于投资，这个经济就可以正常地运行下去。

二、三部门经济构成

三部门经济是指包括了厂商、居民户与政府的经济。政府在经济中的作用主要是通过政府支出与税收来实现。政府支出包括对产品与劳务的购买即政府购买和转移支付。政府通过税收与支出与居民户和厂商发生联系,这时三部门经济构成模型,如图10-3所示。

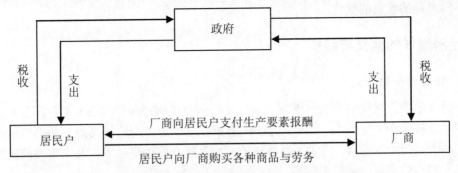

图 10-3　三部门经济构成模型

图 10-3 表明了居民户、厂商与政府之间的经济联系。这时,经济要正常运行下去,不仅要储蓄等于投资,还要政府得自居民户与厂商的税收和向居民户与厂商的支出相等。

三、四部门经济构成

四部门经济是包括了厂商、居民户、政府和国外部门的经济。在这种经济中,国外部门的作用是:作为国外生产要素的供给者,向国内各部门提供产品与劳务,对国内来说,这就是进口;作为国内产品与劳务的需求者,向国内进行购买,对国内来说,这就是出口。这时,四部门经济构成模型,如图 10-4 所示。

图 10-4 表明了四部门经济中的收入流量循环,即居民户、厂商、政府和国外部门之间的联系。这时,经济要正常运行下去,不仅要储蓄与投资相等,政府税收与支出相等,还要所有的出口与所有的进口相等。

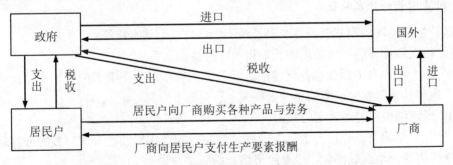

图 10-4　四部门经济构成模型

第二节　经济增长理论

本节专门讨论国民经济长期发展方面的问题。经济增长理论研究的是国民经济,尤其是国民收入的长期变化。换言之,经济增长理论研究的是国民经济的各种主要宏观经济变量在不同时期的数值的变化。

一、经济增长的含义与特征

1. 经济增长的含义

在经济学界,对经济增长的理解并不完全一致。美国经济学家 S·库兹涅茨曾给经济增长下了这样一个定义:"一个国家的经济增长,可以定义为给居民提供种类日益繁多的经济产品的能力长期上升,这种不断增长的能力是建立在先进技术以及所需要的制度和思想意识之相应的调整的基础上的。"

这个定义包含了三个含义:

(1) 经济增长集中表现在经济实力的增长上,而这种经济实力的增长就是商品和劳务总量的增加,即国民生产总值的增加。如果考虑到人口的增加和价格的变动,也可以说是人均实际国民生产总值的增加。因此,经济增长最简单的定义就是国民生产总值的增加。

(2) 技术进步是实现经济增长的必要条件。也就是说,只有依靠技术进步,经济增长才是可能的。在影响经济增长的各种因素之中,技术进步是第一位的。一部经济增长的历史就是一部技术进步的历史。

(3) 经济增长的充分条件是制度与意识的相应调整。也就是说,只有社会制度与意识形态适合于经济增长的需要,技术进步才能发挥作用,经济增长才是可能的。社会制度与意识形态的某种变革是经济增长的前提。

应该说,这个定义是对各国经济增长历史经验的高度概括,体现了经济增长的实质。因此,这一定义已被经济学家广泛接受,并作为研究经济增长问题的出发点。

2. 经济增长的基本特征

从这种定义出发,库兹涅茨总结出了经济增长的 6 个基本特征:

(1) 按人口计算的产量的高增长率和人口的高增长率。

(2) 生产率本身的增长也是迅速的。这包括所有投入生产要素的产出率是高的,如劳动生产率和其他要素生产率的迅速提高。

(3) 经济结构的变革速度是高的。

(4) 社会结构与意识形态的迅速改变。例如,城市化以及教育与宗教的分离就是整个社会现代化的一个组成部分,也是经济增长的必然结果。

(5) 经济增长在世界范围内迅速扩大。这就是发达国家凭借其技术力量,尤其是运输和通信,通过和平或战争的形式向世界其他地方伸展,使世界都卷入增长之内,成为一个统一体。

(6) 世界增长的情况是不平衡的。从目前看,还有占世界人口 3/4 的国家是落后的,有些国家的经济成就远远低于现代技术的潜力可能达到的最低水平。在国际范围内,贫富差距在拉大。

这六个特征中,前两个数量特征属于总和的比率,中间两个属于结构的转变,后两个属于国际间扩散。这六个特征是密切相关的,它们标志着一个特定的经济时代。

3. 经济增长与经济发展

在考察国民经济的长期发展问题时常常涉及两个既密切相关又不完全相同的概念,即经济增长(Economic Growth)和经济发展(Economic Development)。在宏观经济学中,经济增长通常被规定为产量的增加。这里,产量既可以表示为经济的总产量,也可以表示为人均产量。经济增长的程度可以用增长率来描述。

如果用 Y_t 表示 t 时期的总产量,Y_{t-1} 表示 $t-1$ 期的总产量,则总产量意义下的增长率可以表示为

$$G_t = \frac{Y_t - Y_{t-1}}{Y_{t-1}} \tag{10-1}$$

式中:G_t 为总产量意义下的增长率。

如果用 y_t 表示 t 时期的人均产量,y_{t-1} 表示 $t-1$ 期的人均产量,则人均产量意义下的增长率可以表示为

$$g_t = \frac{y_t - y_{t-1}}{y_{t-1}} \tag{10-2}$$

式中:g_t 为人均意义下的增长率。

如果说经济增长是一个"量"的概念,那么经济发展就是一个比较复杂的"质"的概念。也就是说,经济增长是从"量"的角度来考察一国国民经济的长期发展问题,而经济发展则是从"质"的角度来考察一国国民经济的长期发展。从广义上说,经济发展不仅包括经济增长,而且还包括国民的生活质量,以及整个社会经济结构和制度的总体进步。总之,经济发展是反映一个经济社会总体发展水平的综合性概念。鉴于经济发展问题涉及的问题多且比较复杂,因而经济学中有一门专门研究经济发展问题的学科,被称为"发展经济学",而在宏观经济学中,则重点分析经济增长问题,尤其是发达国家的经济增长问题。

二、经济增长的衡量

衡量经济增长一般都采用经济增长率,这和经济增长的定义是相一致的。经济增长率是指国内生产总值的增长率,这一增长率排除了价格波动的影响,实际上也就是产量的增长率。

计算经济增长的方法主要有两种:一种是复利计算法,其计算公式为

$$r = \sqrt[n]{\frac{Y_n}{Y_1}} \tag{10-3}$$

式中:Y_1 代表第一年的实际国内生产总值;Y_n 代表第 n 年的实际国内生产总值;n 代

表该期内的年数；r 代表年平均增长率。

另一种方法是最小二乘法，其计算公式为

$$r_p = \sqrt[n]{\frac{Y_n}{Y_1}} - \sqrt[n]{\frac{P_n}{P_1}} \qquad (10\text{-}4)$$

式中：r_p 代表人均国内生产总值增长率；p 代表人口增长率；Y_n 代表第 n 年的国内生产总值；Y_1 代表第一年的国内生产总值；P_n 代表第 n 年的人口增长率；P_1 代表第一年的人口增长率。

这种计算方法采用人均实际国内生产总值作为衡量经济的指标。

这两种方法比较起来，第二种计算方法比较准确，误差小。这是因为第一种计算方法得出的结果取决于第一年和第 n 年的实际国内生产总值，而与其他各年的实际国内生产总值无关。如果第一年实际国内生产总值低（处于经济衰退时期），而第 n 年的实际国内生产总值高（处于经济繁荣时期），那么计算出来的该期年平均经济增长率就要偏高。相反，如果第一年的实际国内生产总值高（处于经济繁荣时期），而第 n 年的实际国内生产总值低（处于经济衰退时期），计算出来的该期年平均增长率就要偏低。因此，第一种计算方法容易产生误差，而第二种方法所得出的结果可以排除第一年与第 n 年实际国内生产总值的影响，使计算出来的数值与实际数值的误差达到最小。

当然，在用国内生产总值的增长率衡量经济的增长率时，还需要考虑以下问题：

（1）国内生产总值增长中包含的物价上涨因素必须剔除。前面讲过，国内生产总值有名义和实际之分。真实衡量经济增长的只能是实际国内生产总值的变动。如果某国国内生产总值增长 20%，但一般物价水平也上升 20%，则实际国内生产总值并没有增加。

（2）应考虑人口变动因素。假如某一国某一时期 GDP 增长 3%，人口增长也是 3%，则按人口平均计算的 GDP 根本没有增加。如果人口增长率超过 GDP 增长率，人均 GDP 就要下降，从而人们的生活水平就要下降。

（3）有些经济学家认为，衡量经济增长不应以实际的 GDP 为标准，而应以国家的生产能力即潜在的 GDP 为标准，方可抽去总需求变动因素。假定失业率为 4% 的产量水平潜在 GDP 水平，若某年总需求水平很低，实际失业率是 8%，则实际 GDP 低于潜在 GDP。如果下一年总需求增加使失业率达到 4%，则实际 GDP 似乎增加很多，但实际上不是提高生产力本身获得的，而仅是提高生产能力利用率而已。因此，实际 GDP 不能作为衡量经济增长的真实标准。实际 GDP 在经济周期中的扩张，不能看作是经济增长，而只是经济波动中的膨胀。

（4）一些经济学家认为，不管是用实际的 GDP 还是潜在的 GDP 来作为衡量经济标准，都有缺陷。若经济增长局限在物质产出上，会忽视人类其他方面福利的增进，如工作时间缩短、产品质量改进、医疗进步等都难以得到反映；又如，不经过交易市场的许多活动无法统计到经济增长中；还有，对经济增长给社会带来的环境污染、资源枯竭等也难以计算进去。

总之，经济的增长标准问题还有待进一步研究。

三、经济增长理论的发展与现状

经济增长理论的真正发展是在第二次世界大战以后。以凯恩斯主义为基础的现代增长理论的中心是生产能力的长期增长。

现代经济增长理论的内容十分广泛。我们可以把战后增长理论的发展大致分为三个时期：第一个时期是 20 世纪 50 年代，这一时期主要是建立各种经济增长模型，探讨经济长期稳定发展的途径；第二个时期是 20 世纪 60 年代，这一时期主要是对影响经济增长的各种因素进行定量分析，寻求促进经济增长的途径；第三个时期是 20 世纪 70 年代之后，这一时期研究了经济增长的极限，即经济能不能无限增长与应不应该无限增长的问题。

经济增长理论的迅速发展是在 20 世纪 50~60 年代。这一时期，经济学家建立了许多增长模型。这些模型广泛地探讨了经济增长中的各种问题。有些经济学家，例如，由于建立了新古典增长模型而在 1987 年获得诺贝尔经济学奖的美国经济学家 R·索洛断言，经济增长理论已经相当完善，以后不会有什么突破了。这样，20 世纪 60 年代之后经济增长理论实际上进入停滞时期。到 20 世纪 80 年代之后，经济增长理论有了新的突破。这种突破主要表现在两点。第一，增长理论与发展理论是有区别的。前者以发达国家为对象，以国民生产总值的增加为中心，称为增长经济学；后者以发展中国家为对象，以从不发达状态过渡到发达状态为中心，称为发展经济学。这种区别的产生是基于发达国家与发展中国家国情的不同。在这两个问题的研究中都强调了国家的作用，即凯恩斯主义占主流。但在现实中，发展经济学并没有指导发展中国家经济成功，无论在发达国家与发展中国家，国家干预经济的改革都引起了不同程度的问题。这样，发展经济学陷入了困境，逐步与增长问题融合。同时，国家干预所引起的问题，使人们重新认识到市场机制的重要性。于是新古典学派的传统在增长问题研究中成为主流。第二，经济增长模型中技术因素的内在化。在原来的经济增长模型中，技术被作为一种外在因素或自变量，它对经济增长的影响被作为一种剩余，即在经济增长中扣除劳动与资本所作出的贡献之外剩余的部分就是技术进步的贡献。尽管所有经济学家都十分重视技术进步对经济增长的首位作用，但并没有把技术进步作为经济模型的一个内生变量。20 世纪 80 年代之后，一批青年经济学家，如美国的罗默尔等人，建立了把技术作为经济增长模型内生变量的新经济模型，说明了技术因素与资本和劳动的关系，以及在经济增长中的作用，被认为是经济增长理论的一次重大突破。

四、经济增长的前提

较高的经济增长率总意味着社会财富的增加，人们的需要得到更多的满足，社会福利增进，这是亚当·斯密以来的传统信条。但是 20 世纪 60 年代以来，西方国家增长过程中出现了环境污染、工业废物处理、自然资源枯竭、居民公害病症增多以及城市人口拥挤、交通阻塞等诸多问题，引起人们普遍关注。因此，20世纪60年代后期就有经济学家提出要考虑经济增长的代价问题。

经济增长是否值得向往的问题是由英国经济学家米香（E.J.Mishan）于1967年首先提出的。他指出，西方社会继续追求经济增长，在社会福利方面得不偿失。技术发明固然给人们提供了较多福利，但也会因颓废风险加大而增加了它们的焦虑。飞速的交通工具使人们趋于孤立；移动性增加反而使转换时间增多；自动化程度提高反而增加人们隔离；电视增多使人们更少交往，人们较以往更少地理解他们的邻居。物质财富的享受不是人们快乐的唯一源泉，还有闲暇、文化和美丽的环境。然而，这些令人们向往的事物，现在却成了快节奏高效率生活的牺牲品。

1972年，美国经济学戈麦斯（D.H.Meadows）等人写了《增长的极限》一书。书中指出，由于粮食减少、资源枯竭和环境污染等问题日益严重，人口和工业生产的增长将于2100年到来之前完全停止，最后出现"世界的末日"。要避免这种灾难性情况的发生，从1975年起要停止人口的增长，到2100年停止工业投资的增长，以达到"零度人口增长"和"零度经济增长"的全球性均衡。

零增长观点一经提出，就引起西方社会的广泛讨论，持有异议的观点认为：

（1）实行一种组织经济持续增长的决策是不容易的。用行政命令控制的方式本身不可取。政府不可能命令人们停止发明扩大生产力的方法，而且厂商冻结其产出水平也是无意义的，因为人们需要的变化会要求某些工业扩大生产，同时也会要求另一些工业紧缩生产。究竟哪些工业需要扩大和哪些需要紧缩，势必要由政府出面干预以达到零增长，这将是既浪费又挫伤人们情绪的方式。

（2）零增长将严重损害在国内或国外消除贫困的努力。当前世界上大多数人口仍处在需要经济增长的状况中，发达国家又不甚愿意对发展中国家提供过多援助。较少的增长意味着贫困延续。就改善一些发展中国家的生活状况而言，经济增长是完全必要的。

（3）经济增长不容易对有效的环境保护提供资金。消除空气和水污染以及净化城市生活，每年需要大量费用，只有经济增长，才能获取这些资金，又不会减少现行消费。如果经济不增长，这些方案都无法实施，最后仍将使人们贫困和环境恶劣。

总之，一些经济学家认为，零经济增长是不能实现的，也是不应实现的。

五、可持续发展

尽管经济零增长的观点不可取，但它提出的现代经济带来的环境污染、生态破坏、资源枯竭问题引起了人们的高度重视。"可持续发展"战略正是在这样的背景下提出的。这一战略是1987年世界环境与发展委员会在"我们共同的未来"的报告中首次提出的。

可持续发展被定义为既满足当代人的需要，又不损害未来世代人满足其自身需要的能力的发展。尽管对此定义人们还有各种不同的解释，但有两点是共同的：一是认识到环境与资源对经济增长的制约；二是强调代际内和代际间的公平。

20世纪以来,发达国家奢侈性地使用能源和资源,发展中国家的贫困及盲目模仿发达国家经济增长的战略和生活方式,加上人口不断增长,已使地球面临生存危机。于是,环境保护运动应运而生。早期的环保运动强调人类经济活动要服从自然界的限制和生态的绝对保护,从而提倡零增长;相反,传统经济学则过分强调经济增长的主导地位,把环境资源作为增长的外生因素。可持续发展则不强调经济增长与环境保护的对立,而是考虑如何在不破坏未来生产能力的前提下最大程度地有效利用自然资源,以使与环境相关的经济能长期稳定地发展,强调经济发展和环境保护的互动互补。

为此,可持续发展要求在经济增长中逐渐以人力资源及人类制造的生产能力替代自然资源,因为地球上可再生资源的自我更新能力有限,不可再生资源的总储量更有限。

可持续发展要求严格控制人口增长。环境污染及资源掠夺性利用既与追求经济增长有关,也与人口迅速增长有关,而经济增长本身也是人口增长所要求的。事实表明,生态破坏,资源掠夺式利用,也是人口增加的必然结果。要在不断提高生活水平的同时不影响生态环境,必须控制人口增长。

可持续发展还要求改变生产方式和生活方式。改变生产方式就是要改变资源消耗型的粗放经营方式,提高产品科技含量,让每一亩地、每一滴水、每一吨煤、每一度电能生产出更多、更好的产品,满足人们的需要。改变生活方式,就是要改变人们在具有充足购买力时过度消费的奢侈习惯。据世界银行统计,20世纪80年代,美国人均能源消费量是中国的13.8倍、印度的35倍。全球生态退化的3/4是生活在富裕国家的占世界1/4的人口造成的。可持续发展要求人们必须改变这种追求能源密集型的消费模式。

可持续发展要遵循代际公平原则。人们在发展经济时,不仅要考虑当代人的利益,还要为未来世代人们着想,因为未来世代人的权利在一定意义上是当代人赋予的。当代人应当为未来世代做出多大的牺牲,或在多大程度上能向未来世代借支生存发展的资源,如何确定个人当前的消费欲望,不但需要提高全民的可持续发展的理念,更需要发挥政府的行政干预和宏观调控在平衡当前和未来利益方面所起的主导作用。

与持续发展战略相联系的还有两个重要的理念越来越受到重视:循环经济和低碳经济。它们都是实施可持续发展战略的重要途径和方式。循环经济(Cylic Economy)即物质闭环流动型经济,是指在人、自然资源和科学技术的大系统内,在资源投入、企业生产、产品消费及其废弃的全过程中把传统的依赖资源消耗的线性增长的经济,转变为依靠生态型资源循环来发展的经济。循环经济注重的是物质的循环利用、多次被利用,使经济活动生态化。循环经济与传统经济不同,前者是一种"资源—产品—污染排放"的单向流动经济,后者则是一种"资源—产品—再生资源"反馈式的流程经济,其特征是低开采、高利用、低排放。所有的物质和能源要能在这个不断进行的经济循环中得到合理和持久的利用,以便把经济活动对自然环境的影响降低到尽可能小的程度。

低碳经济是指经济增长与二氧化碳排放趋于脱钩的经济。其目标有两个:一是保持经济增长;二是减少石化能源(如石油、煤炭、天然气)消耗和二氧化碳排放。低碳经济所要求的脱钩，一是指绝对脱钩，即二氧化碳排放随经济增长表现为负增长，这是发达国家当前应当采纳的方案；二是指二氧化碳排放的速度要低于经济增长的速度，一般可用单位GDP的二氧化碳强度来衡量。实现低碳经济，一是要求太阳能、风能、生物能等非碳的可再生能源或水能、核能等替代煤、石油、天然气等传统的碳基能源，从能源结构上减少二氧化碳排放；二是要求提高工业、交通、建筑三大领域内的能源利用效率，从能源消耗上减少二氧化碳排放；三是通过保护森林和发展绿色空间吸收二氧化碳，提高二氧化碳捕捉能力。

 阅读材料 10-1

增长悖论的经济解释

许多国内学者已经注意到了一个非常耐人寻味的现象：即使中国经济有一个较为快速的增长，但社会中的大部分人却不能够从中受益；但是如果没有一个较为快速的增长的话，社会中的大部分人却会从中受害。这个现实背后隐藏的经济学故事就是我们所说的"增长悖论"。"增长悖论"意味着中国经济增长与就业增长之间存在着非一致性，也就是说，一方面经济保持较快的增长，另一方面就业增长率却不断下降。对此，学术界有多种不同的解释。

技术进步论认为，中国的技术进步通过其内在的创新机制以及扩散机制把生产可能性边界向外推移，与此同时，也提高了资源的配置效率，从而推动了中国的经济增长；但是，由于中国的资本深化速度过快，使得资本对劳动的吸收能力大为削弱，从而降低了就业增长率。此外，我们还应该看到，资本深化速度过快还会降低中国的经济增长速度，从而对中国的长期经济增长不利。

结构调整论认为，中国现在的经济增长不是一种内生的经济增长，也就是说，中国的经济增长不是"自主型增长"，而是一种"调整型增长"。中国就业增长率的下降正是由产业结构和所有制结构的快速调整所致，因为在这个过程中就业结构也会发生相应的调整，换句话说，就业下降或者说失业上升是结构调整的必然结果或者必要成本。结构调整论能够解释中国的许多特殊现象，可以当作中国经济学界的一根最有用的"稻草"。

有效劳动需求论认为，中国的经济增长带来了相应的就业增长。但是，增长在很大程度上只是使得原来已经处于有效就业状态的职工的劳动工时增加，表现为劳动效率和质量的提高，而不是表现为劳动者数量的增加。另外，即使有劳动者数量的增加（如外来民工流入城镇就业岗位和自我雇用），也常常因为无法进入官方的统计数据而使得城镇登记失业率看起来不断上升。因此，整个过程就会表现为所谓的"增长悖论"。

以上三种分析在某种程度上都很有道理，问题的关键在于：中国经济增长的力度不够大（至少没有达到潜在增长率），不足以弥补由于激励机制的提升和技术进步的作用而使劳动效率提高以外的部分。从这个意义上来讲，中国的经济增长是有潜力的，这就是许多经济学家对中国的经济增长持乐观态度的一个主要原因。从这个角度出发，中国的经济亮点必须从就业方面去找，不管是"效率型就业"，还是"数量型就业"。

根据新古典经济学中的索洛模型，我们可以知道，经济增长可以促进就业增长，而就业增长又可以反过来促进经济增长，从而使得两者之间存在一种"加强效应"。但是中国的经济增长和就业增长之间还没有形成一种良性循环，从而在很大程度上陷入了一种坏的均衡。从这个意义上来讲，"增长悖论"实质上是一种"锁入效应"。

对目前的中国来说，在考虑经济增长的同时，政府应该把更大的注意力放在就业增长上，只有这样才能够打破"增长悖论"。

第三节　促进增长的政策

一、经济增长的自然禀赋和常规经济因素

经济增长是一种复杂的经济和社会现象，是诸多因素共同作用的结果。根据经济增长理论可知，影响经济增长的自然禀赋和常规经济因素主要包括以下四个。

1. 自然因素

自然因素对长期经济增长具有制约作用。自然因素具有先天禀赋性，是人类不可控制的条件。从这个意义上讲，富国之所以富裕，具有某种幸运的含义。自然资源分为可再生资源和不可再生资源。例如，原始森林是不可再生资源，但是一般树林是一种可再生资源，因为砍伐之后可以在原处种植新树以供未来收获。石油等能源是典型的不可再生资源，由于自然力量需要数以万年计的长期历史才能形成石油，所以一旦石油被开采出来，我们无法创造出新的石油。丰富的自然资源对于经济发展具有积极作用。例如，美国早期的经济发展相当程度上得益于辽阔的疆域和广袤的耕地资源。某些中东国家如科威特、沙特阿拉伯等产油国生活富裕，主要原因是这些国家地下蕴藏了大量的石油。

地理位置和气候条件与经济增长也具有联系。例如，美国经济学家菲里·萨克斯注意到，除了很少几个例外，被陆地包围而没有海岸线的国家和地区一般比较贫穷。因为被陆地包围的地区，运输成本很高，发展国内市场和参加国际贸易比较困难。另外，气候条件可能对经济发展产生影响，温带国家与热带国家在成为高收入国家的机会上存在很大的差异。例如，美国、西欧、日本这样的发达国家几乎全部处于温带。依据统计观察，全世界高收入地区人口总共大约 10 亿，上述两个例外经济的人口约 1 000 万，也就是说，世界上高收入人口大约 99% 处于温带地区，只有 1% 处于热带地区。虽然有关地理和气候因素影响经济水平的具体机制还缺少有说服力的研究证据，但是上述观察确实显示了地理位置与经济增长之间存在某种统计相关性。

然而，应当强调的是，自然资源对经济发展的作用是有限的。自然资源匮乏的国家也可能创造很高的生产效率并享受富裕的生活水平。日本是这方面最典型的例子。日本是资源极为匮乏的国家，然而，由于它成功地利用了国际分工和贸易条件，从外国进口原料和

资源加工以后出口到其他国家和地区包括资源富裕国家和地区，结果变成经济发达水平很高的富裕国家。地理和气候因素对经济的影响也是如此。实际上无论是温带地区或是拥有海岸线的经济，仍有不少处于相对落后状态。自然因素对经济具有某种影响，但是把发展比较差价主要归结为作为客观原因的自然因素或地理因素是不正确的。影响经济长期增长的更为重要的变量，是人类社会不同程度可以控制和选择的可变因素。

2. 投资和资本积累

解释经济增长的经济学模型，通常都会包含资本积累、人力资本形成、对外开放程度等常规因素，现在我们对这些因素依次给以简略考察。

古典经济增长理论指出，资本积累量的大小是决定经济增长率高低的关键。资本对于经济增长的影响作用是将属于不同所有者的劳动力、设备、技术等要素结合在一起，发挥要素规模效益以降低产品的生产成本，使劳动生产率得以提高，并保障原材料、在产品、产成品在时间上的连续性，从而使社会生产和扩大再生产得以顺利进行，以促进经济增长。

物质资本是用来生产商品和劳务的技术设备及其附属物的存量，又简称资本。常识告诉我们，工具和设备能够提高工人的生产率。例如，挖一条一米深、一米宽、100米长的沟渠，没有工具完全依赖劳动力可能无法完成，用简单手工工具需要10个工人辛苦工作一个星期，但是如果配备挖土机之类的现代设备，一个工人也许在一两天就能完成任务。常识告诉我们，工具、专业化设备等资本条件能够极大地提高一个社会的生产率。

因此，我们看到，资本存量是一国经济发展和生活水平的重要因素。发达国家人均资本存量比较高，不发达国家人均资本存量比较低。然而，资本存量不是天上掉下来的。今天资本存量是昨天投资的结果，未来资本存量则部分取决于今天的投资数量。因而，增加资本存量需要一个社会在现期消费采取某种克制态度，把每个时期创造的部分财富节省下来，用于积累和投资，形成新的资本。政府可以运用税收、利率经济手段鼓励本国企业和国民积累与投资，还可以实施开放政策鼓励外国资本进入本国投资，作为解决本国资本不足问题的一个补充措施。

3. 教育和人力资本

人力资本是凝结在劳动者身上的技能、学识、健康状况和水平的总和。人力资本对于经济增长的影响作用体现在人力资本作用于生产技术上，促进技术进步，并且人力资本的增长能够使已有的物质资本和技术得到更充分的利用，从而通过提高生产率来促进经济增长。虽然人力资本不像物质资本那样具有可直接观察的实际形态，二者对生产率和经济发展水平的影响具有很多相似之处。经济学家同样把人力资本看作生产要素，认为它们能够有效地提升一个劳动者或国家生产产品和提供服务的能力或效率。像增加物质资本需要积累和投资一样，增加人力资本也需要投资。人力资本概念意味着可以把教育理解为一个特殊产业。

由于教育对人力资本的投资，随着人力资本对于现代经济重要性不断增大，教育对于长期增长的作用也就相应增加。经济学特别强调教育的重要性还有一个特殊的原因，就是教育具有某种正外部性效应。微观经济学告诉我们，正外部性指某个人行动对其他人福利造成显著正面影响但是没有得到直接的市场回报。例如，受到良好教育的人更有可能提供发明创造，由此带来的新知识和新技术一旦变成社会一般知识或常识的一部分，在社会范围内发生的积极作用可能显著大于创造者本人从中获得的直接收益，从而显示出教育的正外部效应。因而，为了促进经济增长，政府应当实行鼓励国民教育的政策。

4. 开放和国际化

20世纪五六十年代很多发展中国家实行进口替代的内向型政策，试图在避免与外部世界发生不断深化的经济互动的前提下提升本国经济发展水平。这些政策通常对于国际贸易进行大量的关税和非关税限制，希望由此发展国内民族工业，并赶超发达国家经济。通过对不同国家几十年经济发展绩效的分析检验，现在大多数经济学家认为，出口导向的外向型政策比较有助于穷国经济发展。减少对贸易的限制、扩大开放，从参与全球经济体系的过程中学习，是经济长期发展的必要条件。

从最直接关系看，贸易好比是一种特殊的技术。一国出口纺织品，然后用出口得到的外汇收入进口飞机，在客观效果上与发明了一种把纺织品变换成飞机的技术相类似。由于出口商品通常是比较具有资源优势和生产机会成本比较低的产品，进口商品通常不具有资源优势因而生产机会成本比较高，所以贸易实现的交换通常会提高交换双方的资源配置效率，提升给定资源限制下人们的生活水平，促进经济发展。除了静态福利效果，贸易还具有其他多个方面的积极"溢出"效应。贸易促进信息交流沟通，使贸易参与国的企业和人员加深对于外部世界的了解，这些对于经济长期发展具有重要意义。

二、技术进步——长期增长的关键条件

上述常规性因素对于经济发展必不可少，但是20世纪人类经济实践和经济学研究，使我们认识到技术进步和制度条件是制约长期经济增长的更为关键的因素，因而有必要讨论。现代经济增长理论认为，只有储蓄积累而没有技术进步的经济，其增长过程存在上限，即在某个高收入点会停滞，实现经济持续增长的必要条件是加入技术升级因素。技术进步是现代经济长期增长的持久发动机。

技术知识是有关提供商品和劳务最佳方法的理解，技术进步把技术知识运用到生产和商务活动中，提高经济活动的效率。例如，我国棉花生产受到棉铃虫困扰，虫灾泛滥之年棉花产量会大幅度下降，利用现代转基因技术培育出抗御虫害的新棉种，有可能大大提高棉花生产率。这一技术进步是与对"提供商品和服务最佳方法的理解"方式改进直接相联系的。生物学家告诉我们，DNA是生命体中把父代特征遗传给子代的物质，在遗传学上具有极为重要的地位。随着现代生物学理论和技术的进步，人们不仅可以描述和检测DNA，而且可以采取一种与传统工程学类似的方法，把它从一个有机体移植到另外一个有机体中，形成所谓的"转基因"（Gene Modified Organism，GMO）技术。目前，转基因技术在

农业部门已得到商业性利用。虽然这一技术利用可能带来生物性风险，因而需要谨慎地对待它，但是它潜在的革命性影响及其提供的可能彻底改变传统食物安全概念内涵的前景，是技术影响经济的前沿事例。我国国情的一个基本特征是，人均耕地面积较少，在传统农业技术条件下长期面临食物供给压力，转基因技术的商业运用前景对我国具有更为重要的意义。

技术知识与人力资本紧密联系，但又有重要区别。技术知识反映了一个社会对于事物存在和运行方式的理解；人力资本则是指劳动者掌握技术和知识的能力，或技术和知识在劳动者这一特殊载体上的存在状态。有人把技术知识比作有关客观世界教科书的质量，人力资本则是人们阅读教科书所投入的努力和时间。一个社会的生产率既取决于可以获得的知识教科书的质量，也取决于人们研读知识教科书时投入的努力和时间。

技术知识以不同的形式存在。有的技术知识在很少人使用后，能够以低廉的代价和很快的速度变成其他很多人共享的常识。例如，我国浙江临安竹农在20世纪90年代发明了"菜竹覆盖技术"，利用稻草、竹叶等覆盖雷竹林地，林地保温增湿后，过去在春天生长成熟的竹笋提前到冬季成熟，使消费者在春节期间就能品尝到新鲜上市的竹笋，大大增加了竹笋的经济价值，竹笋行情猛涨使最先利用这一技术的竹农得到了巨大的经济利益。这一技术的原理和运用都比较简单，很快在本地推广，外地外省农民也群起效仿，几年后就成为南方很多竹农普遍掌握的常规技术。并非所有技术很快都能被人模仿，有的技术以专利形式存在，仅被个别厂商掌握。例如，可口可乐公司对原料制作配方严守秘密，从而保持这一著名品牌软饮料的独特竞争地位。有的技术仅在一段有限的专利时期内被发明厂商独自享受，此后逐步成为公开性知识。例如，一家制药厂研制出一种新药，会通过专利保护在一定时期内获得独家生产权利，专利期之后其他公司便能生产这一药品。

明智的政府科技政策至少应当包含两个方面的内容。一方面应当直接扶持基础科技研究。科学技术发现通常会给社会提供新知识，它们在相当大的程度上是公共产品：一旦新知识被提供和发表出来，便会成为人类共有知识总量的一部分，这时其他人获得这一知识除了自身学习的努力之外无须发生任何成本，并且也不存在禁止他人获得新知识的约束条件。微观经济学告诉我们，公共产品属性与私营部门的激励机制存在不对称性，如果仅仅依靠市场激励机制来提供，公共产品供给一般会存在从社会评价来看数量不足的问题。如同政府应当提供国防这一特殊公共产品一样，政府也应当在直接扶持基础科学研究方面承担重要职能。

另一方面，对于科技发现成果潜在具有排他性质的研究开发活动，应当利用专利制度激励民间部门介入。某个厂商研制出一种新药品，它可以申请专利保护。对于确实具有原创性的科研成果，政府应当授予研创人员或企业专利权，即在法律上保护发明者在一定年限内独自享用这一成果的权利。专利制度的实质是对发明者提供知识产权保护，把本来具有公共产品性质的发明在一定期限内转变为普通的私人产品，从而激励民营部门更多地从事科研活动。

三、制度因素——长期增长的又一关键条件

制度有不同的定义。对于经济增长而言，可以把制度因素理解为有关经济体制和政策安排的综合，它所涉及的中心问题是如何界定市场和政府的边界。绝大多数经济学家认为，通过计划经济实现经济长期增长和福利改善的目标具有难以克服的困难，市场经济体制虽然存在很多问题，但是在总体上具有不可被政府行为替代的基本经济功能，因而欲求经济长期增长，必须充分发挥市场机制作用。政府应当承担监管者和规则制定者的功能，而不是所有者和经济活动直接决策者。这一认识是从 20 世纪人类经济史总结得来的重要经验。

政府和市场互动构成经济制度的基本内容。我们在微观经济学中讨论了政府在提供公共产品和调节收入分配方面具有不可缺少的作用，在后面的宏观经济政策分析中还将说明，政府宏观调节也可能对宏观经济稳定运行发挥积极作用。然而，历史的经验表明，计划经济遏制经济活力，并且难以克服信息处理和协调的困难，因而长期绩效普遍不如市场经济制度。充分发挥市场机制作用是谋求长期经济增长的前提制度性条件。

市场机制的健全和有效性，既表现为产权界定和保护的强度和力度，也体现为市场竞争的程度和有效性。它对经济增长至少具有两个方面的基本作用：一是激励作用；二是协调作用。与此相对应，计划经济体制背后隐含了两个基本假定：一是认为行政首长或计划官员具有正确决策需要的收集和处理信息的能力，并且可以把经济协调得更好；二是认为经济活动当事人是某种道德意义上的"新人"，遇事总是能够把他人利益或公共利益放在第一位。现在我们知道，第一点假设过于自负，第二点假设脱离现实。实际经济运行和增长，不可避免地需要市场提供激励并加以协调。

一个经济要发展，必须具有内在活力，人们都努力工作和创新。市场机制的积极作用在于，一方面提供了创新激励，另一方面拓展了创新空间，因而创造了一种激活和鼓励创新的环境。从经济角度看，创新激励或创新动力取决于创新给创新主体带来的净收益，因而，创新动力的大小可以用创新总收益减去创新总成本（包括风险成本）的净剩余来表示。创新收益大小显然与主体目标函数及其对效用的评价有关。不能排除人们可能为了公益性目标来创新，或者为了一个不一定能够为自己带来直接物质利益但能够实现自身价值的动机来创新。然而，一般而言，支配人们经济活动的动机中有关个人利益的部分通常占有重要甚至主体地位。换言之，不管一项创新本身能够在多大程度上提高社会福利，但如果不让行为主体从中获益，创新激励仍然会不足。市场环境下，企业的利润机制和企业家与个人收入激励机制都会对个人努力工作和创新发挥极为重要的作用。这个朴素、简单的道理可能是我国市场取向的改革取得成就的基本原因之一。

创新空间是一个行为主体能够从事创新活动的社会范围，指的是一种特殊体制下，一个行为主体被社会规定能做什么和不能做什么。在任何社会里，都不可能存在完全的、绝对的制度创新或组织创新的自由。然而，在一个竞争比较充分的市场体制下，通常能在给定法律和伦理的条件下，尽可能拓展创新的空间。因而，如果实行垄断性体制，或者行政

机构对经济活动干预过多，就会导致创新空间窄小和动力不足的问题。这是我国具有重要现实意义的问题。改革开放以来，我国经济创新拓展，促进了国民经济快速增长。然而，由于市场化改革还有待深化，实际生活中仍然存在不少抑制创新的体制性因素。

市场机制的另一基本功能是协调社会。它所显示的社会资源相对稀缺度，为技术选择、投资选择以及消费行为提供了信息参照和协调机制。例如，通过投资进行资本积累，那么资本应当投向何方？扩大贸易和吸引外资有助于经济增长，那么应当出口什么和进口什么？外资进来投向什么部门？技术进步是增长的发动机，然而什么技术应当得到广泛运用？分工促进经济发展，那么在给定资源和技术约束的条件下，分工是否越细越好？这些问题都不能从它们本身实际的关系中得到回答，而需要市场价格机制协调。价格信号和协调机制具有普遍性作用。

发展是硬道理不仅强调了制定政策时所应把握的不同目标优先度，同时提示了发展过程的困难和挑战性。发展同样对经济学提出了难题。本章对经济增长及其制约条件展开讨论说明，在如何发展的问题上不存在简单答案，没有可以遵循的简单公式。然而，从思想演变的历史来看，经济学家对经济发展过程和机制的理解在不断进步。例如，由于技术进步的经济作用理解认识加深，今天已经很少有具备常识的职业经济学家，会轻易相信世界经济会由于某种产品或资源（如粮食或石油）稀缺而面临增长极限的耸人听闻的预言。经济学家对于市场机制的理解也比半个世纪前有了明显进步，如果说在20世纪30年代关于计划与市场体制的大论战中，坚持认为市场调节和激励机制不可缺少的观点还仅仅是少数经济学家的远见卓识，那么今天它已经成为大多数经济学家的共识。另外，关于开放与经济增长关系问题、政府活动及其范围选择的重要性、人力资本对于经济增长的意义，经济学家都提供了丰富的理论模型和经验分析资料。一国决策者和公众应能留意并适当借鉴经济学分析成果，对实际经济增长产生积极而显著的作用。

四、促进经济增长的政策

到现在为止，我们已经使用索洛模型描述经济增长的不同源泉之间的理论关系。我们还讨论了描述实际增长经验的经验研究。在用索洛模型揭示了经济增长不同源泉之间的关系之后，我们现在可以用理论和证据来指导我们思考经济政策问题。

1. 改变储蓄率

根据索洛增长模型，一国储蓄和投资的多少是其居民生活水平的关键决定因素。正如我们已经了解的，储蓄率决定了稳定状态的资本和产出水平，一个特定的储蓄率产生了黄金律稳定状态。这种状态使人均消费最大化，从而使经济福利最大化。

要使一国经济向黄金律稳定状态移动，决策者就应该增加国民储蓄。但是，政府怎样才能做到这一点呢？从纯粹核算的角度说，较高的国民储蓄意味着较高的公共储蓄、较高的私人储蓄或者这两者的某种结合。许多关于促进增长的政策争论的核心是这些储蓄中哪一种可能是最有效率的。

政府影响国民储蓄最直接的方法是通过公共储蓄——政府从税收收入所得到的和它所支出的之间的差额。当政府支出大于其收入时，就说政府有预算赤字，预算赤字代表负的公共储蓄。预算赤字提高了利率，并挤出了投资；所引起的资本存量的减少是加在子孙后代身上的国债负担的一部分。相反，如果政府支出小于它筹集到的收入，就可以说政府有预算盈余，可以用于收回部分国债，并刺激投资。

政府还可以通过影响私人储蓄——家庭和企业所进行的储蓄——来影响国民储蓄。特别是，人们决定储蓄多少取决于他们所面临的激励，而这些激励可以由各种公共政策来改变。许多经济学家认为，资本收入的高税率——包括公司所得税、房地产税通过减少储蓄者所赚取的收益率而抑制了私人储蓄。一些经济学家提出通过用消费税系统代替目前的收入税系统来提高储蓄的激励。

经济学家关于公共政策的许多分歧的根源在于，对私人储蓄对激励的反应程度如何存在不同观点。例如，假设政府要扩大人们存入免税的退休金账户的金额。人们会通过更多的储蓄来对增强的激励作出反应吗？也许人们仅仅是把以其他形式进行的储蓄转入这些账户——减少了税收收入，从而减少了公共储蓄，而对私人储蓄没有任何刺激。显而易见，政策的合意性取决于这些问题的答案。遗憾的是，尽管关于这一问题有许多研究，但并没有形成共识。

2. 配置经济的投资

索洛模型作出了一个简单化的假设，即只存在一种类型的资本，当然在世界上存在许多类型的资本。私人企业投资于传统类型的资本，如推土机和钢铁厂，以及更新型的资本，如计算机和机器人。政府投资于称为基础设施的各种形式的公共资本，如道路、桥梁和下水道系统。

此外，还有人力资本——工人通过教育所获得的知识和技能，教育包括从智力开发之类的早期儿童教育项目直至劳动力中成年人的在职培训。尽管基本的索洛模型只包括物质资本，但人力资本在许多方面与物质资本类似。与物质资本一样，人力资本也提高了我们生产产品与服务的能力。提高人力资本水平需要以教师、图书馆和学习时间为形式的投资。最近关于经济增长的研究强调，在解释各国生活水平的差别上，人力资本至少与物质资本同样重要，模拟这一事实的一种方法是把我们称为"资本"的变量更广泛地定义为既包括人力资本也包括物质资本。

想要刺激经济增长的决策者必定会遇到经济最需要哪一种资本的问题，换言之，就是哪一种资本产生了最高的边际产量。在很大程度上，决策者可以依靠市场把储蓄配置给不同类型的投资。那些资本的边际产量最高的行业自然最愿意按市场利率借贷为新投资筹资。许多经济学家主张，政府应该只是为不同类型的资本创造一种"平等活动的场地"，如通过确保税制公平地对待所有形式的资本。政府然后可以依托市场来有效地配置资本。

另一些经济学家建议，政府应该积极地鼓励某种特定形式的资本。例如，假设技术进步是作为某种经济活动的副产品出现的。如果在建立资本的过程中设计出新的改进的生产流程，这些思想成为社会知识宝库的一部分，就会出现以上情况。这种副产品被称为技术的外部性，或者知识的溢出效应。存在这种外部性时，资本的社会收益大于私人收益，增加资本积累对社会的利益比索洛模型所指出的更大。此外，某些类型的资本积累产生的外部性会大于其他类型的资本。例如，如果安装机器人产生的技术外部性大于建设一个新钢铁厂，那么也许政府就应该用税法来鼓励对机器人的投资。这种政策有时被称为产业政策，其成功要求政府能够衡量不同经济活动的外部性，从而能对每种活动给予正确的激励。

3. 建立适当的制度

如我们此前所讨论的，研究生活水平的国际差异的经济学家把这些差异中的一些归因于物质和人力资本的投入差别，把另一些归因于使用这些投入的生产率。各国生产效率水平不同的一个原因是指导稀缺资源配置的制度不同。制定适当的制度对保证资源配置在最佳用途上是至关重要的。

一国的法律传统是这种制度的一个例子。一些国家，如美国、澳大利亚、印度和新加坡是英国的前殖民地，有着英国传统的习惯法体系。其他国家，如意大利、西班牙和大多数拉丁美洲国家，有来自法国拿破仑法典的法律传统。我们会发现英式法律体系对股东和债权人的保护比法式体系更强。因此，英式国家的资本市场得到了更好的发展，有着更发达的资本市场的国家反过来又经历了更快的增长。因为小公司和初创公司可以更容易为其投资项目筹集资金，所以一国资本实现了更有效的配置。

国家之间的另一个重要的制度差别是政府本身的质量。确实，政府应当对市场体系提供"援手"，如保护私有产权、强制执行合同、促进竞争、对诈骗提出起诉等。然而政府有时背离这一理想，其行为更像"强盗"，使用国家权威使少数有权势的个人致富，以广大社会为代价。经验研究显示了一国腐败的程度确实是经济增长的重要决定因素。

18 世纪，伟大的经济学家亚当·斯密充分了解了制度在经济增长中的作用。他曾经写道，"除了安宁、低税负和过得去的执法，使一国从最原始的状态达到最富裕的状态不需要其他东西。所有其他条件都来自事物的自然过程。"可悲的是，许多国家不具有这三项简单的优势。

4. 鼓励技术进步

索洛模型表明，人均收入的持续增长必定来自技术进步。然而，索洛模型把技术进步作为外生的，并没有对它作出解释。不幸的是，决定技术进步的因素没有得到很好的理解。

尽管理解有限，许多公共政策的目的仍在于鼓励技术创新。这些政策中的大多数鼓励私人部门把资源用于技术创新。例如，专利制度给新产品发明者以暂时的垄断；税收法规为进行研究和开发的企业提供减税；还有像国家科学基金这样的政府机构直接资助大学的基础研究。此外，正如以上所讨论的，产业政策的支持者认为，政府应该在对促进技术迅速进步至关重要的特殊行业中起到更积极的作用。

近年来，对技术进步的鼓励开始在国际范围内进行。美国和其他发达国家有许多从事先进技术研究的公司。一些发展中国家因对知识产权未严格实行保护，存在对先进技术研究"搭便车"的激动。也就是说，一些发展中国家的公司常常使用国外研发的创意，而不给专利持有者补偿。有关国家竭力反对这种行为，而发展中国家已经承诺严格执法。如果全世界更好地执行知识产权保护，企业将有更多的激励从事研究，这将促进世界范围的技术进步。

第四节 经济发展

一、发展中国家的概念

世界银行曾按人均收入将世界各国划分成低收入国家、中等收入国家、中上等收入国家和高收入国家四类。各等级收入标准在不同年份会有变化，属于各等级的国家在各个年份也会有变化，但各类收入国家在一定历史时期还有一定的相对稳定性。例如，美国、日本、法国、德国、加拿大、澳大利亚等二十多个国家大体总属于高收入国家。另外三类收入的国家总的称为发展中国家，有时又被称为欠发达国家或不发达国家，历史上也曾称为落后国家。这三类收入的国家范围很广，其中有些国家如韩国、新加坡、马来西亚等近二十多年来经济发展的相当不错，但大部分国家仍处于比较贫困甚至十分贫穷的境地，包括非洲、拉丁美洲及亚洲相当多的国家。这些经济落后的国家最重要的特征是人均收入低，人们过着贫困的生活，营养不良，文化水平低，预期寿命短。发展中国家大约有40%的人口年收入无法提供足够的营养。尽管发达国家只占世界人口的1/4，但消费着世界产量的3/4，而占世界人口3/4的发展中国家仅占世界收入的1/4。这些发展中国家的人口绝大部分居住在农村，劳动特别繁重，工具相当原始，生产效率低下，缺医少药，文盲比例很高。如果用人均实际GDP、出生时预期寿命、儿童入学率、成人识字率这些指标来衡量经济和社会发展程度的话，发展中国家尤其是其中一些特别落后的国家的这些指标都极低。"贫困落后"可以说是这些国家状况的总概况。

二、阻碍经济发展的因素

造成发展中国家贫困落后的因素是什么？经济学提出了种种看法，但都离不开关于生产因素的分析，因为任何一国的经济的基础总是生产。国家之所以贫穷，是因为缺乏资本、劳动、自然资源和技术这些要素的投入。

先说资本短缺。穷国人均收入低，即使消费水平低，绝大部分收入还是被消费掉，储蓄极有限，形成资本的能力极低，从而生产率也难以提高，收入水平就无法上去。这样就形成了一个低收入到低收入的恶性循环。

再看劳动要素。发展中国家劳动数量在人口迅速增加的形势下总是过剩,但质量很低,体现在劳动力中的知识和技巧少得可怜,即使给他们现代化装备,也无法操作。越穷的国家的人口增长越快的原因是:农民没有社会保障,只能养儿防老,而高儿童死亡率又促使其父母不得不多生,加上子女的抚育成本低,以及现代避孕知识和手段缺乏,高出生率就不可避免。正如人们所说"富人家里多财产,穷人家里多孩子",对整个国家来说,情况同样如此。对许多贫穷国家来说,既存在"穷了多生,多生了穷"的循环局面,又存在人力资本短缺和只会干粗活的普通劳动者严重过剩并存的局面。

自然资源是生产中不可缺少的条件。许多贫困国家的自然条件很恶劣,但也有些穷国的资源并不少。例如,刚果就有丰富的矿藏,但仍很穷。相反,有些国家(日本)自然资源不丰富,却很发达。这表明,国家能否富起来,关键并不在自然资源本身,而在于如何对待和利用这些资源。

技术进步是经济发展最重要的因素。科学技术有很大的外部性,发展中国家完全可以模仿发达国家的先进技术,而不必从头研究和开发。问题是有没有这样的人才(科学家、工程师等)进行模仿,有没有这样的资金用以购买代表先进技术的设备,有没有这样具有创业精神和创新意识的企业家引进和利用先进技术。

还有一种在发展中国家较为流行的观点,即认为穷国是发达国家剥削的产物。尽管殖民时代早已过去,但现在许多落后的国家在经济上仍依附于发达国家。发达国家通过诸如不平等贸易等手段影响着发展中国家的经济,损害穷国利益。因此,要建立"国际经济新秩序"的呼声常会在国际舞台上听到。

然而,如果再深层次思考一下就可以发现,还有更为重要的因素在阻碍贫困国家的经济发展,那就是制度、政权和秩序。就资本短缺看,发展中国家人均收入低不等于人人收入低,大多数家庭贫困不排除还有少部分家庭是富有的。这些富人很少有储蓄和投资的积极性,宁肯作炫耀性消费或把资金转移到国外,这是因为国内缺乏投资的激励机制,缺乏投资的安全环境,政局经常动荡不安。再看人力资源,发展中国家真的没有人才吗?当然不是,很多人才跑国外去了或在国外留学后压根不回国了。这是因为发展中国家缺乏吸引人才的制度和环境。资源禀赋问题,同样如此。总之,发展中国家把经济发展,根本说是制度、政权和秩序,包括政局的稳定、清晰的产权、良好的投资环境、强有力的激励机制、健康的市场秩序、健全的市场秩序、健全的立法和司法等。此外,还需要政府能实行一系列高效的发展战略。

三、发展战略

如何有效地推动发展中国家的经济发展,人们反复地思考,各国都不断地实践。这里,有几个属于发展战略中的重大问题。

一是工业化和农业发展的关系问题。经济发达国家基本都是高度工业化国家,城市人口占总人口的大多数,工业生产率远高于农业。于是许多发展中国家都致力于发展工业,甚至不惜以牺牲农业来求取工业的发展。但实践证明，这种做法并不可取。工业不但需要大量资本，还要有市场，离开了农业的发展，农民收入降低，不仅资金无法积累，国内市场也不能开拓。发展农业所需资金较少，还可容纳大量劳动力。实践证明，大力发展农业会使这些后进国家经济的基础更扎实些，因此，较好的办法还是农业与工业协同发展。

二是计划指令还是市场调节？任何一个国家发展经济时都要选择资源配置方式，究竟是市场导向还是政府计划指导？很多发展中国家原来都倾向实行政府计划干预，因为这些国家原来商品经济不发达，不相信市场力量能指导经济发展，加上文化传统和宗教信仰等都和市场经济不合拍，因此，不少后进国家在经济发展中不但有五年计划之类的目标指引，还有在价格、产量、就业、工程项目等方面的直接指令和控制。但实践说明，政府行政命令的经济效果都不理想，不但造成资源配置错位、效率低下，还造成寻租之风盛行、物资短缺等问题。在这种情况下，许多国家开始放松行政命令式的经济控制，逐步转向在计划控制下的市场配置轨道。

三是进口替代还是出口推动？不少发展中国家为了发展本国工业，都曾不同程度地实行一种支持发展那些能生产替代进口产品的本国工业的贸易战略，包括使用关税、进口限额等手段。结果往往事与愿违，进口高关税（有时高达 200%）使国内产业不受国际竞争影响，受保护的企业失去了改进技术、降低成本、提高产品质量、增加花色品种的动力，经济效率低下，资源大量浪费，生产者和消费者都享受不到国际分工的好处，该进口的不能进口，该出口的不能出口，外汇短缺状况更加严重了。与进口替代相反的是出口推动战略。第二次世界大战后，日本在这一战略实施中取得了惊人的成绩。接着是自 1970 开始，亚洲一些国家和地区如韩国、新加坡、马来西亚、中国的台湾和中国的香港通过出口推动也取得了高速增长的成就。出口推动战略主要包括通过汇率、税收、信贷等各种手段对出口产品给予大力支持。但随着世界市场竞争日趋激烈，这一战略也面临着严重挑战。

四是人口控制还是自由放任？人口过快增长，一直是困扰落后国家经济发展的难题。由于人口增长过快，资本积累、人力资本投资、市场需求及发展生态环境等一系列问题都难以解决。为了打破"贫困—多生—贫困"的怪圈，一些有识之士和政府开始重视人口控制，以提高经济发展和人均收入。人口要控制，就得实行计划生育。生育是夫妻的权利，但计划生育是他们应该承担的义务。在实行计划生育问题上，绝不能放任自留。固然，一个国家经济高度发展了，文化水平普遍提高了，即使人均预期寿命大大延长了，由于生育率的大幅度下降，人口自然增长率也会迅速下降。如果非洲肯尼亚的人口增长率保持 4.2% 不变，那么国家是不可能变富的，而贫困又会使 4.2% 的人口增长率下不来，怎么办？一个必要的措施是实行严格的计划生育，用行政的、法律的、经济的和思想教育等手段努力把出生率降下来。

四、发展经济学

第二次世界大战结束后，亚非拉广大地区的殖民地和附属国纷纷走上政治独立道路，在经济上各自选择不同的道路和方式谋求发展，从而在世界上出现了众多的发展中国家。这些国家如何根据各自的特点发展经济，引起了许多经济学家的关注和研究。于是从 20 世纪 40 年代以来，逐步形成了一种研究发展中国家如何发展经济的理论，这就是发展经济学。

发展经济学产生至今已经历了三个阶段。从 20 世纪 40 年代末到 60 年代末为第一阶段，主要思路是结构主义，认为发展中国家内部与外部都存在着与发达国家不同的社会结构，需要进行结构改革；为了发展，要强调工业化，实行国家集中的计划管理，实行进口替代的贸易战略。当时不少发展中国家和地区也确实推行了封闭式的、以资本积累为中心的进口替代型的工业化发展路线。这条路线虽然取得了一些成效，但也在经济上造成了多方面的不良后果，尤其是农业停滞、受保护的工业竞争力弱、集中的计划管理体制缺乏效率等。于是，从 20 世纪 60 年代末以来，发展经济学进入第二个发展阶段。在第二个阶段上，发展经济学以新古典经济学思路取代结构主义思路，不赞成忽视农业而片面地强调工业化，不赞成只重物质资本而忽视人力资本开发，不赞成搞封闭式进口替代而不注重经济开发，不赞成金融抑制而主张金融自由化，不赞成集中计划管理而主张充分发挥市场的作用。在新古典主义复兴的推动下，不少发展中国家纷纷走上改革开放的道路，并取得了令人瞩目的成绩。但经济发展中又出现了一些单靠新古典主义思路难以解释和解决的问题，促使发展经济学又发展到一个以新古典政治经济学思路为指导的第三阶段，其特征是突破了新古典主义对经济分析是超越时空的纯经济分析的局限，重视制度、历史、法律等非经济因素对经济发展的影响，主要包括经济发展研究中的新制度经济学、新历史经济学、寻租理论、新经济增长理论等。

阅读材料 10-2

中国经济存在的问题

中国是正处在体制转型过程中的发展中国家，在经济快速增长的同时也出现了很多前所未有的问题，不能不加以关注。

1. 收入不平等及城乡差距扩大

在改革开放初期，城乡收入差距以及东部、中部和西部的收入差距都在不断缩小。但从 1985 以后两类收入差距又开始重新扩大。基尼系数从 1981 年的 0.31 上升到 2005 年的 0.42，接近于拉美国家的水平（世界银行，2010）。古语有云"不患寡而患不均"，过大的贫富差距会让低收入人群产生不平衡心理，加之当前我国教育、医疗、卫生事业以及社会保障体系的发展还相对滞后，因而极易引发矛盾，影响社会的和谐和稳定。

2. 资源利用无效率及环境不平衡

在中国经济的高速发展过程中，消耗了大量的能源和资源。2006 年，中国国内生产总值只占世界的 5.5%，却消耗掉全世界 10% 的石油、23% 的氧化铝、28% 的钢材、38% 的煤炭和 48%

的水泥。自然资源的总量是有限的，中国目前的这种资源消耗水平和增长模式如果持续下去，势必会影响到世界其他国家乃至子孙后代。同时资源价格的不断攀升也使得过度利用资源的成本不断加大，有悖于科学发展观的战略思路。

由经济快速发展所造成的环境问题同样也不容忽视，近年来国内频发的矿难、水灾就多与环境的恶化有关。20世纪90年代中国发生了三次大的水灾，每一次都号称"百年不遇"，为何"百年不遇"的水灾在十年内发生了三次，值得人们去深思。自然灾害对经济的打击常常是致命的，保护环境，将灾难返还于未然是一个重要问题。

3. 外部失衡及货币升值

自1949年以来，中国就一直保持着经常账户和资本账户的"双盈余"。在2005年以前经常账户盈余还相对比较小，但是在2007年达到了7.6%。由于存在巨大的贸易盈余，中国迅速积累了大量的外汇储备。在20世纪90年代中期中国的外汇储备只有111亿美元，仅能支付两个半月的进口，而如今已超过3万亿美元，成为世界第一大外汇储备国。

与中国持续攀升的贸易盈余相伴而来的是美国贸易赤字的不断增加。这一失衡现象在2008年全球金融危机爆发之前受到了广泛关注。彼得森国际经济研究所的弗雷德·伯格斯坦曾在2007年向美国国会发表证词说："全球失衡很可能是当前对美国和世界经济持续增长与稳定唯一最大的威胁。"当危机爆发时，有言论声称这一自大萧条以来最严重的全球衰退是部分或者全部由中美之间的失衡引起的。有的经济学家，如诺贝尔经济学奖得主保罗·克鲁格曼，认为人民币币值低估导致了美国巨大的贸易赤字，并且随之出现的中国大量购入美国国债的行为压低了美国的利率，从而催生了美国证券和房地产市场的泡沫，最终引发了金融危机。还有一些人认为人民币升值和中美贸易恢复平衡是保障全球经济持续稳定复苏的前提。

4. 腐败问题

改革前，中国社会各阶层收入来源单一，贪污腐化的现象易于察觉并加以遏制。改革后，物质刺激成为提高效率的主要手段，每个人的收入来源因而多元化，但在积极性提高的同时，也给形形色色的灰色收入、黑色收入提供了各种保护伞。各级政府官员的贪污腐化现象，扩大了改革后难以避免的收入不平等问题，增加了在改革中利益受损者的不满情绪，也降低了政府的公信力。在亚洲金融危机以后，只有印度尼西亚的经济复苏缓慢，其中的重要原因就是印尼政府的贪污腐败现象过于严重，造成了人民对政府失去了信心。民众一旦对政府失去了信心，在大的危机面前，社会就难有向心力，从而影响社会的稳定和发展。

5. 教育问题

教育问题因其影响深远而不易被立刻发现，却不代表不重要。中国现阶段的教育领域仍然存在求量大于求质的问题。尤其在大学这样的高等教育领域，这种政策在长期是不利于人才培养和社会的长足进步的。无论技术引进还是技术的自主创新都需要人才去实现，人才的产生背后无疑是教育的支持。

以上谈到的只是中国当前发展所面临问题的几个侧面，还有社会发展滞后、技术能力不强、地方保护主义盛行、全球化挑战加剧、法律法规体系不够完善等政治、经济、社会乃至来自外部的各方面的众多问题需要去发现和一一解决。这些问题都是切实存在着的，如果在一定时期内得不到有效解决，任何一个问题严重到一定程度都会带来社会经济的大矛盾，甚至威胁到政治体系。而如果没有稳定的政治经济大环境作为保障，发掘经济潜力、维持高速增长的目标也就无法实现。

资料来源：林毅夫. 解读中国经济. 北京：北京大学出版社，2013

本章小结

两部门经济中，居民的消费和企业的投资构成了总需求，从而决定均衡国民收入。消费函数与储蓄函数相互对应，一方确定则另一方确定，边际消费倾向和平均消费倾向一般呈递减趋势；三部门经济中，总需求构成需要在两部门基础上再加上政府购买，表示政府部门对产品的支出或需求；四部门经济中需要在三部门基础上再加上净出口，表示国外部门对本国产品的支出或需求；各项支出的变动会引起国民收入成倍地变动，这便是乘数理论。

经济增长理论研究的是国民经济，尤其是国民收入的长期变化。换言之，经济增长理论研究的是国民经济的各种主要宏观经济变量在不同时期的数值的变化。衡量经济增长一般都采用经济增长率，这和经济增长的定义是相一致的。经济增长率是指国内生产总值的增长率，这一增长率排除了价格波动的影响，实际上也就是产量的增长率。技术进步和制度因素都是影响经济增长的重要条件。

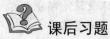

课后习题

一、名词解释

生产法　　收入法　　支出法　　两部门经济　　三部门经济　　四部门经济
政府购买支出　　净进口

二、思考题

1．简要说明两部门经济中收入—支出循环模型。
2．简要说明三部门经济中收入—支出循环模型。
3．简要说明四部门经济中收入—支出循环模型。
4．总支出中四种支出总额可以为负值吗？试着说明理由。

第十一章 失业与通货膨胀

 学习目标

通过本章的学习，可以了解和掌握通货膨胀的分类及其成因、失业的分类及其成因，并根据通货膨胀和失业的具体成因提出具体对策。

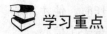 学习重点

（1）失业理论；
（2）通货膨胀理论；
（3）通货膨胀的治理。

 学习难点

失业与通货膨胀关系的分析

 引导案例

"4050"人员是指城镇登记失业人员中，女性年满40周岁、男性年满50周岁，本人就业意愿迫切但因自身就业条件较差、技能单一等原因，难以在劳动力市场竞争中就业的劳动者。据有关部门抽样调查，"4050"人员占下岗失业人员的28.7%，全国"4050"人员约300万人。

经济增长模型及分析失业与通货膨胀是当代西方经济学研究的一个主题。本章主要阐述西方学者关于失业与通货膨胀的理论，分析它们的类型及其形成原因，揭示失业与通货膨胀的关系。

第一节 失业理论

一、失业的概念及类型

1. 失业的概念

失业是指有劳动能力并愿意就业的劳动者找不到工作的一种社会现象，其实质是劳动者不能与生产资料相结合进行社会财富的创造，是一种经济资源的浪费。

国际劳工组织（ILO）对失业的定义是：失业是指在一定年龄以上、在参考时期内没有工作、现时可以工作（劳动能力）而且正在寻找工作（劳动意愿）的人。其中，"一定年龄"通常是指 16 周岁；"参考时期"在国际劳工组织的定义中没有明确规定；"没有工作"指没受雇从事付薪的工作或自我就业；"现时可以工作"指在参考时期内有能力从事付薪的工作或自我就业；"寻找工作"指在最近一定时期（一般为 1 个月）内为寻找付薪的工作或自我就业已经采取了专门的步骤。

可见，国际劳工组织用了三条标准来界定某个人是否失业：第一，没有工作，既不受雇于他人，也不自我雇用；第二，当前正在准备工作，在相应的时期内愿意被雇用或自我雇用；第三，正在寻找工作，在近期内努力寻找被人雇用或自我雇用的机会。就这三条标准而言，仍存在着一定的模糊性。例如，只有当某个劳动者在积极寻找工作时，他才算是失业者。但是，事实上有很多人在努力寻找工作以后，仍未找到工作，便丧失了信心，不再寻找工作，因而也就不符合失业的第三条标准。可是，从本质上看，这种人仍然属于失业者的行列。

对于失业，西方各国的界定有所不同。世界上绝大多数国家规定失业的定义是：在进行调查之前的 4 个星期内寻找过工作或期待着工作，并且能在两个星期内开始工作，但现在（本星期）没有工作的人。对于失业者身份的认定，在于"有劳动能力"、"有就业要求"和"目前没有工作"这三个条件同时具备。

在美国，法定工作年龄为 16~65 岁，凡在这一年龄范围内，没有工作并且正在积极寻找工作的人均称为失业者。失业者包括：新加入劳动力队伍第一次寻找工作，或重新加入劳动力队伍正在积极寻找工作（积极寻找工作的标准是在政府的就业办公室进行过登记，与有关雇主进行过面谈；登过求职广告或应征过招聘广告；写过求职申请信等）已达 4 周以上的人；等待返回工作岗位而连续 7 天没有得到工资的人；被企业解雇而无法再返回原工作岗位的人。由于这个定义排除了那些因找不到工作而灰心丧气并放弃寻找工作的人，所以它过低地估计了失业人数。另一方面，由于它把暂时被解雇而等待重返工作岗位的人算为失业者，又过高地估计了失业者人数。

2. 失业的计量

（1）失业率。衡量和反映一个国家社会劳动力失业状况的最基本指标是失业率。失业率是指失业人口占总劳动力人口的比率。其计算公式为

$$\text{失业率} = \frac{\text{失业人口}}{\text{劳动力人口}} \times 100\%$$

（2）自然失业率（充分就业的失业率）。著名自由主义经济学家弗里德曼认为，劳动力市场中存在着一种长期的均衡失业率，即使在充分就业的状态下也难以消除。因此，自然失业率又被称为"充分就业下的失业率"。它的具体衡量方法是，当通货膨胀率保持相对稳定时，这时的失业率就是自然失业率。

经济学家关于"自然失业率"的概念隐含着这样一个前提：由于种种原因的作用，经

济中无论如何总会出现失业的现象，这种现象是正常的、自然的。它的原因包括四个：一是人口构成因素，当一个社会的劳动力结构发生变化时，自然失业率也会相应变动；二是最低工资因素，关于最低工资的法律规定使得最低工资常常高于市场出清的水平，这样就会导致一部分人的失业；三是结构性因素，经济的结构性调整往往使劳动力的供给与需求出现问题，从而导致失业；四是失业保险因素，在建立失业保险制度之后，失业救济金的水平越高、失业救济的期限越长、失业保险金的征收比例越高，则失业与就业相对于一个劳动者而言，其效用的差别越小，从而使得失业者降低寻找工作的积极性，并提高全社会的失业率等。

自然失业率的高低，取决于劳动市场的完善程度、经济状况等因素。西方各国政府往往根据自己国家的实际情况和不同时期的实际情况来确定自然失业率。从第二次世界大战后的实际情况看，各国政府所确定的自然失业率有逐渐上升的趋势。这在很大程度上与实际失业率具有逐渐上升的趋势有关。据有关西方经济学家的估算，在美国20世纪50年代到20世纪60年代的自然失业率为3.5%～4.5%，20世纪70年代为4.5%～5.5%，20世纪80年代为5.5%～6.5%。

3．失业的类型

在现代西方经济学中，根据造成失业的原因，可对失业进行多种分类。常见的有以下几种。

（1）古典失业。古典失业是指由于工资刚性所引起的失业。按照古典经济学家的假设，在完全竞争的劳动力市场上，如果工资具有完全的伸缩性，则通过工资的调节就能实现人人都有工作。也就是说，如果劳动的需求小于劳动的供给，则由供求决定的工资就会下降，直至全部工人都被雇用为止，从而不会有失业。但由于人类的本性不愿使工资下降，工会的存在与最低工资法又限制了工资的下降，这就形成工资能升不能降的工资刚性。这种工资刚性的存在，使一部分工人无法受雇，从而造成失业。这种失业是古典经济学家提出的，所以称为古典失业。凯恩斯将这种失业称为"自愿失业"。

（2）摩擦性失业。摩擦性失业是指经济活动中由于正常的劳动力流动而造成的失业。在一个动态经济中，各行业、各部门与各地区间劳动需求的变动是经常发生的，这种变动必然导致劳动力的流动。在劳动力的流动过程中，由于工人对工作的不适应，就业者对劳动力市场信息了解的不充分等原因，即使工作空缺与失业工人在人数、技能和地区上大致相符，也总会有一部分工人处于寻找工作的失业状态，这就形成了摩擦性失业。这种失业也往往被称为"自愿失业"。

（3）结构性失业。结构性失业是指由于经济结构或产业结构的变化引起的劳动力市场上供给和需求结构长期失调而造成的失业。这种失业的主要表现是：在劳动力市场上，劳动力供给的性质、结构、比例不符合社会对劳动力需求所提出的新要求，即正在寻找就业机会的劳动者的知识结构、技能类型与现有岗位对劳动力性质的要求不一致，造成失业与职位空缺的现象。这种失业往往也被称为"自愿失业"。

（4）技术性失业。技术性失业是指由于技术进步所引起的失业。西方经济学家认为，在经济增长过程中，技术进步的必然趋势是生产中越来越广泛地采用资本密集型生产技术，表现为用越来越先进的生产设备取代工人的劳动。这样对劳动力需求的相对缩小就会使失业增加。此外，在经济增长过程中，资本品相对价格的下降和劳动力相对价格的上升，加剧了机器取代工人的趋势，从而也就加重了这种失业。属于这种失业的大都是文化技术水平低、不能适应现代化技术要求的工人。

（5）季节性失业。季节性失业是指由于某些行业生产的季节性变动所引起的失业。某些行业的生产具有季节性，生产繁忙的季节所需的工人多，生产淡季所需的工人少，这样就会引起具有季节性变动特点的失业。这些行业生产的季节性是自然条件决定的，很难改变。因此，这种失业是正常的。在农业、建筑业、旅游业中，季节性失业最严重。

（6）周期性失业。周期性失业又称需求不足的失业，是指由于社会对商品和劳务的需求不足，劳动力供给超过了可提供的就业岗位数量而引起的失业，被凯恩斯称为非自愿失业。根据凯恩斯的分析，就业水平取决于国民收入水平，而国民收入又取决于总需求。周期性失业是由于总需求不足引起的，它一般出现在经济周期的萧条阶段。

二、失业的影响

失业的影响是多方面的。对劳动者个人来说，失业使个人的收入减少，从而引起其生活水平的下降。对社会来说，失业的大量存在，一方面会使政府的社会福利支出增加，造成财政困难；另一方面，失业率过高，会影响社会的安定，引发一系列社会问题。因此，几乎所有宏观经济政策都需要考虑对失业率的影响。高失业率通常使政府受到批评压力，低失业率则使政府得到赞许。

1. 失业的经济影响

失业的经济影响可以用机会成本的概念来理解。当失业率上升时，经济中本可由失业工人生产出来的产品和劳务就损失了。衰退期间的损失，就好像是将众多的汽车、房屋、衣物和其他物品都销毁掉了。从产出核算的角度看，失业者的收入总损失等于生产的损失，因此，丧失的产量是计量周期性失业损失的主要尺度，因为它表明经济处于非充分就业状态。

20 世纪 60 年代，美国经济学家阿瑟·奥肯根据美国的数据提出了经济周期中失业变动与产出变动的经验关系，被称为奥肯定律。它说明的正是失业率与实际国民生产总值增长率之间的经验统计规律。奥肯把与自然失业率相对应的国民生产总值称为"潜在的产出水平"。根据统计数据，他看到了与既定的短期失业率增加相联系的是国民生产总值的减少，两者呈反方向的比例变化。这种变化关系表明，高增长率使失业率降低，低增长率则会提高失业率。他还据此指出，一般来说，失业率变化对产出弹性（实际产出与潜在产出之间的比率）变化的比率是 3（后来他又将此值修正为 2），即失业率每增加 1%，则实际国民生产总值会减少 2.5% 左右。由此，反过来讲，如果要使失业率降低 1%，则国民生产总值就必须增长约 2.5%。该定律被引用于西方福利经济学后，力图表明这样一个问题，即失业需要付出福利成本作为代价，失业率每增加 1%，福利成本就要占潜在产出水平的 2.5% 左右。

需要说明的是：

第一，奥肯定律所揭示的失业率与实际国民生产总值增长率之间的关系，只适用于没有实现充分就业的情况，即失业率是周期性失业（或需求不足的失业）的失业率。在实现了充分就业的情况下，自然失业率与实际国民生产总值之间的关系就弱得多，一般估算为 1:0.76。

第二，奥肯定律所反映的失业率与实际国民生产总值增长率之间约 1:2.5 的关系，只是根据经验统计资料而得出的一个平均数，在不同的时期，其数值并不完全相同。20 世纪 60 年代，在美国，该比率为 1:3；在 70 年代，该比率为 1:2.5 至 1:2.7；在 80 年代，该比率为 1:2.5 至 1:2.9。

第三，奥肯定律所提出的实际国民生产总值与失业率之间关系的说法，只是一种大约的估计，并不准确，但为经济增长与失业率之间提供了一种可捉摸的关系，从而为西方国家制定经济增长和福利支出规划、调节经济活动、减少失业并最终达到充分就业提供了一种政策依据。

当然，从某种程度上来说，失业对经济也有一定的促进作用。一方面，失业可以提高就业者的工作效率，因为失业的存在可以使得就业者面临着失业的压力，因此更加努力工作、提高效率。另一方面，失业可以提高社会对劳动力资源的配置，因为失业可以促进劳动力的流动，不断优化劳动力的配置。虽然失业对经济有一定的正面影响，但总的来说，失业对经济的负面影响更为突出。

2. 失业的社会影响

失业的社会影响虽然难以估计和衡量，但它最易为人们所感受到。失业威胁着作为社会单位和经济单位的家庭的稳定。没有收入或收入遭受损失，户主就不能起到应有的作用。家庭的要求和需要得不到满足，家庭关系将因此而受到损害。美国心理学研究显示，失去工作带来的精神痛苦，与亲友去世或本人在学校留级相类似。一个失业者在就业的人员当中失去了自尊和影响力，面临着被同事拒绝的可能性，并且可能要失去自尊和自信，最终失业者在情感上受到严重打击。当代失业最为震惊的社会代价发生在 20 世纪 90 年代的俄罗斯。通过"休克疗法"引入激进的改革措施后，1995 年俄罗斯的失业率高达 20%，真实的产出水平急剧下降。与此同时，工人健康状况急剧恶化，男性公民预期平均寿命从 1990 年的 64 岁下降到 1995 年的 57 岁。除去战争年代，没有一个工业化国家发生过像俄罗斯这样居民健康状况因为经济萧条而如此恶化的情况。

失业还具有较大的社会及政治成本。由于失业造成的产出损失并不是平均地落在每个社会成员身上，最容易遭受失业打击的是非熟练工人及文化程度较低的劳动者。失业会加剧收入分配不公，还会给人们的心理造成巨大的创伤。高失业率往往伴随着高犯罪率和各种社会骚乱。另外，失业率较高时，政府威信也会受到影响，产生恶劣的政治损失。正因为如此，各国政府无不将充分就业作为首要的任务。

三、体制转型失业——当代中国失业特点

我国面临的失业问题，既与我国经济结构调整升级的长期因素有关，也与总需求相对不足的短期形势有关，因而，经济学中的标准失业理论、摩擦和结构性失业和需求相对不足失业的概念都具有一定的解释作用。然而，新中国几十年经济体制演变的特殊轨迹，决定了我国当代失业问题具有国情特点。这些特点在标准经济学理论中没有现成的解释模型，与一般发展中国家劳动力供求关系形态也有本质区别。体制转型是理解当代中国失业现象的一个重要视角。

1. 计划经济：普遍就业与隐形失业

新中国成立初期，国民经济遭到战争破坏，城镇失业人数众多，失业率超过两位数，因而政府采用"三个人的饭五个人吃"的办法扩大就业。在当时新政权刚刚建立，稳定局势和恢复经济具有头等重要意义的特殊形势下，上述牺牲效率求得稳定的就业形势具有必要性。然而，超越市场经济原则的就业方针，并没有随着经济恢复时期结束而终止。20世纪50年代，我国经济体制发生了重大而深刻的变革：粮食和农产品统购政策的实施、居民户口登记管理制度的引入、公有制和集体化改造的完成，确立了国家职能空前膨胀的高度集中的计划经济体制。与此相适应，在劳动就业领域也确立了国际"统分统配"的就业模式。这一就业体制的基本特点是，在城市实行低工资、铁饭碗的普遍就业制度，同时通过户籍管理制和粮食统购统销等制度性安排，严格限制城乡之间的居民流动，从而保障劳动力资源配置完全被国家计划体制控制，并实现形式上的充分就业状态。

从实际运行角度看，由于计划经济时期实行赶超战略，优先发展资本密集型的重工业部门，城市就业机会未能随着经济增长而迅速扩大，甚至吸收城市内部新增劳动力人口也很困难。就业机会增长乏力与劳动力人口快速增长，构成计划经济时期困扰决策层的一个基本问题。为了缓解就业压力和粮食供给矛盾，在20世纪60年代初饥荒和文革时期，政府不得不通过行政手段和政治运动方式，把大批城市青年遣送到农村劳动，形成了历史上极为罕见的工业化时期劳动力向农村大规模倒流的现象。由于体制性因素作用，计划经济时代确实不存在大规模显性失业，被官方宣布为"社会主义制度消灭了失业"。然而，计划经济并不能消除经济规律作用，不能消除城市企业大量冗员和农村大量过剩劳动力的问题，因而不能消除"隐性失业"（disguised unemployment）及其规模扩大。历史告诉我们，由于计划体制本质上存在难以克服的内在矛盾，它最终会从内部产生改革冲动，并使隐性失业外化为显性失业。

2. 体制转型：当代失业现象

如同国家对就业干预早于计划经济体制的建立，我国当代失业现象的显现，虽然最终

与体制改革进程相伴随，但是从发生时间上看又早于改革时期。1976年，越来越多的城镇青年面临就业问题。同时，新的政治形势下又出现难以阻挡的大批知青青年返城浪潮，政府不得不承诺优先安排他们就业，从而使城镇就业困难更为加剧。由于当时就业矛盾主要表现为年轻适龄劳动力和回城知青没有工作，加上官方意识形态还不允许用"失业"这个被认为是资本主义"专利品"的名词描述我国现实情况，因而，我国早期有关失业现象的讨论一概用"待业"的提法。

然而，后来的变化表明，20世纪70年代到20世纪80年代之交第一波"待业"困难，只不过是更为深远的整个计划经济就业体制转型的前奏。随着国有企业改革和整个经济体制改革进程的全方位启动，计划劳动就业制度逐步发生调整和改革，并最终被市场化新体制所取代。在这一过程中，政府和公众逐步接受了失业这一现代市场经济难以回避的现实。

四、失业的治理

从经济学分析角度来看，可以从劳动力供给、宏观需求管理以及社会保障等不同方面采取措施，控制失业及其带来的危害。增加教育投资提高公民教育水平、对劳动力提供更多的新技能培训、树立现代就业观念，有助于提高劳动力素质和劳动力市场的灵活性，减少结构性和摩擦性失业发生几率和时间延续长度。相机实施宏观需求管理政策，在总需求不足时适当运用宏观调节工具扩大总需求，有助于降低经济周期不景气或衰退阶段因为总需求不足引起的失业。另外，需要建立包括失业保险的现代社会保障制度，保证失业人员基本生活需要得到满足。

我国是世界人口最多的国家，又面临经济发展和体制转型双重使命，各种矛盾相互交织，使得失业下岗问题尤为重要、复杂和敏感，需要采取多方面措施加以解决。应对城镇失业下岗的问题，首先需要调整实施比较优势发展战略，依据我国要素禀赋条件，合理选择技术和产业结构，在给定资源约束的条件下最大限度地创造就业机会。我国现实情况显示，民营经济比较活跃的省份，创造就业机会的能力比较强，失业压力比较小。要深化市场化改革，彻底破除所有制歧视，给民营企业以更大的发展空间，发掘更多的就业机会。

其次，提供再就业服务是我国应对失业的制度创新。除了通过各种政策和舆论手段鼓励全社会关心失业人员之外，还要对失业人员提供更多的实际帮助。政府需要投入更多资源，更好地为失业者提供就业咨询、职业介绍、转岗培训等信息和技能方面的帮助，从而提高劳动力要素的市场流动性。政府还应当适当运用需求管理手段，在宏观经济紧缩时扩大总需求，减少需求不足带来的失业压力。

再次，需要改变对失业现象的传统认识和观念。应当明确认识到，计划经济牺牲经济效率和活力来谋求普遍就业表象的做法是不可取的，把企业内部隐性失业变成显性失业，是市场化取向改革的必然产物。对于从业人员来说，需要抛弃"铁饭碗"的传统观念，树立市场意识，增强自身流动适应能力和对失业的心理承受能力。另外，要对推进社会保障制度改革，加快建立失业保障制度，增强失业保障金发放的覆盖面，改进给付标准和期限，提高对保障对象识别的准确性，为我国经济现代化和正常运行提供一张必要的安全网。

吸收消化农村剩余劳动力，逐步消除与二元经济结构相关联的发展型失业，是我国经济和社会现代化进程的中心内容之一。首先需要依据新的经济、技术条件和内外经济环境，重新认识和评价传统的"以粮为纲"和"粮食自给"方针，依据比较优势原则进行农业结构调整，增加农业内部对劳动力的需求和吸纳能力。其次，要重新认识"离土不离乡"的传统观念和发展模式，允许和推进农村非农产业和农业人口向城镇集中，并通过集聚效应创造出新的需求，从而吸纳更多的农村剩余劳动力。最后，要加快改革适应过去城乡分割和计划经济需要的居民户口管理制度，尊重农村人口自行流动的意愿和选择，允许他们到外地城市定居、工作和谋求发展，逐步减少直至取消对他们在就业、子女就读等方面实施的歧视性待遇，使农民能够更为平等地分享经济发展带来的成果。

阅读材料 11-1

我国目前失业统计体制及其问题

目前，我国官方失业统计仅仅包括城镇失业对象，它建立在三个基本概念基础上：第一是"经济活动人口"，指 16 岁以上适龄人口中有劳动能力、参加或者要求参加社会经济活动的人口，包括从业人员和失业人员。第二是"从业人员"，指从事一定社会劳动并取得劳动报酬或经营收入的人员，包括全体职工、再就业的离退休人员、私营业主、个体户主、私营和个体从业人员、乡镇企业从业人员、农村从业人员、其他从业人员（包括民办教师、宗教从业者、现役军人等）。第三是城镇登记失业人员，指有非农业户口、在一定的劳动年龄内、有劳动能力、无业而要求就业并在当地就业服务机构进行求职登记的人员。

中国官方公布的数据早期统计口径为"待业人数"和"待业率"，1993 年以后改称为失业。由于文化大革命后终止知识青年上山下乡运动，加上大量知青返回城市，20 世纪 70 年代后期失业率较高，1978 年城镇失业率高达 5.3%。随着返城知青就业问题逐步解决，1985 年失业率下降到 1.9%。然而随着 20 世纪 90 年代后期城市体制改革特别是国有企业改革展开，城镇失业人数不断增加，近年失业率达到 4% 左右。

需要指出的是，我国目前失业统计存在多方面问题，还不能真实反映失业问题的严重程度。第一，失业统计范围仅包括城镇经济而没有包括农村，覆盖经济整体的失业统计体系尚未建立。第二，城镇失业人口对象仅限于有城市户口的经济活动人口，没有包括来自农村但实际常驻城市的劳动力对象。第三，失业统计中判断人们是否找工作以是否在就业服务机构正式登记为标准，对于那些没有工作并在积极找工作的人员，如果没有在相关部门正式登记，就会被失业统计所遗漏。第四，尤其重要的是，官方失业统计没有包括下岗人员。由于上述原因，我国现有失业统计数据低估了全国经济人口中的失业人口数量，也低估了城镇劳动人口中的失业人口规模。

资料来源：卢锋. 经济学原理. 北京：北京大学出版社，2001

第二节 通货膨胀理论

一、通货膨胀的概念及类型

1. 通货膨胀的概念

西方经济学家们对通货膨胀的定义有所不同。有的从原因的角度定义通货膨胀,如琼·罗宾逊夫人说:"通货膨胀是由于对同样经济活动的工资报酬率的日益增长而引起的物价直升变动。"有的从结果的角度定义通货膨胀,如萨缪尔森说:"在价格和成本的一般水平上升——面包、汽油、汽车的价格上升,工资、土地价格、资本物品的租金上升——的时候出现通货膨胀。"还有一些是从过程特征、趋势、联系、本质等角度定义通货膨胀。一般来说,通货膨胀是指物价水平的普遍而持续的上涨。

理解通货膨胀的概念应注意:物价的上涨不是一种或几种商品的物价上涨,而是物价水平的普遍上涨或物价总水平的上涨,局部性的物价上涨不能视为通货膨胀;不是指物价水平的暂时上涨,而是指持续一定时期的物价总水平的上涨。

通货膨胀的严重程度是根据通货膨胀率来确定的,通货膨胀率可通过物价指数来计算。

$$本年通货膨胀率 = \frac{本年的物价指数 - 基年的物价指数}{基年的物价指数} \times 100\%$$

例如,2001年物价指数为165,2000年物价指数为150,则2001年的通货膨胀率为$(165-150)/150 \times 100\% = 10\%$。

2. 通货膨胀的类型

西方学者根据不同的标准,对通货膨胀进行了多种分类。

(1)按照价格上涨的速度加以区分。按照价格上升的速度,西方学者认为存在三种通货膨胀类型。

一是温和的通货膨胀,指每年物价上升的比例在10%以内。在温和的通货膨胀条件下,相对价格的变动不会发展到失调的地步,人们并不急于把货币抛出去追逐商品,而且人们对通货膨胀的预期是比较稳定的,在这种情况下,效率的损失是有限的。因此,一些西方经济学家并不十分害怕温和的通货膨胀,甚至有些人还认为这种缓慢而逐步上升的价格对经济和收入的增长有积极的刺激作用。

二是剧烈的通货膨胀,指年通货膨胀率在10%以上和100%以内。这时,货币流通速度加快,货币购买力迅速下降,并且有进一步加剧的趋势。

三是超级通货膨胀,指通货膨胀率在100%以上,又称恶性通货膨胀。发生这种通货膨胀时,物价以递增的速度迅速上涨,人们都尽快地使货币脱手,从而大大加快了货币流通速度。其结果是,货币完全失去信任,极度贬值,各种正常的经济联系遭到破坏,以致货币体系和价格体系完全崩溃,甚至出现社会动乱。

（2）按照对价格影响的差别加以区分。按照对不同商品的价格影响的差别加以区分，存在两种通货膨胀类型：

一是平衡的通货膨胀，即每种商品的价格都按相同比例上升。这里所指的商品价格包括生产要素以及各种劳动的价格，如工资率、租金、利率等。

二是非平衡的通货膨胀，即各种商品价格上升的比例并不完全相同。例如，甲商品价格的上涨幅度大于乙商品的，或者利率上升的比例大于工资上升的比例等。

（3）按照人们的预料程度加以区分。按照人们的预料程度加以区分，存在两种通货膨胀类型：

一是不可预期到的通货膨胀，即价格上升的速度超出人们的预料，或者人们根本没有想到价格会上涨的问题。例如，国际市场原料价格的突然上涨所引起的国内价格的上升，或者在长时期中价格不变的情况下突然出现的价格上涨。

二是可预期到的通货膨胀。例如，当某一国家的物价水平年复一年地按 5% 的速度上升时，该国的人便会预计到，物价水平将以同一比例继续上升。既然物价按 5% 的比例增长成为意料之中的事，则该国居民在日常生活中进行经济核算时会把物价的这一比例的上升考虑在内。例如，银行贷款的利息率肯定会高于 5%，因为 5% 的利率仅能起到补偿通货膨胀的作用。由于每个人都把 5% 的物价上涨考虑在内，所以每个人所索取的价格在每一时期中都要上升 5%。每种商品的价格上涨 5%，劳动者所要求的工资、厂商的利率都会以相同的速度上涨。因此，可预期到的通货膨胀具有自我维持的特点，有点像物理学上的运动中的物体的惯性。因此，可预期到的通货膨胀有时又被称为惯性的通货膨胀。

（4）按照市场机制运行的程度加以区分。按照这一标准，可划分为两种通货膨胀类型：

一是公开的通货膨胀，又称显性通货膨胀，是指在市场机制充分运行和政府经济管制不严的情况下，价格明显地向上波动。

二是受抑制的通货膨胀，又称隐性通货膨胀，是指经济中存在着通货膨胀的压力，但由于政府实施了严格的价格管制、资金控制等措施，通货膨胀并没有发生。但这时物资短缺、部分商品黑市价格猛涨，而且一旦解除价格管制等措施，就会发生较严重的公开的通货膨胀。

二、通货膨胀形成的原因

在西方，经济学家们从不同的角度解释形成通货膨胀的原因，由此便形成了不同的通货膨胀理论。

1. 需求拉动的通货膨胀

需求拉动的通货膨胀是从总需求的角度来解释通货膨胀。它认为通货膨胀的原因在于总需求过度增长，总供给不足，即由于对产品和劳务的需求超过了现行价格下可能的供给，从而引起了一般物价水平的上涨。需求拉动的通货膨胀理论由凯恩斯提出，是在西方经济学中流传较早的、较为重要的通货膨胀理论。这种理论强调实际因素（如政府支出和税收的变动）对总需求的影响，认为"需求拉动通货膨胀的实质在于过多的货币支出追逐在充分就业条件下可生产出来的有限的物品供给"。

凯恩斯主义者认为，当经济中实现了充分就业时，如果总需求中的任何一项（如消费、投资或政府支出）增加，并且货币供给量有了相应的增加，价格水平就会与货币供给增长率同比例上升，从而形成通货膨胀。因此，制止通货膨胀的关键在于紧缩总需求。

货币主义者认为，形成总需求过度的初始原因是货币供给量增长过快，即通货膨胀的根源在于货币供给量过多引起的总需求过度。因此，制止通货膨胀的根本办法是货币当局控制货币供给量。

2. 成本推动的通货膨胀

成本推动的通货膨胀是从供给方面解释通货膨胀成因的一种理论。它以生产费用理论为基础，将通货膨胀归因于生产商品和劳务的成本的增加。这一理论自20世纪50年代流行起来。在具体解释是什么成本推动了物价普遍而持续上涨的问题上，又有三种不同的论断。

一是工资推动的通货膨胀。这种理论认为，由于工资提高，便引起了成本的增加，从而导致了物价的上涨；物价上涨后，工人又会进一步要求提高工资，从而再度引起物价的进一步上涨。如此循环往复，便形成了所谓的工资—物价的螺旋上升或轮番上涨。这种通货膨胀取决于市场类型。在完全竞争的劳动市场上，工资率完全取决于劳动的供求，随着供求关系的变化，工资率可升可降，因而工资的提高不会导致通货膨胀。但在不完全竞争的劳动市场上，由于强大的工会组织的存在，工资率不再是竞争的工资率，而是工会和雇主集体谈判的工资率，这一工资存在"刚性"，即只升不降。在工资决定中，工会利用其垄断地位要求提高工资率，当工资率超过生产率的增长时，会引起成本增加，导致物价上涨。这种理论还认为，工人之所以能迫使工资提高，是由于工会组织的垄断作用。因此，这种理论便将通货膨胀的责任推到了工人和工会组织的身上，从而完全颠倒了因果关系。实际上，商品的价值决定于生产商品的社会必要劳动时间，工资和利润都是商品价值中所包含的、由工人新创造的价值分解而成。因而，从全社会来看，工资的提高意味着利润的减少，而并不会引起物价的普遍持续的上涨。马克思曾指出："工资的普遍提高会引起一般利润的降低，但却不会影响到商品的平均价格，也不会影响到商品的价值。"

二是利润推动的通货膨胀。利润推动的通货膨胀又称价格推动的通货膨胀，是指在不完全竞争市场上，垄断企业和寡头企业利用市场势力谋取高额利润，以超过生产成本增加的幅度来提高产品价格而引起的一般物价水平的上升。与工资推动通货膨胀一样，不完全竞争市场也是利润推动通货膨胀的前提。在完全竞争的产品市场上，价格完全决定于商品的供求，任何企业都不能通过控制产量来改变市场价格。但在不完全竞争的产品市场上，垄断企业和寡头企业为了追求更大的利润，可以操纵价格，把产品价格定得很高，尤其是在工资增加时，垄断企业和寡头企业以工资的增加为借口，更大幅度地提高物价，使物价的上升幅度大于工资的上升幅度，其差额就是利润的增加。利润的增加使物价上涨的速度超过成本增加的速度，形成通货膨胀。在西方经济学中，利润也是成本的一个组成部分，因此，这种追求更大利润而使商品价格上升的通货膨胀便也属于成本推动的通货膨胀。

三是进口成本推动的通货膨胀。这种理论认为，进口的原材料、燃料等价格的上涨，也会推动通货膨胀的发生，并且，在此情况下，一国的通货膨胀还会通过国际贸易渠道和国际货币体系而传导到其他国家。例如，20世纪70年代初，西方国家通货膨胀严重的重要原因之一就是石油输出国组织提高石油价格，导致世界石油市场油价大幅度上升。与这种通货膨胀相对应的是出口性通货膨胀，即由于出口迅速增加，以致出口生产部门成本增加，国内产品供给不足，引起通货膨胀。

3. 供求混合推动的通货膨胀

供求混合推动的通货膨胀是从供给与需求两个方面综合分析通货膨胀形成原因的一种理论。提出这种理论的西方经济学家们认为，通货膨胀既不是单纯由需求方面引起的，也不是单纯由供给方面引起的，而是双方共同起作用的结果。他们的理由有两个。

首先，工资的提高，既提高了成本，也增加了需求。工资的上升对物价增加了成本的压力，同时产生了较高的收入使需求上升，正是这种双重作用的影响说明了收入政策的合理性，即对货币工资率按劳动生产率的提高来进行调整，就可以避免收入膨胀和利润膨胀。

其次，如果单纯是成本推动，而没有需求拉动，也不可能使物价上升长期维持下去。因为在没有需求和货币收入水平增加的情况下，工资上升引起物价上涨，势必使大量的商品卖不出去，从而会迫使生产紧缩、工人被解雇，最后将使成本推动的通货膨胀终止。

4. 结构性通货膨胀

结构性通货膨胀是从经济结构的特点上寻求通货膨胀原因的一种理论。这种理论于20世纪60年代初最先由英国的保罗·斯特里坦等人提出，20世纪70年代，英国经济学家约翰·希克斯进一步加以发展。该理论认为，社会经济可以从不同角度划分许多部门。这些不同的部门具有不同的经济特点且受外界影响程度不同，它们在需求方面或成本方面的变动所引起的价格变动也不同。如果某一部门的物价上升，就会通过各部门间的连锁反应，带动其他部门价格上涨，以致引起整个经济的物价水平的普遍上涨。例如，轻工业部门与重工业部门在生产增长速度上存在着差别，并且它们在劳动生产率上也有差别，但这两个部门的名义工资却有一致增长的趋势，而名义工资的增长速度往往是以生产增长较快或劳动生产率较高的部门来决定的。于是，生产增长较慢或劳动生产率较低的部门的工人便会由于攀比行为而向高工资看齐，从而使得整个社会的工资增长率超过劳动生产率的提高程度以及经济增长的程度而引起通货膨胀。

英国经济学家希克斯对扩展部门与非扩展部门进行了结构分析，他把社会经济部门分为扩展部门与非扩展部门。扩展部门劳动生产率增长较快，需要更多的资源与工人，而非扩展部门劳动生产率停滞甚至下降,资源与工人过剩。如果资源与工人能迅速地由非扩展部门流到扩展部门,则这种结构性通货膨胀就不会发生。但是在现实中,由于种种限制,非扩展部门的资源与工人不能迅速地流到扩展部门。这样,由于扩展部门资源与人力短缺,所以资源价格上升,工资上升,而非扩展部门尽管资源与人力过剩,但由于攀比行为,资源价格不会下降,工资也不会下降。因此,扩展部门的总需求过度和这两个部门的成本增加,尤其是工资成本的增加就会引起物价水平的上涨,产生通货膨胀。

此外,经济中的各个部门在某一时期可能有的处于"朝阳"阶段,有的处于"夕阳"阶段。处于"朝阳"阶段的部门需要扩大,需要更多的资源与工人,而处于"夕阳"阶段的部门则由于其生产萎缩,对资源与工人的需求会减少。若资源与工人能够迅速地在部门之间流动,便不会存在通货膨胀。但在现实经济中,常常会由于种种条件的限制,"夕阳"阶段的部门中的资源和工人无法迅速地流动到"朝阳"工业部门去。这样,"朝阳"工业部门会由于资源与人力短缺而出现资源价格上升、工资上升的情况,而"夕阳"工业部门尽管资源与人力过剩,但资源的价格却并不会下降,工资也不仅不会下降,反而会因攀比行为而与"朝阳"工业部门的工资水平看齐。因此,"朝阳"部门的总需求过度和两个部门的成本增加(尤其是工资成本的增加)就会导致通货膨胀。

5. 惯性通货膨胀

惯性通货膨胀是用通货膨胀本身所具有的惯性来解释通货膨胀持续的原因的一种理论。根据这种理论,无论何种原因引起了通货膨胀,即使当初引起通货膨胀的原因消失,通货膨胀也会由于其本身的惯性而持续下去。

在对惯性的解释上,许多经济学家提出了不同的看法。凯恩斯主义者认为,造成这种惯性的是政府的财政政策与货币政策以及人们在决定工资与价格时的相互参照的心态。这是因为,一方面,政府的计划人员必须要在财政政策和货币政策中考虑此前的价格上涨因素;另一方面,一部分人的工资与价格由于通货膨胀的原因上升,那么另一部分人和企业在决定自己的工资与价格时,就会参照这种工资与价格的上升而上升。在这种情况下,通货膨胀就会由于这种惯性而持续下去,谁也不会首先降低自己的工资与物价水平。只有在经济严重衰退时,才会由于工资与物价的被迫下降而使通货膨胀终止。

另一些经济学家,如现代货币主义和理性预期学派则认为,造成这种通货膨胀惯性的是人们在心理上对通货膨胀的预期。因为预期对人们的经济行为有着重要的影响作用,而预期又往往是根据过去的经验形成的。在已产生了通货膨胀的情况下,人们常会根据过去的通货膨胀率来预期未来的通货膨胀率,并以此作为指导未来经济行为的依据。如果上一年的通货膨胀率是 10%,人们便会据此预期下一年的通货膨胀率不会低于 10%,并因而以此作为下一年工资谈判的基础,要求下一年的货币工资增长率不能低于 10%。下一年的货币工资增长率为 10%,就会使下一年的通货膨胀率起码会由于工资的增加而在 10%的水平上。于是,由于预期的原因,即使引起上一年通货膨胀率为 10%的原因消失了,下一年的通货膨胀率也会在 10%以上。

6. 货币供给过量的通货膨胀

这是一种将通货膨胀归因于货币供给过量的通货膨胀理论。它主要是由现代货币主义者们提出的。他们从货币数量变动在经济生活中起支配作用这一前提出发，指出通货膨胀总是货币数量的增长超过生产增长速度的结果。弗里德曼说："通货膨胀是发生在货币量增加的速度超过产量增加的速度的情况下，而且每单位产品所配合的货币量增加得越快，通货膨胀的发展就越快""如果货币量的增长不快于产量的增长，那么不可能发生通货膨胀。"

为了证明货币数量的增长是通货膨胀的唯一原因，弗里德曼分析了可能被认为是导致通货膨胀原因的垄断价格、政府财政赤字、工会提高工资的要求等。他认为，所有这些因素，可以使个别商品涨价，但不能使商品价格普遍上涨，可以造成通货膨胀的短期波动，但不能产生持续性的通货膨胀。这些因素只是在影响货币供应的范围内才对通货膨胀起作用。他举例说，政府的支出可能是膨胀性的，也可能不是。如果政府的支出靠征税或向公众借债的方式来弥补，就不会发生通货膨胀，因为政府只不过是替别人花了钱，是购买力的转移，并没有增加货币的供应。但是，如果政府支出是用发行货币和扩大信用的办法使货币增长率超过产量增长率，就必然引起通货膨胀。

弗里德曼还用统计资料证明，美国每次通货膨胀都伴随着货币供应量的增加。在实行金本位制时，如果发行更多的货币，就必须有商品的增加，否则一部分货币会退出流通领域。在纸币流通的情况下，它的发行量由货币当局决定。纸币发行量过多，就超过了商品量的增长率，也就是说，超过流通中所需要的货币量。纸币是不能兑换黄金或金币的价值符号，不能退出流通领域，因此就会出现通货过多的现象，即通货膨胀。货币供应量的增加越快，通货膨胀也就越严重。因此，弗里德曼把通货膨胀的原因完全归结为货币存量的增加过快。

三、通货膨胀对经济的影响

1. 通货膨胀对生产与就业的影响

当代西方经济学认为，如果通货膨胀率相当稳定，人们可以完全预期，生产者对有关价格信息具有确定性，这种通货膨胀对经济的影响很小。但在现实世界，通货膨胀不可能完全预期到，通货膨胀就会影响到企业生产和就业。

对未达到充分就业的经济来说，短期未预见的缓慢的通货膨胀会降低工人的实际工资，增加企业利润，产量与就业量也会随之增加，从而通货膨胀会起到刺激生产、增加就业的作用。这种刺激作用必须具备一定的条件：一是社会经济中要有闲置的资源并具有部门间的流动性，否则通货膨胀无法起到刺激生产、增加就业的作用；二是通货膨胀必须是未被预期的，否则通货膨胀率与货币工资增长率相同，即工人工资与物价变动"时差"消失，生产者就得不到额外的利润，产量和就业也就不会增加，通货膨胀也就没有刺激生产、增加就业的作用；三是通货膨胀必须是"温和"的，恶性通货膨胀会造成经济混乱、生产下降、失业增加。只有具备以上三个条件，通货膨胀才能在短期内起到刺激生产、增加就业的作用。

必须指出的是，通货膨胀对增加就业的作用是有限的。首先，工人工资与物价的变动"时差"消失后，企业就会停止扩大产量、增加就业；其次，物价上涨刺激企业增加存货，从而使整个经济不容易从萧条转向复苏，对就业量的需求不旺；再次，温和的通货膨胀可能会发展成恶性的通货膨胀，并演化成高通货膨胀率与高失业率并存的"滞胀"局面，造成经济的不稳定。因此，从长期来看，通货膨胀不会有刺激生产、增加就业的作用。

2. 通货膨胀对收入分配的影响

当通货膨胀完全可以预期时，各种商品与生产要素的价格都会按预期的通货膨胀率调整，而且由于人们在缔结工资和贷款契约时已经把预期的通货膨胀率考虑在内，从而工资、利率和租金都按各商品和生产要素价格相同的比例增长，这样通货膨胀对实际收入与财产分配就不会发生影响。但实际上，通货膨胀是难以完全准确预测的，当各种价格无法按通货膨胀率调整时，通货膨胀将影响收入和财富的分配格局。从收入分配来看，通货膨胀对于社会上不同的人有不同的影响。

第一，在债务人与债权人之间，通货膨胀有利于债务人而不利于债权人。债务契约是根据签约时的通货膨胀率情况确定名义利息率的。到偿还期时，发生了未预期的通货膨胀，货币的价值减少，但债务契约无法更改，就使得实际利息率下降，债权人的利息收入就会受到损害，而债务人从中获得好处，所付的实际利息率降低了。例如，某人为买房从银行借了 10 万美元，随后所有工资和物价都突然翻了一番，虽然实际收入没发生多大变化，但按实际美元计算，他只需偿还银行借款的一半。可见，通货膨胀会对贷款特别是长期贷款带来不利影响，使债权人不愿意发放贷款。贷款的减少又会影响投资，使投资减少。这种不可预期的通货膨胀对住房建设贷款这类长期贷款最不利，从而也就会减少住房投资这类长期投资。通货膨胀还降低了领取地租、退休金等固定收入的人们所持货币的实际购买力。例如退休人员，他们领取的退休金或得到的存款利息都是固定的货币额，从而影响他们现有的收入水平。因此，退休人员也是通货膨胀的真正受害者。

第二，在雇主与工人之间，通货膨胀有利于雇主而不利于工人。在不可预期的通货膨胀之下，商品和生产要素的价格调整较快，而工资和薪金却不能迅速地根据通货膨胀来调整，从而就在名义工资不变或略有增长的情况下使实际工资下降，而实际工资的下降就会使利润增加，即领取工资和薪金的工人的部分收入转到雇主手中。因此，工人受害、雇主得利，这样就有利于刺激投资增长。

第三，在政府与公众之间，通货膨胀将有利于政府而不利于公众。在不可预期的通货膨胀之下，名义工资总会有所增加（尽管并不一定能保持原有的实际工资水平）。随着名义工资的提高，达到纳税起征点的人增加，还有许多人进入了更高的税率等级，这样政府的税收增加而公众纳税数额增加、实际收入减少。政府在这种通货膨胀中所得到的税收为

"通货膨胀税",这实际上是政府对公众的掠夺,对私人与企业投资的积极性产生不利的影响。

此外,通货膨胀对财产分配也会产生影响,即通货膨胀使持有"可变价格财产"的人受益,使持有"不变价格财产"的人受损。家庭财产分为"可变价格财产"和"不变价格财产"。前者是指房产、地产、贵金属等实物形态商品,其价格随物价的上涨而提高;后者是指银行存款和购买的各种债券等金融商品,票面价值是固定的,其价格不能随市场行情随时变动,实际价值会随着物价上涨而下降。显然,在通货膨胀中,持有"可变价格财产"的人,其财产价格会上升,造成财产升值;而持有"不变价格财产"的人,其财产价格将会下降,造成财产贬值。

以上分析表明,通货膨胀能够改变收入和财产的分配格局,进而会造成人们的恐惧心理及经济秩序的混乱,也必然侵害到国家经济运行的基础,甚至造成社会不安和动乱,导致不良的政治后果。

第三节 失业与通货膨胀的关系

一、凯恩斯关于失业与通货膨胀关系的阐述

凯恩斯认为,失业与通货膨胀不会并存。他认为在未实现充分就业以前,由于存在着闲置资源,总需求的增加只会增加国民收入,而不会引起价格水平的普遍而持续的上涨,不会发生通货膨胀。在实现充分就业以后,由于资源得到充分利用,总需求的增加不仅不会增加国民收入,反而会引起通货膨胀。也就是说,在发生通货膨胀时,已经实现了充分就业了,并且这种通货膨胀总是由于总需求过度引起的,是需求拉动的通货膨胀。

凯恩斯关于失业与通货膨胀关系的这种论述,对于西方国家20世纪30年代的经济大萧条,即资源不能得到充分利用的情况来讲,是有其一定的合理性的。但第二次世界大战后西方国家经济发展的现实发生了很大的变化,因而凯恩斯的这种观点已不再适用。因此,很多经济学家试图对失业与通货膨胀的关系作出新的解释。

二、菲利普斯曲线及其政策含义

菲利普斯曲线是西方经济学家用以表示失业率与通货膨胀率之间此消彼长的交替关系的曲线。自凯恩斯开始,西方各国政府一直在追求既无通胀又无失业的理想境界。1958年,出生于新西兰的英国经济学家奥尔本·威廉·豪斯戈·菲利普斯(1914—1975)根据英国 1861—1957 年的统计资料,利用数理统计方法,提出了一条用以表示失业率和工资变动率之间交替关系的曲线,这既给西方政府的梦想判了死刑,又为政府提供了一张政策选择的菜单,这就是著名的菲利普斯曲线。此后,许多西方经济学家便以菲利普斯曲线来表示失业率与通货膨胀率之间的关系。该曲线,如图 11-1 所示。

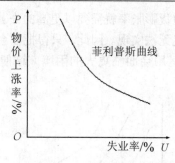

图 11-1 菲利普斯曲线

在图 11-1 中，横轴表示失业率，纵轴表示通货膨胀率，坐标图中的曲线即菲利普斯曲线。菲利普斯曲线向右下方倾斜，表明了失业率与通货膨胀率之间存在着反方向变动的关系，即当失业率低时，通货膨胀率便高；反之，当失业率高时，通货膨胀率便会降低。这是因为通常的情况是：经济处于萧条阶段时，失业率较高，而这时的工资与物价水平都比较低，从而通货膨胀率也较低；反之，经济处于繁荣阶段时，失业率较低，而这时的工资与物价水平都比较高，从而通货膨胀率也较高。失业率与通货膨胀率之间存在反方向变动关系，是因为通货膨胀使实际工资下降，从而使社会对劳动的需求增加，使失业减少，并能刺激生产。

菲利普斯曲线在某种程度上是对凯恩斯理论的一种修正，揭示了通货膨胀和失业可能并存，并且还可能并存于较高的水平上。因此，政府必须认清现实，丢掉幻想，努力使两个"痛苦指数"都保持在社会可接受的安全范围之内，在失业率、工资变动率和通货膨胀率三者之间寻找平衡点，从而在一定范围内选择社会经济可以承受的通货膨胀率和失业率的组合。而当失业一旦成为经济的主要问题时，至少在短时期采取通胀政策有利于缓解失业或增加就业。

因此，早期的菲利普斯曲线的政策含义就在于，对于凯恩斯主义的需求管理来说，它是一个很方便的工具，因为政府可以采取适当的政策措施，在失业和通货膨胀之间作出选择，以使失业和通货膨胀对社会的危害达到尽可能小的程度。

三、菲利普斯曲线的新解释

20 世纪 60 年代末 70 年代初以来，菲利普斯曲线所表示的通货膨胀率与失业率的关系发生了很大变化。于是，西方学者对失业率与通货膨胀率之间的关系又有了新的不同的解释。

1. 后凯恩斯主义的观点

后凯恩斯主义者认为菲利普斯曲线仍存在并且已经向右上方移动，如图 11-2 所示。这说明菲利普斯曲线表明的通货膨胀与失业之间仍存在着交替关系，但和以前相比，失业率和通货膨胀率都将在更高的水平上并存。这意味着要降低失业率就需要以更高的通货膨胀率为代价，或者要降低通货膨胀率就需要以更高的失业率为代价。这样，原来被社会认可的失业率和通货膨胀率就无法实现。因此，只得把社会可以接受的通货膨胀率和失业率都提高，宏观经济政策的运用会面临更大的困境。这便是菲利普斯曲线恶化的一种表现。

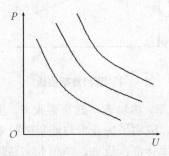

图 11-2　菲利普斯曲线恶化（一）

2. 现代货币主义学派的观点

货币主义者在解释菲利普斯曲线时，把菲利普斯曲线分为短期菲利普斯曲线与长期菲利普斯曲线。他们认为，当劳资双方谈判新的工资协议时，他们必然预期新协议期间的通货膨胀情况。如果劳资双方都认为新协议期间的物价将上涨10%，那么名义工资也将增加10%，以保持实际工资不变。在短期中，工人作出通货膨胀预期，并协议确定了货币工资。这个预期的通货膨胀率可能低于以后实际发生的通货膨胀率，工人又来不及调整通货膨胀预期，这样工人得到的实际工资可能小于先前预期的实际工资，从而使实际利润增加、刺激了投资，进而使就业增加、失业率下降。在此前提下，通货膨胀率与失业率之间存在交替关系。短期菲利普斯曲线就是在预期通货膨胀率低于实际发生的通货膨胀率的短期中，表明通货膨胀率与失业率之间存在交替关系的曲线。所以向右下方倾斜的菲利普斯曲线在短期内是可以成立的，这条曲线的斜率代表了通货膨胀和失业之间短期内所能进行的替代关系。

货币主义者认为，传统的菲利普斯曲线所表示的交替关系只是在短期内存在的一种现象，在长期内，通货膨胀率和失业率不再存在交替关系，菲利普斯曲线成为一条垂直于横坐标的直线（见图11-3），这是菲利普斯曲线恶化的另一种表现。

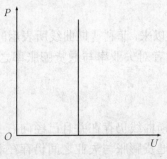

图 11-3　菲利普斯曲线恶化（二）

他们认为,一个国家在经济中存在"自然失业率",即在没有货币因素干扰的情况下,让劳动市场和商品市场的自发供求力量发挥作用,从而使经济中的总需求和总供给处于均衡状态的失业率。在假定失业率较高的情况下,如果政府采取扩大总需求的干预措施,短期内因需求扩大而促进物价上涨,将使实际工资率下降,资本家可能会增雇工人,从而降低失业率。但从较长时期来考察,人们能够根据实际发生的情况不断调整自己的预期,工人预期的通货膨胀率与实际上发生的通货膨胀率迟早会一致。这时工人会要求增加名义工资,提高到能够补偿预期通货膨胀率的水平,使实际工资不变。这样,工资率与通货膨胀率同时增长,厂商不能获利,因而不增雇工人,使失业率又回到自然失业率水平,这样通货膨胀就不会起到减少失业的作用。因此,在长期中,失业率是一个既定的数值,形成经济中失业队伍的"硬核",通货膨胀率的上升和下降都不会使失业率发生变动,从而使长期菲利普斯曲线表现为一条垂线。菲利普斯曲线的垂直化,说明失业率与通货膨胀率之间在长期中并不存在交替关系,无论通货膨胀率如何提高,失业率都不会下降。

3. 理性预期学派的观点

理性预期学派采用理性预期的概念,理性预期是合乎理性的预期,其特征是预期值与以后发生的实际值是一致的。在这种预期的假定之下,由于人们对未来经济形势能够作出合理的估计和反应,因而当失业率上升时,人们就会预计政府将采取膨胀性的政策来对付失业,而且也会作出由此将引起的物价上升和实际工资下降的预期。因此,人们就会预先要求提高工资。这样,尽管物价上升,但由于实际工资并没有下降,资本家也不会增雇工人,失业率也就不会下降。由此,理性预期学派认为,即使在短期中,也不可能有预期的通货膨胀低于以后实际发生的通货膨胀率的情况,即无论在短期或长期中,预期的通货膨胀率与实际发生的通货膨胀率总是一致的,从而也就无法以通货膨胀率为代价来降低失业率。因此,无论在短期或长期中,菲利普斯曲线都是一条从自然失业率出发的垂直线,即失业率与通货膨胀率之间不存在交替关系。由此得出的结论就是:无论在短期还是长期中,宏观经济政策都是无效的。

综上所述,在西方经济学家关于失业和通货膨胀关系的理论中,凯恩斯主义认为,无论在短期与长期中失业率与通货膨胀率都存在交替关系,从而认为宏观经济政策在短期和长期中都是有用的;货币主义认为,短期中失业率与通货膨胀率存在交替关系,而长期中不存在这种关系,从而认为宏观经济政策只在短期中有用,而在长期中无用;理性预期学派认为,无论是短期或长期中,失业率与通货膨胀率都没有交替关系,因此,宏观经济政策是无用的。这三个派别围绕菲利普斯曲线的争论,表明了他们对宏观经济政策的不同态度。

第四节 通货膨胀的治理

西方经济学界对通货膨胀的定义、类型、原因和影响等方面的看法是多种多样、存在分歧的。但是，在反通货膨胀和对通货膨胀采取的对策方面，经济学家的观点却是基本一致的。

通货膨胀是一个重大的宏观经济问题，政府调节和干预经济生活的每个措施和政策，几乎都同通货膨胀有密切关系。因此，通货膨胀的对策或反通货膨胀政策有着广泛的内容。

一、紧缩性需求管理

需求管理是指国家运用财政、货币等政策调节社会总需求，使之和总供给相适应，实现充分就业和经济增长目标的政策措施。按照凯恩斯的收入均衡分析和有效需求原理，真正的通货膨胀只有达到充分就业以后，当总需求超过总供给时，才能产生。要消除通货膨胀，国家要压缩总需求，采取紧缩性政策。

1. 紧缩性财政政策

财政政策包括税收和支出两个方面，紧缩性财政政策就是增加税收、减少支出的政策。

根据凯恩斯主义的观点，增加税收就能够压缩社会总需求。例如，提高个人所得税的税率，可以减少消费需求；提高企业所得税的税率，可以减少投资需求。减少政府支出也能够压缩社会总需求，削减政府的购买可以压缩政策需求，而削减政府的转移支付，一方面减少了政府开支，另一方面也减少了居民的可支配收入，即减少了消费需求。

这些措施都使社会总需求减少，从而会消除通货膨胀缺口，阻止一般物价水平的上涨。实行紧缩性财政政策，财政收入要大于财政支出而出现财政盈余，财政盈余应该冻结起来备用，如果花出去会扩大总需求，同紧缩性财政政策相矛盾。

2. 紧缩性货币政策

通货膨胀表现为货币供应量增长过快，货币贬值，一般物价水平上涨。要消除通货膨胀，必须实行紧缩性货币政策，中央银行采取措施减少银行储备金，从而减少银行货币供应量和提高利率、压缩信贷规模和数量、压低收入水平、投资水平和物价水平。主要有以下三项措施。

一是公开市场业务。政府在公开市场出售债券，购买政府债券的人用商业银行的支票来支付所购买的债券，中央银行根据支票向商业银行提款，这就减少了商业银行的储蓄金。同时，由于政府在公开市场上抛售债券，会降低债券价格，实际上就是提高了利息率。

二是提高贴现率。提高贴现率是提高中央银行对商业银行的贷款利率。当中央银行提高贴现率、减少贴现数量时，商业银行的储备金就会减少，同时也会引起商业银行相应地提高贷款利率。

三是提高法定准备金率。中央银行提高法定储备金率（或准备金率），会使商业银行储备金不足，因而不得不收回部分贷款，被收回的贷款不得不用活期存款来偿付。这就减少了货币供应量。

货币学派认为通货膨胀是一种纯粹的货币现象，要控制通货膨胀，实现经济稳定，最根本的措施就是严格控制货币供应增长率，使之与经济增长率一致。货币学派提出"简单规则"的货币政策，即中央银行把货币供应增长率保持在某一水平上（如 3%～5%的增长速度）。这时，在市场上价格机制充分发挥作用，由利息率、工资率、价格等自动调节来实现经济的稳定发展。

二、收入政策和收入指数化

紧缩性需求管理是针对需求拉动的通货膨胀，为了对付非需求拉动的通货膨胀，西方经济学家提出了收入政策和收入指数化措施。

1. 收入政策

收入政策又叫工资—物价管制政策，是从 20 世纪 60 年代以来，西方国家在通货膨胀时期用来限制货币收入水平和物价水平增长的经济政策。

收入政策主要内容有以下三个：

（1）规定工资和物价增长的标准，即确定一个工资增长和物价增长的客观标准，并用课税作为手段来实施与推行，遵守者可有减税奖励，违犯者要有增税惩罚。

（2）公布"工资—物价指导线"。政府通过强制的说服或施加压力，让企业和工会自愿限制工资与物价的增长幅度。

（3）实行"工资—物价管制"。在通货膨胀比较严重时，政府宣布在一定时期对工资和物价实行强制性的冻结。

收入政策的理论基础是微观市场结构理论，认为不完全竞争市场的存在，使得生产要素市场的工资刚性和商品市场的价格刚性，推动着工资与物价交替上升，出现工资和物价的跳背游戏，导致结构性通货膨胀。收入政策比财政政策和货币政策在控制结构性通货膨胀和供给型通货膨胀方面效果好一些。从西方各国的实际来看，收入政策实施遇到许多难以克服的困难。

2. 收入指数化

在控制工资和物价上涨方面，收入政策有一定的作用，但是无法克服通货膨胀过程中所带来的收入分配和财富分配效应、资源配置效应。货币学派提出了收入指数化的政策措施。

收入指数化的主要内容是：把工资和薪金、储蓄和债券的本金和利息、租金、养老金、保险金和各种社会福利津贴等名义收入同生活费用指数紧密联系起来，名义收入同消费价格指数直接挂钩，即对各种名义收入实行指数化，使其能按照物价指数的变动而随时得到调整，以冲销物价上涨对各种收入的影响。

根据某些国家实践看，收入指数化政策有一定的积极作用：

（1）减少相对价格体系中各种价格之间的扭曲与变形，可以减少资源配置负效应、"非效率"效应。

（2）抵消物价上涨对人们生活的影响，减少物价上涨给人们的收入和财富造成的损失，可以缓解和减轻社会膨胀心理和恐惧感。

（3）消除通货膨胀过程中带来的收入不公平，剥夺政府和个人从通货膨胀中捞取不合理的收入，从而削弱搞通货膨胀的动机。

但是，收入指数化的作用是有限的，官方编制的消费物价指数可能压低物价实际上涨程度，编制指数与按其调节收入有一定时间间隔，往往工资调整滞后于物价上涨。

三、对外经济管理

在国际经济环境和国际收支状况恶化时，往往会诱发或加剧国内通货膨胀。在反通货膨胀过程中，正确运用对外经济管理政策，如国际贸易、国际收支、外汇等政策来改善对外贸易和国际收支状况，也是反通货膨胀的对策之一。

实行浮动汇率制，政府可以根据国际贸易情况和外汇市场供求变化，调整本国货币与外币的比价（即汇率）。在本国货币贬值和外币升值后，出口商品用外币表示的价格要降低，进口商品以本国货币表示的价格要提高，这样就会刺激国外需求和本国出口，抑制国内需求和进口，终将通过贸易顺差的增加来减少国际收支赤字，改善国际收支状况。汇率变动，抑制国内需求，增加进口供给，对通货膨胀必然有控制作用。

在通货膨胀和国际收支不平衡并存的情况下，汇率政策作用受到限制，必须采取适当的对外贸易政策对付通货膨胀。主要措施有：调整进口产品的关税、阻止通货膨胀国际扩散和传递；调整出口产品结构，加强出口管理，减少国内急需产品出口，限制日用消费品出口；引进外资同调整出口产品结构结合起来，改善出口产品结构，增加换汇能力和增加有效供给。

四、供给管理

西方经济学家从 20 世纪 70 年代以后，重视与强调社会总供给对宏观经济的影响，提出与分析供给对通货膨胀的影响（即成本推进的通货膨胀）、劳动力市场结构对失业的影响等，在这些分析的基础上，提出了供给管理政策。

我们知道，凯恩斯主义的总需求公式为 $AD=C+I+G+(X-M)=PQ$，货币学派承袭的交易方程式为 $MV=PQ$。在这两个公式中，产品数量 Q 都是影响物价水平的一个重要因素。控制货币数量和社会总需求是反通货膨胀的对策，从长期看，发展生产、增加有效供给也是控制物价上涨和反通货膨胀的对策。

供给管理政策除前面介绍的收入政策和收入指数化外，还有人力政策和经济增长政策。

1. 人力政策

人力政策是 20 世纪 60 年代美国经济学家舒尔茨等提出的，又称就业政策，目的在于改善劳动力市场结构、减少失业。

人力政策的主要内容有：增加对国民的教育和技术上的投资，增加教育经费和制定开发人才的战略，建立一套科学的、高效的人才建设的模式和策略，建立相应的人才培养、开发、智力投资的计划和规定。美国最先实施人力政策，对于人的有效培养、合理使用，以及充分发挥人的能力来推动经济和科技的发展，都起到了重要和积极的作用。

2. 经济增长政策

从长远看，决定社会总供给的最重要因素是经济潜力或生产能力。因此，提高和增强经济潜力或生产能力的经济增长政策，就成为供给管理政策的重要组成部分。经济增长政策的主要内容有以下四个方面：

（1）劳动力数量和质量。经济增长中劳动力的增加既是重要的因素又是关键，对经济增长有重大的推动作用。增加劳动力的数量的途径有提高人口出生率、鼓励与吸引移民等。相对于劳动力数量而言，提高劳动力的质量尤为重要，主要办法是增加人力资本的投资。

（2）资本积累。资本不断增加可以提高劳动力的资本装备率，发展资本和技术密集产业，迅速提高劳动生产率。储蓄是资本积累的主要来源，可以通过各种办法和途径鼓励储蓄。

（3）技术进步在现代经济增长中起着越来越大的作用。促进技术进步的政策措施有：国家对全国的科技发展进行规划与协调，对于重要科技工作国家直接投资，普及推广先进的科学技术，采取鼓励科技发展的措施，加强科技人才培养等。

（4）计划化与平衡增长。现代市场经济商品化、社会化要求协调各产业部门关系。第二次世界大战后，许多发达国家都采取了不同形式的经济计划，来协调各产业部门顺利发展、平衡增长。各国都制定了经济增长的短期、中期与长期计划，并通过各种经济政策来实现，称为政策性计划。其中，法国的计划是比较典型和成功的。

总之，政府在制定和实施反通货膨胀政策的过程中，不能单纯地运用经济政策，也要注意各种经济政策的配合与协调，同时还必须运用各种行政的、政治的、法律的和教育的手段来配合与保证反通货膨胀政策的实施。当今世界所发生的通货膨胀不是一种单纯的经济现象，更不是一种纯粹的货币现象，而是一种社会的、政治的、心理的和文化的现象，治理通货膨胀是一项综合的系统工程，必须给予高度重视。

 阅读材料 11-2

发生在世界各国的严重通货膨胀

1. 第一次世界大战后的德国

第一次世界大战后，世界经历了一次历史上最引人注目的超级型通货膨胀。在战争结束时，同盟国要求德国支付巨额赔款。这种支付引起德国财政赤字，德国最终大量发行货币来为赔款筹资。

从1922年1月到1924年12月德国的货币和物价都以惊人的比率上升。例如，每份报纸的价格从1921年1月的0.3马克上升到1922年5月的1马克、1922年10月的8马克、1923年2月的100马克直到1923年9月的1000马克。在1923年秋季，价格实际飞起来了：一份报纸的价格从10月1日2 000马克、10月15日12万马克、10月29日100万马克、11月9日500万马克直到11月17日7 000万马克。1923年12月，货币供给和物价突然稳定下来了。

正如财政引起德国的超速型通货膨胀一样，财政改革也结束了超速型通货膨胀。在1923年底，政府雇员的人数裁减了1/3，而且赔款支付暂时中止并最终减少了。同时，新的中央银行德意志银行取代了旧的中央银行德国国家银行。政府要求德意志银行不要通过发行货币为其筹资。

2. 前南联盟的超级型通货膨胀

1992年5月30日，联合国安理会通过第757号决议，决定对南联盟实施政治、经济、军事等各个方面的全面制裁，以惩罚其派兵支持波黑和克罗地亚塞族的武装行动。

一位曾经在南联盟工作多年的中国记者描述了当时的情景。前南联盟是一个以进口原材料与半成品为主、加工成品后出口的加工型国家，制裁使它不但不可能再获得原材料与半成品，而且失去了自己长期以来建立的出口伙伴，因此工业建设基本全部瘫痪。让人们记忆犹新的是，1993年南联盟出现了世界史上第二位的超级型通货膨胀，货币面值不断飙升，10万、20万、100万、200万，甚至到5 000亿，而5 000亿第纳尔最后只能买几份报纸。

当时商店店员一项极为繁重的工作就是，每天上班后需要不断地更换商品的标价签，再到后来人们已经懒得再做任何变动，直接在原来的标价后面增加几个"0"。由于制裁，前南联盟从一个中等发达国家退步为欧洲最为贫穷的国家之一。当地居民戏称："我们曾经以每个月5美元的收入，生活在20世纪90年代的现代化社会。"

3. 其他国家出现的产量通货膨胀

第二次世界大战后匈牙利发生恶性通货膨胀，流通货币量每月平均增加12 000%以上，这种状况持续了一年，物价甚至上涨得更多，每个月上涨近20 000%。

1948—1949年间中国国民党政府滥发钞票曾经形成过恶性通货膨胀，货币贬值达到无法统计的程度，许多商品的物价一天之内翻一倍。

苏联解体后，俄罗斯国内出现恶性通货膨胀，卢布贬值超过万倍。

资料来源：[美]斯蒂格利茨.《经济学》小品和案例. 王尔山，肖倩等译. 北京：中国人民大学出版社，1998

 本章小结

失业和通胀都是经济中普遍存在的现象。失业的原因和表现形式非常复杂，一般可以分为摩擦性失业、结构性失业和周期性失业。在经济正常运行的情况下，在长期发展过程中，仍然有一定水平的失业，被称为自然失业。严重的失业除了造成资源配置的低效率，还会带来诸多的社会问题。

通货膨胀的主要原因是过多的货币追逐有限的商品。经济学家对通货膨胀进行了多个角度的观察，提出了需求拉动、供给推动等多种认识方法。一般认为，温和的通货膨胀可能对经济发展是有利的，但

第十一章　失业与通货膨胀

严重的通货膨胀对经济的损害极大。

一些经济学家认为通货膨胀与失业之间存在负相关关系，但是另一些经济学家认为二者间的关系不确定。在进行经济调控政策选择时，人们普遍会在通货膨胀与失业两个目标之间进行权衡。

课后习题

一、名词解释

通货膨胀　　需求拉动通货膨胀　　菲利普斯曲线　　奥肯定律　　自然失业率　　摩擦性失业　　结构性失业　　周期性失业

二、简答题

1．摩擦性失业与结构性失业相比，哪一种失业问题更严重？
2．能否说有劳动能力的人都有工作才是充分就业？
3．什么是自然失业率？哪些因素影响自然失业率的高低？
4．通货膨胀的经济效应有哪些？
5．试说明菲利普斯曲线和总供给曲线的关系。

三、计算题

1．若价格水平1950年为54、1960年为69、1970年为92、1980年为178，试求50年代、60年代和70年代的通货膨胀率各为多少。

2．若价格水平在1984年为107.9、1985年为111.5、1986年为114.5，试问1985年和1986年通货膨胀率各是多少？如果人们以前两年通货膨胀率的平均值作为第三年通货膨胀的预期值，计算1987年的预期通货膨胀率。如果1987年的利率为6%，计算该年的实际利率。

3．设某经济某一时期有1.9亿成年人，其中1.2亿人有工作，0.1亿人在寻找工作，0.45亿人没工作但也没在找工作。试求：

（1）劳动力人数；
（2）劳动率参与率；
（3）失业率。

4．设一经济有以下菲利普斯曲线 $\pi = \pi_{-1} - 0.5(\mu - 0.06)$，问：

（1）该经济的自然失业率为多少？
（2）为使通货膨胀减少5个百分点，必须有多少周期性失业？

第十二章 经济周期与宏观经济调控

 学习目标

通过本章的学习，可以了解和掌握经济周期的分类及其成因，并根据宏观经济目标提出具体的财政的、货币的等相关对策。

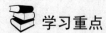 学习重点

（1）经济周期描述；
（2）现代宏观经济波动理论；
（3）宏观经济调控工具。

 学习难点

宏观经济调控的自动稳定与相机抉择

 引导案例

1929—1933年的大萧条（Great Depression），是发生在全世界范围的经济灾难。"大萧条"期间美国的工业生产率下降了44.7%，GDP下降了28%，失业率达到"令人无法容忍的水平"。除美国外，奥地利、德国、法国、英国等在内的很多发达国家受到影响。

这无疑是20世纪经济史上一个极为特殊的事件。它不仅深刻地影响了此后的世界历史进程，而且深刻地影响了经济学本身的发展。自大萧条爆发以来，经济学家、历史学家对其的研究就从未中断，直到今天，其仍是一项吸引各领域学者倾力研究的永恒课题。

第一节 经济周期分类与成因

一、经济周期概述

"短期波动"和"长期增长"是宏观经济学的两大主题。研究短期波动（short-run fluctuations）问题主要是分析一国的潜在生产能力是否得到充分利用，实际产出水平是否"偏离"潜在产出，是过高还是过低。长期增长（long-run growth）问题则是从长期来看一个国家的潜在生产能力是如何决定的。

1. 关注经济的波动和增长问题的重要性

首先,从短期来看,假如经济出现严重萧条,这样工厂将大量解雇工人,造成严重的失业问题;反之,如果市场需求过于旺盛,企业就有可能提高产品价格,造成物价上涨,甚至引起严重的通货膨胀问题。经济周期性的波动直接关系到国计民生乃至社会的稳定发展。因此,短期波动分析在整个宏观经济学中占有重要地位。解释经济波动的原因,为相应的经济政策提供理论依据是宏观经济学家的一个重要职责。

其次,长期经济增长研究则重点讨论影响一个国家潜在生产能力的因素,如人力资本、技术水平、制度变迁等。因此,可以说短期波动分析是研究短期经济运行规律方面的"战术"问题,而长期增长分析则是探讨长期经济发展的"战略"问题。

2. 经济周期的界定

对于什么是经济周期(Business Cycle),阿瑟·伯恩斯和韦斯利·米切尔在1946年出版的《测量经济周期》一书中指出:经济周期是在主要由商业企业组织经济运行的国家中发现的总体经济活动的一种波动形式。一个经济周期包括,许多经济活动几乎同时扩张,然后是相似的普遍衰退、收缩和复苏,后者融入下一周期的扩张中。这个变化序列是重复性的,但不是定期的,经济周期的长度在1年到10年或者12年之间。因此,可以将经济周期简单地理解为产出、价格、就业等宏观经济变量的短期协同波动,包括衰退、收缩、复苏和扩张四个阶段。如果一种经济变量的变动方向和总产出一致、同涨同跌,就称之为"顺周期波动"(Pro-cyclical Fluctuation);反之,则称之为"逆周期波动"(Countercyclical Fluctuation)。

从图12-1中可以看出,经济周期波动有三个特点:第一,每一个经济周期都包含衰退、萧条、复苏、繁荣四个阶段,衰退和复苏是相互交替的,在交替中有两个不同的转折点。如果经济是由扩张转向衰退或者说收缩,则转折点是峰顶;如果经济是由衰退或者说经济活动水平收缩转向扩张,那么转折点就是谷底。由于扩张和衰退是互相交替的,谷底和峰顶也是相互交替的。第二,虽然经济周期的四个阶段从逻辑上肯定这个顺序排列,但它们在每次周期中的长度和实际形态将会有很大差异。例如,一次周期的谷底或峰顶可能仅仅持续几周,也可能持续几个月。第三,在一定时期内,存在着生产能力的增长趋势。因此,在某一个谷底阶段中,其实际的生产和就业水平有可能出现比以前周期的峰顶时期还要高的状况。

西方经济学家不仅分析了经济周期波动的阶段,而且还分析了经济活动中长短各异的波动现象,并根据经济周期波动的时间把经济周期划分为不同的类型,即长周期(长波)、中周期(中波)和短周期(短波)。长周期又称"康德拉季耶夫周期"(Kondratief Cycles),平均时间长度约为50年。中周期又称"朱格拉周期"(Juglar Cycles),平均每一周期长度约9~10年。短周期又称"基钦周期"(Kitchen Cycles),长度大致为中周期的一半。

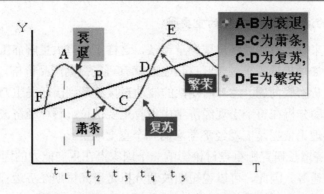

图 12-1　经济周期阶段示意图

1930 年，美国经济学家库兹涅茨在一项有关生产和价格长期运动的研究中，着重分析了美、英、法、德、比等国从 19 世纪初到中叶至 20 世纪中期 60 种工、农业主要产品的产量和 35 种工农业主要产品的价格波动的序列资料，以及有关序列的长期过程，提出了在主要资本主义国家存在长度从 15 年到 22 年不等，而平均长度为 20 年的观点。这也是一种长周期，被称为"库兹涅茨周期"（Kuznets Cycles）。

二、经济周期理论

为什么经济会发生周期性波动？经济学家提供了一些不同的解释。

1. 乘数—加速数模型

这是一种传统的经济周期理论。这种理论认为，经济波动的根源在于经济自身，因而是内生的，具体来说，投资的变动会引起收入或消费若干倍的变动（乘数作用），而收入或消费的变动又会引起投资若干倍的变动（加速数作用），正是乘数和加速数的交互作用，造成了经济的周期性波动。因此，这种理论称为乘数—加速数模型。举个例子说，假定经济起初由于某种作用使得自发支出（投资或政府购买或出口）增加了 10 亿美元，如果乘数是 2，则国民收入增加 20 亿美元。产量或销售额增加了，厂商会增加设备或建造厂房，即要增加投资。如果增加 1 单位产品生产需要增加 1 单位资本品，则投资与产量增量之间的这一比率就称为加速数，现在加速数为 1。于是，国民收入增加 20 亿美元，就会使投资增加 20 亿美元。投资增加 20 亿美元，又会使产出或收入增加 40 亿美元。产出的增加又会使投资进一步增加，并进一步使收入或产量再增加。当然，经济并不会无期限地扩张下去，因为终究会遇到约束因素。例如，一些生产要素的短缺就会使经济的扩张受到限制。一旦经济停止扩张或增长速度放慢，投资就会下降，经济开始走向衰退，从而出现周期性波动。

乘数—加速模型所说明的是：

第一，在经济中投资、国民收入、消费相互影响，相互调节。如果政府支出为既定（即政府不干预经济）的，只靠经济本身的力量自发调节，就会形成经济周期。周期中各阶段的出现，正是乘数与加速数原理相互作用的结果。而在这种自发调节中，投资是关键的，经济周期主要是投资引起的。

第二，乘数与加速原理相互作用引起经济周期的具体过程是，投资增加引起产量的更大增加，产量更大增加又引起投资的更大增加，这样经济就会出现繁荣。然而，产量达到一定水平后，由于社会需求与资源的限制无法再增加，这时就会由于加速原理的作用使投资减少，投资的减少又会由于乘数的作用使产量继续减少。这两者的共同作用又使经济进入萧条。萧条持续一定时期后，由于产量回升又使投资增加、产量再增加，从而经济进入另一次繁荣。正是由于乘数与加速原理的共同作用，经济中就形成了由繁荣到萧条、又由萧条到繁荣的周期性运动。

第三，政府可以通过干预经济的政策来减轻经济周期的波动。如果政府运用经济政策改变经济中的相关变量，则经济走势的波动可以减轻甚至消除。

2. 实际经济周期理论

上面的乘数—加速数相结合的传统理论把经济周期看作是有规则的，可以预测的；与这种理论相反，实际经济周期理论认为经济波动是随机的、不可预测的。因为波动的原因不是来自经济的内在力量，而是实际的外生的事件，如某种重要的投入（像石油）价格变动、自然灾害或技术冲击（如新发明），因此实际经济周期理论强调的不是对需求一方的冲击，而是对供给一方的冲击。例如，认为石油价格大幅度上升会导致与石油有关的各种商品价格上升，从而引起成本推进的通货膨胀，并进而引起经济的衰退。这种理论受到一些经济学家的批评，他们认为，即使石油成本翻一番，也不足以引起经济大幅度波动，因为石油进口在 GDP 中所占比例甚小。

3. 货币主义者和新古典主义的观点

货币主义者（如弗里德曼）和新古典经济学家（如卢卡斯）认为，引起经济波动的重大干扰来自政府，尤其是政府的货币政策。其中，新古典主义者强调预期和未预期的货币政策变动对经济的不同影响。例如，当人们预期到政府要增加货币供给时，就会预期物价水平要上涨，从而要求增加相应的工资和提高利率，于是名义货币供给量虽然增加了，实际货币供给（以真实购买力计算的货币供给）并未发生变化，因而实际工资、利率和实际产出都不会变化，从而货币政策没有什么效果。相反，如果货币供给增加或减少未被预期到，厂商就会不同比例地变动价格水平，因而实际货币供给就会发生变化，并影响产出水平。

例如，假定政府实行扩张的货币政策使货币供给量增加并使一切商品价格上升 5%，在短时期内，厂商只看到自己经营的商品的价格上升 5%，未来得及认识到其他商品价格的上升情况，因此会把自己产品价格的上升当作市场对于自己产品需求增加，从而增加生产。而劳动者也只看到自己的货币工资增加，以为是实际工资增加，因而会提供更多劳动量，于是生产和就业就会增加。当然，这种状况只会在短期内保持，因为经营者和劳动者迟早会认识到自己的商品的实际价格和实际工资并没有增加,生产和就业会回到原来的状态。对于货币供给减少在短期内引起生产和就业的收缩,情况也是如此。可见,新古典主义者对经济波动的看法不但强调预期与否,还强调时期长短,即认为未被预期的政策变动虽能引起经济波动,但经过一定时期,经济总会回到自然率水平,用不着政府干预,政府干预反而会加剧经济波动。

4. 新凯恩斯主义的观点

新凯恩斯主义者认为,供给方面的干扰(如实际经济周期理论所认为的)和货币方面的干扰(如新古典主义者认为的)都可能成为引起经济波动的冲击。他们和实际经济周期理论与新古典理论的区别在于,他们不相信市场经济总能吸收各种冲击的影响而恢复充分就业,而相信在大多数情况下,经济中存在一种机制,扩大这些冲击并使冲击的作用持续。例如,假定外在冲击使投资需求下降,会使产出有乘数作用地下降;反之,当干扰使投资增加时会使产出若干倍地增加。经济要恢复到原来的局面,需要有一个相当长的过程。例如,经济也许要花费几年时间才会恢复到没有发生衰退时应有的水平,社会会因此付出沉重的代价。

由于各个学派的经济学家对引起经济周期波动的原因有不同看法,因此,对如何治理经济波动的经济政策也有不同主张。

实际经济周期理论家认为,经济波动的根源是外生的冲击,经济会迅速、有效率地对这些冲击做出反应,因而用不着政府干预,市场本身会作出最好的解决办法。例如,他们认为失业问题不难解决,只要失业者降低工资和非货币报酬的要求就会找到工作。

同样,新古典主义和货币主义者也相信市场会对经济波动作出迅速反应,因而政府干预的政策完全无效。政策中存在着自然失业率,扩张的货币政策至多只会在短期内把失业率降到自然率以下,但为此要付出通货膨胀的沉重代价。

与上述两种理论相反,新凯恩斯主义和传统的经济周期理论(乘数—加速数模型)不认为市场会自动消除经济波动,因而需要政府干预。新凯恩斯主义者尽管承认具有理性预期的个人反应常常确实会部分抵消政府的行动,但不可能永远完全抵消政府政策的影响。政府在稳定经济方面有必要采取斟酌使用的政策,即经济不景气时实行扩张总需求的政策,经济过热时实行紧缩的政策。

阅读材料 12-1

"新经济世界"跳出了经济周期率?

经历多次经济衰退后,美国经济走进了20世纪60年代。约翰·肯尼迪当选总统后,希望重振美国经济,在那个年代,被称为"新经济学"的凯恩斯主宰了华盛顿政府。后来的约翰逊总统的顾问班子极力主张扩张性的经济政策,企图刺激经济,包括1963年的大幅度削减个人所得税和公司税。在20世纪早期,GDP年增长4%,失业下降,价格稳定。到1965年,美国经济已达到潜在产出水平。

可是，政府低估了越战的军费支出，国防支出在 1965—1968 年间增长了 55%。在通货膨胀已相当严重时，政府仍推迟实施抑制经济增长的财政政策。直到 1968 年，增税和减少民用支出的措施才得以出台。但是，为时已晚。当时的美联储也采取货币供给快速增长和低利率政策，容忍经济的扩张。结果，在 1966—1970 的大部分时间里，经济在高于潜在产出能力上运行，在低失业和高增长的运转压力下，通货膨胀逐步攀高，开始了 1966—1981 年间的"通货膨胀时代"。

经济学家由此看到，在面临高通货膨胀时，刺激经济发展比说服政策制定者通过提高税收来抑制经济发展更容易。面对这一教训，许多人对运用财政政策来稳定经济是否明智产生了怀疑。

20 世纪 70 年代，工业界受到一种新的宏观经济症的冲击——供给冲击。所谓供给冲击，是指生产成本或生产率状况发生突变，从而使总供给发生急剧变动。供给冲击在 1973 年达到极为严重程度，被称为"七灾之年"。其标志就是：农业歉收、海洋环流转变、世界市场投机猖獗、外汇市场波动剧烈以及由中东战争引发的世界石油价格暴涨等。供给冲击引起价格上升，同时又使产出水平下降和失业率上升，从而导致所有宏观经济指标恶化。

到 1979 年美国经济才从供给冲击中恢复过来，回到了潜在产出水平。但是好景不长，中东的动荡、伊朗革命又引起了石油价格再度上涨。从 1978 年初每桶 14 美元跃升到 1979 年的每桶 34 美元，引发了又一轮石油冲击。通货膨胀率也急剧上涨，从 1978 年到 1980 年平均每年上升 12%。

如此高的通货膨胀逼使美联储采取措施，在经济学家保罗·沃尔克的领导下，为缓解通货膨胀压力，开出货币紧缩的一剂"猛药方"。1979 年和 1980 年，利率大幅上升，股市下跌，企业贷款陷入困难，美联储的紧缩措施抑制了消费和投资增长。1979 年后，住宅建设、汽车购买、商业投资以及净出口全面下降。实行紧缩货币政策的直接结果是通货膨胀下降，从 1979—1980 年的平均 12%下降到 1983—1988 年的平均 4%。货币政策成功地结束了"通货膨胀时代"，但是国家也为此付出了沉重的代价，引发了经济增长下降和较高的失业率。

20 世纪 80 年代初，果断的扩张性货币政策出台，为 1982—1997 年长期经济扩张奠定了基础。里根和克林顿执政期间，除 1990—1991 年的一段时间温和衰退外，这个时期是美国历史上最成功的经济稳定时期，实际 GDP 以 3%的速度增长，而通货膨胀率仅略高于 3%。直到 20 世纪 90 年代末，许多劳工没有经历过痛苦的经济周期和高通货膨胀的打击。有一些人竟天真地宣布：经济周期在"美好的新经济世界"中已经消失，这个世界的经济开始进入永久的繁荣。你认为，美国经济真的会跳出"经济周期"吗？

资料来源：[美]斯蒂格利茨. 经济学小品和案例. 北京：中国人民大学出版社，1998

第二节　宏观经济政策工具

宏观经济政策是指国家或政府为了解决宏观经济不稳定问题，熨平经济周期波动，以达到充分就业、物价稳定、经济增长和国际收支平衡等目标，根据某些经济理论，有意识地制定解决宏观经济问题的指导原则和措施。任何一项经济政策都要依据一定的经济目标而形成，经济目标又要通过一定的经济政策工具来实现。

一、宏观经济的"市场失灵"

微观经济学所讨论的市场失灵，是指由市场势力、外部性、公共物品、不完全信息等原因引起的资源配置低效率或无效率。这是本来意义上的"市场失灵"，也是微观经济的市场失灵。20世纪70年代末、80年代初以来，西方市场失灵理论有了重大发展，狭义的市场失灵扩展为广义的市场失灵。广义的市场失灵包括微观经济无效率（微观经济的市场失灵）、社会不公平、宏观经济不稳定（宏观经济的市场失灵）。

宏观经济的市场失灵是指宏观经济处于不稳定状态，是市场的自发性、盲目性和滞后性在宏观层次上的表现。它表现为三种情况：一是通货膨胀；二是经济衰退和失业；三是滞胀，即经济停滞和通货膨胀并存。其中，滞胀是最严重的宏观经济市场失灵的表现。

宏观经济的市场失灵对西方社会经济发展构成了严重的威胁。例如在美国，1929年开始的大萧条持续了近十年之久。在大萧条期间，失业人口上升至整个劳动力人口的近1/4，工业产值下降一半。第二次世界大战后，美国发生了多次经济衰退。20世纪70年代，美国出现滞胀。面对宏观经济的市场失灵，西方经济学家认为，必须进行宏观层面上的政府干预，通过宏观经济政策来稳定经济。

二、宏观经济政策目标

宏观经济政策目标是制定宏观经济政策之前，决策人首先应该明确的。宏观经济政策的最终目标是达到社会福利的可持续性。这一最终目标要通过具体目标来实现。具体来讲，宏观经济政策的目标：充分就业、经济持续均衡增长、物价相对稳定、国际收支平衡等四项。

1. 充分就业

充分就业有两个含义。第一个含义的充分就业指包括劳动在内的一切生产要素都能按照其所有者接受的市场价格全部用于生产。由于测度各种经济资源的就业程度非常困难，所以西方学者普遍以失业率高低作为衡量充分就业与否的尺度。失业率是指失业者人数与劳动力总人数的比例。按照凯恩斯的解释，充分就业不是没有失业，而是消除"非自愿失业"，或者失业仅限于摩擦失业和自愿失业。

充分就业之所以成为一个国家宏观经济政策的目标，是因为充分就业的反面——失业，无论对社会还是对失业者个人和家庭都带来损失。失业对社会而言，意味着资源没有得到充分利用，愿意工作而且有能力工作的人没有在生产中得到就业。失业对失业者和家庭来说，意味着经济拮据和生活方式的改变，自尊心遭到打击，对不同年龄的人还会带来不同的影响。如果年轻人长期失业，不仅浪费了今天有价值的人力资源，而且也降低了劳动力的未来生产率,甚至引起年轻人对社会的叛逆。如果中年或老年工人长期失业,则意味着他们可能失去部分技能,如果再就业,所得工资会低于原来工资,而且技能会得不到充分利用。这些变化的代价给离开原工作岗位者及其家庭带来沉重的负担和压力。简言之,失业对家庭和个人来说是个悲剧,对整个社会来说是生产资源的浪费和产出的丧失。鉴于失业的代价如此巨大,降低失业率和实现充分就业就成为西方宏观经济政策的重要目标。

2. 经济持续均衡增长

经济增长是指国民收入或总产出的增长,是经济全面发展的主要指标。经济持续均衡增长是指通过政府干预,减缓经济周期性波动,实现国民收入水平的长期稳定发展。衡量经济增长的方法通常是计算一定时期内实际国内生产总值（GDP）平均年增长率。

从经济发展的角度看,国民生活水平的提高,经济结构、社会形态等方面的进步都在很大程度上依赖于经济增长。保持经济持续增长已被公认为一国经济走上现代化之路的重要条件。从现实看,在经济增长迅速的国家中,政治和社会通常相对比较稳定。但在经济滑坡的国家中,不仅经济增长难以持续实现,而且政治和社会动荡不安。第二次世界大战后,西方国家的经济增长经历了一个从高速到低速增长的过程。低速经济增长和失业常常是相互关联的,因此,长期以来,几乎所有的国家都将持续均衡的经济增长视为重要的经济和政治目标。

3. 物价相对稳定

物价相对稳定是维持一个低而稳定的通货膨胀率。这种通货膨胀率能为社会所接受。物价稳定之所以成为一个国家宏观经济政策的目标,是因为物价稳定的反面——通货膨胀——会给经济带来严重后果:

（1）通货膨胀会降低人们的实际收入,任何一个靠固定收入为生的人都会深受其害。

（2）价格的急剧变化会使公司和个人的经济决策失去效果,投资和储蓄减少,使经济增长率下降。

（3）通货膨胀会改变资源配置方式。因为通货膨胀改变了不同商品和劳务的相对需求、相对供给和相对价格,从而新的资源配置方式不再是无通货膨胀时的那种方式。通货膨胀还会破坏资源配置方式,因为经济当事人把本该用来生产商品和劳务的时间与资源用在如何去适应通货膨胀上了。

（4）当出现恶性通货膨胀时,人们完全丧失对货币的信心,等价交换的正常买卖、经济合同的签订和履行、银行的结算和信贷活动等都无法正常进行,市场机制受到扭曲,最终会导致经济崩溃。因此,控制通货膨胀就成为各国政府考虑的目标。

4. 国际收支平衡

随着国际间经济交往的密切,如何平衡国际收支也成为一国宏观经济政策的重要目标之一。国际收支对现代开放型经济国家是至关重要的。西方经济学家认为,一国的国际收支状况不仅反映了这个国家的对外经济交往情况,还反映出该经济的稳定程度。当一国国际收支处于失衡状态时,就必然会对国内经济形成冲击,从而影响该国国内就业水平、价格水平及经济增长。

三、宏观经济政策工具

宏观经济政策工具是为政策目标服务的手段。一旦宏观经济目标确定,决策者必须明确可用的政策工具,运用一些政策工具使经济达到预期的目标。

一般来说,政策工具是多种多样的,不同的政策工具都有自己的作用,但也往往可以达到相同的政策目标。在西方国家,宏观经济政策工具中常用的有三种,即需求管理政策、供给管理政策和国际经济政策。

(1) 需求管理政策是政府通过调节社会总需求来达到一定政策目标的宏观经济政策的工具。这是凯恩斯主义所重视的政策工具,包括财政政策与货币政策。

(2) 供给管理政策是政府通过对总供给的调节来达到一定的政策目标的宏观经济政策的工具。供给管理政策包括收入政策、指数化政策、人力政策以及促进经济增长的经济增长政策。

(3) 国际经济政策,又称对外经济政策。在现实中,各国经济之间存在着日益密切的往来与相互影响。在一国的宏观经济政策目标中有国际经济关系的内容,其他目标的实现不仅有赖于国内经济政策,而且也有赖于国际经济政策。

第三节 财政政策

在凯恩斯主义出现之前,财政政策的目的是为政府的各项开支筹集资金,以实现财政收支平衡,它所影响的主要是收入分配,以及资源在私人部门与公共部门之间的配置。在凯恩斯主义出现之后,财政政策被作为需求管理的重要工具,以实现既定的政策目标。这种财政政策包含了三个相互关联的选择:第一,选择开支政策,即开支多少,以及用于哪些方面的开支;第二,征税,即征收多少税,以及采用何种手段征税;第三,赤字政策,即确定赤字的规模和分配。

一、财政政策的内容与运用

财政政策的主要内容包括政府支出与税收。政府支出包括政府公共工程支出(如政府投资兴建基础设施)、政府购买(政府对各种产品与劳务的购买),以及转移支付(政府不以取得产品与劳务为目的的支出,如各种福利支出等)。政府税收主要是个人所得税、公司所得税和其他税收。

财政政策就是要运用政府开支与税收来调节经济。具体来说,在经济萧条时期,总需求小于总供给,经济中存在失业,政府就要通过扩张性的财政政策来刺激总需求,以实现充分就业。扩张性的财政政策包括增加政府支出与减税。政府公共工程支出与购买的增加有利于刺激私人投资,转移支付的增加可以增加个人消费,这样就会刺激总需求。减少个人所得税(主要是降低税率)可以使个人可支配收入增加,从而消费增加;减少公司所得税可以使公司收入增加,从而投资增加,这样也会刺激总需求。在经济繁荣时期,总需求大于总供给,经济中存在通货膨胀,政府则要通过紧缩性的财政政策来压抑总需求,以实现物价稳定。紧缩性的财政政策包括减少政府支出与增税。政府公共工程支出与购买的减少有利于抑制投资,转移支付的减少可以减少个人消费,这样就压抑了总需求。增加个人所得税(主要是提高税率)可以使个人可支配收入减少,从而消费减少;增加公司所得税可以使公司收入减少,从而投资减少,这样也会压抑总需求。

在 20 世纪 50 年代,美国等西方国家就是采取了这种"逆经济风向行事"的财政政策,其目的在于实现既无失业又无通货膨胀的经济稳定。20 世纪 60 年代以后,为了实现充分就业与经济增长,财政政策则以扩张性的财政政策为基调,强调通过增加政府支出与减税来刺激经济。特别是在 1962 年肯尼迪政府时期,曾进行了全面的减税,如个人所得税减少 20%、最高税率从 91%降至 65%、公司所得税率从 52%降到 47%,还采取了加速折旧、投资减税优惠等变相的减税政策。这些对经济起到了有力的刺激作用,造成 60 年代美国经济的繁荣。20 世纪 70 年代之后,财政政策的运用中又强调了微观化,即对不同的部门与地区实行不同的征税方法,制定不同的税率,个别地调整征税范围,以及调整政府对不同部门与地区的拨款、支出政策,以求得经济的平衡发展。20 世纪 80 年代里根政府上台之后,制定了以供给学派理论为依据的经济政策,其中最主要的一项也是减税。但应该指出的是,供给学派的减税不同于凯恩斯主义的减税。凯恩斯主义的减税是为了刺激消费与投资,从而刺激总需求,而供给学派的减税是为了刺激储蓄与个人工作积极性,以刺激总供给。20 世纪 90 年代克林顿总统上台后,又采用增加税收的政策,以便利用国家的力量刺激经济。

二、内在稳定器

某些财政政策由于其本身的特点,具有自动地调节经济而使经济稳定的机制,被称为内在稳定器或者自动稳定器。

具有内在稳定器作用的财政政策,主要是个人所得税、公司所得税,以及各种转移支付。个人所得税与公司所得税有其固定的起征点和税率。当经济萧条时,由于收入减少,税收也会自动减少,从而抑制了消费与投资的减少,有助于减轻萧条的程度。当经济繁荣时,由于收入增加,税收也会自动增加,从而就抑制了消费与投资的增加,有助于减轻由于需求过大而引起的通货膨胀。失业补助与其他福利支出这类转移支付,有其固定的发放标准。当经济萧条时,由于失业人数和需要其他补助的人数增加,这类转移支付会自动增加,从而抑制了消费与投资的减少,有助于减轻经济萧条的程度。当经济繁荣时,由于失业人数和需要其他补助的人数减少,这类转移支付会自动减少,从而抑制了消费与投资的增加,有助于减轻由于需求过大而引起的通货膨胀。

这种内在稳定器自动地发生作用,调节经济,无须政府作出任何决策,但是,这种内在稳定器调节经济的作用是十分有限的。它只能减轻萧条或通货膨胀的程度,并不能改变萧条或通货膨胀的总趋势;只能对财政政策起到自动配合的作用,并不能代替财政政策。因此,尽管某些财政政策具有内在稳定器的作用,但仍需要政府有意识地运用财政政策来调节经济。

三、赤字财政政策

在经济萧条时期,财政政策是增加政府支出、减少政府税收,这样就必然出现财政赤字。凯恩斯认为,财政政策应该为实现充分就业服务,因此,必须放弃财政收支平衡的旧信条,实行赤字财政政策。20世纪60年代,美国的凯恩斯主义经济学家强调了要把财政政策从害怕赤字的框框下解放出来,以充分就业为目标来制定财政预算,而不管是否有赤字。这样,赤字财政就成为财政政策的一项重要内容。

凯恩斯主义经济学家认为,财政政策不仅是必要的,而且也是可能的。这是因为:第一,债务人是国家,债权人是公众,国家与公众的根本利益是一致的,政府的财政赤字是国家欠公众的债务,也就是自己欠自己的债务;第二,政府的政权是稳定的,这就保证了债务的偿还是有保证的,不会引起信用危机;第三,债务用于发展经济,使政府有能力偿还债务,弥补赤字。这就是一般所说的"公债哲学"。

四、财政政策的挤出效应

财政政策的挤出效应,是指政府开支增加所引起的私人支出减少,以政府开支代替了私人开支。这样,扩张性财政政策刺激经济的作用就被减弱。财政政策挤出效应存在的最重要原因就是政府支出增加引起利率上升,而利率上升会引起私人投资与消费减少。

财政政策挤出效应的大小取决于多种因素。在实现了充分就业的情况下,挤出效应最大,即挤出效应为1,也就是政府的支出增加等于私人支出的减少,扩张性财政政策对经济没有任何刺激作用。在没有实现充分就业的情况下,挤出效应一般在0~1之间,其大小主要取决于政府支出增加所引起的利率上升的大小。利率上升高,则挤出效应大;反之,利率上升低,则挤出效应小。

各经济学派对财政政策挤出效应的大小看法不同。凯恩斯主义者认为,财政政策挤出效应不大,所以财政政策有刺激经济的作用。这是因为,他们认为货币需求会对利率变动作出反应。也就是说,由于货币投机需求存在,所以利率上升时货币需求会减少。在货币供给不变的情况下,当财政政策引起利率上升时,货币需求减少。这就会抑制利率的进一步上升,甚至会使利率有所下降,从而利率上升有限,挤出效应小。货币主义者认为,财政政策挤出效应大,甚至是1,所以财政政策效用不大,甚至无用。他们认为,货币需求只取决于收入，而不取决于利率，即货币需求对利率变动没有什么反应。这样，利率上升并不会使货币需求减少，所以利率的上升就会引起挤出效应，使财政政策起不到刺激经济的作用。

第四节 货币政策

一、货币政策的基本知识

货币政策涉及银行、银行创造货币、金融市场等有关的知识，我们先介绍这些知识。

1. 银行制度

西方国家的银行分为两类：中央银行与商业银行。

中央银行是国家的银行，它的主要职责是：第一，作为商业银行的银行，接受商业银行的存款，向商业银行发放贷款，并领导与监督商业银行的业务活动；第二，代表国家发行纸币；第三，运用货币政策调节经济。

商业银行是私人办的银行，它的性质和一般的企业一样。它所从事的业务包括吸收存款、发放贷款和代客结算。它从这些活动中获得利润。各国商业银行的组成情况有所不同。有些国家是有许多大小不同，但在法律上都是独立的商业银行（如美国）。有些国家则是有几家大商业银行，各个商业银行都有许多分行，形成一套独立的体系（如英国、日本）。

2. 银行创造货币的机制

在货币政策调节经济的过程中，商业银行体系创造货币的机制是十分重要的。这一机制与法定准备金制度、商业银行的活期存款，以及银行的贷款转化为客户的活期存款等制度相关。

商业银行资金的主要来源是存款。为了应付存款客户随时取款的需要，确保银行的信誉与整个银行体系的稳定，银行不能把全部存款放出，必须保留一部分准备金。法定准备率是中央银行以法律形式规定的商业银行在所吸收存款中必须保持的准备金的比例。商业银行在吸收存款后，必须按法定准备率保留准备金，其余的部分才可以作为贷款放出。例如，如果法定准备率为20%，那么商业银行在吸收了100万元存款后，就要留20万元准备金，其余80万元可作为贷款放出。

正如我们以前所介绍的，在西方，商业银行的活期存款就是货币，它可以用支票在市场上流通。因此，活期存款的增加就是货币供给量的增加。

因为活期存款就是货币，所以客户在得到商业银行的贷款以后，一般并不取出现金，而是把所得到的贷款作为活期存款存入同自己有业务往来的商业银行，以便随时开支票使用。因此，银行贷款的增加又意味着活期存款的增加，货币供给量的增加。这样，商业银行的存款与贷款活动就会创造货币，在中央银行货币发行量并未增加的情况下，使流通中的货币量增加，而商业银行所创造货币的多少取决于法定准备率。我们可用一个实例来说明这一点。

假设法定准备率为20%，最初某商业银行（A）所吸收的存款为100万元，该商业银行可放款80万元，得到80万元贷款的客户把这笔贷款存入另一商业银行（B），该商业银行又可放款64万元，得到这64万元贷款的客户把这笔贷款存入另一商业银行（C），该商业银行又可放款51.2万元，……，这样继续下去，整个商业银行体系可以增加500万元存款，即100万元的存款创造出了500万元的货币。

如果以 R 代表最初存款，D 代表存款总额，即创造出的货币，r 代表法定准备率（$0<r<1$），则商业银行体系所能创造出的货币量的公式为

$$D = \frac{R}{r}$$

由这一公式可以看出，商业银行体系所能创造出来的货币量与法定准备率成反比，与最初存款成正比。

3. 货币乘数

银行创造货币的机制说明了中央银行发行一元钞票，但实际的货币增加量并不是一元，因为在这一元钞票被存入商业银行的情况下，还会创造出新的货币量。货币乘数就是表明中央银行发行的货币量所引起的实际货币供给量增加的倍数。中央银行发行的货币称为货币基础或高能货币，这种货币具有创造出更多货币量的能力，用 H 来表示。货币供给量，即增加一单位高能货币所增加的货币量，用 M 来代表，则货币乘数 mm 的公式为

$$\text{mm} = \frac{M}{H}$$

假如中央银行发行了一单位高能货币，社会货币供给量增加了三单位，即货币乘数为3。同样，根据已知的中央银行发行的高能货币量与货币乘数也可以计算出货币供给量会增加多少。

4. 金融市场

金融市场又称公开市场，是各种信用工具交易的场所。中央银行主要是通过在公开市场上的活动来运用货币政策调节经济。

金融市场分为货币市场与资本市场。货币市场是从事短期信用工具买卖的金融市场，是短期信用工具与货币相交换的市场。在货币市场上交易的短期信用工具有：商业票据，即由公司发行的短期票据；国库券，即由政府发行的短期债券；银行承兑票，即由私人或公司所签发而以某一承兑银行为付款人的定期汇票；可转让的定期存单，即由银行发行的一种债券。参加货币市场活动的主要是：政府主管国库的机构，它通过国库券的出售以获得短期资金；中央银行，它通过货币市场调节货币供给量与利息率；商业银行，它通过货币市场从事它所需要的准备金数量的调整；其他金融机构（人寿保险公司、互助储蓄银行等），它们通过货币市场从事其资金的运用与筹措。资本市场是从事长期信用工具买卖的

场所。长期信用工具指借贷期限在一年以上的信用工具,如公债(包括中央政府与地方政府发行的)、公司债券、股票以及房地产抵押单等。

二、凯恩斯主义的货币政策

从 IS-LM 模型的分析中可以看出,利息率的变动通过对投资和总需求的影响而影响国民收入。这一分析正是凯恩斯主义货币政策的理论基础。由此出发,货币政策的直接目标是利息率。

1. 货币政策的机制

货币政策是要通过对货币供给量的调节来调节利息率,再通过利息率的变动来影响总需求。这样,凯恩斯主义货币政策的机制就是货币量—利率—总需求。

在这种货币政策中,政策的直接目标是利率,利率的变动通过货币量调节来实现,所以调节货币量是手段。调节利率的目的是要调节总需求,所以总需求变动是政策的最终目标。

因此可以看出,要了解凯恩斯主义货币政策的机制就必须弄清两个问题:一是货币量如何影响利率;二是利率如何影响总需求。

凯恩斯主义之所以认为货币量可以调节利息率,是以人们的财富只有货币与债券这两种形式的假设为前提的。在这一假设之下,债券是货币的唯一替代物,人们在保存财富时只能在货币与债券之间作出选择。持有货币无风险,但也没有收益;持有债券有收益,但也有风险。人们在保存财富时总要使货币与债券之间保持一定的比例。如果货币供给量增加,人们就要以货币购买债券,债券的价格就会上升;反之,如果货币供给量减少,人们就要抛出债券以换取货币,债券的价格就会下降。根据下列公式

$$债券价格 = \frac{债券收益}{利息率}$$

这就是说,债券价格与债券收益的大小成正比,与利息率的高低成反比。因此,货币量增加,债券价格上升,利息率就会下降;反之,货币量减少,债券价格下降,利息率就会上升。

利息率的变动会影响总需求,因为利息率的变动首先要影响投资。利息率下降会降低投资者贷款所付的利息,从而降低投资成本,增加投资的收益。同时,利息率的下降也会使人们更多地购买股票,从而股票价格上升,而股票价格的上升有利于刺激投资。此外,利息率的下降也会鼓励人们更多地消费。相反,利息率的上升就会减少投资和消费。

2. 货币政策的工具

在凯恩斯主义的货币政策中,中央银行能够使用的政策工具主要是公开市场业务、贴现政策以及准备率政策。

公开市场业务就是中央银行在金融市场上买进或卖出有价证券。其中主要有国库券、

其他联邦政府债券、联邦机构债券和银行承兑汇票。买进或卖出有价证券是为了调节货币供给量。买进有价证券实际上就是发行货币,从而增加货币供给量;卖出有价证券实际上就是回笼货币,从而减少货币供给量。公开市场业务是一种灵活而有效地调节货币量,进而影响利息率的工具,因此,它成为最重要的货币政策工具。

贴现是商业银行向中央银行贷款的方式。当商业银行资金不足时,可以用客户借款时提供的票据到中央银行要求再贴现,或者以政府债券或中央银行同意接受的其他"合格的证券"作为担保来贷款。再贴现与抵押贷款都称为贴现,目前以后一种方式为主。贴现的期限一般较短,为一天到两周。商业银行向中央银行进行这种贴现时所付的利息率就称为贴现率。贴现政策包括变动贴现率与贴现条件,其中最主要的是变动贴现率。中央银行降低贴现率或放松贴现条件,使商业银行得到更多的资金,这样就可以增加它对客户的放款,放款的增加又可以通过银行创造货币的机制增加流通中的货币供给量,降低利息率;相反,中央银行提高贴现率或严格贴现条件,使商业银行资金短缺,这样就不得不减少对客户的放款或收回贷款,贷款的减少也可以通过银行创造货币的机制减少流通中的货币供给量,提高利息率。此外,贴现率作为官方利息率,它的变动也会影响到一般利息率水平,使一般利息率与之同方向变动。

准备率是商业银行吸收的存款中用作准备金的比率,准备金包括库存现金和在中央银行的存款。中央银行变动准备率则可以通过对准备金的影响来调节货币供给量。假定商业银行的准备率正好达到了法定要求,这时中央银行降低准备率就会使商业银行产生超额准备金,这部分超额准备金可以作为贷款放出,从而又通过银行创造货币的机制增加货币供给量,降低利息率。相反,中央银行提高准备率就会使商业银行原有的准备金低于法定要求,于是商业银行不得不收回贷款,从而又通过银行创造货币的机制减少货币供给量,提高利息率。

除了以上三种主要的工具外,货币政策还有几项次要的工具:道义上的劝告,即中央银行对商业银行的贷款、投资业务进行指导,要求商业银行采取与其一致的做法,虽没有法律上的约束力,但也能起作用;垫头规定,即规定购买有价证券必须付出的现金比例;利息率上限,又称Q号条例,即规定商业银行和其他储蓄机构的定期存款和储蓄存款的利息率上限;控制分期付款与抵押贷款条件。

3. 货币政策的运用

在不同的经济形势下,中央银行要运用不同的货币政策来调节经济。

在萧条时期,总需求小于总供给,为了刺激总需求,就要运用扩张性的货币政策,其中包括在公开市场上买进有价证券、降低贴现率并放松贴现条件、降低准备率等。这些政策可以增加货币供给量,降低利息率,刺激总需求。

在繁荣时期,总需求大于总供给,为了抑制总需求,就要运用紧缩性货币政策,其中包括在公开市场上卖出有价证券、提高贴现率并严格贴现条件、提高准备率等。这些政策可以减少货币供给量,提高利息率,抑制总需求。

从美国的实际情况来看，在 20 世纪 50 年代侧重于用财政政策刺激经济，货币政策则注重稳定物价，制止通货膨胀，所以货币供给量增加并不快。20 世纪 60 年代之后则注意运用扩张性的货币政策刺激经济，从而使货币供给量迅速增加，以致引起了 70 年代初严重的通货膨胀。20 世纪 70 年代中期以后则实际上放弃了凯恩斯主义的货币政策，而代之以货币主义的货币政策。

三、货币主义的货币政策

货币主义的货币政策并不属于需求管理。为了使读者对宏观经济政策的货币政策有较全面的了解，我们对这一政策进行一些简单的介绍。

货币主义的货币政策在传递机制上与凯恩斯主义的货币政策不同。货币主义的基础理论是现代货币数量论，即认为影响国民收入与价格水平的不是利息率而是货币量。货币量直接影响国民收入与价格水平这一机制的前提是：人们的财富具有多种形式，如货币、债券、股票、住宅、珠宝、耐用消费品等。这样人们在保存财富时就不仅是在货币与债券中作出选择，而是在这各种财富的形式中进行选择。在这一假设之下，货币供给量的变动主要并不是影响利息率，而是影响各种形式的资产的相对价格。在货币供给量增加后，各种资产的价格上升，从而直接刺激生产，在短期内使国民收入增加，以后又会使整个价格水平上升。

货币主义者反对把利息率作为货币政策的目标。因为货币供给量的增加只会在短期内降低利息率，而其主要影响还是提高利息率。这首先在于，货币供给量的增加使总需求增加，总需求增加一方面增加了货币需求量，另一方面提高了价格水平，从而减少了货币的实际供给量，这两种作用的结果就会使利息率提高。其次，利息率还要受到人们对通货膨胀预期的影响。也就是说，名义利息率等于实际利息率加预期的通货膨胀率。货币供给量增加提高了预期的通货膨胀率，从而也就提高了名义利息率。因此，货币政策无法限定利息率，利息率是一个会把人们引入歧途的指示器。

货币主义者还认为，货币政策不应该是一项刺激总需求的政策，而应该作为防止货币本身成为经济失调的根源的政策，为经济提供一个稳定的环境，并抵消其他因素所引起的波动。因此，货币政策不应该是多变的，应该以控制货币供给量为中心，即根据经济增长的需要，按固定比率增加货币供给量，这也被称为"简单规则的货币政策"。这种政策可以制止通货膨胀，为经济的发展创造一个良好的环境。

阅读材料 12-2

美国 1979 年货币政策的改变——醉汉开车的故事

1979 年前后，美国货币政策发生了巨大转变，对美国的经济产生了巨大的负面影响。这恐怕是当时美国政府没有料到的事情。

20 世纪 70 年代，在卡特总统上台执政之前，福特政府采用扩张性的财政政策和货币政策来刺激经济，国民生产总值增长很快，失业率由9%下降到5.6%。但是，也产生了明显的负效应，通货膨胀率迅速上升，从4.3%上升到12.3%。卡特竞选时许下稳定经济的宏愿，但是屁股坐在这个热椅子上，滋味也挺苦。卡特上台后，到了1979年第三季度，面临的主要问题就是高通货膨胀，高通货膨胀使工薪层蒙受经济利益的损失，低收入者和工薪层怨声载道。卡特以慈善和温和而著称，决意扭转被动局面，提高自己的信任度，因此，卡特转而实行了紧缩的货币政策，控制货币供给，货币供给率一下子从1979年的13.9%下降到1979年第四季度的4.4%，货币增长率下降的幅度达到惊人的程度。货币供给下降的后果是：利率迅速从9.7%上升到1979年第四季度的11.8%、1980年第一季度的13.4%；国民生产总值大幅下降，变成了负增长，1980年第一季度增长率为-9.5%。卡特政府陷入了空前的困境，严重的经济危机似乎即将到来。

由于担心爆发经济危机，卡特政府又转而采取货币扩张的政策。1980年第三季度，货币增长一下子又猛增达到了19.5%。其结果是：通货膨胀率再度飞升，而投资仅略有回升。国民生产总值增长率由-9.5%回升到5.1%。但是，原本脆弱的经济再也经不起忽冷忽热的折腾。1981年以后，美国终于陷入了经济危机之中。有人形容美联储这个时期的行为就像一个醉汉开车，忽左忽右。虽然工薪层认为卡特是位"慈善老人"，但是，在经济危机压力下，卡特的连任成为泡影，最终在竞选中不光彩地下台了。

资料来源：[美]克鲁格学. 宏观经济学. 北京：中国人民大学出版社，2012

第五节 供给管理政策

自20世纪70年代以后，西方经济学家重视了总供给对经济的影响，分析了供给对通货膨胀的影响（即成本推动的通货膨胀理论），以及劳动市场结构对失业的影响。根据这种分析，他们提出了供给管理政策。

一、收入政策

收入政策是通过控制工资与物价来制止通货膨胀的政策，因为控制的重点是工资，故称收入政策。

根据成本推动的通货膨胀理论，通货膨胀是由于成本增加，特别是由于工资成本的增加而引起的。因此，要制止通货膨胀就必须控制工资增长率，而要有效地控制工资增长率，还要同时控制价格水平。收入政策一般有三种形式。

1. 工资—物价冻结

政府采用法律手段禁止在一定时期内提高工资与物价。这种措施一般是在特殊时期（如战争时期）采用的。但在某些通货膨胀严重时期，也可以采用这一强制性措施。例如，1971年，美国尼克松政府为了控制当时的通货膨胀，就曾宣布工资与物价冻结3个月。

这种措施在短期内可以有效地控制通货膨胀，但它破坏了市场机制的正常作用，在长期中不仅不能制止通货膨胀，反而还会引起资源配置失调，给经济带来更多的困难。因此，一般不宜采用这种措施。

2. 工资与物价指导线

政府为了制止通货膨胀,根据劳动生产率的增长率和其他因素规定出工资与物价上涨的限度,其中主要是规定工资增长率,所以又称"工资指导线"。工会和企业要根据这一指导线来确定工资增长率,企业也要根据这一规定确定物价上涨率。如果工会或企业违反规定,使工资增长率和物价上涨率超过了这一指导线,政府就要以税收或法律形式进行惩罚。这种做法比较灵活,在20世纪70年代以后被西方国家广泛采用。

3. 税收刺激计划

以税收为手段来控制工资的增长。具体做法是:政府规定货币工资增长率,即工资指导线,以税收为手段来付诸实施。如果企业的工资增长率超过这一指导线,就课以重税;如果企业的工资增长率低于这一规定,就给以减税。但这种计划在实施中会遇到企业与工会的反对。美国卡特政府在1978年曾提出过这一政策,但被议会否决而未付诸实施。

二、指数化政策

通货膨胀会引起收入分配的变动,使一些人受害而另一些人受益,从而对经济产生不利的影响。指数化就是为了消除这种不利影响,以对付通货膨胀的政策。它的具体做法是,定期地根据通货膨胀率来调整各种收入的名义价值,以使其实际价值保持不变。主要的指数化措施有以下两个。

1. 工资指数化

按通货膨胀率指数来调整名义工资,以保持实际工资水平不变。在经济发生通货膨胀时,如果工人的名义工资没变,实际工资就下降了。这就会引起有利于资本家而不利于工人的收入再分配。为了保持工人的实际工资不变,在工资合同中就要确定有关条款,规定在一定时期内按消费物价指数来调整名义工资,这项规定称为"自动调整条款"。此外,也可以通过其他措施按通货膨胀率来调整工资增长率。工资指数化可以使实际工资不下降,从而维护社会的安定。但在有些情况下,工资指数化也会引起工资成本推动的通货膨胀。

2. 税收指数化

按通货膨胀率指数来调整起征点与税率等级。当经济中发生了通货膨胀时,实际收入不变而名义收入增加了。这样,纳税的起征点实际降低了。在累进税制下,纳税者名义收入的提高使原来的实际收入进入了更高的税率等级,从而使缴纳的实际税金增加。如果不实行税收指数化,就会使收入分配发生不利于公众而有利于政府的变化,成为政府加剧通货膨胀的动力。只有根据通货膨胀率来调整税收,即提高起征点并调整税率等级,才能避免不利的影响,使政府采取有力的措施来制止通货膨胀。此外,利息率等也应该根据通货膨胀率来进行调整。

三、人力政策

人力政策又称就业政策,是一种旨在改善劳动市场结构,以减少失业的政策。

1. 人力资本投资

由政府或有关机构向劳动者投资,以提高劳动者的文化技术水平与身体素质,适应劳动力市场的需求。从长期来看,人力资本投资的主要内容是增加教育投资,普及教育。从短期来看,人力资本投资是对工人进行在职培训,或者对由于技术不适应而失业的工人进行培训,增强他们的就业能力。

2. 完善劳动市场

失业产生的一个重要原因是劳动市场的不完善,如劳动供求的信息不畅通、就业介绍机构的缺乏等。因此,政府应该不断完善和增加各类就业介绍机构,为劳动的供求双方提供迅速、准确而完全的信息,使工人找到满意的工作,企业也能得到他们所需要的工人。这无疑会有效地减少失业,尤其是降低自然失业率。

3. 协助工人进行流动

劳动者在地区、行业和部门之间的流动,有利于劳动的合理配置与劳动者人尽其才,也能减少由于劳动力的地区结构和劳动力的流动困难等原因而造成的失业。对工人流动的协助包括提供充分的信息,以及必要的物质帮助与鼓励。

四、经济增长政策

从长期来看,影响总供给的最重要因素还是经济潜力或生产能力。因此,提高经济潜力或生产能力的经济增长政策就是供给管理政策的重要内容。促进经济增长的政策是多方面的,其中主要有以下四个。

1. 增加劳动力的数量和质量

劳动力的增加对经济增长有重要的作用。劳动力包括数量与质量两个方面。增加劳动力数量的方法有提高人口出生率、鼓励移民入境等。提高劳动力质量的方法则是以上所讲的增加人力资本投资。

2. 资本积累

资本的增加可以提高资本劳动比率,即提高每个劳动力的资本装备率;发展资本密集型技术,利用更先进的设备,以提高劳动生产率。资本的积累主要来源于储蓄,因此,应该通过减少税收、提高利息率等途径来鼓励人们储蓄。从各国的经验看,大凡储蓄率高的国家,经济增长率也高。例如,德国、日本等经济发展迅速的国家,储蓄率都是比较高的。

3. 技术进步

技术进步在现代经济增长中起着越来越重要的作用。因此,促进技术进步成为各国经济政策的重点。其中的主要措施有以下方面：

（1）国家对全国的科学技术发展进行规划与协调。例如，美国在1976年成立的科学技术政策办公室，就是在总统领导下进行这一工作的。

（2）国家直接投资于重点科学技术研究工作。例如，美国的原子弹、阿波罗登月等都是直接由政府投资进行的。

（3）政府采取鼓励科学技术发展的政策措施。诸如重点支持工业企业的科学研究，以取得直接经济效益；支持大学与工业企业从事合作研究，促进科研与生产的结合；实行技术转让，加速科技成果的推广等。

（4）加强对科技人才的培养。其中包括加强与改革中小学基础教育，发展各种职业教育，发展与改革高等教育，加强对在职科技人员的继续教育，引进国外科技人才等。

4. 计划化与平衡增长

现代经济中各个部门之间是相互关联的，各部门之间协调的增长是经济本身所要求的。在以私有制为基础的资本主义经济中，这种各部门之间的平衡增长，要通过国家的计划化或政策指导来实现。国家的计划与协调要通过间接的方式来实现。因此，各国都要制定本国经济增长的短期、中期与长期计划，并通过各种经济政策来实现。在西方各国的计划中，法国与日本是比较成功的。

第六节　宏观经济政策的协调

一、宏观经济政策实施中的困难

前面章节是从理论上分析了一系列的宏观经济政策的运用及其效应。其实，在具体的实施过程中，它们也往往会碰到各种障碍，从而影响政策的效果。

一是政策作用的不确定性。在经济运行中当政府采用某一政策时，会出现公众对此有预期并据此做出相应的动作。例如，在通货膨胀时期，当政府有意紧缩银根提高利率时，企业及商业银行并不一定乐于配合；而在经济萧条时期，当政府采用放松银根增加货币供给量、降低利息率以刺激消费和投资增加时，企业可能对经济的前景并不乐观，不愿意投资。这就不能起到刺激经济增长的作用。此外还有在减税时，个人和企业皆大欢喜，但在增税时，很可能会遭到普遍的反对。这些都会影响政策作用的有效程度。

二是会存在政府对经济形势判断的困难。这是因为经济形势是千变万化的。当经济比较大地偏离充分就业产出水平时，这种偏离是长期性偏离还是暂时性偏离，在实际中很难判断出来。如果是长期性偏离就应该采用适当的经济政策，如果是暂时性偏离就无须采用经济政策，经济会自动恢复到应有的水平。这时，如果政府干预经济生活，就会使经济本来能达到产出水平的节奏打乱，使经济产生更大的波动，失业率更加上升。

三是会在宏观经济政策实施过程中出现滞延性。这种滞延既包括政策制定过程中的时滞，也包括政策实施后的时滞。因为从经济形势的判断，到作出政策的决策，再到正式实施，并最终见效，在时间上有一个过程。例如，运用货币政策，通过货币供给量变动到利息率变动再到总需求变动有这样一个传导过程，这时由于时滞效应的存在，很可能导致这样的结果，要采取的政策还未通过而经济形势已有了变化，给实行政策带来困难。

四是会产生政策实施程度的测算困难。因为在经济运行的实际中具有复杂性，例如，在经济衰退时，政府采用增加政府购买的政策，这就要测算究竟要增加多大购买。增加多了，也许对私人产生"挤出"太多；增加少了，又无济于事。事实也证明，西方国家有时使用的政策并未能真正消除经济波动，却常常会使经济变得很糟。原因是这种准确的测算来源于全面的信息收集和正确的判断及计算，要做到准确测算是一件很不容易的事，难度确实大。

二、相机抉择的政策配合

从上述宏观经济政策实施困难的分析中可以看出，宏观经济政策本身存在的时滞效应以及经济运行情况的复杂性和政策实施中可能遇到的种种障碍。说明政府在具体选择宏观经济政策时，要加以相机抉择和搭配使用。"相机抉择"的政策协调是指政府在进行国民经济调节时，应根据不同的情况机动灵活地决定和选择某项或某几项政策措施进行调节，使各项措施有效地配合，成为首尾一贯的宏观经济政策，达到宏观经济调控的各项目标。

怎样协调地配合运用各种政策手段实现政策目标，是一个很重要的理论和实际问题。政府在进行需求管理时，应根据宏观经济活动状态的客观要求和各项政策手段的特点，机动地决定和选择某项或某几项政策手段。

1. 要认真分析各项政策手段的特点

宏观财政政策和宏观货币政策各具特点，主要表现在以下四个方面。

（1）猛烈程度不同。政府增加支出和调整法定准备率对经济的影响比较大，而政府税收的改变与公开市场业务的操作的影响就比较小。

（2）政策效应"时滞"不同。从政策手段的执行到收到预期的效果之间的时间间隔称做时滞。财政政策直接调节总需求，而货币政策间接调节总需求，比财政政策起作用要慢一些。

（3）政策影响范围不同。每项政策手段都有其发挥作用的领域，即范围大小不同。例如，政府财政支出变化影响面大，而公开市场业务影响面小。

（4）政策阻力因素不同。政策变化影响人们的切身利益，政策在实施时遇到的阻力不同，如增加税收和减少政府支出的阻力大，会引起较多人的反对，而货币政策一般来说阻力比较小。

因此，在运用政策手段时，必须了解这些手段（或工具）的特点，单独或配合使用。具体如何运用，没有固定模式，要从实际经济状态出发。

2. 要根据宏观经济活动状态采取不同的政策手段

宏观经济活动状态是经济政策发生作用的领域，是选用政策手段的现实依据。如果经济出现严重衰退，就不该采取作用缓慢的手段，而要采取作用猛烈的手段，如大幅度增加政府支出、举办公共工程等。如果经济运行中出现衰退的苗头，就不该采取作用猛烈的手段，而应采取某些作用缓慢的手段，如有计划地收购债券、缓慢增加货币供给量、降低利息率等。

3. 要善于把各项政策手段搭配起来使用

政府宏观经济政策具有"逆对经济风向行事"的特点，经济形势"紧"（失业、萧条），采用"松"政策；经济形势"松"（膨胀），采用"紧"政策。但也不是绝对的，要看具体情况将各种政策手段搭配起来使用。可能搭配的形式有以下三种：

（1）"双松"的搭配。如果社会总需求不足，可以采用"双松"政策，即扩张性财政政策和扩张性货币政策，能有效刺激需求。

（2）"双紧"的搭配。如果出现严重通货膨胀，可以采用"双紧"政策，即紧缩性财政政策和紧缩性货币政策，能有效地压缩总需求。

（3）"松紧"或"紧松"的搭配。"松紧"搭配是把扩张性财政政策与紧缩性货币政策配合运用，以便在刺激总需求时，不会引起比较严重的通货膨胀。"紧松"搭配是把收缩性财政政策和扩张性货币政策配合运用，以便既能降低利息率、增加投资，又可以减少政府支出、稳定价格水平。

西方经济学认为，通过相机抉择政策手段协调的运用，就能够有效地刺激总需求，或更有效地制止通货膨胀，以便在刺激总需求时，不致引起严重的通货膨胀，或者在控制通货膨胀的同时，又不引起过分严重的失业，或者使通货膨胀和失业都同时得到有效控制。

三、政策目标矛盾与协调

宏观经济政策目标有充分就业、价格稳定、经济增长和国际收支平衡，不同目标之间在一定程度上存在着冲突。如果将四个主要目标放在一起，就会出现"鱼与熊掌不可兼得"的局面。例如，一项以熨平经济波动为目的的政策可能会导致通货膨胀。因为存在这种冲突，所以有时宏观经济政策不可避免地陷入两难选择之中。因此，分析与认识政策目标之间的矛盾，使经济政策目标相互协调，这是制定宏观经济政策的关键。

1. 政策目标间的矛盾

这里介绍充分就业、物价稳定和经济增长三者之间的相互矛盾。

（1）充分就业和物价稳定的矛盾。为了实现充分就业，政府需要运用扩张性财政政策和货币政策，但是，这些政策又会由于财政赤字的增加和货币供给量的增加而引起通货膨胀。

（2）经济增长和充分就业的矛盾。经济增长并不一定就能自然解决就业问题，相反，它与就业存在矛盾,经济增长与失业并存。原因在于:第一,在现代化大生产中,经济增长主要不靠增加劳动力而靠劳动者文化技术的提高,采用新技术和先进管理,经济增长不吸收反而排斥劳动力;第二,经济增长率越提高,经济结构的变动就越快、越大,被淘汰的旧行业工人要另找工作,但又不适应新行业要求;第三,随着科学技术的进步,"技术陈旧率"和"知识老化"变快,这将造成原有部分在职工人的失业。这些都说明经济增长并不能保证充分就业,反而造成了新的失业。

(3)经济增长和物价稳定的矛盾。在经济发展中,第一,为保证经济增长,就要刺激投资、降低利息率,但降低利息率造成信贷膨胀,引起物价上涨。第二,实现经济增长必须使投资者的利润率提高,提高资本边际效率。只有刺激物价上涨,降低实际工资,投资者才有利可图,从而增加投资。第三,经济增长中总需求也要扩大,如果供给的变动比较缓慢,需求大于供给,物价就会上涨。

2. 政策目标的协调

政策目标间的三个矛盾不可能单纯依靠需求管理得到解决。由于经济增长是长期问题,因此必须研究供给方面的问题。西方经济学为协调政策目标,采取的对策有以下五个。

(1)财政支出政策的微观化,又称财政结构政策,通过财政支出促进部门结构的合理变化,使有利于经济增长的行业优先发展。在实行宏观财政政策时,不仅调节支出总量,还要考虑结构。支出用于劳动密集部门,可扩大就业;用于资本密集部门,可增加供给,抑制物价上涨;用于新技术新产业,可带动经济增长。

(2)财政收入政策的微观化。这项政策通过税收结构变化和征收范围调整来促进经济资源充分利用。使税收政策有利于某些部门产品增加和吸收失业,既能维持物价稳定,又能扩大就业。

(3)货币政策的微观化。针对不同市场、不同部门和不同类型的放款限额、信贷条件和利息率进行局部调整,增加资本流动性,调节资本的供求,既促进经济增长,又增加就业,还不影响物价。

(4)人力政策。人力政策的主要目标是充分利用人力资源。一方面,通过"人力投资"提高劳动力质量,推动经济增长;另一方面,使非熟练工人掌握新技术,增加就业机会,有利于解决结构性失业。

(5)能源政策。能源供给对三个政策目标都有重要作用。政府要制定合理的能源政策,调节能源供给和需求,保证经济增长,维持开工率和就业,稳定物价。

阅读材料 12-3

对我国运用宏观调控应对金融危机的评价

一、当前面临的经济形势和问题

2008年,由美国次贷危机引发的本轮全球金融危机,造成了全球经济的衰退,对我国也产生了相当大的影响。由于我国内需不足，因此过度依赖于对外贸易（即外需），从而使得全球金融危机在相当多的层面影响了我国宏观经济形势。2008年下半年，中央提出了扩大内需的4万亿元的投资，加之中国经济在2003年后积聚的大量的投资，2009年后中国经济开始逐步回稳并迅速增长，并逐步走出低迷，又一轮的经济高涨开始。中央又提出了同时防止通货膨胀和通货紧缩的政策，中国经济形势在随后面临了复杂的经济形势，既要扩大内需，又要防止经济过热和通货膨胀。

二、对宏观调控政策的应用简述和评价

1. 财政政策的运用

2008年11月，国务院决定针对目前的经济困境，两年内增加4万亿人民币的投资以刺激经济。此次政府的行动是在金融危机的大背景下产生的，但是也同中国的具体国情密切相关。

此次财政政策从运用的方法及艺术上有以下几点优点：首先，这次的财政政策的时效性强，作出决策迅速，能够直接影响实体经济。相比美国的救世政策，中国的财政政策时效性和速度更好。其次，在四万亿元投资中，中央政府投入1.18万亿元，希望以此带动全社会投资4万亿元。也就是采用了中央财政、地方财政、民间投资三者有机构成的方式，有效地控制了政府的财政支出，防止中央政府财政出现过大赤字。再次，这次中国的财政政策用处主要是加大投资、改善民生、促进消费、减税等，可见其主要用于实体经济，体现了凯恩斯主义在经济萧条时政府宏观干预的重要性。但同时此次大规模的财政政策也存在不可避免的缺陷和效果上的不理想，如此次4万亿元财政投入，即便因此增加了就业和收入，以我国居民的储蓄率，对消费的刺激也是相当微弱的。根据西方经济理论，政府投资刺激经济的效果（投资乘数）取决于居民家庭边际消费倾向，而我国居民储蓄倾向大于消费倾向，因此可以断定，政府投资的项目直接拉动经济增长的作用是有限的。况且，政府投资会对民间投资产生挤出效应，使其刺激经济增长的效果大打折扣。

2. 货币政策的运用

中央政府的货币政策由2008年金融危机之前的防范通货膨胀变为金融危机后的紧缩银根，宽松的货币政策。相比而言，在经济出现一定幅度下滑的情况下，适度放松信贷闸门是比较有效的政策工具。几种工具交替、配合使用，才能达到更好的政策效果。有学者实证研究表明，即使今年经济增速和物价涨幅均有所回落，贷款也需要增长15%~16%才能满足实体经济的需要。因此，目前的信贷总量控制依然是偏紧的，有必要适度放松，使其回到与实体经济的需要相适应的水平。经济学理论上认为，货币政策真正发挥作用最少要有半年的时滞，如果运用不当，不仅不能熨平经济波动，反而加剧波动。当前的危机还要走多远，谁也说不准，如果这笔人民币的洪流发挥作用正赶上经济回升，通货膨胀在所难免。其次，由于体制的问题，我国的国有银行在中央政策的影响下，容易形成未经严格审查的放贷洪流，不利于银行和企业效率的提高。

3. 财政和货币政策结合运用

经济的波动以及市场机制的缺陷致使在经济出现问题时市场不能够自行调节，资源的使用不能够达到最优，为了实现经济稳定增长和资源优化配置，国家通常实行财政和货币两种宏观

调控政策，但由于单独使用这两种政策时存在不足和局限，往往需要运用两种政策的组合效应以达到最优宏观调控目标。目前不断加深的金融危机既给中国经济的正常运行带来了不利影响，也在一定程度上影响到政府既定政策的展开，如何发挥财政政策货币政策组合效应更显至关重要。

目前，在国内宏观经济面临不利外部环境和较大滑坡风险的情况下，国家决定实行积极的财政政策和适度宽松的货币政策实际上就是选择"双松"政策，即财政政策通过增支减税和货币政策通过降低利率、扩大信贷、增加货币供应量的配合对经济产生整体的扩张效应。今年初，国家的4万亿投资和连续下调的存贷款利率已经有效地阻止了经济的下滑，彰显了双松政策的组合效力。当社会总需求不足、生产资源大量闲置、解决失业和刺激增长成为宏观调控的首要目标时，适宜采取以财政政策为主的双松财政货币配合模式。当经济萧条时，可用膨胀财政增加总需求，用扩张货币降低利率以克服"挤出"效应。当社会有效需求严重不足时，选择双松政策，通过财政增支减税和降低利率、扩大信贷、增加货币供应量等政策组合会对经济产生整体的扩张效应。

财政政策是围绕着经济增长、物价稳定、充分就业等目标而展开活动，而货币政策的目标是通过对货币供给量及结构的影响，进而影响社会最终支出及总需求，从而影响经济总体的运行。财政政策所采取的手段主要是税收、国债、公共支出、投资、补贴、预算等方面，当流通中货币过多时则通过减少财政支出影响社会的货币流通量；反之，则增加财政支出。货币政策所采取的手段是银行存款准备金、再贴现、再贷款、利率、公开市场业务等方面，当社会流通中货币量过多时，则通过减少货币支出影响流通中的货币量；反之，则增加货币支出。二者都是国家需求管理政策，其终极目标具有一致性。

在综合使用这两种宏观调控手段时，还存在着缺陷与不足：

一是两大政策的功能定位不准。过去我国对两大政策的功能并未严格区分和界定，各自调控的重点与方式模糊，在调控中分别应该发挥什么样的作用和怎样发挥作用均未能明确，导致宏观经济运行秩序紊乱，宏观调控失效。

二是两大政策相互"越位"。如银行贷款充任财政拨款和财政补贴，用银行贷款维系亏损与日俱增的国有企业，用银行贷款支撑巨额"自筹投资"，用银行贷款支付改革成本和纳税，财政信贷严重扭曲。

三是两大政策的调控功能不到位。近年来，社会资金结构扭曲严重，资金总量持续快速增长，资金规模急剧扩大与资金结构严重失调并存，资金供需失调与资金盲目流动并存。

四是财政部门和金融部门配合不默契。财政部门和金融部门在政策出台上步调不一致，有时甚至出现政策打架的现象，例如为了刺激国内需求、拉动经济增长，2000年中央实施了一系列积极的财政政策，如向国有商业银行增发1000亿元国债，向国有独资银行发行2700亿元特别国债等政策，但这期间金融部门很少有重大的政策出台，基本上实行的是通货紧缩政策，使国家财政的压力不断加重，不仅影响了扩大内需的效果，而且加大了国家财政的风险。

三、对我国运用宏观调控政策和方法的建议

第一，对于扩张性的财政政策和货币政策，我国政府应该更多地关注扩张性的财政政策。在存在衰退可能的情况下，人们消费支出和投资支出的意愿下降。即使政府采用扩张性的货币

政策增加货币供给量和降低利率，消费支出和投资支出也难以增加，这就是"流动性陷阱"或"利率陷阱"。发达国家是如此，我国也是如此。以我国为例，在20世纪90年代末期，我国国内生产总值增长率逐年下降，我国中央银行先后7次降低基准利率，将基准利率从1996年的10.98%降低到2002年的3.24%的水平，作用也不明显。后来还是依靠扩张性的财政政策才稳定了我国国内生产总值的增长率。因此，我国政府应该采用以财政政策为主、以货币政策为辅的宏观经济政策。

第二，扩张性的财政政策是短期的经济政策，但应该努力达到长期的效果。这就是说，在预算赤字的情况下增加政府支出实际上是使用未来的财政收入，因而应该选择政府在未来准备支出的项目。一般来说，投资性支出的效果要优于消费性支出。消费性支出只能增加目前的消费需求，而投资性支出除了能够增加目前的投资需求以外，还能够在未来形成新的生产能力。

第三，扩张性的财政政策包括增加政府支出的政策和减少政府税收的政策，我国政府应该比以前更多地关注减少政府税收的政策。虽然财政支出政策和财政收入政策都可以导致总需求的增加，但前者是通过政府支出来增加总需求，后者是通过居民和企业的支出来增加总需求；前者强化了政府的作用，后者增加了经济的活力。

第四，扩张性的财政政策的特点是增加政府支出和减少政府税收，预算赤字是必然的结果。在已经存在衰退可能的情况下，预算赤字是必要的。但政府还必须考虑对债务的承受能力和过重的债务对未来经济的消极影响的问题。

资料来源：搜狐财经

本章小结

现实中的经济增长并不稳定，具有周期性波动的特征。经济周期就是指一国总体经济活动的波动。不同的经济周期理论都是从不同的侧重点考察影响经济周期的因素。两极分化带来的供给需求间的不均衡、技术进步、不恰当的经济政策、外部冲击等各种因素都有可能引发周期性经济波动。

财政政策是政府通过控制财政支出与税收来调节总需求，从而影响国民产出、就业和通货膨胀。增加政府支出，可以刺激总需求，从而增加国民产出，减少失业；反之，则压抑总需求，从而减少国民产出，降低物价水平。货币政策是政府通过控制货币供给量来调节总需求，从而影响国民产出、就业和通货膨胀。货币政策工具包括公开市场业务、法定准备金率和再贴现率。供给管理政策是政府通过影响企业行为的政策来解决失业、通胀和经济增长缓慢等宏观经济问题。为了使政府政策对经济产生更好的效果，可以将财政政策和货币政策搭配使用。

课后习题

一、名词解释

内在稳定器　　挤出效应　　货币乘数　　公开市场业务　　财政政策　　货币政策　　基础货币　　充分就业预算盈余　　货币创造乘数　　法定准备金

二、问答题

1. 在不同时期，应该如何运用财政政策？
2. 在不同时期，如何运用凯恩斯主义货币政策？
3. 宏观经济政策的目标有哪些？
4. 货币创造乘数的大小受到哪些因素的影响？
5. 货币政策的工具有哪些？
6. 简述自动稳定器的内容，并说明其如何对经济进行自动调节？
7. 简述货币政策及其工具。

三、计算题

1. 假定法定准备率是 0.12，没有超额准备，对现金的需求是 1 000 亿美元。

（1）假定总准备金是 400 亿美元，货币供给是多少？

（2）若中央银行把准备金率提高到 0.2，货币供给变动是多少？（假定总准备金仍是 400 亿美元）

（3）若中央银行买进 10 亿美元政府债券（存款准备金率是 0.12），货币供给如何变动？

2. 假设某银行吸收存款 100 万元，按规定要准备金 5 万元，请计算：

（1）准备率为多少？

（2）能创造出多少货币？

（3）如果准备金增至 8 万元，能创造出多少货币？

3. 计算下列每种情况的货币乘数：

（1）货币供给量为 5 000 亿元，基础货币为 2 000 亿元。

（2）存款 5 000 亿元，现金 1 000 亿元，准备金 500 亿元。

参 考 文 献

[1] [美]格里高利·曼昆．经济学原理．第 3 版．北京：机械工业出版社，2003
[2] [美]莫斯．七天读懂宏观经济．北京：商务印书馆，2008
[3] 梁小民．写给企业家的经济学．北京：中信出版社，2006
[4] 王福重．人人都爱经济学．北京：人民邮电出版社，2008
[5] 郑普飞．7 天让你读懂日常经济学．北京：金城出版社，2007
[6] 高鸿业．西方经济学．第 4 版．北京：中国人民大学出版社，2011
[7] 尹伯成．西方经济学简明教程．上海：上海人民出版社，2011
[8] 梁小民．西方经济学导论．北京：北京大学出版社，1993
[9] 厉以宁．西方经济学．北京：高等教育出版社，2000
[10] 许纯祯，吴宇辉，张东辉．西方经济学．第 3 版．北京：高等教育出版社，2013
[11] 谭崇台．发展经济学的新发展．武汉：武汉大学出版社，2010
[12] 李士金，钟维清．经济学基础．北京：机械工业出版社，2011
[13] 卢峰．经济学原理（中国版）．北京：北京大学出版社，2005
[14] 叶德磊．管理经济学．北京：高等教育出版社，2013
[15] [美]平狄克，鲁宾菲尔德．微观经济学．第 4 版．北京：中国人民大学出版社，2002
[16] [美]保罗·A.萨缪尔森，威廉·D.诺德豪斯．经济学．第 17 版．北京：人民邮电出版社，2003
[17] [美]斯蒂格利茨．经济学．第 2 版．北京：中国人民大学出版社，2004
[18] 吴兵，陈福明．经济学基础教程．北京：北京大学出版社，2005
[19] 林毅夫．解读中国经济．北京：北京大学出版社，2012